第三卷　从统一意大利至征服迦太基和希腊诸国

叙史为难。

——萨鲁斯特

目录

1/ **第一章**
迦太基

29/ **第二章**
罗马与迦太基争西西里之战

64/ **第三章**
意大利扩展至其天然疆界

88/ **第四章**
哈米尔卡和汉尼拔

118/ **第五章**
汉尼拔战争至坎尼之役

147/ **第六章**
汉尼拔领导的战事
——自坎尼之战到扎马之战

205 / 第七章
从汉尼拔签订和约至第三期结束的西方世界

227 / 第八章
东方诸国与第二次马其顿战争

269 / 第九章
罗马与亚细亚王安条克之战

306 / 第十章
第三次马其顿战争

340 / 第十一章
政府与被统治者

389 / 第十二章
土地和资本经营

422 / 第十三章
信仰及习俗

445 / 第十四章
文学与艺术

第一章

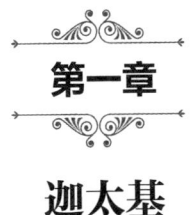

迦太基

腓尼基人

闪米特族曾经在古代世界民族之林中占有一席之地,但与其中的其他民族不属于一个行列。闪米特族确切的中心在东方,而古代世界各民族的中心则在地中海地区。虽然战争和迁徙改变了各民族的原有界限,使民族之间相互交融,但一种强烈的差异感始终深植于人们心中,将印度-日耳曼族与叙利亚人、以色列人和阿拉伯人隔绝开来。对于向西散布最广的闪米特族,即腓尼基人而言,这种差异感同样十分强烈。其本土位于一条狭窄的海岸边,小亚细亚、叙利亚高地及埃及将其环绕,这片土地被称为"迦南"[1],意为"平原"。这是该民族对其本土的唯一称呼,即使到了基督纪元时期,非洲的农夫依然自称为迦南人。但希腊人却给迦南另取了一个名称——"腓尼基"[2],意思是"紫颜料产地"或"红人之乡"。意大利人也习惯称迦南人为布匿人,直到现在,我们仍惯于称其为腓尼基人或布匿人。

腓尼基人的商业

这片土地非常适于农耕,而其优良的港口以及丰富的木材和金属却最利于商业的发展。也许就是由于毗邻地中海的东方大陆物阜民丰,港口及岛屿星罗棋布,人类商业繁荣的曙光首先在这里兴起。腓尼基人将所有的勇气、智慧和热情完全投入商业和由此发展起来的航海术、制造业以及殖民扩张之中,使东方和西方得以联结起来。在相当早的时期,在塞浦路斯、埃及、希腊、西西里、非洲、西班牙,甚至大西洋和北海就已经出现了腓尼基人的足迹。其通商范围西起塞拉利昂和康沃尔,东至马拉巴尔海岸。他们经手的有东方的黄金和珍珠,推罗[3]的紫色颜料,非洲内陆的奴隶、象牙、狮皮和豹皮,阿拉伯的香料,埃及的亚麻布,希腊的陶器和美酒,塞浦路斯的铜,西班牙的银,英格兰的锡和厄尔巴岛的铁。腓尼基的航海家会带来各民族所需要或有能力购买的任何东西。他们四处航行,但总会回到他们时时牵挂的那并不广阔的家园。

腓尼基人的智慧才能

腓尼基人在历史上足以与希腊人和拉丁人齐名,但他们为我们提供了一个新的证据,并且可能是最有力的证据,证明古代民族的力量倾向于单方面发展。在精神领域,那些源自阿拉米人的高尚而又影响深远的创造活动,与腓尼基人并无关系。然而,从某种意义上来说,信仰和知识是阿拉米族所特有的,并首先从东方传到了印度－日耳曼族。可据我们所知,腓尼基人无论在宗教、科学还是艺术上,都不曾在阿拉米族中占据独立的地位。腓尼基人的宗教概念粗野而鄙陋,他们的崇拜似乎意在助长欲望和残暴,而并非对其加以抑制。没有任何迹象表明,腓尼基人的宗教曾对其他民族产生过特殊的影响,至少在有史可查的时期是如此。腓尼基人在建筑和雕塑艺术上与意大利毫无可比之处,更不用说与艺术的发祥地相比了。科学观察及其实际应用最早起源于巴比伦,或者说是幼发拉底河流域。可能就是在那里,人类首次追寻星辰的轨迹;就是在那里,人类首次区分了语言的不同发音,并将其化为文字进行表达;就是在那里,人类开始思考时间、空间以及大自然力量的运作,天文学、纪年法、字母和度量衡的最早遗迹都指向这一地区。毫无疑问,腓尼基人利用巴比伦精妙绝伦的工艺以发展自己的工业,利用他们对星象的观察以发展航海业,利用表音文字及度量衡的调整以便于通商。他们在销售货物的同时,也播撒了许多重要的文明种子。但这并不能证明,文字或其他具有独创性的人类思维的产物为他们所特有。然而,他们传播给希腊人的宗教和科学观念,更像是鸟儿从空中掉落的谷粒,而不像农夫播撒的种子。希腊人,甚至意大利人,具备一种能力——他们在与易受文明影响的民族进行接触时,能够教化这些民族并使之与己同化,而这种能力是腓尼基人全然缺乏的。在罗马人征服的领域内,伊比利亚人[4]和凯尔特人[5]的语言都被罗曼系的语言所取代。直至今日,非洲的柏柏尔人[6]仍旧说着汉诺和汉尼拔时代所使用的语言。

腓尼基人的政治素养

最重要的是，同印度－日耳曼族相比，腓尼基人与阿拉米其他各族一样缺乏政治生活的本能，即争取自治自由的崇高理念。在西顿[7]和推罗的全盛时期，腓尼基人的领土始终是雄踞在幼发拉底河和尼罗河的强权相互争夺的目标，该地有时落入亚述人之手，有时落入埃及人之手。希腊诸城的力量仅及其一半，竟然能获得独立。而谨慎的西顿人却认为，封锁东行的通商道路或埃及的港口所造成的损失，将会比最昂贵的供奉还要严重，因此他们宁愿依时势的变化定期向尼尼微[8]或孟斐斯[9]缴税，甚至在无可避免之时，将他们的船只提供给国王用于交战。在国内，腓尼基人甘于忍受统治者的压迫；在国外，他们也绝不会为了攻城略地而放弃和平的经商之业。他们的居住地到处都是工厂。在他们看来，与本地人互通有无，远比获得远方的广阔领土并在那里艰难而持久地推行殖民事业更为重要。他们甚至避免与自己的竞争对手兵戎相见。在埃及、希腊、意大利和西西里东部，他们任人排挤，几乎未作出任何反抗。古代在阿拉利亚（罗马纪元217年即公元前537年）和库迈[10]（罗马纪元280年即公元前474年）发生的西地中海争霸战中，与希腊人争战的主力军都是伊特鲁里亚人，而非腓尼基人。如果争斗无可避免，他们便会尽可能地作出妥协让步。腓尼基人从未有过征服凯雷或马西利亚的企图。当然，他们更不会发动侵略战争。在较早时期，他们只主动出击过一次，即非洲的腓尼基人向西西里发动的大远征，结果他们在希梅拉[11]被叙拉古[12]的革隆所击溃。但此次进攻只是由于他们是波斯大帝的顺民，并且为了避免卷入对抗东方希腊人的战事之中，所以才加入了对西方希腊人发动的战役。正如同一年他们的叙利亚同族在萨拉米斯与波斯人同遭败绩一样，这并不是由于他们懦弱无能所致。在陌生的海域驾驶武装的船只航行，需要有勇敢之心,这种勇敢之心是能够在腓尼基人身上找到的,他们时常会表现出这一点。这更不是由于他们缺乏不屈不挠的精神和舍身为国的民族气概所致。相反地,阿拉米族不仅以其精神武器,并且以血肉之躯保卫着他们的民族性,以抵抗希腊文明的一切诱惑和东西方暴君的所有压迫,其抵抗之顽强是任何印度-日耳曼族都无法比拟的。在我们西方人看来,这种坚强不屈的精神有时似乎超越了人性,有时又似乎低于人性。这是他们缺乏政治本能所导致的,他们具有极其强烈的民族亲密感以及对其祖先之城的依恋之情,这构成了腓尼基人最独特的个性。他们不向往自由,也不贪图霸权。《士师记》[13]中说道:"他们像西顿人那样安静地生活着,无忧无虑,拥有财富。"

迦太基

在腓尼基人建立的殖民地中,发展最快且最稳定的,莫过于推罗人和西顿人在西班牙南岸和非洲北岸建立的殖民地。这些地区在波斯大王的势力范围之外,且远离希腊水手的危险竞争,这里土著与外来人的关系就好比美洲印第安人与欧洲人的关系。沿着这些海岸,坐落着许许多多繁荣兴旺的腓尼基城市,其中最为突出的要数"新城"——迦塔达,即西方人所称的迦太基。虽然迦太基不是腓尼基人在这一地区建立的最早殖民地,且最初可能是腓尼基人在利比亚建立的最古老城市乌提卡的附属地,但它拥有无与伦比的地理优势和勤劳上进的居民,因此很快便超越了邻国,甚至超越了其母国。巴格拉达河(即梅杰尔达)流经北非产粮最丰之地,迦太基就坐落在该河旧河口的不远处,位于一片肥沃的冲积地之上。如今那里依旧农舍俨然,漫山遍野都是橄榄林和橘子林,地势向平原缓缓倾斜,一直延伸至海岸处一个被海水环绕的地岬。该地处于北非大港突尼斯湾[14]的中心，在这里，美丽的盆地为大船提供了最佳的停泊处，且海岸边即有可供饮用的泉水，所以非常适宜发展农业、商业以及两者的交易活动。其地理位置得天独厚，以至于此处的推罗殖民地是腓尼基人的第一个商业城市，而且在罗马时期，迦太基城重建后不久便成为了帝国的第三大城。时至今日，虽然这里的条件远不如以前优越，选址也远不如以前明智，但仍然是一座拥有十万居民的繁华城市。一座占据此等地位、人口如此众多的城市，其在农、商、工方面的繁荣自然不言而喻。但有一个问题尚待解答：这个殖民地是如何取得腓尼基其他城市所没有的政治权势的呢？

西方腓尼基人与希腊人的对抗

有足够的证据证明，即使在迦太基，腓尼基人也没有放弃他们的消极政策。即使到了迦太基的繁盛时期，它仍向土著马克西尔部落的柏柏尔人缴纳该城地租。尽管海洋和沙漠足以保护此城免受东方各国的侵扰，但迦太基似乎仍旧承认波斯大王的权威（虽然只是在名义上承认），并且偶尔向他进贡，以保全其与推罗和东方的商业往来。

然而，尽管腓尼基人甘愿俯首称臣，但事态的发展却迫使他们不得不采取更为积极的政策。希腊移民的洪流不断地涌向西方，他们已将腓尼基人逐出了希腊本土和意大利，而且准备在西西里、西班牙，甚至在利比亚也采取这种做法。如果腓尼基人不想被全数消灭，就必须奋起反抗。这次他们所要对抗的不是波斯大王，而是希腊商人。因此，投降并不能让他们保持往日的工商业状况，仅仅依靠缴税和进贡是无济于事的。马西利亚和昔兰尼[15]已经建起，西西里东部已全部落入希腊人之手，腓尼基人顽强抵抗的时候到了。迦太基人担负起了这一任务，经过长期的艰苦斗争，他们遏制了昔兰尼人的发展，使希腊文化无法在的黎波里[16]沙漠以西立足。此外，在迦太基人的帮助下，西西里西端的腓尼基人也抵御住了希腊人的侵犯，并心甘情愿地接受与其同族的强盛城市的保护。这些发生于罗马纪元二世纪的重要胜利，使腓尼基人得以保住地中海的西南部地区，取得这些胜利的城市因此获得了国家的领导权，同时其政治地位也发生了改变。迦太基不再只是个商业城市，它的目标是统治利比亚和地中海的部分地区，因为这势不可挡。佣兵制的实施可能对取得这些胜利起到了极大的作用。大约在罗马纪元四世纪中叶，佣兵制开始风行于希腊。但是在东方，尤其是在卡利亚人中间，这一制度早就开始兴起了，而兴起者可能是腓尼基人。招募外族人作战的征兵制度将战争变成了大规模的金钱投机事业，这与腓尼基人的性格和习惯颇为吻合。

迦太基人在非洲的统治

大概是由于在国外取得了这些胜利，迦太基人改变了他们在非洲居留地的地位：从租用到占有，从容忍到征服。似乎到了罗马纪元300年即公元前454年前后，迦太基商人摆脱了地租的束缚，而在此之前，他们必须向当地人缴纳租金。这一改变使他们得以大规模地耕种。腓尼基人一直都渴望以地主和商人的身份来利用他们的资本，并希望用奴隶或雇工来进行大规模耕作。因此，一大批犹太人纷纷为推罗的富商巨贾效力以赚取工钱。现在，迦太基人能够用一种与近代种植园相似的制度，毫无限制地获取利比亚沃土上的产物。被铁链锁着的奴隶垦殖农田——我们发现一个公民竟然拥有两万名奴隶。不仅如此，周围的农村（农业似乎在相当早的时候，也许在腓尼基人迁来之前，就被引进到了利比亚，很可能是从埃及传过来的）也被武力征服了，利比亚的自由农民变成了佃户，必须将土地所产的四分之一上交给地主，并且受按时征兵制的支配，组成迦太基本土的军队。

边界地区的游牧部落经常与迦太基人发生冲突，但连锁式的屏障保卫着被游牧部落所围绕的领土。于是，游牧部落被逐渐驱回到沙漠和山区，或被迫承认迦太基的主权，并向迦太基进贡和提供部队。大约在第一次布匿战争期间，游牧部落的大城德维斯特（在梅杰尔达河的发源处）被迦太基人所攻克。在迦太基国家条约中，这些便构成了"臣服者之乡镇和部落"，前者是不自由的利比亚村庄，后者是臣服于迦太基的游牧部落。

利比－腓尼基人

除此之外，其他居住在非洲的腓尼基人，或所谓的利比－腓尼基人也处于迦太基的统治之下。这些人一方面包括从迦太基分出的小殖民地，分布在非洲整个北岸地区和西北岸的部分地区，西北岸并非不重要，因为仅仅在大西洋沿岸就曾同时有这种殖民三万人；另一方面，他们包括腓尼基人的老殖民地，尤其是在如今君士坦丁省[17]和突尼斯的贝力克沿岸。如希波（后来改称雷吉乌，即博纳）、哈德鲁米图姆（即苏萨）、小莱普提斯（在苏萨南方，为腓尼基人在非洲的第二大城）、塔普苏斯（也在此区），以及大莱普提斯[18]（在的黎波里附近）。这些城市是如何臣服于迦太基的？究竟是为了寻求庇护，以免受昔兰尼人和努米底亚[19]人的侵扰，还是不得已而为之？这一问题如今已无从考证。但可以确定的是，即使是在官方文件中，他们也被称为迦太基的臣民，他们须拆毁其城墙，向迦太基进贡和提供部队。然而，他们既不用服兵役，也不用缴纳地租，只需供应定量的人员和金钱。例如，小莱普提斯每年要缴纳三百六十五塔兰特[20]（合九万英镑）的巨款。而且，他们在法律上与迦太基人地位平等，可以以平等条件互通婚姻[21]。只有乌提卡得以逃脱此种命运，保住了他们的城墙，维护了其独立地位。这或许并非得益于乌提卡自身的力量，而是由于迦太基人对他们旧保护主的敬意。事实上，腓尼基人确实对这种关系怀有非常深厚的情感，这种崇敬之情与希腊人的冷漠形成了鲜明对比。即使在与外国进行交涉时，"迦太基和乌提卡"也经常联合着缔结条约、作出承诺。当然，这并不妨碍地位更为重要的"新城"对乌提卡行使霸权。因此，这个推罗人的工厂便成为了北非一个大帝国的首都，此帝国的领土从的黎波里沙漠一直延伸至大西洋沿岸，在西部（摩洛哥和阿尔及尔）稍浅的沿海一带而止。可是在较富饶的东方（如今的君士坦丁和突尼斯），其势力则伸向内陆，并不断向南拓展其疆界。正如一位古代作家所说，迦太基人由推罗人变成了利比亚人。腓尼基文明盛行于利比亚，正如希腊文明在亚历山大之役后盛行于小亚细亚和叙利亚，但两者的程度有所不同。游牧部落酋长的宫廷说的是腓尼基语，写的是腓尼基文字，文明程度较高的土著部落也采用腓尼基字母运用于他们的语言[22]。但是将他们完全腓尼基化，既不符合这个民族的精神，也不是迦太基的政策。

我们难以断言迦太基于何时成为利比亚的首都，因为这一变化必然是渐进的。上文中提到的那位作家称汉诺为该国的改革者，如果这里所指的是与罗马进行首次战争时在世的汉诺，那他只能说是建立了新体制，此体制的实施大约在罗马纪元的四世纪和五世纪。

在迦太基走向繁荣兴旺的同时，与之相对的是腓尼基祖地大城的衰落，西顿如是，推罗尤其如是。其衰落一方面是由于内乱，另一方面是由于外患，特别是在罗马纪元的一世纪、二世纪和五世纪，分别遭到萨尔马纳撒、奈布科德罗索和亚历山大的围攻,损失尤为惨重。推罗的贵族及旧工厂都迁到了安全而繁盛的迦太基,随之带来了他们的智慧、资产和传统。腓尼基人与罗马人接触交往之时,迦太基已断然成为了迦南人的第一大城,正如罗马已成为拉丁各民社中的一员。

迦太基的海上势力

但利比亚帝国的势力仅及迦太基的一半。在同一时期,它的海上势力和殖民地的统治已经获得了同样强大的发展。

西班牙

在西班牙,腓尼基人的主要居住地是推罗人在加的斯[23]的原始殖民地。除此之外,他们在此地的东西两方有许多工厂,在内陆还有银矿区。因此他们所占之地几乎相当于现今的安达卢西亚[24]和格拉纳达[25],或至少相当于这两省的沿海地区。他们并不想与好战的土著争夺内陆地区;能够获得矿区、交通站、打捞贝壳和其他渔产的场所,他们就十分满足了。甚至在这些地点,他们也难以保持地位以抵抗邻近部落的侵扰。准确地说,这些地方可能并不属于迦太基人,而是属于推罗人,加的斯也不在须向迦太基进贡的城市之列。但实际上,如所有西方的腓尼基人一样,加的斯也臣服于迦太基的霸权之下,受其保护。迦太基派兵增援加的斯人抵抗土著,并在加的斯以西设立商业殖民地,便足以证明这一点。而且在较早时期,埃布索斯和巴利阿里就已被迦太基人所占领。其用途有二:一为发展渔业；二为用作对抗马西利亚人的前哨，他们在这里与马西利亚人进行激烈的争斗。

撒丁岛

罗马纪元二世纪末，迦太基人以同样的方式占领了撒丁岛，此岛的用途与利比亚相同。当地的土著向内陆山区撤退，以逃避成为农奴的命运，正如非洲的努米底亚人退居到沙漠的边缘地带。腓尼基人的殖民地则建立在卡拉里斯（即卡利亚里）和其他重要地点，沿海的沃土由利比亚的农夫耕种，成为农产丰饶之区。

西西里

在西西里，梅萨那海峡[26]和占该岛大半面积的东部地区，在早期就已落入希腊人之手。但腓尼基人在迦太基人的协助下，保住了附近较小的岛屿，如埃加迪、梅里达、高洛以及科西拉，其中马耳他[27]的殖民地尤为富饶繁荣。他们还保住了西西里的西岸和西北岸。从这里，他们早期经由摩提亚，后来经由利利贝乌姆与非洲保持联系；经由帕诺穆和索隆顿与撒丁岛保持联系。该岛的腹地仍归土著的埃里密人、西坎尼人和西塞里人所有。在希腊人的扩张受到阻碍之后，整座岛屿便进入了较为和平的状态。甚至后来波斯人唆使迦太基人攻击岛上邻国的希腊人，也没有长时期地破坏和平。从整体上来看，这种和平状态依然存在，一直持续到雅典对西西里发动远征（罗马纪元339—341年，即公元前415—前413年）。这两个水火不容的民族下定决心互相容忍，双方大致划地为界，互不侵犯。

与叙拉古争夺海上霸权

这些殖民地和领土本已十分重要，但因它们能成为迦太基海上霸权的支柱，于是显得更为重要。北非海岸的霸主据有西班牙南部、巴利阿里、撒丁岛、西西里西部和梅里达，且禁止希腊人在西班牙东岸、科西嘉和锡儿第沙洲建立殖民地。因此，其领海成为了封闭式的海域，西方的海峡也为他们所独有。只有在第勒尼安海[28]和高卢海，腓尼基人才不得不允许其他民族与之竞争。只要伊特鲁里亚人和希腊人在这两片海域中互相牵制，这种状态就可能维持下去。由于伊特鲁里亚人的威胁性较小，迦太基人甚至与之缔结联盟共同对抗希腊人。但是，在伊特鲁里亚人的势力衰落（此种情况经常出现在这种牵强的联盟之中）之后，迦太基人并未全力相助。而当亚西比德的宏伟计划失败后，叙拉古无可争议地成为了希腊的头等海权国。不仅叙拉古的统治者们自然开始想要统治西西里、第勒尼安海和亚得里亚海[29]，而且迦太基也被迫采取更加积极的政策。他们与势均力敌且臭名昭著的敌人——叙拉古的狄奥尼西奥斯[30]（罗马纪元348—389年，即公元前406—前365年）之间进行了持久而顽强的斗争，其直接结果是导致那些介于两者之间的西西里诸国灭亡或势力渐弱。这个结果于双方而言都正中下怀，于是叙拉古人与迦太基人分据西西里。该岛最繁荣的城市——塞利努斯、希梅拉、阿格里真托[31]、杰拉[32]和墨西拿[33]——都在这些不幸的战争中被迦太基人夷为平地。

狄奥尼西奥斯看到希腊文明在那些地方被摧残或被压制，未尝不感到欣喜。他仰仗的兵力是从意大利、高卢和西班牙征募过来的外国佣兵，因此他可以更为稳固地统治那些地处荒凉之地或被军事殖民地所占领的省份。罗马纪元371年即公元前383年，迦太基将军马戈在克罗宁战胜后缔结和约，将希腊城市狄尔美（即古代的希梅拉)、塞杰斯塔、赫拉克利亚·米诺亚、塞利努斯和阿格里真托境内直抵哈力古河的部分地区都划分给了迦太基,然而争夺此岛的两国都认为这只是暂时的和解。此后双方仍旧纷争不断,互相排挤。

迦太基人曾四次主宰西西里全岛,只有叙拉古凭借坚不可摧的城墙得以将其抵挡在外,这四次分别是老狄奥尼西奥斯时代的360年(即公元前394年)、提木良时代的410年(即公元前344年)、阿加托克利斯[34]时代的445年(即公元前309年)、皮洛士[35]时代的476年(即公元前278年)。而叙拉古人在英明领袖——如老狄奥尼西奥斯、阿加托克利斯和皮洛士——的领导之下,似乎也曾多次差点把非洲人赶出西西里。但优势越来越倾向于迦太基人那边,他们通常扮演着侵略者的角色,虽然其攻势不像罗马人那样锲而不舍,但由于希腊的城市因纷争不断而变得四分五裂,他们的进攻要比希腊的防守更有条不紊、更热情高涨。腓尼基人预料天灾或外国佣兵不会将他们的所掠之物夺走。当时,至少在海域方面,胜负已定:皮洛士企图重振叙拉古舰队,这是他最后一次尝试。此次尝试失败后,迦太基舰队称霸整个西地中海。他们占领叙拉古、利基翁[36]和塔伦图姆的企图,显示了其势力之强大及目标之所在。与这些企图并行的,是他们对此区域海上贸易的垄断,使外国人及其属民都不得染指。对迦太基人而言,只要能有助于他们达到目的,即使采用暴力手段也在所不惜。地理学之父埃拉托色尼[37](罗马纪元479—560年即公元前275—前194年)生于布匿战争时代,他曾断言驶向撒丁或加的斯海峡的外国水手,若落入迦太基人之手,则一律被投进海中。事实与之完全相符。罗马纪元406年即公元前348年,迦太基所订立的条约宣称,西班牙、撒丁岛和利比亚的港口对罗马商船开放,而根据罗马纪元448年即公元前306年的条约,迦太基却禁止罗马船只行驶于这些港口,只有迦太基港例外。

迦太基地方行政委员会的体制

亚里士多德在第一次布匿战争开始之前五十年去世，他曾说迦太基的政体是由君主制变为了贵族制或倾向于寡头政治[38]的民主政体。治国理政之权立即转归元老会议所有，此机构与斯巴达[39]的元老院类似，由公民每年选出的两名国王和二十八名元老所组成，元老似乎也是每年由公民选举。这一机构是处理国事的主要机关，如筹备战事、征兵入伍、任命将军、指派若干名元老以辅佐将军（副将通常从其中选出）；公文也是呈递给元老院。在这个小议会之外是否另有大议会，我们无法确定，但即使有，也不会占有重要地位。国王似乎没有特殊的影响力，他们主要充当最高裁判官的角色，而且往往以此为名。将军的权势较大。与亚里士多德同时代而年龄略长的伊索克拉底[40]曾说，迦太基人在国内实行寡头政治，在战场上则实行君主政体。因此，罗马作家称迦太基将军是独裁者，这一说法可能是正确的。不过跟随将军的元老至少必定会限制他的权力，并且在他卸职后还须接受正式的考核，这是罗马所没有的制度。将军的任期并不固定，正因如此，他无疑与每年一任的国王有所不同，亚里士多德也曾表述过两者的区别。然而，迦太基人数职集于一身的情况并不少见，因此一人兼任将军与国王也不足为奇。

士师[41]

但元老院和行政官隶属于一百零四人团（取整数称为百人团），又名士师团，这乃是迦太基寡头政治的堡垒。在迦太基的原始体制中并无这种组织，但与斯巴达的民选五长官[42]一样，它起源于贵族对政府中专制分子所做的反抗。由于卖官鬻爵现象的盛行，且最高会议的人员较少，迦太基一个富可敌国、位高权重的家族——马戈家族，在平时和战时都意图独揽迦太基的行政权和司法权。大约在罗马的十人执政时期，这种情形造成了体制的变革和新组织的设立。我们知道，曾担任法官的人都有资格选入士师团，但候选人必须经过一个自选的五人会的甄选。士师虽然依据法律应年年改选，但实际上却长期或甚至是终身任职，所以希腊人和罗马人经常称他们为"元老"。其中详情虽不甚明了，我们却能清楚地知道这一组织的性质，它是贵族联合选举出的寡头组织。这可由一个孤立但十分典型的实例加以证明，即迦太基人于公民所用的普通浴室外，还有专供士师使用的特别浴室。士师原来是作为政治陪审员而设立的，他们有召见将军的特权，情况所需时可传讯国王和元老，而主要是在将军卸任时对其进行清算，甚至是处以死刑，手段极为残忍暴虐。当然，在这种例子中，行政官员若受其他组织的控制，则受控制者的权力必将转移到控制者手中。我们不难了解，一方面士师团是如何干预一切政事的（例如元老会议先把重要文件递交给士师，然后再提交给人民）；另一方面，国内的控制是何等令人生畏，它论功过行赏罚，以致迦太基的政治家与将军都不敢为所欲为。

公民

迦太基的公民，尽管不像斯巴达的公民那样对国事抱消极的旁观态度，但他们对国事的实际影响力似乎也是微乎其微。在元老的选举上，公开的腐败已成为常态。推选将军时会征询人民的意见，但那只是在由元老提议且推举已毕后所做的样子而已。其他问题也是在元老认为适宜或无法达成一致时，才会告知人民。迦太基没有设立具有司法权的人民大会。公民无权可能主要是由其政治结构所造成，曾提及过的迦太基群众协会与斯巴达的集会类似，大概是由寡头政治操纵的组织。另外甚至还提到了"自由民"与"劳工"的区别，我们由此可以推论后者的社会地位较低下，或许与奴隶相差无几。

政府的角色

综合种种因素观之，迦太基的政体似乎是个资本家的政府。这是在迦太基这样的社会中自然产生的结果，因为这个社会没有富裕的中产阶级，只有在城市中朝不保夕的无产群众和大商人、大农场主，以及上流阶级的监管人员。通过派遣没落的贵族到属国担任课税员和督察，以剥削属民从而求财致富的制度，是腐败的寡头政治一贯的特征，这在迦太基也屡见不鲜。亚里士多德认为这是迦太基政体得以持久不衰的主要原因。直到他的那个时代，无论是起于上流阶级还是下层阶级，在迦太基都没有发生值得一提的革命。群众一直无人领导，因为执政的少数人能够用物质来收买一切有雄心壮志或穷困潦倒的贵人，并通过选举时的贿赂或其他方式，令他们满足于得到一些残羹冷炙。在这样的政府的统治之下，必然会产生提倡民主的反对力量，但在第一次布匿战争时，这种反对力量还比较微弱。到了后来，由于受到战败的影响，反对党的势力开始不断扩大，其速度比同一时期罗马民主势力的增长速度要迅猛得多。人民大会开始对政治问题做最后的决定，打破了迦太基寡头政治无所不能的态势。第二次布匿战争结束之后，汉尼拔建议士师团的议员不得连任两年，迦太基这才开始实行完全的民主制度。在迦太基当时的形势下，这确实是唯一能够拯救它的方法。反对党受到强烈的爱国心和改革热情的驱使，但不可否认的是，他们的社会根基早已腐烂。见多识广的希腊人曾将迦太基的公民与亚历山大城的人民相比较,认为他们完全是乌合之众,因此理应没有权势。那么,我们便会产生疑问,迦太基的革命又有什么益处呢?因为迦太基人自己就是革命兴起的源头。

迦太基的首都及其权势

就财政而言,无论从哪个方面来看,迦太基都在古代各国中位居第一。根据希腊首位史学家的证明,在伯罗奔尼撒战争[43]时代,这个腓尼基城市的财力优于希腊所有国家,其收入与波斯大王不相上下,波利比乌斯称其为世界上最富有的城市。迦太基人非常精于农业,与后来的罗马一样,将军和政治家都积极参与农业实践和农业教育,迦太基人玛哥的农业论著可以证明这一点。该论著后来被希腊和罗马农民奉为合理耕种的金科玉律,不但被译为希腊语,还由罗马元老院下令将其编为拉丁本,并官方推荐给意大利的地主。腓尼基农业的一个特点就是与资本密切联系:腓尼基人务农的一句首要格言就是"一个人所得的土地切不可超过其有能力耕种的范围"。由于利比亚实行畜牧经济,因此盛产马、牛、绵羊和山羊,其物产之丰富,正如波利比乌斯所说,在当时是任何国家都无法与之媲美的,这为迦太基人创造了很大的优势。在土地的耕作方面,迦太基人为罗马人之师,他们还将利用属民的方法也传授给了罗马人。迦太基人利用这种方法间接地收到了"欧洲最佳部分"和北非最富裕地区(如毕查基第和小锡儿第河等地)的地租。在迦太基,商业被视为高尚的事业,船运和制造业也因商业而繁荣起来,即使仅顺从自然趋势来看,商业每年也为那里的居民带来丰厚的收益。我们在上文提及过迦太基人如何巧妙地运用日渐扩大的垄断制度,不仅独占了西地中海的对外贸易活动，而且操纵着内陆的商业活动，东西方之间的运输业越来越集中于这一港口。

如后来的罗马一样，迦太基的科学和艺术似乎主要受到希腊的影响，但它们并未受到人们的忽视。腓尼基有相当多的著作，迦太基城被征服后，人们在那里发现了甚多珍藏的艺术品（不是由迦太基人所创造，而是从西西里的庙宇中掠夺来的）和许多藏书。但迦太基人的智慧也是为资本服务的。在其所有著作中，农学书和地理书占有显要地位，如前面提及的玛哥农业专著，以及舰队司令汉诺沿非洲西岸航行的记录。后者原以公众名义置于迦太基一座神庙内，其译本至今尚存。甚至说到某些成就的普及，尤其是外国语知识的传播[44]，当时的迦太基人可能几乎与帝国时代的罗马人不相上下，这也证明迦太基人使希腊文化得到了实际的运用。要想对这古代迦太基所积累的资本有一个明确的概念几乎是不可能的，但我们可以从几件事略窥其大概：尽管迦太基用于整军备战的花销较大，在管理国家财产方面既欠妥当又无信用，但其属民的供奉和关税却足以支付所有支出，因此无需向公民征收直接税。再者，即使在第二次布匿战争以后，国家损失惨重，其日常费用和每年需纳给罗马的四万八千英镑仍可不需征收任何赋税即足以付清，只是在财政管理上要稍紧一些。与罗马讲和十四年后，迦太基竟提出要将剩余的三十六期赔偿款一次性付清。但能表明迦太基财政优势的并非只有岁入的总额。在古代大国之中，我们发现只有迦太基具有后来进步时代的经济原则。据说迦太基向外国贷款，在钱币制度上，除用金银之外，还有一种本身并无价值的代用货币，这种货币是古代其他地方所没有的。事实上，如果政治化为一种商业投机，则没有任何一个国家能比迦太基经营得更加出色。

迦太基与罗马的经济之比较

现在,让我们将迦太基和罗马的国力做一比较。两者皆为兼营农业与商业的城市,此外便没有其他产业了。两者的艺术与科学基本都处于次要地位,且都具有实用性,只不过迦太基在这方面要优于罗马。在迦太基,富豪强于地主,而在当时的罗马,地主仍然强于富豪。虽然迦太基的农业家普遍都是大地主和奴隶主,当时的罗马公民则大多数仍然亲自耕种田地。罗马人大多拥有财产,因此都是守旧派;迦太基人则大多没有财产,因此既渴望富人的黄金,又易于拥护民主人士要求改革的呼声。在迦太基,商业大城所独有的富裕生活早已盛行,而罗马的风俗和警察制度仍遵循往日严谨节俭的作风,至少在表面上看来是如此。当迦太基的使者从罗马回来时,他们告诉其同僚,罗马元老之间的关系之密切简直超乎想象,一套银器竟足以供整个元老院使用,不论使者受邀到哪一位元老家中,看到的都是同一套银器。这一讥讽足以表明两者的经济状况是何等不同。

政体之比较

两者都是贵族政体,士师团统治迦太基,元老院则统治罗马,两者采取相同的警察监管制度。迦太基的统治机关对行政官员严加控制,并绝对禁止公民学习希腊语。凡与希腊人交往,必须由公定的译者进行翻译,这与罗马政府制度的精神相同。迦太基的国家监管制度残酷而严苛,几近愚蠢;与之相比,罗马的罚款与审查制度显得宽容且合理。罗马的元老院是向有杰出才能的人开放的,它最能代表人民,因此能够信任人民,也无需对那些行政长官心存畏惧。

但迦太基的元老院却是建立在政府以猜疑态度监察行政的基础之上，且只代表显赫世家的利益，该制度的本质是对上层和下层的不信任。因此，它既不能确信人民会拥护它的领导，又时常担心行政长官谋权篡位。因此也就造成了罗马政策的稳定性，遭遇不幸时从未退却一步，机会来临时也从未因疏忽或淡漠而错失良机。迦太基人却不是这样，在最后放手一搏就可能拯救全局的关键时刻，他们往往放弃拼搏，厌倦或忘却了其肩负的民族责任，任凭完成了一半的大厦轰然倒塌，数年后只好再重新开始。正因如此，罗马有能力的官吏通常非常理解他们的政府。而在迦太基，贤能的官员却往往与国内当局水火不容，并被迫用不合法制的方法来对抗他们，与反对政府的改革派相联合。

属民待遇之比较

迦太基与罗马都统治着若干同族的民社和许多异族的民社。但罗马允许各地陆续获得公民权，甚至拉丁民社也依法享有公民权。迦太基从一开始就保持着排外性，不允许属地抱有某一天能处于平等地位的希望。罗马让同族的民社分享胜利的果实，尤其是获得的领土；分给富人和贵族实质的利益，想以此至少争取到一个于己有利的党派。迦太基不仅将胜利的成果完全据为己有，甚至剥夺了最具特权城市的通商自由权。即使对最下等的属国，罗马也决不完全剥夺其独立性，且对任何民社都不征收固定的贡金。迦太基则派遣监督者到各个地方，就连腓尼基的古城也承担着沉重的贡金，而附属部落实际上与奴隶的待遇无异。这样，在迦太基－非洲联盟中，除了乌提卡之外，没有任何一个民社不因迦太基的没落而在政治和物质上受益。而在罗马－意大利联盟中，政府总是竭力避免损害到属国的物质利益，至少不会采用极端的手段向政治上的反对派发起挑战，所以没有任何一个民社因背叛罗马而利多于弊。如果迦太基的政治家认为利比亚的叛变更能让人心生畏惧，于是利用此事来说服下属的腓尼基各民社，让他们拥护迦太基的利益，并用代用货币来安抚所有的地主，那他们就错了，因为商场上的算计并不适用于政治。经验证明，罗马的霸业尽管看似散漫，但在抵御皮洛士的攻击时却固若金汤。然而迦太基的霸业，在敌军踏上非洲土地时，便像蛛网一样断为游丝。阿加托克利斯和雷古鲁斯登陆时也是如此，佣兵战争的结果亦复如是。盛行于非洲的精神可通过一事加以表明：当佣兵发起反迦太基之战时，利比亚的妇人纷纷自愿将她们的首饰捐给佣兵以助其作战。只有在西西里，迦太基人的统治才似乎比较宽和，而在这里他们也得到了较好的结果。他们给予西西里的属民以相对自由的对外贸易权，并特许他们用金属货币经营内地的商业，他们所获得的行动自由也远比撒丁人和利比亚人要多。

如果叙拉古落入迦太基人之手，他们的政策就会立即发生改变。但这种情况并未发生。由于迦太基政府谨慎宽容的做法，再加上西西里的希腊人不幸遭到侵扰，所以西西里竟然有一个对腓尼基人友善的党派。例如，即使在该岛转归罗马所有后，阿格里真托的腓里努斯仍写了一部完全体现腓尼基精神的大战史。虽然从整体上来看，作为属民和希腊人的西西里人，对他们的腓尼基主人必定深恶痛绝，至少与萨莫奈人和他林敦人痛恨罗马人不相上下。

财政之比较

从财政观点而言，迦太基的岁入毫无疑问远远超过了罗马。但这个优势却因一件事而大打折扣，即迦太基岁入的来源——贡金和关税，其枯竭速度远比罗马要快（而且正是在最需要的时候枯竭）。而且迦太基人的作战方式又比罗马的开销多得多。

军事制度之比较

罗马和迦太基的军力来源迥然不同，但在许多方面却可谓势均力敌。迦太基城被征服时，其公民人数仍达到七十万，包括女人和小孩在内[45]，可能至少与罗马纪元五世纪末的人数一样多。在那个世纪，他们必要时会发动一支兵力达四万重装步兵的军队。五世纪初，罗马也在同样的情况下派出同等兵力的公民兵作战。罗马在这世纪大肆扩张其领土后，能服兵役的公民必定至少增加了一倍。但比能服兵役人数更为重要的是，罗马的公民兵善于作战。迦太基政府虽然迫切地劝说其公民参军，但它却既无法让手工业者和制造业者具有农民的体力，也无法克制腓尼基人厌战的天性。在罗马纪元第五世纪，西西里军队中仍有两千五百名迦太基的"神圣军"充当将军的卫戍部队。但到了罗马纪元第六世纪，除军官之外，迦太基军队中（例如驻扎在西班牙的迦太基军）竟连一个迦太基人都没有。再者，罗马农民不仅被列入了士兵名册，而且还奔赴沙场。两民社的同族属国也是一样的，拉丁族提供给罗马的军队，不亚于罗马自身的公民兵。而利比－腓尼基人却和迦太基人一样不善于作战，而且他们相对而言更加不愿意开战，这一点不难料想，因此他们也绝迹于军队。凡被指定派遣军队的城市可能都会以付款的方式来履行职责。如上文提到的西班牙军队，兵力约达一万五千人，仅有一个四百五十人的骑兵团里有利比－腓尼基人，而且也只占其中一部分。迦太基军队的精英都是利比亚人，经过贤能军官的训练，这些新兵能够成为精良的步兵，而他们组成的轻骑兵也同样所向无敌。此外还有利比亚和西班牙那些多少有点独立的部落的军队，以及巴利阿里著名的轮索队，他们似乎介于属国部队和佣兵之间。最后，必要时迦太基还会从国外征募佣兵。因此，就人数来说，这样的军队扩充到任何程度都不难。而军官的能力、勇气和对士兵的了解度，也足以与罗马军相抗衡。然而，佣兵在战事一触即发之际，需要很长的时间才能召集部队出战，而罗马的公民兵却随时可以上阵。更为重要的是，迦太基军除了军队荣誉和个人利益之外，没有任何东西能使其团结在一起，罗马军则因同属一个祖国而紧密地联系着。一般的迦太基军官审视其佣兵，甚至是利比亚农民时，都很像近代军人审视炮弹一样。因此便有了罗马纪元358年即公元前396年迦太基的希米尔科将军背叛利比亚军的丑闻，随之利比亚人又发起了危险的叛变，因此留下了"布匿人的信誉"这一话柄，对迦太基人造成了不小的伤害。农奴军和雇佣兵对一个国家所能造成的一切恶果，迦太基人都一一尝到了，他们发现花钱雇来的农奴比敌人更加危险。

迦太基政府不可能看不出他们军事体系的弊端，也无疑想尽办法以进行补救。他们尽力保持金库和兵库的充盈，以便在任何时候都能够装备佣兵。他们对古代那些相当于近代炮队的事物（机器的制造）付出了很多心血，我们发现迦太基人在这方面一向优于西西里人。还有象军的运用，这在象军代替昔日的战车作战以后。迦太基的城堡内有足以容纳三百头大象的象厩。他们不敢为属国修建堡垒，只能任凭登陆非洲的敌军侵占毫无防御的村庄和城市，这与意大利的情形形成了鲜明的对比。在意大利，大部分属国都仍保留着城墙，罗马的堡垒又连成一串，控制着整个半岛。但在首都的防御方面，他们却用尽一切财力和工巧。该城之所以得以保全，有好几次都是仰仗其坚不可摧的城墙。反之，罗马在政治和军事上占有相当安全的地位，从未受到过正式的围攻。最后，迦太基的主要国防在于海军，这是他们倾注了最多心血的军队。在船只的建造和操作方面，迦太基人都优于希腊人。有三排桨以上的船只是迦太基人最先建造的，那个时候迦太基的战船大多是五排桨的帆船，通常优于希腊的船只。桨手都是公家奴隶，受过良好的训练，船长也是经验丰富、勇敢无畏的老手。在这一方面，迦太基人确实胜过罗马人，因为罗马的希腊人联军只有少数船只，罗马自己的船只则更少，在当时称霸于西地中海的迦太基舰队面前，他们简直不敢露面。

总而言之，在我们对这两个强国的国力进行一番比较之后，一个精明公正的希腊人所下的评判已经产生了，即两国开战之时，彼此势均力敌。但我们不可省略一点，迦太基虽然倾尽了所有的智慧和财力用于进攻和防守，可是它无法弥补一个缺陷，那就是缺乏自己的陆军和基础稳固的联盟。要想真正攻击罗马，只有在意大利为之；要想真正攻击迦太基，只有在利比亚为之，这是人人都知晓的道理，而迦太基最终难逃此劫也是人人都知晓的。在那个航海业仍处于婴儿期的时代，舰队还不是永久的传国之宝，但只要有树木、铁和水的地方，便可建造舰队。即使是海军强国也无法阻止较弱的敌人登陆，这是显而易见，并且在非洲屡试不爽。阿加托克利斯既已指明了通往迦太基的道路，罗马将军便可步其后尘。在意大利，敌军入侵仅仅是战争的开始，而在利比亚，敌军入侵却是战争的结束，化战争为围攻。到了这一步，除非发生特殊意外，即使再顽强英勇的人民最后也必然会选择投降。

注释

[1] 原意为"低",指沿海低地,是一个古代地区名称,大致相当于今日以色列西岸和加沙地带,加上临近的黎巴嫩和叙利亚的临海部分。——译者注

[2] "腓尼基"是古代希腊语,意思是"绛紫色的国度",原因是腓尼基人居住地的特产是紫红色染料。腓尼基人强迫奴隶潜入海底采取海蚌,从中提取鲜艳而牢固的颜料,然用紫红色染成花色的布匹运销地中海各国。——译者注

[3] 又译泰尔、提洛,《圣经·新约》中翻译为"推罗",是黎巴嫩南部行政区中的城市,为该国主要的港口之一。——译者注

[4] 伊比利亚人这个概念,在语言学和地理学上有着不同的含义。在语言学,特别是历史比较语言学当中,伊比利亚人指的是那些以伊比利亚语为母语的民族。泛指生活在当今伊比利亚半岛上的所有常住民族。——译者注

[5] 凯尔特人,是公元前2000年活动在中欧的一些有着共同文化和语言特质的有亲缘关系的民族的统称。现在凯尔特人主要指不列颠群岛、法国布列塔尼地区语言和文化上与古代凯尔特人存在共同点的族群。——译者注

[6] 柏柏尔人是西北非洲的一个说闪含语系柏柏尔语族的民族。实际上柏柏尔人并不是一个单一的民族,它是众多在文化、政治和经济生活相似的部落族人的统称。他们主要集中在摩洛哥和阿尔及利亚,最东部可以到埃及,最南部可以到布基纳法索。——译者注

[7] 西顿是黎巴嫩南部省的一座城市,位于地中海沿岸,是腓尼基人的主要城市之一,和推罗齐名。后来西顿的居民向外殖民,建立迦太基等若干城邦。——译者注

[8] 尼尼微,西亚古城,新亚述帝国都城。位于伊拉克的北部、底格里斯河上游东岸今伊拉克摩苏尔附近,意为"上帝面前最伟大的城市"。——译者注

[9] 孟斐斯是古埃及城市,位于今尼罗河三角洲南部,上下埃及交界的米特·拉辛纳村。其名称起源于第六王朝。——译者注

[10] 库迈为一古希腊屯垦区,位于那不勒斯西北。库迈是希腊在意大利本土的第一个殖民地。——译者注

[11] 希梅拉为西西里岛北岸的一个古希腊殖民地城市,曾经具有重要意义,其遗址位于推罗米尼伊梅雷塞。——译者注

[12] 叙拉古是意大利西西里岛上的一座城市,位于岛的东岸。——译者注

[13] 《士师记》是《圣经·旧约》其中一卷。——译者注

[14] 突尼斯湾是地中海南部、突尼斯北岸的一个海湾。——译者注

[15] 昔兰尼是位于现利比亚境内的古希腊城市,始建于公元前七世纪,为该地区五座希腊城市中最古老和最重要的一座,利比亚东部因它而命名为昔兰尼

加。——译者注
- [16] 的黎波里,利比亚首都,位于利比亚西北部沙漠的边缘及地中海沿岸。它是利比亚的首都与经济、文化、交通中心,也是该国最大的城市和重要的海港。——译者注
- [17] 君士坦丁省为阿尔及利亚东北部城市,以君士坦丁王命名,君士坦丁省首府,在斯基克达以南的平顶孤丘上。——译者注
- [18] 大莱普提斯位于利比亚境内,曾经是古罗马重要的沿海城市之一。——译者注
- [19] 努米底亚(公元前202—前46年),是一个古罗马时期的柏柏尔人王国,如今这一国家已经消亡。其领土大约相当于现今的阿尔及利亚东北以及突尼斯的一部分(皆位于北非)。——译者注
- [20] 塔兰特,古代中东和希腊-罗马世界使用的质量单位。——译者注
- [21] 对这一阶段最清晰的描述见于迦太基的条约,条约里一方面表示其与乌提卡人有别,另一方面表示其与利比亚属国有别,称之为"那些适用同等法律的迦太基属国"。在别处又称他们为同盟市或纳贡市。他们与迦太基人的通婚权见于戴奥多拉,而所谓的"同等法律"包含财产权。腓尼基的旧殖民地也包括利比-腓尼基人在内,可以称波为利比腓尼基城为证。另一方面,关于从迦太基分出的殖民地,汉诺的《周航志》有云:"迦太基人决定使汉诺航行至赫拉克勒斯柱外,并创立利比腓尼基城市。"大致看来,迦太基人用"利比-腓尼基"一词,不用作一个民族的名称而用作宪法中代表一个阶级的名词。这一见解完全与一种事实相符合,即由文法看来,此名称代表与利比亚人混合的腓尼基人。由事实看来,至少在设立孤悬异域的殖民地时,利比亚人常与腓尼基人同居共处。在名称和宪法关系上,罗马的拉丁人与迦太基的利比腓尼基人相似,实属明确无疑。
- [22] 我们所谓的利比亚或努米底亚的字母,是指柏柏尔人从古至今用以书写其非闪族语而言,起源于原始阿拉米字母的不可胜数,而这就是其中之一。利比亚字母固然有几种形式比腓尼基字母更接近于阿拉美字母,但我们决不能因此便认为利比亚文字不是起源于腓尼基人而起源于更早的移民,正如意大利字母有一部分形式较为古老,我们也不能因而认为其不是起源于希腊字母。我们毋宁假设,利比亚字母起源于腓尼基字母之时,早于腓尼基文所记载的书写时代。
- [23] 加的斯位于西班牙西南沿海加的斯湾的东南侧,是西班牙南部主要海港之一,临大西洋。在狭长半岛顶端,三面十余公里为海洋环绕,仅一方与陆地相连。——译者注
- [24] "安达卢西亚"来源于阿拉伯语,意思是"汪达尔人的土地"。西班牙最南的历史地理区,也是西班牙南部一富饶的自治区。——译者注
- [25] 格拉纳达是西班牙安达卢西亚自治区内格拉纳达省的省会,位于内华达山山麓,达若河和赫尼尔河汇合处。——译者注

[26] 梅萨那海峡,即今墨西拿海峡,为地中海中沟通第勒尼安海与爱奥尼亚海的海上通道。位于亚平宁半岛与西西里岛之间。——译者注
[27] 马耳他是位于地中海中部的岛国,由地中海一些岛屿组成,有"地中海心脏"之称,是一处著名的休闲度假地区。因地处地中海重要战略位置,马耳他在历史上曾为多个民族占领。——译者注
[28] 第勒尼安海是地中海的支海,位于意大利半岛西侧。海域被意大利的撒丁岛、西西里岛、利古里亚、托斯卡纳、拉丁姆、坎帕尼亚、卡拉布里亚及法国的科西嘉岛包围。北经科西嘉海峡通利古里亚海,东南经墨西拿海峡通爱奥尼亚海。——译者注
[29] 亚得里亚海位于意大利半岛和巴尔干半岛之间,为地中海的一部分。它是沿岸国家间以及沿岸国家通往地中海、大西洋、印度洋的重要通道,在经济上、战略上具有重要意义。——译者注
[30] 狄奥尼西奥斯为古希腊一小国国王,统治区为现意大利西西里岛叙拉古,该城市由希腊哥林多(今普遍译科林斯)的殖民者于公元前734年建立,是哥林多的子邦。它很快成为地中海的一个重要城市。
[31] 阿格里真托,1927年前称吉尔真蒂,意大利西西里大区阿格里真托省的省会,近西西里岛南岸。公元前约581年由希腊殖民者建立,公元前480年达到鼎盛,公元前406年被迦太基人破坏。——译者注
[32] 杰拉为意大利港市,位于西西里岛南部,临地中海的杰拉湾。建于公元前688年,捕鱼业较重要。——译者注
[33] 墨西拿,意大利城市,是意大利西西里岛上第三大城市。位于该岛东北端,隔墨西拿海峡与意大利本土相望,也是墨西拿省的省会。——译者注
[34] 阿加托克利斯(公元前361或公元前360—前289年),叙拉古的僭主(公元前317或公元前316—前289年在位)。他是希腊世界晚期僭主政治最杰出的代表。——译者注
[35] 皮洛士生于亚历山大大帝死后分裂的希腊化世界,是小国伊庇鲁斯的王子,他是一位战争艺术大师,战略之父汉尼拔就自称是他的学生,把他排在亚历山大大帝后列为古典时代的第二位名将。——译者注
[36] 利基翁即现代卡拉布里亚的利基奥,是意大利南部墨西拿海峡的港口城市。利基翁是古希腊的殖民地,它在罗马帝国的重要地位乃它位于上述海峡和意大利西岸航线上。——译者注
[37] 埃拉托色尼,公元前276年出生于昔兰尼,即现利比亚的夏哈特,公元前194年逝世于托勒密王朝的亚历山大港,希腊数学家、地理学家、历史学家、诗人、天文学家。埃拉托色尼的贡献主要是设计出经纬度系统,计算出地球的直径。——译者注
[38] 寡头政治指由少数人掌握政权的一种统治形式。原指少数人掌握的政权,如古希腊、雅典奴隶制国家的贵族政权,后通指由一小撮反动统治者操纵一切

的政治制度。不仅是在政府事务中服从少数人统治的政治,而且在任何团体,诸如教堂、工会、学校,或者其他机关中,由少数人所管治者,均可称为寡头政治。——译者注

[39] 斯巴达是古代希腊城邦之一,史称拉凯达伊蒙,位于伯罗奔尼撒半岛南部的拉科尼亚。斯巴达以其严酷纪律、独裁统治和军国主义而闻名。斯巴达的政体是寡头政治。在伯罗奔尼撒战争中,斯巴达及其同盟者战胜雅典军队并霸权整个希腊。——译者注

[40] 伊索克拉底(公元前436—前338年),是希腊古典时代后期著名的教育家。——译者注

[41] "士师"一词,希伯来原文是"审判官"的意思。这些人为神所选派,有真神的灵赐予独特的能力,奉命作百姓的领袖。他们的工作不仅是裁判案件,最重要的是拯救以色列国民脱离外邦仇敌之手。——译者注

[42] 古代斯巴达设有五长官("监管"的意思),每年由全体城邦公民选出。这五人负责协助两个国王执政,他们每月都要立誓效忠国王,国王则立誓效忠法律。——译者注

[43] 伯罗奔尼撒战争,是提洛同盟与伯罗奔尼撒联盟之间的战争,战争的双方是雅典和斯巴达。这场战争从公元前431年一直持续到公元前404年,使得绝大多数周边城邦必须加入其中一方的阵营。该战争使雅典走出了全盛时期,结束了希腊的民主时代。——译者注

[44] 管理乡庄的家仆虽是一个奴隶,可是据迦太基著农书的玛哥说,却也应当能读书并掌握点知识。在普劳图斯所作的著作中,对于主人公有这样一段话:而且他精通各种语言,却假装有自知之明,他显然仍是波埃奴,多言又有何用?

[45] 有人曾质疑过这一数字的准确性,以可用的地面计算,可容居民的数目最高不超过二十五万。可这种计算方式难以确定真正的人口数目,尤其是商业城市的房屋高达六层,我们必须切记此数是以政治意义而言,而不是以居于这一城市的意义而言,正如罗马民情调查册上的数目。如是,所有迦太基人无论是居于迦太基城或其邻近,还是居于属国或外国的,都包含在这数目之内。说到迦太基,这种离城在外的当然为数甚多,例如加的斯,因为这个理由,市民册上所示的人数永远多于定居于此地的人数,见于明文。

第二章

罗马与迦太基争西西里之战

西西里概况

大约一个世纪以前,迦太基人与叙拉古统治者之间的争斗,已经将美丽的西西里岛摧残得面目全非。双方均采用政治变节为其战争武器,因为迦太基虽然与叙拉古反政府的贵族共和派保持联系,叙拉古统治者却与迦太基属下希腊城邦的民族派维持关系。双方均派遣佣兵作战,提木良和阿加托克利斯是如此,腓尼基的将军们也是如此。双方都采用相似的方式,因此两者之间的争战也同样不顾体面、背信弃义,这在西方历史中是绝无仅有的。叙拉古的势力较弱。在罗马纪元440年即公元前314年签订的和约中，迦太基仍然将其领土限定在赫拉克利亚·米诺亚和希梅拉以西的全岛三分之一，并公开承认叙拉古对以东各城的霸权。罗马纪元479年即公元前275年，皮洛士被逐出西西里和意大利之后，西西里岛的大半地区，尤其是大城阿格里真托都落入迦太基之手。除了陶尔米纳[1]和该岛东南部之外，叙拉古什么都没有了。

坎帕尼亚[2]的佣兵

东岸的第二大城梅萨那已被一帮外国军人所占领，既不属于叙拉古，也不属于迦太基。梅萨那的这些新统治者乃是坎帕尼亚的佣兵，在卡普亚[3]及其周围定居的萨贝利人[4]中间。荒淫无度的习惯盛行，使坎帕尼亚在罗马纪元四、五世纪时成为了君主和城市招募新兵的主要地区，一如后来的埃托里亚[5]、克里特[6]和拉科尼亚[7]。坎帕尼亚的希腊人所带来的部分文明，卡普亚和其他坎帕尼亚城市所过的奢靡生活，罗马霸权在该地所造成的政治无能（然而其严厉尚不至于完全剥夺他们的自主权）——种种因素都驱使坎帕尼亚的青年投入新兵的行列。当然，这种轻率的卖身行为与其他地方一样，必定会造成他们与自己的故土产生隔阂，使军队养成暴虐无道的习惯，并令他们毫不在意背信弃义。这些坎帕尼亚人以为，一群佣兵只要能守住由他们保卫的城市，并将其据为己有——萨莫奈人占领卡普亚，卢卡尼亚人陆续占领希腊数座城市，其手段也并不光彩。

玛末丁人

能鼓动人们进行这种冒险事业的地点莫过于西西里，因为那里的政治关系太复杂。在伯罗奔尼撒战争期间，来到西西里的坎帕尼亚首领已经用这种方式潜入了恩特拉和埃特纳。约在罗马纪元470年即公元前284年，一伙曾服役于阿加托克利斯军中的坎帕尼亚人，在阿加托克利斯死后干起了海盗的营生，占据了梅萨那。梅萨那当时是西西里希腊人的第二大城，该岛仍处于希腊人统治下的部分地区是反叙拉古的首要基地。此城的公民或惨遭杀戮，或被驱逐，他们的妻儿、房屋则被分配给士兵。该城的新主人自称"玛末丁人"，即"玛司人"，不久便成为该岛的第三大强权。在阿加托克利斯死后的纷乱时期，他们陆续征服了西西里的东北部地区。迦太基人乐于袖手旁观，因为这些事情导致邻近叙拉古的国家成为了其新的劲敌，而不是与之同族，并常与之联盟或成为其属国的城市。由于迦太基人的协助，玛末丁人才不至于被皮洛士所击溃，而皮洛士不合时宜的撤退则使他们得以恢复其全部势力。

叙拉古人和玛末丁人之间的叙拉古之战

玛末丁人为夺取权势不惜背信弃义，对于这一罪行，历史学家固然应当口诛笔伐，同时也不应忘记历史之神不会将父亲的罪恶惩罚到第四代子孙的身上。凡以论断他人之罪为天职的人，都可能归罪于人。就西西里而言，一个好战且基于此岛的强权开始在这里形成，可能是一件好事。这个强权已派遣八千名战士出征，在适当的时机以其力量与敌人顽强地对抗，并逐渐站稳脚跟。因为希腊人尽管连年征战，却日益不习于战备，已不足以与玛末丁人相抗衡了，因此他们不可能维持西西里的统一局面。

然而，一开始局势出现了转变。叙拉古的一个年轻军官出身于革隆家族，与皮洛士王有近亲关系，又由于在皮洛士的征战中屡立战功，因此不但受到叙拉古军界的景仰，而且引起了公民们的注意，此人便是希罗克洛斯之子希罗。军队选举他为将军，而当时公民与军队的意见并不一致（罗马纪元479—480年即公元前275—前274年）。希罗执政谨慎，品德高尚，意见中肯，于是很快便赢得了叙拉古公民（他们已见惯暴君无法无天的行径）和西西里大部分希腊人的爱戴。他铲除了不服从命令的佣兵（当然采取的依然是背信弃义的方式），重整公民兵，起初以将军之名，后来以国王之名致力于用公民兵和更易于统率的新兵，复兴这沉沦已久的希腊国家。迦太基人曾与希腊人联合驱逐皮洛士，此时叙拉古人和迦太基人暂且相安无事。他们当前的敌人是玛末丁人。他们与叙拉古铲除的佣兵为同族，他们杀害了那些容纳他们的希腊人，剥夺了叙拉古的领土，压迫并劫掠了许多希腊人的小镇。那时罗马正派兵进攻利基翁的坎帕尼亚人，玛末丁人与这些人结为联盟，因此希罗与罗马人联合，转而攻打梅萨那。叙拉古人大获全胜，希罗被奉为西西里人之王（罗马纪元484年即公元前270年），他成功将玛末丁人封锁在城内，对其围攻了几年后，玛末丁人意识到自己已陷入绝境，凭一己之力不足以再守住此城。显然，以有利的条件投降是不可能的，而罗马刽子手落在利基翁的坎帕尼亚人头上的斧头，必定会在叙拉古落到梅萨那人的头上。他们逃脱厄运的唯一方法就是把该城献给迦太基人或罗马人，两国必定都非常想得到这座重要的大城，会将所有疑虑丢在一旁。至于将其献给腓尼基人还是意大利的统治者，何者更为有利，则还需再三考量。经过长时间的深思熟虑，坎帕尼亚的大部分公民终于决定将他们这座制海的坚城献给罗马人。

玛末丁人被允许加入意大利同盟

当玛末丁人的使者出现在罗马元老院之际，正是世界史上最为重要的时刻。确实，没有人能预料到渡过这条狭窄海峡所带来的一切后果。但无论元老院做何决定，其后果必定与迄今通过的所有法案之结果相去甚远，且比它们重要得多，这一点已经无可置疑。诚然，公正不阿者可能会提出疑问，对于此事为何有所疑虑？为何有人建议罗马人对希罗背弃盟约，且在严惩利基翁的坎帕尼亚人之后，却允许西西里那些同犯此罪的人与罗马结盟，因而得免其罪？这种罔顾信义的行为不仅会成为敌人指责的把柄，还会触怒一切有是非之心的人。但真正有政治道德的政治家们也可以反问：违背了军人誓言，谋杀了罗马同盟的罗马市民，还能与那些虐杀他国人的外国人相提并论吗？罗马人既非裁判官，又不是一方的复仇者。如果问题仅在于梅萨那究竟应由叙拉古人统治，还是由玛末丁人统治，那么罗马当然都会默许。罗马力求占据意大利，迦太基则力求占据西西里，两国的计划都只限于此。但正因如此，两者均希望各自在边境上保留一个中间势力（例如迦太基人支持塔伦图姆，罗马人支持叙拉古和梅萨那）。若这一方法不能实行，则两者都宁可将邻近地区据为己有，而不愿拱手让给更强大的国家。在罗马人将占领利基翁和塔伦图姆之际，迦太基曾试图占领这两个意大利城市，之所以未取得成功，只因偶遇阻碍。而现在，一个有望将梅萨那并入其属国的良机出现在罗马面前，倘若罗马人放弃这个机会，梅萨那便不可能再保持独立或归叙拉古所有，他们必将投入到腓尼基人的怀抱。凭此永不再来的绝佳机会，罗马人可以占据意大利和西西里之间的天然桥头堡，并以确实可靠的英勇卫戍部队加以保卫，罗马人岂可放过此等良机？放弃梅萨那就等于放弃东西两海最后一条自由航道的控制权，牺牲意大利的商业自由，他们有什么理由这样做？的确，除了这一政策在良心和正义上所产生的疑虑外,还有其他理由反对占领梅萨那。出兵必会导致与迦太基的战争,这还是其中一个最小的理由。虽然这种战争非常严重,但罗马却并不畏惧。更重要的是,罗马若渡过海峡,便改变了罗马人一向遵循的纯意大利和纯大陆的政策。他们将放弃列祖列宗创建罗马伟业所采用的策略,另辟蹊径,而其后果无从预料。这时,人们已经黔驴技穷,惟有深信其自身和国家的命运,才有勇气握住那从黑暗未来伸出的手,并不知所往地追随它而去。执政官建议出兵,元老院经过深思熟虑,还是没有果断做出决定。他们将此事交给市民决议,市民被一股伟大的权势感所激发,而此种感觉正是由罗马人民的精力所孕育出来的。成功征服意大利鼓舞了罗马人的士气,就像征服希腊鼓舞了马其顿人,征服西里西亚[8]鼓舞了普鲁士人一样,使他们步入新的政治阶段。罗马曾声称有权保护所有意大利人,现在它以此为正式的托辞,来援助玛末丁人。海外意大利人也被纳入意大利同盟[9],依执政官的建议,公民决意派兵援助他们(罗马纪元489年即公元前265年)。

关于罗马对西西里进行干预一事,两个迄今在名义上都与罗马有联盟关系的西西里国家均受到直接影响,他们对此事所持的态度至关重要。罗马号令希罗不要对其新同盟梅萨那继续采取敌对态度,但希罗有充分的理由拒绝这一要求,正如在卡普亚和图里被占领之际,萨莫奈人和卢卡尼亚人不顾诏令,以宣战答复罗马人一样。然而,如果他无人援助,这种战争便是愚妄之举。从他那谨慎而稳健的政策观之,如果迦太基人倾向于和平,他将对不可避免之事默然应允。这似乎并非不可能。这时(罗马纪元489年即公元前265年)距腓尼基舰队企图夺取塔伦图姆已经七年之久了,罗马派使者前往迦太基,要求对此事作出解释。那些并非没有根据但已渐渐被人遗忘的旧怨又重新提起——在准备其他战事时,为了在将来的宣言中,按罗马人的惯例使他们站在受害者的立场，于是以开战为由补充外交军械库，这似乎并不是多此一举。有一件事至少是可以确定的，即双方对塔伦图姆和梅萨那进行的图谋，就其构想和借口而言，完全是如出一辙，不同之处仅仅在于成功与否。迦太基人避免公然决裂。迦太基舰队的司令官否认曾对塔伦图姆有所企图，罗马使者归国时，将他的否认和所需的虚假誓言一并带回。迦太基人当然也提出了反诉，并且故意采取温和的方式，尽量不把干预西西里一事作为开战理由。然而，此事确实是开战理由，因为迦太基视西西里之事（正如罗马视意大利之事）为独立国家不容干涉的内政，因而决定采取相应的行动。只不过腓尼基人选择的是比较温和的途径，而非公然宣战。当罗马正在准备派兵支援玛末丁人时，拿波里[10]、塔伦图姆、韦利亚和洛克里等国战舰组成了一支舰队，罗马陆军前锋在军事执政官盖乌斯·克劳狄乌斯的领导下已经出现在了利基翁（罗马纪元490年即公元前264年春）。这时，出乎意料的消息从梅萨那传出：迦太基人已与当地的反罗马派达成谅解，以中立国身份在希罗和玛末丁人之间斡旋，梅萨那之围已经解除，迦太基的舰队停在梅萨那的港口，城中则驻有迦太基军，两者皆由舰队司令汉诺指挥。玛末丁的公民现在在迦太基人的影响下向罗马司令致谢，感谢他们如此迅速地前来援助，并庆幸自己已不再需要劳烦他们了。但那精于战术且勇敢无畏的罗马前锋指挥官却继续航行。然而，迦太基人已警告过罗马船只，令其退回，甚至捕获了几艘战舰作为战利品。但迦太基的舰队司令牢记严令，决不可予人以开战的借口，于是便把捕获的船只送还给了对岸的好友。罗马人只好在梅萨那面前示弱了，就像以前迦太基在塔伦图姆面前一样。但克劳狄乌斯不肯就此罢休，第二次渡海终于成功了。他登陆后，便立即召集公民大会，迦太基的舰队司令也如愿莅临，仍然抱着可以避免公然决裂的幻想。可是在大会中，罗马人抓住了他。汉诺和堡垒里的腓尼基人，一者软弱无能，一者群龙无首，被擒的司令竟下令军队撤退，其部下服从了他的命令，将军本人也随同一起撤出该城。因此，西西里的桥头据点落入到罗马人之手。迦太基政府当然迁怒于将军的懦弱愚蠢，将其处以死刑，并向罗马人宣战。他们最主要的目标就是收复失地。汉尼拔之子汉诺率领一支强大的迦太基舰队来到梅萨那的海面。舰队封锁梅萨那之际，迦太基陆军则在北方发动攻击。只待迦太基人进攻的希罗，这时也立即开始从南方攻击梅萨那。

与希罗缔结和约

可是与此同时，罗马执政官阿皮乌斯·克劳狄乌斯·考狄克斯率领其陆军主力到达利基翁，趁着夜色偷渡海峡，竟未被迦太基舰队发觉。罗马人既大胆又幸运，迦太基盟军没有料到会被罗马主力攻击，因而没有会师，罗马军从城中出击，将其打得片甲不留，于是梅萨那城得以解围。罗马军整个夏季都据守着战地，甚至试图进攻叙拉古，但被后者击溃，对埃契特拉（位于叙拉古和迦太基交界处）发动的围攻也损失惨重，于是只好回到了梅萨那，留下强大的部队驻守此地，然后率其他部队返回意大利。这是罗马人第一次在意大利境外作战，结果或许不尽符合国内人士原先的预计，因为执政官没有获得胜利。然而，罗马人在西西里所展现出来的英勇气概，却在西西里希腊人的心中留下了深刻的印象。次年，两位执政官率领兵力加倍的军队直入西西里，未遭阻拦。一位名叫马克·瓦勒里乌斯·马克西姆斯的执政官，后来因此战役被称为"梅萨那英雄"，他大破迦太基与叙拉古的联军。此役之后，腓尼基军再也不敢与罗马人对阵了。阿列萨、森都利帕和其他较小的希腊城镇均归胜利者所有，而希罗也放弃了迦太基，与罗马缔结和约并结盟（罗马纪元491年即公元前263年）。他实行一种明智的政策：一旦罗马人决意对西西里进行干预，而他尚有不割地不牺牲即能议和的时间，他便归附罗马人。

西西里的中介城邦，即叙拉古和梅萨那，既然不能遵循其自身的政策，便只有在罗马和迦太基这两个霸权中做一选择。他们必定偏向于前者，因为罗马可能尚未将征服西西里纳入计划之中，而仅求其不为迦太基所得。罗马人大概会给予西西里城镇比较公平的待遇和对于商业自由的相当保护，以替代迦太基人所推行的暴虐和垄断政策。自此以后，希罗便一直是罗马人在西西里岛上最重要、最坚定而又最受尊重的盟友。

占领阿格里真托

至此，罗马人达到了他们当前的目标。由于他们与叙拉古和梅萨那两国联盟，且稳固地占据着整个东岸地区，所以能安然登陆西西里，并能在此地驻兵，这在以前一直都难以做到。而原先危机四伏的战争，其危险性也大大降低。罗马人对于此次战争所做的努力，不亚于他们对于萨莫奈和伊特鲁里亚的战争。次年（罗马纪元492年即公元前262年），派往该岛的两个兵团与西西里的希腊人联合，已足够把各处的迦太基人驱入堡垒。迦太基的总司令，即吉斯戈之子汉尼拔，派其精英部队进军阿格里真托，以保卫这个迦太基人在内陆最重要的城市。罗马人无法攻取这样的坚城，于是掘壕沟，筑复垒，将其封锁起来。被围者约五万人，不久便陷入物资匮乏的困境。为了解除围困，迦太基的舰队司令汉诺登陆赫拉克利亚，切断了罗马军的粮道，于是双方均陷入物资极度匮乏的境地。最后双方终于决定交战，以结束这一困境。努米底亚骑兵显然优于罗马骑兵，正如罗马步兵优于腓尼基步兵。罗马凭借步兵赢得了战争的胜利，但依然损失惨重。战争结束后，兵困马乏的战胜者在混乱与困顿之下，疏于防范，竟使被困的军队得以出城与舰队会合，使罗马战胜而没有得到完满的结果。尽管如此，这场胜利仍至关重要。阿格里真托落入罗马人之手，因而整个西西里岛除沿岸堡垒外都被其所掌控。迦太基将军哈米尔卡·巴卡[11]继汉诺成为统帅，誓死驻守在这些沿岸堡垒，无论武力或饥饿都不能将他逐出。至此，岛上战事平息，后来继续的战争不外乎迦太基人从西西里堡垒中发动的袭击和对意大利海岸的侵扰。

海战的开端

事实上，这是罗马人首次感觉到这场战争的真正困难。据说在战争爆发之前，迦太基的外交官曾警告罗马人，不要将事态闹到决裂的地步，因为迦太基人若不情愿，罗马人连在海里洗手都不可能。这一威胁并非口出狂言。迦太基的舰队独霸海洋，不仅使西西里沿岸城镇臣服纳贡，而且有攻击意大利之势。正是出于这一原因，罗马人在罗马纪元492年（即公元前262年）要在此留兵驻守。迦太基人并未发动大规模入侵，其分遣队却登陆意大利海岸，向罗马的同盟国征收贡品。更有甚者，他们将罗马及其盟国的商业完全破坏了。这种情况只需假以时日，便足以毁灭凯雷、奥斯提亚、拿波里、塔伦图姆和叙拉古，而迦太基虽然失去了西西里的贡金，但它可以从其他地方征收和掠夺丰富的财物。

现在，罗马人吸取了昔日狄奥尼西索斯、阿加托克利斯和皮洛士所得的教训：在战场上击败迦太基人容易，但征服迦太基人却甚难。他们明白一切都有赖于建立一支强大的舰队，于是决定开始建造，包括三排桨战船二十艘，五排桨战船一百艘。然而，这一重大决议的实施却绝非易事。雄辩家们要使我们相信罗马于此时第一次举桨划水，这当然是幼稚之言。意大利商船队的航运范围当时已非常广阔，甚至已不乏意大利的战船。但其战船都是旧时通用的三排桨战船，由迦太基人主创的五排桨战船全数用于前线，但意大利尚未建造这种战船。因此，罗马人此时所采取的方法，甚似近代一个海洋国家欲由建造风帆巡洋舰和单桅艇一跃建造战舰。正如现在所遇到的情况，如果可能的话，必须以外国战舰为模板，罗马人也要求造船师以迦太基一只搁浅的五排桨战船为模板。当然，罗马人如果愿意，可以得到叙拉古和马西利亚人的援助，立即达到目标。可是罗马政治家非常明智，深知必须用意大利的舰队来保卫意大利。然而大多数海军军官与水手都是来自意大利各同盟国，军官多来自意大利商船队，水手名为"海军同盟"，可见暂时还只得专由同盟供给。除此之外，后来还雇用了国家和富人的奴隶，不久又雇用贫穷的公民。

在这种情况下，平心而论，罗马在一年之内解决由陆权国变为海权国的问题（这个问题曾让拿破仑困扰不已），且于罗马纪元494年即公元前260年春使一百二十艘战船下水，这并非不可信，因为一者当时造船技术不甚发达，二者罗马人民全力以赴。当然，就船只数量和航海技术而言，这支舰队绝对无法与迦太基舰队相抗衡。由于当时海军战术贵在灵活操纵，因此这两点显得格外重要。在那时的海战中，重甲步兵和弓箭手无疑也在甲板上作战，抛掷的机器也在甲板上向敌人投射。但通常能决定胜负的战法则是对敌船拦腰直撞，正因如此，船头均装有沉重的铁嘴。参战船只互相绕航，直到一方得以直撞另一方，由此决出胜负。希腊一艘寻常的三排桨战船，约有船员二百人，其中士兵仅十人，划船的却有一百七十人，每层甲板约五十到六十人;一艘五排桨战船的船员中划船的有三百人,士兵所占比例与上述相当。

罗马的军官与船员均经验不足,必然缺乏机动性,为了弥补这一缺陷,罗马人想到了一个妙计,在海战中给士兵安排了一个重大的任务。他们在每艘战船的船头放置一个吊桥,可以向前方或两边放下。吊桥两侧装有栏杆,前端可容纳两人。当敌船直冲过来或在闪避时两船并行之际,甲板上的吊桥就会立即落下,用一条铁钩钉住敌船。这样不仅可以避免敌船的冲撞,还能使罗马士兵沿着吊桥冲上敌军的甲板,以陆战的方式对其发动攻击。罗马并未组建特殊海军部队,而以陆军充任。在一次海上大战中,每艘战船上有士兵一百二十人,然而这已经包括登陆军队在内了。

罗马人以这种方法创建了一支足以匹敌迦太基的舰队。有些人误认为罗马舰队的建造只是一个神话,我们必先明白此事,然后才能加以赞赏。罗马人组建舰队是全民族的一项伟业,凭着这项工作,由于他们非常清楚何者是需要的,何者是可能实现的,并发挥自己的创造才能和强大的决心与毅力,终于将罗马从毁灭的危险中解救了出来。

米列海战[12]的胜利

然而,罗马在战争之初并不占上风。罗马的执政官格涅乌斯·科尔涅利乌斯·西庇阿作为舰队司令,率领十七艘先锋战船奔赴梅萨那(罗马纪元494年即公元前260年),途中想到用奇袭夺取利帕拉。但当罗马舰队停泊在该岛的港口之际,一支驻守在帕诺穆的迦太基舰队却封锁了港口,不费一兵一卒便捕获了罗马整支中队与执政官。然而罗马的主力舰队并未因此而退缩,一切准备就绪后便立即驶向梅萨那。舰队沿意大利海岸航行，与迦太基一支力量较薄弱的侦察舰队相遇，幸而使其受到了重创，足以平衡罗马中队所受的损失而有余。主力舰队取胜后驶入梅萨那港，第二执政官盖乌斯·杜伊里乌斯代其被捕同僚指挥军队。在汉尼拔的指挥下，迦太基舰队从帕诺穆出发，在梅萨那西北方的米列海岬与罗马舰队相遇，罗马人在这里首次受到了大规模的考验。迦太基人见罗马战船外形笨拙，驾驶技术不佳，以为轻而易举就能将其击溃，于是掉以轻心，以乱阵向前攻击。但新发明的吊桥发挥了极大的作用。罗马战舰一旦勾住迦太基的战舰，便即刻予以毁灭性的攻击。后者无论从前面还是从两侧接近罗马军，都会有危险的吊桥落在它的甲板上。战事结束后，迦太基舰队被击沉或被俘虏的船只约五十艘，几乎是整支舰队的一半。其中被俘的包括舰队司令汉尼拔的船舰，此船曾属于皮洛士王。罗马军战果颇丰，更重要的是鼓舞了军队的士气。罗马摇身一变成为了一个海权国，对于长期侵扰国境并可能会破坏意大利商业的战争，它拥有了结束这场战争的强有力武器。

西西里岛和撒丁岛沿岸地区的战争

罗马人面临两种选择：其一，他们可以在意大利岛屿上攻击迦太基人，陆续夺取其在西西里和撒丁沿海的堡垒，如果海陆密切配合，则这一计策是切实可行的。若能成功，便可以以迦太基让出这些岛屿为条件与其议和，如果他们不接受这个条件，或罗马人不尽满意，那么战争的第二阶段便可转移至非洲。其二，将这些岛屿置之度外，立刻将全部力量投入非洲，但不采取阿加托克利斯的冒险方式，烧毁落后的船只并以一支决死队孤注一掷，而是在非洲入侵军和意大利之间维持强大的舰队，以保护其交通；这样，在取得初步胜利后，敌人必定会惊慌失措，于是有望缔结一个较宽和的和约，而如果罗马人想把事情推向极端，也可以迫使敌人完全投降。

当初，他们选择了第一个计划。在米列海战后一年（罗马纪元495年即公元前259年），执政官卢修斯·西庇阿夺取了科西嘉的阿莱利亚港——这位将军的墓碑上载有此事，一直保留至今——将科西嘉作为对抗撒丁的海军基地。罗马人试图在该岛北岸的奥尔比亚[13]建立根据地，但因缺少登陆部队而以失败告终。他们于次年（罗马纪元496年即公元前258年）又尝试了一次，战果颇佳，沿岸毫无防御的村落遭受劫掠，可是罗马人仍未能建立永久的基地。西西里方面也没有取得较大进展。哈米尔卡指挥迦太基军，他有勇有谋，不仅凭借武力在海上和陆上作战，且善于运用政治招降的办法。每年都有许多小镇叛离罗马，罗马人须费尽周折才能将它们从腓尼基人的手中重新收回来。在沿岸堡垒中的迦太基人则坚不可摧，所向无敌，尤其是帕诺穆的司令部及德瑞帕那的新堡垒最为坚固，德瑞帕那易于从海上防御，所以哈米尔卡将埃利克斯的居民迁至此处。罗马纪元497年即公元前257年，两军在丁达利岬进行第二次大规模海战，双方均宣布获胜，形势却未因此有所变化。因此，战争毫无进展，这或许是因为罗马司令屡次更换，号令不一，从而使一些小规模的行动极难集中控制；或许是由于此次战役属一般的战略关系，当时的军事学尚处于初级阶段，战略关系当然不利于进攻者，尤其不利于刚刚才踏入战争这门学科之门槛的罗马人。同时，虽然意大利沿岸所遭受的劫掠已经结束，但其商业所受的损失不亚于罗马舰队组建以前的情形。

埃克诺穆斯海战的胜利

一方面倦于毫无战果的战争,一方面急于结束战事,元老院决定改变战略,于非洲对迦太基发动攻击。罗马纪元498年即公元前256年春,三百三十艘战船组成一支舰队,驶向利比亚海岸。在西西里南岸的希梅拉河口处,四个兵团的登陆军上船,由两名经验丰富的执政官马库斯·阿蒂利乌斯·雷古鲁斯[14]和路奇乌斯·曼利乌斯·弗尔索担任指挥。迦太基舰队司令任由敌军登陆,但在罗马舰队继续向非洲航行时,他们却发现布匿舰队已在埃克诺穆斯海面上严阵以待,以保卫其国土,抵抗侵略。此次海战的参战人数之多在历史上实属罕见:罗马战船三百三十艘,船员至少十万人,另有四万登陆军;迦太基战船三百五十艘,船员人数至少与罗马相等,因此参加这次两大民族之战的大约有三十万人。腓尼基舰队排成一条松散的单阵线,左翼停靠在西西里海岸。罗马舰队则列成一个三角形,两位执政官舰队司令的船舰位于三角形的顶点,第一、二中队分别向左右排成斜阵,第三中队拖着为运输骑兵而造的船只,则形成三角形的底边。他们就这样呈密集的队形向敌军驶去。第四中队为预备队,在后面缓缓行驶。这个楔形战队轻而易举地攻破了迦太基的阵线,因为首当其冲的迦太基中间部队故意退让,所以战事被分为了三个部分。罗马舰队司令率左右两翼追击迦太基中间部队,与其近距离对战。迦太基沿岸布阵的左翼船队则转而攻击罗马的第三中队,后者因拖船所累,无法赶上左右两翼,而被迦太基的优势兵力沿岸追击,被迫靠岸。同时,迦太基的右翼在大海上绕过罗马预备队,从背后对其发动攻击。这三部分战斗中,第一部分很快便决出了胜负,迦太基的中间部队显然不敌罗马左右两翼,随即落荒而逃。罗马其他两支船队的对手较强,苦苦抵抗,在近距离作战之际,罗马那可畏的吊桥发挥了极大的作用,使其得以固守阵地,等待两位司令率舰队而来。他们的到来解救了罗马预备队,迦太基的右翼在强大的敌军面前选择了撤退。现在,罗马显然占据有利地位,他们将仍留在海上的船只全部用来攻击迦太基左翼的后路,迦太基左翼正乘胜逐利,不知退却,因此被罗马军所包围,几乎全军覆没。就其他损失而言,双方大致相等。罗马战船沉没二十四艘,迦太基战船沉没三十艘、被俘六十四艘。

雷古鲁斯登陆非洲

迦太基舰队虽然损失惨重,却并未放弃保卫非洲,因此即刻回到了迦太基湾。他们预料罗马军必定会于此处登陆。但罗马人却不选择迦太基湾之半岛的西岸,而选择东岸,那里的克鲁皮亚湾地形宽阔,几乎可以阻挡所有风暴。而海岸上的小镇位于由平原崛起的扇形高地上,为港口形成了绝佳的防御。罗马军在此登陆,未遇到敌军的阻挠,于小山上建立根据地,不久便建成了海军营地,陆军可自由出入。罗马军横扫该城,征收贡金,运往罗马的奴隶竟达两万之多。罗马人凭借难得的运气,竟然一举成功,牺牲甚微,他们的目的似乎已经达到了。在这方面,罗马人很有自信,从以下事情即可看出:元老院决定召回舰队的大部分船只以及半数部队,只留马克·雷古鲁斯单独率领四十艘战船、一万五千名步兵以及五百名骑兵驻守在非洲。然而,他们的自信似乎并不为过。迦太基军士气低迷,不敢进犯平原,却在树木丛生的峡谷中,因无法施展骑兵和象军的威力,故屡遭挫败。大量城镇投降,努米底亚人叛变,在毫无防御的乡村中横行。雷古鲁斯或许希望下次出征以围攻迦太基首都为其开端,因此他在非常靠近迦太基首都的突尼斯扎营过冬。

和谈无果

迦太基人意志消沉，他们主动求和。但执政官所提的条件不仅要求割让西西里与撒丁，而且要求迦太基人与罗马缔结一个不平等的盟约，约定迦太基人放弃其海军，且将战船交予罗马用于作战。这些条件必然会将迦太基置于拿波里与塔伦图姆之列。只要迦太基的军队仍然坚守阵地，其首都仍然屹立不倒，他们就绝不会接受这些条件。

迦太基筹备战争

东方各族，即使是最卑微的民族，在大难将至之际，其巨大的热情常会燃烧起熊熊大火，激发迦太基人作出一些店小二民族[15]前所未有的努力。曾在西西里与罗马人打游击战的哈米尔卡，率领西西里军队的精锐回到利比亚，成为了新军的核心。而且，迦太基人凭借关系和金钱招来了一队队的努米底亚骑兵和大量希腊佣兵，其中有著名司令斯巴达人赞提帕斯，其杰出的组织才能和战略技巧给他的新雇主提供了极大帮助[16]。冬季，在迦太基人积极筹备之际，罗马将军却于突尼斯按兵不动。究竟是他没有意识到已经大祸临头，还是他的军人荣誉感使其不敢根据形势来采取相应的对策呢？他并未宣布放弃围攻（他当时根本连尝试的条件都不具备），且不闭门坚守克鲁皮亚的堡垒，而是率领一小支队伍停留在敌国首都的城外，甚至忽略了防守撤往海军营地的退路，也没有设法获得一支精良的轻骑兵。后者是他们非常需要的，且若与背叛迦太基的努米底亚部落谈判，很容易就能得到。这样，由于他的轻率鲁莽，他自己及部下都陷入了与之前阿加托克利斯同样绝望的境地。

雷古鲁斯战败

罗马纪元499年即公元前255年，在春季来临之时，形势发生了变化，迦太基人首先向罗马宣战。这对于他们来说势在必行，因为迦太基必须在意大利援军到来之前击退雷古鲁斯的军队，否则后果不堪设想。也正是由于这一原因，罗马人应该拖延战事。但他们自恃在野战中所向无敌，便不顾兵力悬殊（双方步兵人数大致相当，但迦太基的四千名骑兵和一百头战象却占据了绝对优势），也不顾地形的不利（迦太基人可能布阵于突尼斯不远处的平原），即刻便接受了挑战。当天指挥迦太基军的赞提帕斯，率先调骑兵进攻照常布阵于战线两翼的罗马骑兵。在迦太基庞大的骑兵面前，罗马寥寥无几的骑兵中队即刻化为烟尘，步兵两翼被包围，四面受敌。但罗马军团不惧危险，进攻敌军。在敌军前方保卫军队的战象方队虽然阻挡了罗马军的右翼和中间部队，但罗马军的左翼却得以闪过，攻打敌军右翼的雇佣步兵，将其彻底歼灭。然而，这个胜利打乱了罗马的布阵。主力部队在前方遭受象队的攻击，两翼及后方又受到骑兵的攻击。所以尽管罗马军队形成方阵、英勇应战，但最终仍被消灭殆尽。获胜的罗马左翼部队与未受损伤的迦太基中间部队相遇，利比亚的步兵在这里也给它预备了同样的厄运。由于地理位置不占优势，而敌军骑兵众多，罗马的左翼部队尽数被砍倒或被俘虏。只有两千人——多半是轻兵和骑兵，在战争之初就被打散了——在罗马军团束手无策之时及早逃走，勉强到达克鲁皮亚。被俘者中包括那位执政官，后来死于迦太基。他的家人以为迦太基人未按照战争惯例来对待他，于是对两个迦太基贵族俘虏施以及其残酷的报复，以至于奴隶看了都于心不忍，报告给护民官，这才阻止了可耻的暴行[17]。

撤出非洲

当噩耗传到罗马时,罗马人首先做的当然是抢救被封锁在克鲁皮亚的残余军队。一支由三百五十艘战船组成的舰队立即出发,在赫美岬大胜迦太基海军,致迦太基战船损失一百一十四艘。罗马舰队到达克鲁皮亚时,在此处坚守阵地的罗马战败残军已难以支撑,舰队的到来及时营救了他们。假如这支舰队在灾祸发生前被派出,则很可能转败为胜,提前结束布匿战争。可是罗马人现在已经完全失去了判断力,在克鲁皮亚成功救出残军后,便立即返航,主动放弃那易于防守且保证其能登陆非洲的重要据点,并抛弃了其在非洲的众多联盟,任由他们遭受迦太基人肆无忌惮的报复。迦太基人没有放弃这个可以充盈其空虚国库的机会,令他们的臣民清楚地知道反叛的后果。他们额外征收贡金一千塔兰特(合二十四万四千英镑)与两万头牛,曾叛变的各部酋长一律被钉在十字架上,据说人数达三千人。迦太基当局这种可恶的暴行,实际上为几年后非洲爆发的革命奠定了基础。最后,罗马人所遭受的不幸正如以前成功时的幸运一般,似乎还在方兴未艾。其舰队在归航中遇到暴风,战船和船员有四分之三都葬身大海,回到港口的仅剩八十艘(罗马纪元499年即公元前255年七月)。船长们曾预测有大风暴,但罗马舰队的临时司令却不顾劝阻,照样按原计划航行。

西西里之战再次打响

迦太基人在大获全胜后,又恢复了那蛰伏已久的攻势。汉诺之子哈斯德鲁巴[18]率领一支强大的军队在利利贝乌姆登陆,与罗马军对抗。哈斯德鲁巴的军队以象军最为无敌,大象数量达一百四十头。

上次的战争已经证明，精良步兵的不足在一定程度上可由象军和骑兵弥补。罗马人也再次加入西西里之战，从主动撤出克鲁皮亚一事看来，其入侵非洲的军队被歼灭使得另一派在元老院中重获优势，此派反对在非洲作战，主张逐渐征服各岛屿。可要实现这一目标仍需要一支舰队，而由于征服米列、埃克诺穆斯和赫美岬的舰队已被毁灭，于是他们开始建造一支新的舰队。二百二十艘新战船很快安放了龙骨——他们迄今从未同时建造如此多的船只——在短短三个月内便做好了出海准备，简直令人难以置信。罗马纪元500年即公元前254年春，由三百艘战船（大部分都是新造的）组成的罗马舰队出现在西西里北岸。帕诺穆是迦太基人在西西里最重要的城市，罗马军从海岸发动攻击，成功将其占领。其他的一些小镇，如索伦敦、塞法罗伊丁和丁达利也落入了罗马人之手，因此西西里北岸沿线只有狄尔美一地尚属于迦太基人。自此以后，帕诺穆成为了罗马人在西西里的主要根据地之一。然而，陆上战争并无任何进展，两军在利利贝乌姆城下对峙，但罗马司令官面对象军束手无策，不想迫使敌人进行激战。

次年（罗马纪元501年即公元前253年），两位执政官宁愿舍弃确有把握的西西里利益，决定远征非洲，其目的不在于登陆，而在于劫掠沿海城镇。他们未遭抵抗即达到目的，但在领航员不熟悉的小锡儿第水域搁浅，艰难脱险后又在西西里与意大利之间遭遇风暴，损失了一百五十多艘战船。这一次，领航员也恳求沿岸航行，无知的执政官却强令他们从帕诺穆直接渡海前往奥斯提亚，领航员只好奉命。

罗马暂停帕诺穆海战

罗马城的元老现在深感志气消沉,他们决定将战船缩减至六十艘,使海战局限于海岸的防守和运输的保护上。幸运的是,就在这时西西里停滞的陆战发生了转机。罗马纪元502年即公元前252年,迦太基人在北岸的最后一个据点狄尔美以及重要的利帕拉岛都落入了罗马人之手。次年(罗马纪元503年即公元前251年)夏,执政官盖乌斯·卡西里乌斯·梅特路斯在帕诺穆城下大败迦太基象军,取得了辉煌的胜利。罗马人置轻兵于城壕内,迦太基人派象军出战,被埋伏的轻兵所伤。有的大象落入城壕里,有的反奔本军,队伍一片混乱,象兵们与象队一起涌入海边,希望腓尼基船能来解救他们。一百二十头大象被捕,以象军作为其支柱的迦太基军现在不得不再次躲进堡垒,闭门不出。不久,埃利克斯也被罗马人占领了(罗马纪元505年即公元前249年),除了德瑞帕那和利利贝乌姆外,迦太基在西西里岛一无所有。迦太基再次求和,但梅特路斯的胜利和敌军的疲惫使强硬派在元老院占据优势。

围攻利利贝乌姆

罗马人拒绝和谈,并决意围攻西西里剩余两城,于是再派两百艘战船出海。利利贝乌姆遭到了罗马首次大规模的正式围攻,这也是历史上最顽强的一次围攻。一开始,罗马军就获得了重要的胜利,他们竟然能把舰队驶入此城的港口,并在面对海洋的方向将该城封锁。然而罗马军不能完全封锁海道。尽管他们凿沉船只、架设栅栏、加强防守,但熟悉浅滩和海沟的迦太基船员却能驾驶快速帆船,维持城内被困军队和德瑞帕那港的迦太基军之间的正常交通。事实上,不久之后，迦太基一支五十艘战船的中队竟驶入港口，运来大批补给品和一万名援军，然后平安无事地返航。而攻城的陆军情况也比被围者好不了多少。最初，他们采用常规方法攻城，架起机械，不久便击毁城墙侧面的六座城楼，因此为攻城打开了一个缺口。但是迦太基精明的司令希米尔科下令在缺口之后再筑一道城墙，因而阻挡了攻势。罗马人企图买通守城的卫戍部队，但失败了。在迦太基人首次突围、意欲焚毁罗马人的机械但被击退后，他们在一个风雨大作的夜晚竟然得手了。于是罗马人放弃了攻城的计划，只在水上和陆地上封锁此城。如果他们不能完全阻挡敌船入港，那这种方法成功的希望确实非常渺茫。攻军的情况比被围者好不了多少，因为他们的补给路线常被迦太基勇敢的轻骑兵所切断，而当地的时疫又使军队人数骤减。然而夺取利利贝乌姆至关重要，罗马人耐心坚持，希望能够完成这项艰难的任务。

罗马舰队在德瑞帕那港前战败

但新上任的执政官普布利乌斯·克劳狄乌斯认为，在利利贝乌姆保持长围似乎是件太琐碎的事情。他想再次改变行动计划，率领大量新补充的战船，突击停留在德瑞帕那港附近的迦太基舰队。他带领整支封锁舰队，船上满载陆军兵团的志愿军，于午夜启航，右翼整齐有序地沿着海岸航行，左翼则在大海上航行，日出时分他们安全到达德瑞帕那港。腓尼基的舰队司令阿达巴虽然觉得出乎意料，但依然镇定自若，决不允许自己的舰队被封锁在港内。德瑞帕那港的港口是朝南的，形如镰刀，当罗马军的战船由一边进入港口时，阿达巴便由仍可通行的另一边将舰队撤出，在港外一字排开。罗马舰队的司令现在除了尽快召回最前端的船只，并在港外排成战阵之外，别无他法。但由于这一撤退行动，他失去了自由选择的机会，只有在一条战线上应战。一方面他的舰队侧翼暴露竟达五船之远（因为他们在出港时还来不及将战船充分展开）；另一方面，战船在岸边挤成一团，既不能退，又不能驶往战线之后互相支援。罗马舰队不仅未战而败，而且完全落入了圈套，几乎全军覆没。执政官倒是逃了出去，因为他是第一个逃走的；然而九十三艘罗马战船，超过封锁舰队的四分之三，以及船上的罗马军团精英，全数落入腓尼基人之手。这是迦太基人第一次也是唯一一次在海战中大胜罗马人。利利贝乌姆朝海的一边实际上已经解围了，因为罗马的残余舰队虽然返回到了原先的位置，但他们已经元气大伤，疲惫不堪，无法封锁这从未完全关闭的港口。他们只能靠陆军的援助，以抵抗迦太基舰队的攻击。一个既无经验又轻浮草率的军官所采取的鲁莽行动，致使经过长期艰苦卓绝的奋战才获得的一切，都付诸东流。那些未被其轻率之举所连累的罗马战船，于不久之后也因其同僚的愚昧而毁于一旦。

第二执政官路奇乌斯·谷尼乌斯·普鲁斯奉命在叙拉古装载供应给利利贝乌姆陆军的物资，并负责率领由一百二十艘罗马战船组成的另一支舰队，沿岛屿南岸护送运输。他没有让舰队同时行进，而是错误地下令第一批运输船先行独自离开，然后率第二批紧随其后。迦太基舰队的海军中将加泰罗，当时正率领一百艘精良战船将罗马舰队封锁在利利贝乌姆港。得知这一情报后，他便前进至岛屿南岸，冲入罗马的两批战船之间，切断了它们之间的联系，使其不得不逃到杰拉[19]和卡马里纳两处险恶海岸的避难港。罗马人在沿岸各处都建有炮台，他们借助这些海岸炮台，英勇地击退了迦太基人的进攻。但是，由于罗马的两支舰队会合无望，也无法继续前行，加泰罗便任由狂风暴雨来替他将罗马舰队消灭。因此，下一场风暴便把停靠在险恶之地的两支罗马舰队彻底摧毁了。同时，腓尼基的舰队司令率领轻装上阵、驾驶娴熟的船只，轻易地在大海上躲过了风浪之灾。然而，罗马人却成功救出了大部分船员和货物（罗马纪元505年即公元前249年）。

罗马人陷入困境

罗马元老院束手无策。如今战争已进行到了第十六个年头，但相比第一年，他们现在似乎距离其目标更远了。在这场战争中，四支庞大的舰队已被摧毁，其中三支还载有罗马军团。第四支陆军精锐部队也被利比亚的敌人所消灭，更不用说小海战、陆战、西西里的游击战和疾病所造成的大量损失了。

究竟有多少人死于这场战争，我们从以下事实中便可见一斑：仅仅在罗马纪元502年至507年即公元前252年至前247年这短短的时间内，公民名册上的人数就减少了大约四万人，相当于总人口的六分之一；这还不包括那些在海战中首当其冲且在陆战中至少与罗马人力量相当的同盟军。财政上的损失更是不计其数，其船只和装备的直接损失以及因商业凋敝而造成的间接危害想必是非常巨大的。比这更糟的是，罗马人已感黔驴技穷，再也想不出能结束战争的方法了。他们试着率领生力军乘胜在非洲登陆，结果遭遇惨败。他们曾逐一进攻西西里的城镇，较小的地区均告陷落，但利利贝乌姆和德瑞帕那这两座重要的海军堡垒却毫发未损，反而比以前更加坚不可摧。他们还能怎么样呢？事实上，他们的确有些许泄气。罗马城的元老们意志消沉，任由事态的发展。因为他们深知，遥遥无期、旷日持久的战争对意大利所造成的损害，比人亡财尽还要严重。但是在徒劳无功地做出一些无谓的牺牲之后，他们对民族及其命运失去了勇气和信心，而只有这些才能激励他们再接再厉，做出新的牺牲。他们遣散了舰队，把国家的战船交给了那些私自发动海盗式攻击的船长们，任由其摆布。陆战名义上仍在继续进行，因为他们别无他法。但他们仅限于巡查西西里的堡垒，保全自己已经拥有的部分——在没有舰队的情况下，这种方法需要大量的部队以及高昂的战备。

如果迦太基有打败其劲敌的一天，那就是现在了。当然，它也必定深感财源耗竭。但在这种情况下，腓尼基的财政绝不可能紊乱到令其无法继续作战的地步，因为除了金钱之外，他们在战争上所费无几。然而迦太基政府却不再有斗志，反而表现得软弱而倦怠，除非轻而易举便能获取稳得的利益或不得已而为之，否则他们不会采取行动。甩掉罗马舰队后，他们感到欣喜不已，竟愚蠢地任由自己的舰队逐渐腐朽，并效仿敌人的做法，将陆军和海军的行动范围局限于西西里内外的小型战役。

哈米尔卡·巴卡在西西里的小型战役

因此，接下来便是六年战而无功的时期（罗马纪元506—511年即公元前248—前243年），这不仅是本世纪罗马历史中最黯淡的时期，也是迦太基人最不光荣的时期。然而在迦太基，惟有一人的思想和行为异于国人，此人便是哈米尔卡，人称"巴拉克"或"巴卡"（意为"闪电"）。他是一位前途不可限量的年轻军官，于罗马纪元507年即公元前247年被任命为西西里的最高指挥官。他的军队与所有迦太基军队一样，缺乏值得信赖且经验丰富的步兵。虽然政府或许能组建这样一支步兵，无论如何总该尝试一下，但他们却袖手旁观，眼睁睁地看着他们落败，顶多把战败的将领钉在十字架上作为搪塞的手段。

哈米尔卡决定自己亲自解决这个问题。他深知手下的佣兵对迦太基与对罗马同样淡漠，同时也非常清楚政府不可能提供给他腓尼基或利比亚的征兵，最多允许他在毫无耗费的前提下，用自己的军队按照自己的方法来救国。但他也非常知己知彼。他的佣兵对迦太基漠不关心，但一位真正的将军能将其属下对国家的爱转变为对将军本人的爱，这位年轻的将军正是如此做的。在德瑞帕那和利利贝乌姆的前哨战中，他使部下习惯于对抗罗马军团之后，便将他的兵力安置在埃尔克特山上（即巴勒莫[20]附近的比勒格林诺山），此山像堡垒一样控制着邻近的乡野。他让部下带妻儿迁至此地，向平原地区征收税款，而腓尼基海盗则劫掠意大利沿岸，直至库迈[21]。这样，他不需要向迦太基人要钱，便能供应部下以充足的钱粮。他还与德瑞帕那保持着海上交通，有袭击邻近重镇潘诺姆斯之势。罗马人不仅无法将他逐出堡垒，而且在埃尔克特经过一番斗争之后，哈米尔卡又在埃利克斯另建了一个类似的基地。此山的半山腰上有一座与之同名的城，山顶有一座阿佛洛狄忒[22]庙，一直都为罗马人所占有，罗马人将其作为骚扰德瑞帕那的基地。哈米尔卡攻下他们的城池，并围困了庙宇，而罗马人则反过来封锁了他通往平原的道路。迦太基军中的凯尔特逃兵叛降罗马，罗马人以庙宇为孤立据点，安排他们在此驻守。这些人是一伙横行霸道的强盗，在这次围攻期间，他们劫掠庙宇，无恶不作，而如今却鼓起勇气，死守山顶。但哈米尔卡不允许自己再次被驱逐出城，他始终保持着与舰队及德瑞帕那卫戍部队之间的海上联系。西西里战争看似转变得越来越不利于罗马。在这场战争中，罗马政府损财折将，罗马将军也荣誉尽失。显然，没有一位罗马将军是哈米尔卡的对手，即使迦太基的雇佣兵也胆敢与罗马军团一较高下。哈米尔卡的劫掠船在意大利沿岸越来越肆无忌惮：一伙迦太基海盗在意大利登陆，一位罗马将军不得不出兵抵抗。只要再过几年，哈米尔卡就可能从西西里出发，率领其舰队完成他儿子日后由西班牙陆路出发所完成的壮举。

罗马人卡图鲁斯在埃古萨岛上组建舰队

然而，罗马元老院坚持不采取行动，怯懦派此时竟占了上风。后来，一批智勇双全的人决心英勇救国，即使政府坐视不理，他们也一定要结束这祸国殃民的西西里战争。海盗式的远征取得了成功，即使未能激起民族的勇气，也鼓舞了部分人民，使他们燃起了希望。他们已团结一致组成了一支队伍，烧毁了非洲海岸的希波镇，并在潘诺姆斯港外与迦太基人进行海战，结果大获全胜。由于私人的捐助（这一方法也曾用于雅典，但规模没有这么大），富有且爱国的罗马人装备了一支战舰船队，其核心为原先因私掠而造的船只及其精练的海员。总的看来，这支舰队的配备远胜于罗马政府素来所造的船只。

当这场残酷战争进行到第二十三年时，许多公民竟自发提供给政府两百艘战船和六万名水兵，这在史书上恐怕是前无古人后无来者。执政官盖乌斯·路达提乌斯·卡图鲁斯受命率领这支舰队前往西西里海域，他一路上几乎未遇到任何阻碍。哈米尔卡用以进行海盗式远征的两三艘迦太基船，面对优势敌军纷纷闻风而逃。罗马人几乎未遭抵抗便占领了利利贝乌姆和德瑞帕那的港口，现在由水陆两面围攻两城。迦太基人始料未及，即使这两座坚城也因供应不足而岌岌可危。迦太基在国内配备了一支舰队，但尽管他们倾尽全力，也未能在年底出现在西西里海域。后来，在罗马纪元513年即公元前241年春，这些准备仓促的船只终于抵达德瑞帕那海外，与其说它们是蓄势待发的战舰，不如称其为运输船队。腓尼基人原本希望不受阻拦即能登陆，并卸下货物，这样便能装载海战所需的军队；

但罗马船只拦截了他们，在他们正要从希罗岛（即如今的马里提马）驶向德瑞帕那的时候，罗马迫使其在埃古萨小岛（即如今的维格纳诺）应战（罗马纪元513年即公元前241年三月十日）。结果自然毋庸置疑。制造精良、驾驶娴熟的罗马舰队，在贤能的执政官普布利乌斯·瓦列里乌斯·法尔托（执政官卡图鲁斯于德瑞帕那负伤，仍在卧床休养）的指挥下，一举击败了负载过重、驾驶欠佳且兵员不足的敌舰。他们击沉了五十艘敌船，俘虏了七十艘，胜利者带着战利品驶入了利利贝乌姆港。罗马的爱国志士所做的最后一次大努力终于有了收获，他们的努力赢得了胜利及随之而来的和平。

缔结和约

迦太基人首先将那不幸的舰队司令钉在十字架上——这一做法根本无济于事——然后赋予西西里将军无限的权利以缔结和约。哈米尔卡眼看自己七年艰苦奋战所获得的成果因他人的错误而断送，只能无奈地接受这一不可避免的事实，但绝不因此牺牲自己的军人荣誉、自己的民族或计划。西西里确实已经保不住了，因为罗马人现在已控制了海域。国库空虚的迦太基政府，想通过在埃及募国债以填补亏空，但遭到了拒绝，因此不会再有击败罗马舰队的可能，于是他们交出了西西里。然而，迦太基政府及其国土的独立与完整，则照常得到了承认。罗马承诺不与迦太基同盟单独联盟，迦太基也承诺不与罗马同盟单独联盟——也就是说，不与对方的属民或附庸民社联盟。双方都不得在对方的领域内作战、行使主权或征募新兵[23]。当然，次要条款包括无偿遣回罗马战俘，并支付一笔战费。但卡图鲁斯要求哈米尔卡交出军队和罗马逃兵的条件，却被哈米尔卡断然拒绝了。卡图鲁斯没有再提第二个要求，并允许腓尼基人自由离开西西里，每人只需支付十八第纳尔（十二先令）的赎金。

如果迦太基人不愿再继续战争，那么这些条款应该会令他们感到满意。哈米尔卡之所以作出如此巨大的让步，是受到了以下种种事情的影响：希望给祖国带来胜利与和平的自然愿望；想到了雷古鲁斯的惨败和变化多端的战局；考虑到爱国行动虽最终奠定了胜局，但不能应命而至，也不会再度出现；或许还想到了自己的个人性格。诚然，罗马人对和约的条款感到不满，在组成最后一支舰队的爱国者的影响下，人民大会起初拒绝批准和约。我们不知道这一做法的用意何在，因此无法断定那些和约的反对者们究竟是为了让敌方作出更大让步，还是想起了雷古鲁斯曾要求迦太基放弃政治独立的陈年旧事，从而决定继续开战，不达目的誓不罢休。因此，这不再是和约问题，而是征服问题。如果罗马人是因为前者而反对和约，那他们可能错了。与获得西西里相较，其他一切让步都是无足轻重的。并且，以哈米尔卡的决心和创造才能而言，如果把既得的主要成果作为赌注，以求取次要目的，则实在是太冒险了。另一方面，如果和约的反对派认为，只有将迦太基彻底毁灭，战争才算达到令罗马民社满意的目标，那他们真可谓是卓有政治远见，预见了未来的发展。然而，罗马人是否有足够的资源重演雷古鲁斯的远征，并一鼓作气，击溃腓尼基人的士气，攻陷他们的城市，至今无人敢做任何断言。

这一重大问题最终交由一个委员会来解决，他们将前往西西里，就地决定。委员会基本上批准了原先的条约，只是将迦太基应赔付的战费增加到了三千二百塔兰特（合七十九万英镑），其中三分之一当即交付，其余分十年偿还。在最后的正式条约中，除交出西西里之外，还包括割让西西里与意大利之间的岛屿给罗马，但这只能视为修订时在细节上所作的更改，因为迦太基既已交出西西里，自然不可能保留那长期被罗马舰队所占领的利帕里岛。有人怀疑条约中关于撒丁和科西嘉的条款有故意含糊其词之嫌,这种说法既欠妥当,又不太可能。

于是,双方终于达成了和约。一个战败国的不败将军走下他防卫甚久的山岳,将腓尼基人占据了至少四百年的堡垒交给了此岛的新主人——这些堡垒坚不可摧,希腊人曾屡攻不克。至此,西方得以获得和平(罗马纪元513年即公元前241年)。

对罗马所参战事的评价

此战将罗马的疆域扩张到了环绕意大利半岛的海域之外,现在让我们稍停片刻,来谈谈对于此战的看法。这是罗马人参与的最持久、最激烈的一场战役,许多参加决战的士兵在战争开始时甚至还未出生。然而,尽管在这场战役中,无比英勇的事件时有发生,但无论就军事方面还是政治方面而言,罗马人在其参与的历次战役中,从未像此次这样指挥失当、游移不定。这几乎是不可避免的。此战发生于罗马政治制度的过渡期——从不足再用的意大利政治制度过渡到尚未成熟的大国政治制度。为了实行纯粹的意大利政策,罗马的元老院和军事体系都组建了极佳的组织。这样的政策所引发的战争是纯粹的大陆战争,以位于半岛中央的首府为作战的主要基地,以罗马的连锁堡垒为第二根据地。当时亟须解决的问题主要是战术问题,而非战略问题。进军与行动仅居次要地位,战争却居主要地位。围城战尚处于初步阶段,而海战更是连想都未曾想过。一个评议会如何能够指挥这种作战行动,一个行政官员如何能够统率军队,对此我们不难理解,尤其是当我们知道当时的战争以白刃战为主,以面面相对的交战决定胜负时,我们就更不难理解了。这一切都在顷刻之间发生了变化。战场的范围延伸至远不可见的地方,到了另一大陆不知名的地区,到了广阔无垠的海洋之外。每一阵波涛都是敌军舰队的航道,每一个港口都可能驶出一支进攻的舰队。希腊第一流的战术家们曾围攻顽强据点,尤其是攻打海军堡垒,但均以失败告终,如今罗马人也进行了首次尝试。陆军和民兵制度已无法再满足需要,他们需创建一支舰队,但更为困难的是要将其运用到作战当中。他们需找到真正的攻守地点,团结并指挥人民群众,筹划长时期、远距离的征战,并且协调各远征军之间的合作。如果对这些事情处理不当,即使在战术策略上极其薄弱的敌人,也有可能击败一个强大的对手。那么,在这种情况下,政权脱离评议会和发号施令的行政官员之手,难道不是意料之中的事吗?

显然,罗马人在战争之初并不知该如何着手,只有在战争的过程之中,他们制度的缺陷才逐一迫使他们注意到,其缺乏海军力量和固定的军事领袖,将军能力不足,海军上将毫无用处。这些弊端有一部分因奋力和幸运而得以补救,如缺乏舰队一事。然而,这一伟大的创造只不过是权宜之计,而且一直都是如此。一支罗马舰队组建起来了,但只是虚有国家之名,罗马人始终以异族的眼光看待它。罗马人将服务于陆军兵团视为最高荣誉,而海军却依然受到人们的轻视。海军军官大多是意大利的希腊人,船员由属民甚至是奴隶和流氓组成。意大利的农民始终对海洋怀有敬畏之心,加图一生中有三件憾事,其中之一就是他本可以取陆路行之,但却选择了海道。这有一部分是理所当然的结果,因为船只都由桨手划动,而桨手不可能成为高尚的职业。但罗马人至少能组建几支独立的海军兵团,并致力于培养一批罗马的海军军官。在国民的积极号召之下,他们立志要逐渐组建起一支海军,使其不仅在人数上占有优势,且在航力和训练方面能发挥重要的作用。为了达到这一目的,他们发挥了在长期战争中所发展起来的私掠力量,并将其作为至关重要的核心。然而,政府在这一方面却没有采取任何行动。尽管如此,那庞大笨重的罗马舰队却仍然称得上是此次战争中的天才之作，它在战争伊始以及战争结束之时，都为罗马扭转了战局。

还有其他的缺陷更加难以克服，只有更改法制才能加以补救。元老院根据各党派势力的强弱而改变作战方法，酿成了令人难以置信的大错，如从克鲁皮亚撤军以及一再解散舰队。某年，一位将军围攻西西里城镇，其继任者并没有迫使这些城镇投降，而是去劫掠非洲沿岸地区或冒险发动海战。无论如何，最高指挥权应依法年年易手——这些弊端若想消除，就必须变更宪法，而这比建造一支舰队还难。可是这些弊端若不消除，又不能满足此种战争的需要。更重要的是，无论是元老院还是诸将军，都无法立即适应新的作战方式。雷古鲁斯之役就是一个例子，说明了他们是何等固执地坚信一个理念，即优势战术足以决定一切。像这样似乎有命运将胜利投入自己怀中的将军少之又少。罗马纪元498年即公元前256年，他所处的地位正是五十年后西庇阿[24]所处的地位，不同的是他没有与汉尼拔和精兵为敌。然而，元老院在证明了罗马人战术上的优势之后，便撤回了一半兵力。那位将军盲目信赖这种优势，于是止步不前，在战略上已输一筹，后来接受敌人的挑战，在战术上又遭遇惨败。由于雷古鲁斯是一位能干且经验丰富的将军，这一例子便更加令人瞩目。正是那曾征服了伊特鲁里亚和萨莫奈的乡农战法，导致了突尼斯平原的惨败。"每个公民皆适于当将军"这一原则在其范畴内是成立的，但如今却不适用了。新的战争形态需要受过军事训练且具有军事眼光的将军，而并非每个公民都具备这样的特质。更糟糕的是，舰队的主要指挥权被视为陆军指挥权的附属品，凡是碰巧当上了罗马行政首长的人，则不仅成为了陆军的将军，而且还成为了舰队司令。罗马人在此次战役中所遭受的最大灾难，并非狂风暴雨，更不是迦太基人，而是罗马那些市民舰队司令的愚妄恣肆。

罗马终于取得了胜利。但是它所获得的利益却与它最初所要求的以及敌人所承诺的都相去甚远，而它竟默然接受了这一切。和约在罗马遭到了强烈的反对，这清楚地表明了此次的胜利与和平是何等地肤浅、不彻底。如果说罗马是胜利者，那么毫无疑问，它的胜利一部分应归功于诸神的恩宠和人民的爱国热情，但更应归功于其敌人在战略上所犯的错误——其错误甚至远远大于罗马的错误。

注释

[1]　陶尔米纳在意大利西西里岛的墨西拿省内，位于墨西拿和卡塔尼亚之间。公元前400年陶尔米纳曾是古希腊的殖民地，公元前212年又归罗马帝国管辖。——译者注

[2]　坎帕尼亚位于意大利南部，属于地中海沿岸地区，首府是那不勒斯。该地区拥有优越的地理位置，是连接欧洲、非洲和中东的交通枢纽。——译者注

[3]　卡普亚，古城名。在今意大利南部，滨第勒尼安海，那不勒斯附近。原是坎帕尼亚人部落居地。——译者注

[4]　萨贝利人是罗马崛起之前生活在意大利中部及南部的意大利人部落中翁布里－萨贝利人中的一支，包括萨宾人在内。——译者注

[5]　埃托里亚为古希腊地区，在科林斯湾正北，现并入埃托里亚和阿卡纳尼亚州。——译者注

[6]　克里特位于地中海北部，是希腊的第一大岛。行政上属于克里特大区。克里特岛是爱琴海最南面的皇冠，它是诸多希腊神话的发源地，过去是希腊文化、西洋文明的摇篮，现在则是美景难以形容的度假地。——译者注

[7]　拉科尼亚是希腊伯罗奔尼撒半岛东南部分的区域，也是拉科尼亚州的所在地。它的北面是阿卡迪亚，西面为麦西尼亚。直到公元前190年代，拉科尼亚一直是斯巴达的核心地区，其中斯巴达是最重要的城市；直到今天，斯巴达仍是拉科尼亚州的州府。——译者注

[8]　西里西亚是中欧的一个历史地域名称。目前，该地域的绝大部分地区属于波兰，小部分则属于捷克和德国。奥得河及其支流几乎流经整个地区，两岸都有许多重要城市。该地沿着苏台德山脉，其南部与波希米亚和摩拉维亚接壤。——译者注

[9] 玛末丁人被允许加入意大利同盟,其对罗马所处的地位相当于意大利各民族的地位,约定供应船只,在钱币方面,无造银币之权。
[10] 拿波里,现为那不勒斯,是意大利南部的第一大城市,坎帕尼亚大区以及那不勒斯省的首府。——译者注
[11] 哈米尔卡·巴卡(公元前275—前228年),迦太基将军、政治家,西班牙的开拓者,巴卡家族的第一代领袖。——译者注
[12] 米列海战(公元前260年)是第一次布匿战争中罗马共和国与迦太基的第一场真正海战。这场战役是罗马人在米列(现今米拉佐)以及西西里获胜的关键。——译者注
[13] 奥尔比亚为意大利港市,位于撒丁岛东北岸,濒第勒尼安海的奥尔比亚湾。撒丁岛主要客运港,同亚平宁半岛的奇维塔韦基亚等地有船只往来。——译者注
[14] 马库斯·阿蒂利乌斯·雷古鲁斯,大概出生于公元前307—前250年,是罗马政治家和将军,他在公元前267年和公元前256年担任罗马共和国领事。——译者注
[15] "店小二民族"原为拿破仑对英国人的贬称,指热衷于从事商业的民族。——译者注
[16] 有人认为,迦太基之所以能够得救,皆因赞提帕斯的军事才能,这种说法大概是浮夸之谈。迦太基的军官必不待外国人的指教,便知非洲的轻骑宜用于平原而不宜用于山林地带。这些故事是希腊卫兵室里的谈资,甚至波利比乌斯的书里也不免有这种故事。有人说赞提帕斯于战胜后为迦太基人所杀,这也与事实不符。他是主动离开的,或许加入了埃及军队。
[17] 关于雷古鲁斯的末路,我们能确定的也不过如此。甚至他奉使至罗马一事(可能于罗马纪元503年或513年即公元前251年或前241年)证据也不充足。后世罗马人仅由其祖先的祸福作为学校教材的题材,把雷古鲁斯作为落难英雄的典型,正如把法比里奇乌斯作为贫寒英雄的典型一样,传播了许多以他为名的轶事。这都是不伦不类的点缀,与庄重朴素的史实相形见绌。
[18] 哈斯德鲁巴(公元前270—前221年),迦太基军事将领,娶哈米尔卡·巴卡之次女,是汉尼拔之姐夫。第一次布匿战争之后,哈斯德鲁巴随岳父前往西班牙建立殖民地,统率迦太海军,在哈米尔卡于公元前228年去世后,他成为了新的西班牙殖民地统治者,并建立了新首都迦太基新城(现卡塔赫纳),积极准备与罗马再决雌雄。后来,他与罗马签订条约,规定双方的势力范围以埃布罗河为界。公元前221年,他被凯尔特人刺杀身亡。——译者注
[19] 意大利港市,位于西西里岛南部,临地中海的杰拉湾。——译者注
[20] 意大利西西里首府巴勒莫,又译帕勒摩,是位于西西里岛西北部的港城。它是意大利那只伸向地中海的皮靴上的足球,是地中海最大的岛,西西里的第一大城,也是个地形险要的天然良港。——译者注

[21] 库迈，为一古希腊屯垦区，位于那不勒斯西北。库迈是希腊在意大利本土的第一个殖民地。——译者注
[22] 阿佛洛狄忒，古希腊神话人物，爱与美的女神。罗马神话中称为维纳斯。她生于海中，以美丽著称。——译者注
[23] 有人说迦太基人须应允不派战船到罗马同盟的领域——所以不到叙拉古或马西利亚——这一说法似乎可信，但条约文本对于此点却未置一词。——译者注
[24] 西庇阿又译斯奇皮欧，古罗马名门贵族。在共和国时期，以军功显赫著称的有大西庇阿和小西庇阿。这个家族是古罗马历史上煊赫的世家，代出名将，老西庇阿是罗马执政官，在第二次布匿战争中指挥西班牙战场，在意大利的海边去世。——译者注

第三章

意大利扩展至其天然疆界

意大利的天然疆界

从第五世纪的危机中崛起的意大利盟邦——或者说意大利国家——将亚平宁山和爱奥尼亚海[1]之间的各公民民社及地区民社都联合在罗马霸权之下。但在第五世纪末期，两面的边界均已超出原本的界限，属于这一盟邦的意大利民社已出现于亚平宁山和海洋之外。在北方，罗马共和国为了报古代与近代之仇，已于罗马纪元471年即公元前283年消灭了凯尔特人的塞农部；在南方，经过了罗马纪元490—513年即公元前264—前241年的大战，罗马人将腓尼基人逐出了西西里。北方有以罗马为领袖的拉丁城阿里米努姆（自由民殖民地塞那除外），南方有梅萨那的玛末丁民社，由于二者在血缘上皆属于意大利，所以共同享有意大利盟邦公有的权利，也共同分担其义务。意大利盟邦之所以能得到如此扩张，可能是由于当时的形势所逼，而非出于任何长远的政治考虑。然而在迦太基之战取得胜利之后，罗马政府受到这半岛自然形势的昭示，开始不得不考虑一种新型而广大的政治观点。不论就政治观点还是军事观点而言，罗马都理应将北方边界从低矮而易于翻越的亚平宁山，移至那将北欧与南欧阻断的巍峨大山阿尔卑斯，并应将意大利的主权与半岛东西两海及岛屿的主权合而为一。现在，腓尼基人已被逐出西西里，这一任务最艰难的部分业已完成，种种情况又联袂而至，使罗马政府更易于完成大业。

意大利的从属物——西西里

对于意大利而言，西方海域远比亚得里亚海更为重要。根据罗马与迦太基签订的和约，西方海域中最重要的地点——广阔丰饶且港口众多的西西里岛，已大部分归罗马所有。诚然，叙拉古的希罗王在战争最后的二十二年间，始终坚定地站在罗马一边，自然有权要求扩张领土。但在战争初起之时，罗马人便决定仅允许该岛有次等国家，战后则断然将西西里据为己有。希罗的疆域除叙拉古的直接领土外，还包括埃洛罗斯、内顿、阿克雷、莱昂蒂尼[2]、迈加拉[3]和陶尔米纳[4]，其主权仍像以前一样未遭削减，他对此可以感到满意；两个交战的强国都未完全覆灭，因此西西里的中间势力至少仍有继续存在的可能性，他对此可以更加感到满意。在西西里所余的大部分土地上，如帕诺穆、利利贝乌姆、阿格里真托、梅萨那，罗马人皆建立了永久的殖民地。

罗马人唯一感到遗憾的是，仅仅拥有这个美丽的岛屿并不足以将西方海域变为罗马的内海，因为撒丁岛仍归迦太基人所有。然而，缔结和约后不久，罗马人竟出乎意料地有望从迦太基人手中攫取这地中海第二大岛。在非洲，腓尼基与罗马一签订和约，其佣兵和属国便即刻联合叛变。这次凶险的叛变，主要归罪于迦太基政府。在战争的最后几年，哈米尔卡无法像以前一样以自己的资财来支付其西西里佣兵的薪饷，于是他请求由本国寄款，但却徒劳无获。国内政府通知他，可以将军队送回非洲，以便派资遣散，他遵命而行。但他深知人心，于是谨慎地把军队分成了小队，让政府按队付薪，或者至少可以使他们隔离开来，然后放弃了他的指挥权。但他所有的防范措施都白费了，倒不是因为国库空虚，而是由于官僚式的行事方法和政府的愚昧无知。他们等到所有的军队都再次聚集在利比亚，然后试图克扣之前所允诺的薪饷。军队当然会发生叛乱，而政府当局的犹豫不决和胆小怯懦又让叛军知道可以冒险一试。大部分叛军都来自迦太基的统治地区或附属地。雷古鲁斯远征之役后，迦太基政府对这些地区展开了大屠杀，又强制他们缴纳重税，这激起了人民的愤怒，对此叛军深有体会，他们也知道政府一向言而无信、不赦人罪。如果他们带着由叛变要来的薪饷遣散回家，那么将会遭遇怎样的命运，他们心里非常清楚。迦太基人久已掘地埋雷，现在只会致使地雷爆炸。革命如燎原之火，从一个卫戍区蔓延至另一卫戍区，从一个村落燃烧至另一村落。利比亚的妇女将她们的首饰捐献出来，作为佣兵的薪饷。许多迦太基公民，其中包括西西里军队中几个最有名望的军官，都成为了这怒火的牺牲者。迦太基城被两面夹击，自城内出击的迦太基军队由于领导者无能而全军覆没。

当罗马人看到他们既恨又惧的敌人陷入那比罗马战争更为危险的境地时，他们开始越来越后悔签订罗马纪元513年即公元前241年的和约（此和约即使实际上并非太过草率，但如今至少人人都觉得草率），而忘记当时他们是如何精疲力竭，其对手迦太基人是如何强大。的确，为了顾及面子，他们不便与迦太基的叛军公然联络。事实上，他们特许迦太基人在意大利为此次战役招募新兵，并禁止意大利航海家与利比亚人交往。但是罗马政府究竟是否热衷于这些友善行为，还十分值得怀疑，因为虽然罗马政府已明令禁止，非洲叛军与罗马航海家的往来却依然如故。

哈米尔卡临危受命，成为迦太基军队的统帅，他抓捕了好几个与叛军交往的意大利船长，罗马元老院为此与迦太基政府交涉，使他们得以释放。叛军似乎将罗马视为其天然盟友。撒丁岛的卫戍部队也像其他部队一样，宣布支持叛军，他们自知无法据守此岛以抵御未被征服的内地山民的攻击，便把此岛的所有权拱手让给了罗马（约罗马纪元515年即公元前239年）。甚至连乌提卡也加入了此次叛变，而现在他们迫于哈米尔卡的武力，也提出了这种请求。乌提卡人的请求遭到了罗马人的拒绝，主要是由于若接受了这一请求，他们便会超出意大利的天然边界，因而会超出罗马政府当时所愿达到的限度。另一方面，他们接受了撒丁岛叛军的建议，接手了原先由迦太基人统辖的所有的撒丁岛部分领土（罗马纪元516年即公元前238年）。此事尤甚于昔日接纳玛末丁人一事，罗马人当然难逃谴责，因为这样一个得胜的大国竟然屈身与叛变的佣兵结交并共同分赃，其自制力太过薄弱，只看到眼前利益而不顾正义与荣誉。罗马人占领撒丁岛之日正值迦太基面临最大难关之时，于是迦太基人对于这种无理的暴行只能暂时保持缄默。但哈米尔卡凭借其才能出人意料地、或许也违背了罗马人意愿地挽救了迦太基人的灾难，他们又恢复了其在非洲的完全主权，于是迦太基的使者立即出现在了罗马，要求交还撒丁岛。但罗马人不愿归还掠夺之地，用无谓而不相干的理由来搪塞，称迦太基人对罗马商人曾造成种种伤害，并急忙宣战[5]。在政治上力量即是权力，这一原则在此暴露了其无耻的真面目。迦太基人义愤填膺，自然接受了宣战。设若卡图鲁斯五年前坚持割让撒丁岛，则战争可能会连绵不绝。然而现在，两岛均已沦陷，利比亚处于动荡之中，迦太基经过与罗马长达二十四年的抗战和将近五年的激烈内战，国力日渐削弱，因此不得不屈服。腓尼基人一再请求，又答应支付给罗马一千二百塔兰特（合二十九万二千英镑）作为战争准备的赔偿金，罗马这才勉强停战。

因此，罗马几乎不费一兵一卒就获得了撒丁岛，此外又加上了科西嘉岛，此岛原为伊特鲁里亚人所有，或许自上次战争以来，罗马卫军就一直驻守在该岛。然而在撒丁岛，尤其是在崎岖的科西嘉岛，罗马人也像腓尼基人一样，只占据沿海一带。他们与内陆的土著交战不休，更准确地说，是将他们当作野兽来猎取。他们用狗作诱饵来猎捕土著，然后将其运往奴隶市场，但并未真正加以征服。他们不是为了这两岛而要将其占领，而是为了意大利的安全。现在意大利盟邦拥有三座大岛，第勒尼安海可谓完全为其所有了。

海外地方裁判官的行政方式

意大利西海岛屿的获得使罗马的国家行政方式产生了分别，这分别似乎仅仅为了图方便，也几乎出自偶然，但却造成了极其深远的影响——这就是大陆行政与海外行政方式的区别，或用后来通用的名称来说，就是意大利与诸行省行政方式的区别。迄今为止，罗马民社的两位主要行政官，即执政官，在职权的划分上没有法定的界定，罗马政府的势力所及之处就是他们行使权力之处。然而实际上，他们的职能当然有所划分，他们在其执掌的各部门中当然也必须受到有关部门现行法规的约束。例如，对罗马公民的审判权必须完全交予执政官，在拉丁或其他自治民社，现存的条款必须受到尊重。自罗马纪元487年即公元前267年以来，在全意大利分设的四位执法官至少在形式上并未削减执政之权。因为不论在意大利还是在罗马，他们仅被视为隶属执政官的助理行政官。这种行政方式一开始似乎也推行于取自迦太基的领土，西西里和撒丁岛在执政官的监督下由执法官治理。但罗马人必定在不久后便发现，必须将高级行政官特派到海外地区。随着罗马民社的扩张，他们不得不放弃那集罗马审判权于裁判官一人身上的制度，并派遣代理审判官至偏远地区。因此现在（罗马纪元527年即公元前227年），将行政权和兵权集于执政官一身的制度也被废除了。每一个新的海外地区——西西里、撒丁岛以及与之合并的科西嘉岛——都各有一位特派的助理执政官，他们在阶级和职称上都低于执政官，但与裁判官平起平坐。然而，如同裁判官设置之前的执政官一样，他们在自己的行政区域内，既是元帅，又是最高行政官，也是最高法官。只有财政的直接管理权没有交到这些新任的官员手中，正如此权自始都未交到执政官手中一样。他们属下各有一名至数名执法官，这些执法官在一切方面隶属于他们，辅佐他们进行司法行政和指挥作战，但其专司经济事务，卸任后需将政务情况报告给元老院。

地方贸易财产自治体制

海外地区与大陆地区在最高行政权上的区别是其最主要的区别。罗马用以组织意大利属地的原则，也移用到了意大利以外的地区，当然，这些民社都无一例外地失去了其在对外关系中的独立地位。至于内部关系，从此以后，地区人民在其地区之外都无法获得合法的财产权，甚至可能无法缔结合法的婚姻。另一方面，罗马政府允许各城有联盟组织存在（至少在不足为患的西西里是如此），甚至允许西西里的一般议会及其无害的请愿权和控告权存在[6]。在财政方面，若立即宣布罗马货币为各岛的唯一法定货币，这绝对是不可行的。但似乎罗马货币一开始就获得了合法的流通权，同样地，西西里各城铸造贵重金属货币的权利似乎也被收回了，至少常例如此[7]。另一方面，不仅西西里所有的地产原封未动（意大利以外的土地因战争而归罗马所有的原则尚未见于本世纪），而且西西里和撒丁岛的民社都保有其自理行政之权和某种自治权，这种自治权并非赋予了他们法定的约束力，而只是暂时得到了许可。各民社的民主政体无疑都被废弃了，每城的政权皆转入了代表着公民贵族的议会之手。至少西西里民社与罗马的民情调查相似，需每五年进行一次总调查。但这两种措施都是隶属于罗马元老院的必然结果，而罗马元老院事实上不可能由希腊的国民会议来统治，也不可能不了解各属国的财政资源和军事资源。关于这两方面，意大利各地区所施行的政策与此并无二致。

但是，除了这种基本的平等权利之外，意大利民社与海外民社之间还存在一种明显的区别，此区别固然只是事实上的区别，可是却产生了非常重要的影响。海外民社不为罗马的陆军或舰队提供固定的兵源[8]，他们失去了用武的权利，只有在应罗马裁判官的征召以保卫其家园时方能用武，而罗马政府则有派遣意大利军至各岛的自由。西西里以税捐代替兵役：田产的十分之一及西西里港口进出口货物总值的百分之五，归罗马所有。这两种税都并非新创。波斯大王和迦太基共和国所征收的税实质上与什一税相同。希腊效仿东方的先例，其税制一向与暴政和霸权并行。尤其是西西里人，一直向叙拉古或迦太基缴纳什一税，又一直代他人征收关税。西塞罗说："我们接受西西里民社加入我们的被保护者之列，使他们继续受制于其之前奉行的法律法规，使他们以之前服从其统治者的态度来服从罗马民社。"这一点自然不可忽视，但纵容不义之事继续存在，即是行不义之事。我们姑且不从属民的立场来说——因为他们只不过是换了新的统治者——而从新统治者的立场来说，罗马放弃那既明智又大度的政治原则，即只接受属国的军事援助，而绝不接受其代替出兵的补偿金，这一做法实为绝大的不幸。与此相比，税率和纳税方式的降低与减轻，以及所有细节上的免责说明都显得无关紧要了。毫无疑问，这种减免确实屡见不鲜。梅萨那获准直接加入"斗篷人"的联盟，如同意大利境内的希腊城市一般，向罗马舰队提供兵源。其他一些城镇虽不能加入意大利的军事联盟，但除了免纳供奉和什一税之外，还享有其他优待，因此从财政方面来看，它们的地位比意大利各民社更具优势。这几座城镇分别是塞杰斯塔[9]和哈利赛伊，它们是迦太基属下最早加入罗马联盟的西西里城市；森都利波，它是该岛东部的一个内陆城市，受命监视其邻国叙拉古[10]；阿列萨，位于北岸，是最先归附罗马的希腊自由城市；还有最为重要的帕诺穆，它此前是迦太基人在西西里的首府，如今注定要成为罗马人的了。如此，罗马人把他们古老的政治原则用于西西里，将属国细分为不同的等级，分别享有不同的权利。但从整体来看，撒丁岛和西西里各民社并不处在同盟的地位，而处于缴纳贡奉的属民地位。

意大利与行省

诚然，提供军队的民社与纳贡缴税或至少不提供军队的民社全然不同，在法律上未必就等同于意大利与行省的差别。海外民社也可属于意大利盟邦，例如玛末丁人实质上与意大利本土的萨贝利人处于平等地位。甚至于在西西里和撒丁岛，若要建立享有拉丁人权利的新民社，则会与亚平宁山以外的地区一样，毫无法律障碍。大陆民社也可能丧失参军的权利而成为进贡纳税者。波河[11]流域的某些凯尔特人便是如此，且这一成例此后推行甚广。但事实上，提供军队的民社确实在大陆上占多数，而纳贡的民社则在各岛上占多数。罗马人虽然并不打算在有希腊文明的西西里或撒丁岛设立意大利殖民地，罗马政府却无疑早已决定不仅要征服亚平宁山和阿尔卑斯山以外的蛮族之地，还要随着征战的进展，在那里建立一些源于意大利且享有意大利权利的新民社。因此，他们的海外领土不仅被作为附属地，而且注定要永远如此。而依据法律划分的置于执政官权力之下的官方领土——罗马人的大陆领土——则将成为疆域更广的新意大利，这领域将从阿尔卑斯山延伸至爱奥尼亚海。固然，最初"意大利"这一地理概念并不完全等同于"意大利盟邦"这一政治概念，有些地方较之广阔，有些地方则较之狭隘。可是就在如今，罗马人已把远至阿尔卑斯山的所有地方都视为"意大利亚"了，也就是说，这些地方是"斗篷人"现在或未来的领土。正如北美洲过去和现在的情形，其疆界先以地理的意义形成，然后随着殖民地的推展，逐渐以政治意义占领其地[12]。

亚得里亚海沿岸之情形

在亚得里亚海的入口处，罗马人于迦太基战争结束之前（罗马纪元510年即公元前244年）终于建立了那至关重要且谋划已久的布林迪西[13]殖民地，从此罗马确定了其在此海的霸主地位。在西海，罗马曾不得不驱逐对手；在东海，希腊人之间的互相争斗使得希腊半岛的所有国家都无法获得或保持强大的权势。其中最大的国家马其顿受埃及的影响，被埃托里亚人逐出亚得里亚海的上游地区，被亚该亚人逐出伯罗奔尼撒[14]，甚至无力抵挡北方蛮族的侵袭。罗马人渴望抑制马其顿和其天然同盟叙利亚王，他们如何密切地参与以此为目标的埃及政策，这一点可从一个值得注意的提议中看出：由于贝勒尼基被杀，埃及王托勒密三世[15]与叙利亚王塞琉古二世[16]（罗马纪元507—529年即公元前247—前225年在位）交战，马其顿可能与叙利亚联合作战，刚刚结束迦太基之战的罗马则愿意向埃及提供援助。一般说来，罗马与希腊化的各国关系日趋亲密，元老院甚至早已与叙利亚交涉，并为了同族的伊利昂人而调停前面提及的塞琉古之战。

罗马目前没有直接干涉东方各国的事务，只因没有必要为之。亚该亚同盟（此同盟本可强盛起来，但因阿拉托斯狭隘的朋党政策而受阻）、军事冒险者的埃托里亚共和国和日渐衰落的马其顿帝国相互牵制，无需罗马插足其间。而那个时期的罗马对于海外领土，不仅不加以索取，还尽量避免。阿卡尔那尼亚人称其是希腊人中唯一没有参与毁灭伊利昂之战的人，并以此为理由恳求埃涅阿斯[17]的后裔帮助他们抵抗埃托里亚人，元老院确实有做外交调停之意。然而，当埃托里亚人以其傲慢的方式给予回应时，尚古的罗马元老院并未为此所激而发动战争，而这场战争若真的发动，则可能为罗马除去世仇马其顿人（约罗马纪元515年即公元前239年）。

伊利里亚人对斯科德拉发动海盗式远征

在当时的情势之下，亚得里亚海唯一繁荣的行业当然就是海盗了，意大利的商业为此损失惨重。然而，即使对作恶多端的海盗，罗马人也以非常的耐心加以容忍——这当然与他们厌恶海战且海军力量薄弱有着密切的关系。但最后，他们终于忍无可忍。马其顿不欲再执行保护希腊商业免受亚得里亚海盗侵扰的任务以利其敌，

73

斯科德拉的统治者们得到马其顿人的支持,便诱使伊利里亚各部落——约与现在的达尔马提亚[18]人、蒙特哥尼罗人、北阿尔巴尼亚人相当——合伙进行大规模的海盗式远征。

伊利里亚人乘着两排桨快船,即著名的"里伯尼亚艇",在海上和沿岸各地,与所有的邦国作战。这些地区的希腊殖民地,岛城伊萨(今利萨)和法洛斯(今莱西纳),重要港口埃比达姆诺斯(今都拉斯)和阿波罗尼亚自然深受其害,屡遭蛮族侵袭。海盗们继续南下,在伊庇鲁斯最繁荣的城市腓尼斯建立了基地,伊庇鲁斯人和阿卡尔那尼亚人,半自愿半被迫地与这些外来的盗匪结成了不合情理的同盟,远至伊利斯和麦西尼的沿海地带都不安全了。埃托里亚人与亚该亚人聚集其所有的船只,意图制止海盗的恶行,但却只是徒然。在公海上的一场战役中,他们被海盗及其希腊联盟所击败,那富饶且地位重要的科西拉岛(今科孚岛)竟最终落入了海盗之手。意大利的航海者怨声载道,罗马的旧同盟阿波罗尼亚人请求援助,被围困的伊萨人急切陈请,终于促使罗马元老院派遣使者前往斯科德拉。盖乌斯及其弟卢修斯·科隆加尼乌斯前往该地,要求阿格隆王平定骚乱。但该王答道,依照伊利里亚人的国法,海盗私掠为合法买卖,政府无权制止。于是,卢修斯·科隆加尼乌斯回答说,既然如此,罗马便有职责来为伊利里亚人制定一部更好的法律。这一回答当然不是委婉的外交辞令,于是,两使者之一在归国途中被杀,罗马人称凶手是奉国王之命,他们要求交出凶手,结果遭到了拒绝。元老院现在已别无选择。罗马纪元525年即公元前229年春,一支由两百艘船只组成的舰队载着登陆部队,出现在阿波罗尼亚海外。海盗船闻风逃窜,登陆部队则摧毁了海盗的堡垒。当时阿格隆王已死,其子平纳尚未成年,由王后图达摄政。图达被困于最后的避难所,不得不接受罗马提出的条件。斯科德拉的统治者们在南北两方再次局限于原先的狭窄疆域,不但被迫放弃了所有希腊城镇,而且还交还了达尔马提亚的阿尔迪安，埃比达姆诺斯附近的帕提尼以及伊庇鲁斯北部的阿丁达尼。伊利里亚的武装船将来不许进入里苏（今阿莱西奥，位于斯库台湖[19]和都拉佐之间）以南，非武装船结伴驶至该地的不得超过两艘。罗马用最明智且最有效的方式压制了海盗的恶行，争得了亚得里亚海的海上霸权。

但是罗马人更进一步，占据了东岸。斯科德拉的伊利里亚人成为了向罗马纳贡的属民。法罗斯的德米特乌斯原本忠于图达，现在却为罗马服务，他被晋升为属国的君主，又成为罗马的同盟，治理岛屿和达尔马提亚沿岸地区。希腊城镇科西拉、埃比达姆诺斯、阿波罗尼亚以及阿丁达尼民社和帕提尼民社均以温和的联盟方式附属于罗马。这些位于亚得里亚海东岸的所获之地，其范围还未达到需派遣特任助理行政官的地步。科西拉和其他地方似乎仅派遣了次等官员，这些地区的监督权似乎也交到了治理意大利的最高行政官手中[20]。因此，亚得里亚海最重要的航线，如同西西里和撒丁岛一样，也处于罗马的统治之下了。还有什么值得期盼的呢？罗马在亚得里亚海上游缺乏一个优良的海军根据地，而其在意大利海岸的领土并不能弥补这一缺陷。罗马的新盟邦，尤其是希腊的商业城市，将罗马人视为他们的救命恩人，无疑会尽其所能维系住这样一个有力的保护者。在希腊，没有一个人反对这种动向。相反，这个解放者赢得了大家的啧啧称赞。亚该亚同盟在希腊兵力最强，拥有十艘战船，现在蛮族的两百艘船只竟代替那十艘战船驶入希腊人的港口，并完成了希腊人未能完成的任务，这时希腊人的欢欣与羞愧之感究竟孰重，恐怕还是个问题。但是，虽说希腊人因需外国人来拯救本国受压迫的同胞而感到耻辱，可他们至少和颜悦色地接受了这种援助。他们抱着庄严的态度接纳罗马人居于希腊民族之列，允许他们参加地峡运动会[21]和厄琉息斯秘仪[22]。

马其顿未作任何表示，它既不能诉诸武力，又不屑于以口舌抗议。因此罗马人没有遭到任何抵抗。然而，罗马人由于拿到了进入邻国的钥匙，便将马其顿变为了敌人，设若此邻国恢复实力或遇可乘之机，则必然会打破沉寂。如果那精明能干的安提柯三世[23]能活得再久一点，他一定会接受罗马人的宣战。因为数年之后，当法洛斯的君主德米特里乌斯脱离罗马的霸权，违背条约与伊斯特拉人合营海盗业，并攻克已被罗马人宣告独立的阿丁达尼时，安提柯曾与之结盟，而在塞拉西亚战役[24]（罗马纪元532年即公元前222年）中，德米特里乌斯的军队也曾与安提柯的军队协同作战。但安提柯已经死了（罗马纪元533—534年即公元前221—前220年的冬天），他的继承人腓力年纪尚幼，竟准许执政官卢修斯·埃米利乌斯·保卢斯去攻打马其顿的同盟，摧毁了其都城，并将他逐出王国，使其流亡海外（罗马纪元535年即公元前219年）。

意大利北部

位于亚平宁山以南的意大利本土，在塔伦图姆陷落之后，一直都平安无事。与法勒里的六日之战（罗马纪元513年即公元前241年）只不过是个小插曲。但在北方，介于盟邦领土与意大利天然疆界（阿尔卑斯山脉）之间，仍有一大片广阔的区域是不绝对属于罗马的。在亚平宁山以外，罗马人只拥有一片狭窄的区域，即自安科纳以上的埃西河至塞色那以下的卢比孔河[25]，大致相当于近代福里和乌尔比诺两省之地。在波河以南，强大的凯尔特人部落波伊部仍据地称雄（从帕尔马[26]至博洛尼亚[27]）。在他们附近，东边的林哥尼部和西边的阿那雷部——二者都可能是附庸于波伊的两个凯尔特人小邑——则占据了平原。在平原的西端，利古里亚人与孤立的凯尔特部落逐渐融合，定居于阿雷佐[28]与比萨以西之间的亚平宁山上，占据了波河的发源地。波河以北平原的东部，大约从维罗纳至海岸，被维内蒂人[29]所占有，他们异于凯尔特人，可能属于伊利里亚人。在这些地区和西部山脉之间，居住着塞诺马尼部落（大致在今布雷西亚和克雷莫纳一带），他们很少与凯尔特人共同行动，可能大部分跟维内蒂人和因苏布雷人[30]（在米兰附近）来往。因苏布雷人是意大利境内凯尔特族中人数最多的族群，不仅与分布在阿尔卑斯山谷的半凯尔特半非凯尔特人的小民社保持联系，还与阿尔卑斯山以外的凯尔特人来往密切。阿尔卑斯山的门户，通航二百三十英里的大河，以及当时文明化的欧洲最广阔肥沃的平原，都仍然掌握在意大利的世仇手中。这些部族虽已衰弱，但即使在名义上都不附属于罗马，且仍旧不断骚扰邻国，保持着他们蛮族的风俗习惯，散居于广阔平原各处，继续以放牧和劫掠为生。罗马人迫不及待地要占领这些地方乃是意料之中的事，再加上凯尔特人似乎逐渐忘记了罗马纪元471年（即公元前283年）和罗马纪元472年（即公元前282年）的战败，又开始蠢蠢欲动，因此罗马人更要这样做了。而更加危险的是，阿尔卑斯山以北的凯尔特人又出现在了阿尔卑斯山以南。

凯尔特之战

事实上，波伊人已于罗马纪元516年即公元前238年再起战端，他们的首领阿提斯和加拉塔斯也在未经全国大会的授权下，号召阿尔卑斯山以外的高卢人与其联合作战。高卢人纷纷响应，罗马纪元518年即公元前236年，一支意大利久已未见的凯尔特军驻扎在阿里米努姆。罗马人当时兵力还太弱，不敢应战，于是提出缔结停战协议。为了拖延时间，他们允许凯尔特人派遣使者前往罗马，使者到达元老院后，竟要求割让阿里米努姆——布伦努斯时代似乎再次来临了。但战争还未爆发，便因一件意外之事而宣告结束了。波伊人对那些不请自来的同盟心存不满，又害怕自己的领土被侵占，于是跟阿尔卑斯山以外的高卢人起了冲突。这两个凯尔特部族竟公然开战，波伊人的首领被本族人杀害之后，那些高卢人便重返故土。波伊人被交到了罗马人手中，罗马人像驱赶塞农部一样，随意地将他们逐出境外，至少一直驱赶至波河。但由于波伊人割让了几处地区，罗马人因此停止了对他们的战争（罗马纪元518年即公元前236年）。他们之所以这样做，是因为当时罗马人预料到会与迦太基人再次开战，但是此战却因撒丁岛的割让而得以避免，罗马政府便意在尽快将阿尔卑斯山以南的地区全部纳入版图。所以，凯尔特人时刻担忧着罗马人的入侵，他们的担心不无道理。

然而，罗马人并不急于采取行动。于是凯尔特人抢先挑起战端，其原因或许有以下三种可能：一、罗马人在东海沿岸实行颁田制（罗马纪元522年即公元前232年），此事虽不是直接针对凯尔特人，但他们却察觉到了危险；二、他们觉得为了争夺伦巴第[31]，与罗马必有一战；三、生性急躁的凯尔特人厌倦了安居的生活，想要拿起武器再次征战。其中最后一种的可能性最大。除了塞诺马尼部与维内蒂人联合起来声援罗马人之外，意大利所有的凯尔特人都赞成开战，罗讷河上游的凯尔特人也加入了此战，后者可谓是此带的冒险者，其首领是康科里达努斯和阿涅罗斯图斯[32]。

凯尔特人的首领率领五万步兵、两万骑兵及战车兵，向亚平宁山进发（罗马纪元529年即公元前235年）。罗马人没有料到此地会遭受攻击，也没有料到凯尔特人会不顾他们在东海岸设立的堡垒及其同族人的防卫，竟直攻首都。不久之前，与此相似的一大群凯尔特人也曾这般蹂躏希腊。此次危机相当严重，且从表面上来看，比实际更加严重。所有人都相信罗马这次在劫难逃了，罗马的土地注定要归高卢人所有了。这些言论在罗马传播开来，以致罗马政府

78

为了缓和民众的迷信心理，不惜做出更加荒谬的事，竟将一个高卢男人和一个高卢女人活活烧死在罗马广场，以应宿命的定数。同时他们又作了更严肃认真的准备。当时，两名执政官各率领二万五千名步兵和一千一百名骑兵，一个是盖乌斯·阿蒂利乌斯·雷古鲁斯，驻扎在撒丁岛；另一个是卢修斯·埃米里乌斯·帕普斯，驻扎在阿里米努姆。两支军队都奉命立即赶赴形势最严峻的伊特鲁里亚。由于塞诺马尼部与维内蒂人均为罗马的同盟，凯尔特人不得不留下一支卫戍部队留守本土。现在，受罗马召集的翁布里亚人从其所居的山区出发，肆意进攻波伊的平原，敌人在其本土上伤亡惨重。伊特鲁里亚人与萨宾人的民兵应占领亚平宁山，可能的话，还应堵塞山路，以待正规军的到来。在罗马，一支五万人的后备军组建完成。整个意大利现在都将罗马视为其真正的战友，凡能从军的男子一律应征入伍，战争所需物资也尽数搜集完成。

特拉蒙之战

然而，这一切需要时间。既然罗马人被打了个措手不及，那么至少挽救伊特鲁里亚已为时过晚。凯尔特人发现亚平宁山的防卫薄弱，未遇抵抗便劫掠了伊特鲁里亚那久未有敌人出没的丰饶平原。当执政官帕普斯率领的阿里米努姆军出现在凯尔特人侧翼时，后者已到达距罗马城仅三日路程的克鲁修姆。而伊特鲁里亚民兵则在越过亚平宁山之后，已在高卢人的后方集结，追踪敌人的行军路线。一天晚上，两军都已安营扎寨，燃起营火，凯尔特的步兵突然拔营而去，朝费苏里撤退；当晚，骑兵已占领前进据点，翌日清晨也跟上了主力部队。伊特鲁里亚的民兵原先驻扎在敌营附近，当其发觉敌人离去时，以为敌军开始溃散，便匆忙追击。高卢人料到了这一结果，他们的步兵早已在一个精选的战场上严阵以待，罗马民兵急行而至，军队散乱不堪，士兵疲惫不已。经过一场激烈的战斗，民兵六千人被歼灭，其他被迫逃至山头，若不是执政官率领的军队及时赶到，他们一定会全军覆没。高卢人见状连忙向本土撤退。他们计划阻止罗马两军会合，然后将较弱的一军歼灭，但这一妙计只有部分获得了成功。现在，在他们看来，当务之急应该是将其大量的战利品安置于安全地点。

为了行军便利，他们从当时所在的丘西[33]出发，向平坦的海岸进军，然后沿岸而行，却不料半途遭遇大敌。这就是在比萨登陆的撒丁军，他们原想阻断亚平宁山路，但因来迟了只得作罢，于是他们立即朝着与高卢人相反的方向沿岸前进。两军在特拉蒙（位于翁布罗内河河口）附近相遇。罗马的步兵沿大路以密集阵线推进，执政官盖乌斯·阿蒂利乌斯·雷古鲁斯则亲自率领骑兵侧向移动，以对高卢人的侧翼发动攻击，同时尽快告知帕普斯率领的另一支罗马军。一场激烈的骑兵战爆发了，雷古鲁斯与许多英勇的罗马士兵都阵亡了。但他并没有白白牺牲，他的目的已经达到了。

帕普斯得知战事发生，并判明了当时的形势，他立即整备军团，凯尔特人受到了罗马人的两面夹击。凯尔特人英勇不屈，分头抗战，阿尔卑斯山以外的高卢人与因苏布雷人迎战帕普斯军队，阿尔卑斯山的陶里斯克人与波伊人迎战撒丁军，骑兵则于侧翼奋战。在人数上，双方兵力不相上下，而且高卢人身处绝境，不得不倾尽全力。但阿尔卑斯山以外的高卢人惯于白刃战，在罗马散兵箭矢的攻击下败下阵来。在交手战中，罗马的武器锻冶较佳，高卢人处于劣势。最后，胜利的罗马骑兵攻击敌人侧翼，决定了战局。凯尔特骑兵落荒而逃，步兵则在海岸和三面罗马大军的包围之下无路可走。一万名凯尔特人及其首领康科里达努斯被俘，其余四万人均战死沙场。阿涅罗斯图斯及其随从则依凯尔特习俗而自杀。

凯尔特人在其本土发动攻击

大获全胜之后，罗马人决心彻底征服阿尔卑斯山以南的凯尔特人，以防再次遭到这样的突袭。次年（罗马纪元530年即公元前224年），波伊部未加抵抗便与林哥尼部一同投降。又过了一年（罗马纪元531年即公元前223年），阿那雷部也投降了。至此，波河以南的平原地区全部落入罗马人之手。对波河以北地区的征服则需要一场更加艰苦卓绝的战斗。盖乌斯·弗拉米尼乌斯在新获得的阿那雷部领土上（皮亚琴察附近）渡河，然而在此过程中他损失惨重，尤其是在彼岸登陆时遭受了极大损失。在背水无援的情况下，他只能与敌人缔结休战之约，以确保能够自由撤退。愚昧的因苏布雷人竟欣然同意了。但是，他脱身之后便立即到了塞诺马尼部境内，并与他们联合，再次从北方进入因苏布雷人的城邑。高卢人这才恍然大悟，但为时已晚：他们从女神殿中取出那名为"不可动摇"的金像，以五万强兵向罗马人发起挑战。罗马人当时的处境非常危险：他们的营地背对着一条河（可能是奥格利欧河），他们与本土之间是敌人的领土，战争援助和撤退路线都只能依赖于塞诺马尼部，而后者并不可靠。但他们别无选择。罗马军中的高卢部队被置于河流的左岸，右岸则是与因苏布雷人对峙的罗马军团。他们将桥梁悉数破坏，以防受到不可靠盟邦的袭击，至少能保住其后路。

凯尔特人被罗马征服

如此一来，河流无疑切断了罗马人的退路，他们要想返回本土就必须穿过敌阵。但罗马人凭借精良的武器和严格的纪律取得了胜利。军队直接从敌阵穿过，成功突围，罗马人的战术再度补救了将军的失误。此次胜利应归功于士兵和军官,而非将军,将军之所以能凯旋,只是因为民众违反元老院的公正判决而偏袒将军。因苏布雷人欣然求和,但罗马人要求无条件投降,而事态却尚未发展到如此地步。因苏布雷人试图在其北方同族的援助下保住自己的领土,次年(罗马纪元532年即公元前222年),罗马的两名执政官又率军从塞诺马尼部入侵,因苏布雷人从北方同族和本国征集了三万佣兵进行抵抗。激烈的战斗在数个战场爆发,因苏布雷人为了分散罗马的兵力,对波河右岸的罗马堡垒克拉斯提迪乌姆(位于帕维亚以南)发起进攻,高卢王维尔度马鲁斯被执政官马库斯·马塞勒斯手刃。但是,经过一场凯尔特人先略胜一筹而罗马人最终大获全胜的战役之后,执政官格涅乌斯·西庇阿攻陷了因苏布雷人的首都麦迪奥拉努姆,此城与科姆的沦陷使得因苏布雷人终于停止了反抗。至此,意大利境内的凯尔特人完全被征服了。罗马人曾在海盗之战中向希腊人展示了其在海洋主权上与希腊的不同之处,同样地,他们如今也揭示了其守卫意大利门户以抵御强盗的方法与马其顿守卫希腊门户的方法有所不同。尽管意大利内部纷争不断,但面对共同敌人时他们却能团结一致,形成统一战线,而希腊人则四分五裂,犹如一盘散沙。

意大利的罗马化

罗马的边界已经延伸至阿尔卑斯山,波河的整片平原或沦为罗马的属地,或像塞诺马尼部和维内蒂一样被同盟属国所占领。然而,要收获胜利的成果并将此地罗马化,还需假以时日。为了达到这一目的,罗马人采取了数种不同的方法。在意大利西北部的山区,于阿尔卑斯山和波河之间的偏远地区,他们大致容忍了原有居民的存在。那些号称对利古里亚人发动的战争（始于罗马纪元516年即公元前238年），实际上只是为了猎取奴隶而已，并不能称之为战争。那些城邑和乡村虽臣服于罗马，但罗马在此地的主权却只是徒有虚名。罗马远征伊斯特拉（罗马纪元533年即公元前221年），其目的似乎不仅仅在于破坏亚得里亚海海盗的最后潜伏据点，并在意大利征服地和其他海岸的征服地之间建立沿海陆上交通。另一方面，罗马人注定要将波河以南的凯尔特人全数消灭，毫无商量的余地。因为凯尔特族联系较为松散，若非贪图金钱，北方的凯尔特人绝对不会与其在意大利的族人联合。罗马人不仅将他们视为民族公敌，而且认为他们是天然遗产的篡夺者。罗马纪元522年即公元前232年，土地的分配使安科纳至阿里米努姆到处都是罗马的殖民者。类似的措施也在执行，要驱逐和歼灭像凯尔特人这样的半蛮族其实并不困难，因为他们仅一部分务农，又缺乏筑有城墙的城镇。约80年前，北方大道已从奥特里科利修到了纳尔尼，不久前（罗马纪元514年即公元前240年）又延伸至新建堡垒斯波列提乌姆。现在（罗马纪元534年即公元前220年），则经由新建的市镇福利尼奥[34]，通过佛尔洛隘口，到达海岸，再沿此岸由法农至亚里米伦，并将其命名为"弗拉米尼亚大道[35]"。这是第一条穿过亚平宁山区、连接意大利两海的人工道路。罗马人热切地将他们的城镇安置在新获得的丰腴之地上。在波河的右岸，为了保护通航，他们建起了坚固的堡垒普拉森提亚，左岸则已为克雷莫纳奠基。从波伊人手中取得的穆蒂纳（今摩德纳[36]），其城墙的修筑工程已在积极进行。罗马人准备进一步分配土地并继续修建大道，但突发事件却使他们无法收获胜利的果实。

注释

[1] 爱奥尼亚海,地中海的支海。在希腊以西、西西里岛以东和意大利东南之间。地中海最深点即在希腊南面这一海域。通过墨西拿海峡同第勒尼安海相连;通过奥特朗托海峡与亚得里亚海相通。——译者注

[2] 莱昂蒂尼,古希腊城邦,位于地中海西西里岛东南部,原为西塞尔人所占有。公元前729年哈尔基斯人向该地移民。——译者注

[3] 迈加拉,又译作"墨伽拉"。希腊城市。在阿提卡和科林斯之间,临萨罗尼。北有峻山,南为平原。公元前八世纪商业发达,是古希腊哲学家欧克莱得斯的诞生地。农业和养禽业发达。——译者注

[4] 陶尔米纳,在意大利西西里岛的墨西拿省内,位于墨西拿和卡塔尼亚之间。公元前400年陶尔米纳曾是古希腊的殖民地。公元前212年又归罗马帝国管辖。——译者注

[5] 罗马纪元513年即公元前241年签订的和约命迦太基人割让西西里与意大利间的岛屿,撒丁岛不在割让之列是一个确定的事实。但是据说媾和三年之后罗马借口和约而占据撒丁岛,这纯属无稽之谈。他们如果这样做,不但在政治上不顾廉耻,在外交上也不免愚昧无知。

[6] 我们一方面由"西西里人"出面控诉马塞鲁斯,一方面由"全西西里各民社联合请愿",由熟知的类似事件可以推知这是实情。我们绝不能因为各市之间无财产权,便断定其无集会权。

[7] 在各行省,罗马垄断造金银钱币之权没有其在意大利那样严格,这显然是因为不按罗马本位铸造的金银钱币不甚重要。但通常来看,就是在各省,造币厂无疑也仅限于铸造小铜币,甚至不过铸造小银币。罗马属下的西西里最受优待的民社,如玛末丁、森都利波、阿列萨、赛杰斯达和帕诺穆,其所造的钱币也均以铜币为主。

[8] 希罗说:"他知道罗马人仅用罗马或意大利的步骑,用外国兵最多不过作轻装队伍。"此话即含有此意。

[9] 塞杰斯塔是古希腊城市之一,由伊米利人创建,位于意大利西西里岛西北部。塞杰斯塔在历史上长期和塞利农特对立。在公元前580年至前576年之间两者就曾有对立。公元前545年时两者亦曾冲突。公元前415年时,塞杰斯塔向希腊的雅典求助,成为雅典远征西西里的原因。——译者注

[10] 我们略考地图或看那允许森都利波居西西里任何部分的奇特规定,便能立即明白此事。他们既为罗马做侦探,便须有极大的行动自由。再者,森都利波似乎是首先归附罗马的城市。

[11] 波河,意大利最大河流。发源于意大利与法国交界处的科蒂安山脉的维索山,

注入亚得里亚海。——译者注
- [12] 意大利为罗马的本部或执政辖区，与海外领域或将军辖区截然不同。这区别似乎在第六世纪时便已见于种种应用。祭仪中有某种祭司不得离开罗马的规定，据说意在不准他们渡海。又有一条旧章规定，执政官仅能在"罗马土地"推举独裁官。罗马纪元544年即公元前210年，有人为这一规定进行解释，谓"罗马土地"包括全意大利，这一说法将上述区别表达得更为明确。在阿尔卑斯山和亚平宁山之间的凯尔特地方特设一个省区，以别于执政官辖区而另属于一个长官，这是苏拉所为。当然此说绝不是反对下面的见解，即在第六世纪加里亚或阿利密农已常常被称为一个执政官平时的辖区。我们熟知，在古文中，provincia 一词的意义不是我们现今所谓的 province，不是分给一位常任长官的一片明确地域，而仅是法律、元老院的法令或协议所规定某一长官应尽的职责。就这种意义而言，诚然可谓一个执政官负治理北意大利之责，此事为一时的常规。
- [13] 布林迪西，意大利东南部城市。临亚得里亚海的奥特朗托海峡。城市筑于一个小海湾内的半岛上，有东、西两个港口。——译者注
- [14] 伯罗奔尼撒位于希腊南部，岛上有丰富的历史典故和古迹，如最早的奥林匹克体育馆、阿伽门农的迈锡尼等。——译者注
- [15] 托勒密三世（约公元前276—前221年），埃及托勒密王朝的第三位法老（公元前246—前221年在位）。他是托勒密二世与阿西诺亚二世的长子。——译者注
- [16] 塞琉古二世，是塞琉西王朝的一个叙利亚国王（公元前247—前225年在位）。他在与埃及法老托勒密三世发生的第三次叙利亚战争中失利，被迫将叙利亚北岸沿海地区割让给埃及。——译者注
- [17] 埃涅阿斯，特洛伊英雄，安基塞斯王子与爱神阿佛洛狄忒（相对于罗马神话中的爱神维纳斯）的儿子。——译者注
- [18] 达尔马提亚是克罗地亚的一个地区，行政中心是斯普利特，包括亚得里亚海沿岸的达尔马提亚群岛和附近一千多个小岛。——译者注
- [19] 巴尔干半岛最大湖泊，在南斯拉夫与阿尔巴尼亚边境。原为海边潟湖，后因地壳轻微下沉而加深。——译者注
- [20] 罗马有一个常驻科西拉的统兵官，明见于波利比乌斯书，又有同一例见于李维书叙伊萨一事。所以任非元老院的太守治理远方岛屿，似为罗马政府的成规。可是依理而言，这些"代理官"势必有更高级长官来推举和监督他们，而当时这更高级长官只能是执政官。以后马其顿和阿山南的加里亚两省既立，便委任两个太守之一执行更高级的行政管理权。现在谈到的地域即以后罗马的伊里利库姆省的核心，一部分属于恺撒的辖区，这是人所共知的。
- [21] 地峡运动会在科林斯地峡的乡间圣地举行，这一地峡是伯罗奔尼撒半岛与希腊中部的狭窄陆地连接处。地峡附近的城市科林斯主办这一运动会，直至公元前146年科林斯城被罗马毁坏为止。此后运动会一度移至利基翁举行。公

元前40年,科林斯再度取得主办权,到公元40年,运动会回到地峡举办。——译者注

[22] 厄琉息斯秘仪,是古希腊时期位于厄琉息斯的一个秘密教派的年度入会仪式,这个教派崇拜得墨忒耳和珀耳塞福涅。厄琉息斯秘仪被认为是在古代所有秘密崇拜中最为重要的。这些崇拜和仪式处于严格的保密之中,而全体信徒都参加的入会仪式则是一个信众与神直接沟通的重要渠道,以获得神力的佑护及来世的回报。——译者注

[23] 安提柯三世是昔兰尼加国王德米特里之子,马其顿国王德米特里一世之孙。他在其堂兄德米特里二世去世后,以摄政的名义夺取了德米特里二世年幼的继承人腓力五世的全部权力,实际上成为马其顿的国王。——译者注

[24] 塞拉西亚战役于公元前222年爆发,由安提柯三世领导的马其顿王国和亚该亚同盟的联军对抗斯巴达克里昂米尼三世军队。战斗发生在拉科尼亚北部边境上的塞拉西亚,以马其顿和亚该亚联军获得胜利告终。——译者注

[25] 据晚近最精密的地方考察,卢比孔河即是在萨维格那诺附近的菲乌米奇诺河,可是此河上游今已改道。

[26] 意大利北部城市。位于波河平原南缘,临帕尔马河,建于公元前183年。十九世纪初为奥地利控制下的公国。——译者注

[27] 博洛尼亚,意大利城市。位于波河平原南缘、亚平宁山脉北麓,是农产品集散地,商业中心。——译者注

[28] 阿雷佐,意大利中部托斯卡纳大区城市,阿雷佐省首府。阿雷佐曾经历伊特鲁里亚人的殖民与罗马帝国的统治,1384年又成为佛罗伦萨的属地,今天是欧洲颇负盛名的精工之城。——译者注

[29] 意大利东北部古代民族。约公元前1000年来到此地,占有南至波河、西至维罗纳附近地区。——译者注

[30] 米兰最早的定居者是因苏布雷人,公元前四世纪,因苏布雷人进入北意大利,并与定居在当地的伊特鲁里亚人发生冲突。——译者注

[31] 伦巴第是意大利北部大区,北与瑞士相邻。意大利最重要的经济区。——译者注

[32] 波利比乌斯称这种人为"阿尔卑斯山和罗尼河的凯尔特人,他们因作雇佣兵被称为Gaesati(佣兵)",卡庇托尔的纪年称他们为Germani。当代编年史家用这一名称或专指凯尔特人,而恺撒和奥古斯都时代的历史研讨才使编辑纪年的人视他们为"日耳曼人"。另一方面,如果年代纪中提到的日耳曼人以当代的记录为本——如若是,这便是这个名称最古老的称述——我们须认为这一名称所表示的不是以后所谓的"日耳曼种族",而是凯尔特人的一个部落。而且据第一流的语言学家的意见,Germani一名原非日耳曼语,而是凯尔特语,或有"呼喊者"的意思,上述臆说似乎更加可取了。

[33] 丘西是意大利中部托斯卡纳大区锡耶纳省的一个市镇,该镇的名胜有丘西伊

特鲁里亚博物馆和罗马式主教座堂。——译者注
- [34] 意大利中部城市,在佩鲁贾东南,临特韦雷河上游支流托皮诺河,是翁布里亚平原通向亚得里亚海的要塞。——译者注
- [35] 弗拉米尼亚大道是一条重要的罗马道路,南起罗马,北到亚里米伦,是通往北方最重要的一条道路。——译者注
- [36] 摩德纳,意大利北部城市,位于波河的南岸,艾米利亚——罗马涅大区摩德纳省省会,是意大利传统的工业、农业重镇,也是意大利最安全的风景游览胜地和最重要的历史文化名城之一。它拥有意大利"美食天堂"、"引擎之都"的美誉。——译者注

第四章

哈米尔卡和汉尼拔

和平之后迦太基的境况

迦太基于罗马纪元513年即公元前241年与罗马缔结条约,该条约给迦太基带去了和平,但他们也为此付出了很大的代价。而今西西里最大部分的贡物流入敌人府库而非迦太基国库,这还只是他们损失的最小部分。让他们更为遗憾的是,一直以来他们都希望能够垄断地中海东西部之间的所有海岸线,而就在这个目标即将达成之际,他们却不得不将其放弃。此外,他们看见整个商业体系土崩瓦解,地中海西南部地区原本是由他们单独掌控,西西里岛沦陷以后,该地区却变为对各国开放的通路,意大利商业也完全不受腓尼基人支配。不过，素求安定的西顿人或许已经说服自己接受这种结果，他们已遭受同样的打击；他们曾被迫与马西利亚人、伊特鲁里亚人和西西里的希腊人分享原本为他们所独有的领地；甚至到了今日，他们所保有的领地——非洲（全称阿非利加洲）、西班牙和大西洋的门户也足以使之强大兴盛。但实际上，谁能保证他们至少继续拥有这些呢？雷古鲁斯[1]提出要求，并且总能几乎获得他想要得到的东西，这些只会被那些自愿遗忘的人忘却；罗马从意大利出发的征伐已大获成功，如果转而从利利贝乌姆出发重新开始，那么毫无疑问，迦太基必然覆灭，除非敌人失手或幸运之神眷顾并将其解救。的确，他们现在持有一纸和约，但对于这和约的认可曾悬于一线之间，他们深知罗马舆论如何看待促成该和约的条款。罗马或许尚未考虑征服非洲，它至今仍因据有意大利而深感满足；但如果迦太基的存在依靠于这种满足感，那么其前景着实堪忧；谁又能保证罗马人不会为意大利政策之便利灭其非洲邻国而不是将其列为附属之国呢？

迦太基主战派和主和派

简而言之，迦太基只能将罗马纪元513年即公元前241年的和约视为一种休战协定，即使战争必然再起，也不能利用它来备战；它志不在报战败之仇，甚至不在弥补损失，而是为了保障自身生存，如此便可不依赖于敌人的善意而活。但是当一场毁灭战必然降临一个弱国之时，即使时间点并不确定，较为果敢且具有献身精神的智者也会立刻为这场不可避免的战斗做准备，在有利时机应战，并以攻击战术掩护防守策略，而他们却总受懒惰怯懦的民众所累，拜金主义者、年老体弱者及头脑简单者仅仅注重拖延时间，在和平中颐养天年，且不惜一切代价延迟终极决战。所以迦太基有一主和派，有一主战派，两派自然与保守派和改革派之间已然存在的政治分野联系在一起。拥护主和派的有行政部、元老会和百人会，由号称"伟人"的汉诺领导；拥护主战派的是民众领袖（尤其是德高望重的哈斯德鲁巴）以及西西里军队的将领，西西里军队在哈米尔卡的带领下大获成功，虽然此等成功并无其他建树，但至少向爱国人士展示了一种似能解助其脱困的方法。两派之间长期不和、斗争激烈，利比亚战争的爆发暂时中止了此类冲突。我们在上文已叙述过这场战争兴起的缘由。执政党不善管理、引发兵变，使得西西里官吏采取的所有预防措施都归于失败，又施行惨无人道的治理体系将此次兵变转为革命，最后终因不善用兵——尤其是葬送军队的领袖汉诺不善用兵——而使得国家濒临灭亡的边缘；在这紧要关头，埃尔克特山的英雄——哈米尔卡·巴卡临危受命，将它从过失罪恶之祸中解救出来。他接受了该兵权，甚至在政府任命汉诺为其同僚之时也不辞其职，尽显慷慨大度之风。确实，当义愤填膺的军队将汉诺遣送回国，哈米尔卡再次保持良好的风度，应政府之恳求让渡与他一部分兵权；尽管有敌人，尽管有这样的同僚，他依然能够以他对叛军的感召力、以他对努米底亚酋长的灵活处理方式、以他卓越的组织和统帅才能，在极短的时间内彻底平息叛乱，使造反的非洲归于忠诚（罗马纪元517年即公元前237年末）。

此次战争期间，爱国党派一度保持缄默，而今它却大声疾呼。一方面，这次灾祸使得当权寡头政府的极端腐败和不良特性显露无遗，不论是他们的无能，他们的结党营私，还是他们倒向罗马的方针，均是如此。另一方面，撒丁岛的沦陷以及罗马在当下所采取的恐吓态度都清楚表明，罗马宣战就如同达摩克利斯之剑，时刻悬在迦太基头上，如果在当前形势下，迦太基与罗马开战，结果必然是腓尼基人会丧失在利比亚的统治权，这些即便是最低贱的人都能够明白。在迦太基，或许有不少人都因为对祖国的未来失去信心而移居到大西洋诸岛；谁又能够责备他们呢？可是高尚之士却不屑为自保而背弃祖国，伟人也享受在大多数善士所认为的绝境中迸发热情的特权。他们接受罗马提出的新条件，除了屈从他们别无他法，将新仇加于旧恨之上，并加以细心看管，这是受侵犯民族最后的本领。然后他们采取措施以图进行一场政治改革。[2] 他们已非常明白这群当权者的不可救药：甚至在最后一次战争中，执政王族们既不忘怨恨，也未学新知。这群当权者漫无边际的厚颜无耻说明了这一点，他们现在竟控告哈米尔卡是引发雇佣兵战争的罪魁祸首，因为他未经政府授权，便擅自向西西里士兵许以金钱。如果这群军官和民众领袖想要推翻这个腐朽没落的政府，那他们在迦太基本部几乎不会遇到太大麻烦，但迦太基政府首脑已与罗马保持着近乎叛国的关系，在罗马境内这势必会遭遇较为强大的障碍。这种形势下，除了其他所有困难外，还出现了另一种情况，那就是，他们所创的救国方法，不得让罗马人和亲罗马政府确切地知道。

哈米尔卡将军

所以他们未触及宪法，并令政府首领充分享有专属特权和公有财产。两个统帅——汉诺和哈米尔卡都在利比亚战争后期任迦太基军队首领，前者应受罢免，后者应任命为全非洲终身元帅，这个议案一经提议便获支持。经安排，哈米尔卡处于独立于管理集团的地位——他的对手称它为不合宪法的君权，加图称它为专政——只有公民大会能罢免其职并对其进行审讯。[3] 甚至继任者的选择权也不在首都当局，而在于军队，即任长老或军官的迦太基人，他们的名字会与将军一起载入契约之中；当然，核准权仍然掌握在本国的公民大会手中。无论这是不是一种篡权行为，它都清楚表明了主战派视军队为其特殊领地。

这样看来，哈米尔卡的职责也并无太大特别之处。迦太基对各边境上努米底亚部落的战事从未停息；仅在不久之前，内陆的"百门之城"——德韦斯替（又称泰贝萨）已被迦太基人占领。继续边疆战事的任务分配给了非洲的新将领，而迦太基政府可在自己的直辖地内为所欲为，任务本身对于防止迦太基政府默许公民大会通过的关于此事的法令并无太大意义；罗马人可能也根本没有意识到它的重要性。

哈米尔卡的作战计划——军队公民

于是，哈米尔卡成为军队统帅，西西里和利比亚战役已经证明，如果命中注定会有人成为迦太基的救星，那么这个人便非他莫属。或许人类与命运的英勇抗争从未比他发动的战争更为英勇。人们指望军队救国，但要怎样的军队才能有救国之用呢？在利比亚战争中，迦太基的国民军在哈米尔卡的指挥下战绩不俗；但他很清楚，在危急关头率领城中商贾工匠背水一战是一回事，而将他们变成训练有素的士兵又是另外一回事。迦太基的爱国党派为他输送杰出的军官，不过其中当然也只有受教育阶级有代表。他没有国民军，至多只有几队利比亚腓尼基的骑兵。他的任务是把利比亚征兵和雇佣兵组成一支军队，这个任务在哈米尔卡这样的将领手里自然是有可能完成的，但即使是他，也只有在按时按量发给部下粮饷的条件下才能做成此事。不过经西西里一役，他明白迦太基的国库收入都用在了迦太基本部更为紧急的事务上，而无力支付用于抗击敌人的军队开支。因此，哈米尔卡所进行的战争必须自给自足，而他原本在佩莱格里诺山小试的行动也须大规模开展。但长远来看，哈米尔卡不仅是一位军事领袖，而且是一位政党首领。他与执政党敌对，彼此矛盾不可调和，执政党伺机将其推翻，他不得不寻求公民支持；尽管他们的领袖清正廉洁、德行高尚，但民众却极为腐败，受不善的腐朽制度影响，他们习惯没有回报便不予付出。的确，紧急情况发生时，需要和热情可能会暂时居于主导地位，处处如此，甚至是最腐败的地方也不例外；但如果哈米尔卡希望迦太基民众永远都支持他的计划（该计划起码要在数年之后才能得以实施），他就不得不按期拨款给本国朋友以讨民众欢心。因此，他被迫向冷漠且腐败的民众祈求或购买拯救他们的许可；被迫忍气吞声、与他憎恶且时常打败他的傲慢之人周旋，以换取为达成目标不可或缺的喘息机会；被迫向那些自诩为祖国之主的遭人唾弃的卖国贼掩饰他的计划和蔑视——这位顶天立地的英雄少有志同道合之友，他孤身立于内外仇敌之间，利用双方的优柔寡断，当即行骗并公然挑衅他们，只为获得可与一国抗衡的资产、金钱和人力，而即使军队已做好作战准备，似乎也很难达到预想程度，更不可能赢得战争胜利。他还只是一个不过三十岁的年轻人，但当他准备远征之时，便似乎已有预感，要想实现奋斗目标或是不经远望便看见理想之地，均为情势所不容。离开迦太基时，他嘱咐九岁的儿子汉尼拔·巴卡[4]在主神圣坛前宣誓与罗马之名永世为仇，并在军营中培养汉尼拔及次子哈斯德鲁巴·巴卡和马戈——他称他们为"一窝小狮子"——让他们承袭他的计划、他的才智以及他的仇恨。

哈米尔卡朝西班牙行进巴卡家族的西班牙王国

佣兵战役结束后（或许在罗马纪元518年即公元前236年春季），

93

利比亚的新将领立刻离开迦太基。他似乎想要远征以抗击西方的自由利比亚人。他的军队尤以战象见长,沿海岸行进;海上舰队由他的忠实伙伴哈斯德鲁巴率领,与陆军相伴而行。突然消息传来,说他已在赫拉克勒斯之柱渡海并于西班牙登陆,他在那里与当地的土著人交战——迦太基当局抱怨他未奉政府之命,便擅自与无辜群众作战。无论如何,他们不能抱怨他忽视非洲事务;努米底亚人一再反叛,他的副官哈斯德鲁巴给了他们一个有力的打击。之后多年,边境方得安宁,几个迄今独立的部落也都归顺纳贡。至于他个人在西班牙所做何事,我们无法一探其详。哈米尔卡死后约三十年,老加图在西班牙看见他的光辉伟业的遗迹犹新,尽管他对迦太基人仇恨已深,却仍不禁赞叹说:"没有哪一任国王可与哈米尔卡·巴卡比肩。"至少从一般意义上来说,哈米尔卡的战果仍向我们展示了他作为一名军人和政治家,在其生命的最后九年里(罗马纪元518—526年,即公元前236—前228年)所做出的成就:壮年时期,他在战场上英勇杀敌,而就在他的计划趋于成熟之际,他却如沙恩霍斯特一般死去;在之后的八年间(罗马纪元527—534年,即公元前227—前220年),他的女婿哈斯德鲁巴继承了他的官职和计划,以其大将之风接手哈米尔卡开创的伟业。原本迦太基在西班牙海岸只有一个小型贸易仓库以及加的斯保护港,而且这个小型贸易仓库原被视为利比亚的附属地,后来哈米尔卡凭其将才在西班牙建起一个迦太基王国,哈斯德鲁巴又以其聪敏的政治手腕将这个王国巩固壮大。西班牙最美的地区,即南部和东部海岸,都划入腓尼基领域,城市创建起来;最重要的是,哈斯德鲁巴在西班牙南部海岸唯一一处良港上建立了"西班牙的迦太基"(即卡塔赫纳),包括其创建者壮丽宏伟的"王宫"。农业发达,此外,由于人们幸运地发现了位于卡塔赫纳的银矿,矿业更为兴旺,一百年以后,该矿年产量价值超过三十六万磅(即三千六百万塞斯特斯)。远至埃布罗河的大多数城邦都依附于迦太基并向它纳贡。哈斯德鲁巴想方设法,甚至通过联姻,将各首领与迦太基的利益紧密联系起来。因此,迦太基在西班牙赢得了广阔的商贸和制成品市场;此地收入不仅能供养军队,而且还有盈余可汇到迦太基,留作储备金以供将来之用。此地在编制军队的同时,还打造精兵;另外还得在迦太基领地内定期征兵;战俘也被并入迦太基军团。附属城邦为迦太基提供充足的分遣队和雇佣兵,尽可能使其满意。士兵一生戎马、征战沙场,把军营视为他们的第二个家。他们忠于军旗,爱戴伟大的领袖,以表其爱国之心。他们终日与英勇的伊比利亚人和凯尔特人作斗争,形成了一支可靠有用的步兵团,与优良的努米底亚骑兵相互配合。

迦太基政府与巴卡家族

就迦太基而言,巴卡家族[5]可畅行无阻。公民不被要求定期捐款捐物,相反,他们还能得到一些利益;西班牙商业弥补了西西里岛和撒丁岛所受的损失;西班牙战争和在西班牙的军队多次大胜,成就斐然,不久便广为人知,以至于能够在特别紧急的情况下,如哈米尔卡战死后,将大批非洲援军调往西班牙。执政党无论受何影响,要么保持沉默,要么在谈到蛊惑人心的军官和暴民时,不管好坏,只会相互抱怨或向罗马的朋友诉苦,以寻求安慰。

罗马政府和巴卡家族

罗马并未进行什么足以改变西班牙事态发展进程的大事。毋庸置疑,罗马人不作为的首要和主要原因必然是他们对这荒远半岛不甚了解——当然，这也是哈米尔卡选择西班牙而不是非洲本部来实行其计划的主要原因，非洲在其他方面可能并不逊色于西班牙。罗马派专员到西班牙就地搜集情报，迦太基众将军向他们做出解释加以应对，并保证这一切都只是为了尽快供给罗马战争物资。对于这套说辞，元老院绝不可能相信，但他们或许仅领悟到哈米尔卡计划的直接目的，那就是，迦太基各岛在贡品和贸易方面都遭受损失，因而要在西班牙获取补偿；他们认为迦太基人发起侵略战争，尤其是从西班牙攻入意大利，是绝对不可能的事，从含有此意的确切声明和事件全局来看，这些都是很明显的。当然，迦太基的主和派中有很多人眼光较为长远，但无论他们的想法如何，他们都不会轻易把即将到来的剧烈动荡告知罗马友人（长久以来，迦太基当局都无法阻止风暴来袭），因为这不但不能扭转危局，还会加速危机的爆发；即使他们告诉了罗马友人，对于这种出自党派人士的告密，罗马自然也就顺理成章地审慎接受。不可否认，迦太基在西班牙的势力以不可思议的速度发展壮大，这不能不引起罗马人的注意，同时也逐渐唤醒了他们的忧惧。实际上，在战争爆发前的最后几年里，他们的确曾试图限制这种扩张。大约在罗马纪元528年即公元前226年，由于对新生的古希腊人文主义念念不忘，他们与西班牙东部海岸的两个希腊或半希腊城市结盟，一个是扎金索斯，又称萨贡图姆（即莫维多，离巴伦西亚不远），另一个是伊伯利亚（即安普里亚斯）；他们将此事告知迦太基将军哈斯德鲁巴，同时也警告他不要向埃布罗河之外拓展领地，对此他答应会照办。无论如何，罗马人之所以这么做不是为了防止他沿陆路入侵意大利——任何条约都无法束缚住进行这项伟业的哈斯德鲁巴将军——他们一部分是因为西班牙的迦太基人日趋强大，令人心生畏惧，想以此限制他们的实力，一部分也是为了保住埃布罗河与比利牛斯山脉之间的自由城邦，罗马将它们纳入麾下加以保护，一旦需要在西班牙登陆作战，它们便可用作军事行动基地。至于即将到来的与迦太基之间的战争，在元老院看来实属不可避免；对于在西班牙境内发生的事情，他们所担心的最大不便也不过是可能需要派遣一些军团前往，比起没有西班牙之时，敌人将会得到较为充足的资金和士兵；无论如何，他们毅然决定（如罗马纪元536年即公元前218年作战计划所示，而且确实也别无他法），下次战争开始于非洲，也将结束于非洲——这同时也将决定西班牙的命运。此外，还有其他几点拖延依据，最开始几年是由于迦太基的分期付款，一旦宣战，分期付款就告停，之后是由于哈米尔卡离世，众多敌友都以为他的计划也要随之夭折。最后，在较晚几年，元老院确实开始担心迟迟不战并非良策，又有人明确表示希望先除掉波河流域的高卢人，因为他们面临即将灭亡的威胁，罗马一旦发起大战，他们便有望利用良机，引诱山外部落再次光临意大利、重新鼓动仍旧危机四伏的凯尔特人进行迁徙。罗马人迟迟不采取行动，既不是顾忌迦太基的主和派，也不是担心现存的条约，这一点可谓不言而喻。再说，如果他们有意开战，西班牙的争斗随时都可作为现成的托辞。从这一观点来看，罗马的行为绝非不可理解，但不可否认的是，罗马元老院在处理这件事情时显示出了他们的目光短浅和松弛懈怠——而同时期在处理高卢事务时他们所采取的方法则更是漏洞百出、情理难容。罗马政策向来不以卓越的构思和迅速的组织力见长，而以其不屈不挠、狡猾多端和始终如一的特性引人注目——在这方面，罗马的敌人，上至皮洛士，下至米特拉达特斯，通常都远超于它。

汉尼拔

于是，幸有命运之神眷顾，哈米尔卡的绝妙计划得以实施。作战物资已然到手——军队人数众多、惯于征伐，国库充实、财源不断，但是为了寻求合适的作战时机，为了给予军队正确的指引，还须有一个领袖。在危急存亡之秋、在困顿绝望的民族中，有一个人用其智慧与心性开辟出一条救亡图存之路，而眼见他的计划实行在即，他却离世了。他的继任者哈斯德鲁巴不急于进攻，这究竟是因为他觉得时机未到，还是因为他是一位政治家而不是军事家，故而自认为无法指导战事，对于这一点，我们不能妄下断言。罗马纪元534年即公元前220年初，他被刺客所杀，西班牙军队的迦太基军官随即召回哈米尔卡的长子汉尼拔继承其位。汉尼拔仍在少年——他出生于罗马纪元505年即公元前249年，因此现在还只有二十九岁；但他已然身经百战、阅历丰富。回忆当初，他脑中仍会浮现出他的父亲在远地作战以及在埃尔克特山杀敌制胜的场景；无论是卡图鲁斯和议，还是饮恨归国、杀戮嗜血的利比亚战争，汉尼拔都与他战无不胜的父亲甘苦与共。他尚在孩童时期就跟随父亲去往军营，不久便崭露头角。他身轻体健，因而擅长奔跑和击剑，骑马时也能无所畏惧、全力冲刺；失眠对他并未影响，他也知道如何像士兵一样饮食充饥或忍饥挨饿。虽然他的盛年时期都在军营里度过，但他却拥有当时腓尼基人所拥有的修养。似乎是从他成为将军之后，在知己——斯巴达的索西鲁斯的指导下，他开始能用希腊语写作公文。长大成人后，他加入了父亲的军队，在父亲的注目下首次施展武艺，并目睹父亲在他身旁战死。自那时以后，他统领姐夫哈斯德鲁巴麾下的骑兵，以其英勇果敢和卓越的领导才能著称于世。现在他的伙伴呼吁他这个虽然年少但却身经百战的将军继任元帅之职，他也能实行他父亲和姐夫终生都为之奋斗的计划。他继承了遗产，并且也确实有资格得到它。与他同时代的人想尽办法污蔑他的人格；罗马人说他残暴，迦太基人说他贪婪；的确，他以一种只有东方人能了解的方式发泄仇恨，一个从不缺少金钱和积蓄的将军也没办法不贪财。但即便他已被冠上愤怒、嫉妒和卑鄙之名，他们也不能玷污他纯洁高贵的形象。且不论自相矛盾的卑劣杜撰，以及他的副官（尤其是汉尼拔·莫诺马库斯和萨莫奈人马戈）以他的名义犯下的一些罪行，典籍记载中有关于他的叙述无一不证明其所作所为顺应当时情势，合乎当时国际法规；所有人都一致认为他兼具冷静的头脑与向上的激情、处事谨慎而又富有活力，难能可贵，堪称完美。他尤其以工于心计著称，这也是腓尼基人的一个主要特点。他喜好选择奇异难料的路线，他精通埋伏与各类计谋，他特别细心地研究敌人的性格。通过无与伦比的间谍系统——他甚至在罗马定期安插眼线——他能时刻掌握敌人的计划；经常有人看见他乔装打扮、戴假发，为的就是获取某些情报。当今时代的每一页历史都彰显出他是深谙谋略的天才。与罗马缔结和约之后，他改革迦太基宪法，流放国外后，他又能对东方各国的内阁产生无以比拟的影响，这些都充分显示出他作为政治家的才干。他驾驭众人的能力也可体现在他以无可匹敌之势掌控着来自不同种族、说不同语言的军队——即使在最艰难的时候，这支军队都未曾背叛他。他是一位伟人，无论走到何处，他都是众人瞩目的焦点。

罗马与迦太基决裂

汉尼拔继任后（罗马纪元534年即公元前220年春），立即决定开战。凯尔特人的领地仍处于动乱之中，罗马与马其顿之间的战争也似乎迫在眉睫：他现在理应立即揭下面具，在罗马人随其自身方便登陆非洲发动战争之前，去往他中意之地进行征战。他的军队不久便做好了上阵的准备，通过一些掠夺性的军事袭击，他的府库得到大规模扩充、资金丰足；但迦太基政府却表示极不愿向罗马宣战。哈斯德鲁巴是迦太基的爱国民族领袖,是西班牙的将军,比起在西班牙,想要保住他在迦太基的地位甚至更加困难;如今,主和派在本国手握大权,他们以政治罪名迫害主战派领袖。统治者已对哈米尔卡的计划进行打压破坏,他们绝不允许现如今在西班牙发号施令的无名少年以妨害国家为代价去表达他们朝气蓬勃的爱国热情;汉尼拔也不敢公然违抗合法权威的意愿擅自宣战。他想煽动萨贡图姆[6]破坏和平,但他们只满足于向罗马抱怨。后来,罗马派专员前来,他刻意怠慢,想以此逼他们宣战,但这些专员却已看透实情:他们在西班牙默不作声,企图向迦太基提起诉讼,并报告本国政府汉尼拔已做好开战准备,战争一触即发。于是,时光流逝,安提柯·多宋的死讯已经传来,他与哈斯德鲁巴几乎同时暴毙;罗马人以双倍的速度和精力在山南高卢建设堡垒;罗马准备于次年春季尽快结束伊利里亚叛乱。每一天都异常宝贵,汉尼拔下定了决心。他传信简要告知迦太基,萨贡图姆人正在侵犯迦太基所属的陶尔包勒特人,所以他必须攻打他们。罗马纪元535年即公元前219年春,汉尼拔未等回复,便开始围攻这座与罗马结盟的城市,或者换句话说,他是在向罗马开战。我们从约克投降所产生的某几方面影响可大致推断出当时盛行于迦太基的意见和言论。据说,一切"君子"都反对"未奉命令"的进攻;有传言对此进行否认,也有传言声称要交出猛将。但那是因为相较于罗马,迦太基议会对离国较近的军队和民众更为畏惧;还是因为他们认为事已至此,再无挽回的可能;又或者只是因为惰性,才使得他们不采取任何确切行动;他们最终决定按兵不动,如果不主动发起战争,那就顺应而行、任其发展。萨贡图姆实行自卫,因为只有西班牙城市知道如何进行防御;如果罗马人显示出的只是其客民所做的一点努力,而在萨贡图姆被困的八个月里,他们也不浪费时间与伊利里亚盗匪进行无聊的战争,那么即便他们未兑现曾承诺过的保护之言,但因为他们是该海洋和适宜登陆之地的主人，便可免受此等耻辱，或许也可以扭转战局。可是他们迟延耽搁，最终这座城市还是被人攻陷。汉尼拔将战利品遣送到迦太基进行分配，激发了许多人心中的爱国情和对于战争的热忱，而在此之前，他们并无此感；这次战利品分发活动也切断了一切与罗马和解的可能。因此，萨贡图姆灭亡之后，一支罗马使团来到迦太基，要求交出将军和身在军营的长老，迦太基企图辩解，罗马发言人打断了他们的谈话，突然停止讨论，撩起长袍，宣称他把和平与战争都放进了长袍之中，元老院可在其中作出选择。这时长老们鼓足勇气，回答说他们将选择权交给罗马，罗马发言人请战，长老们便予以接受（罗马纪元536年即公元前218年春）。

攻打意大利的作战准备

因萨贡图姆人顽强抵抗，汉尼拔花费了整整一年的时间与之作战。罗马纪元535—536年也即公元前219—前218年冬季，他照常退至卡塔赫纳，一方面为进攻意大利全力备战，另一方面筹划西班牙和非洲的防御工作——因为他与其父亲和姐夫一样，掌握着两地的最高指挥权，所以筹备本国防务的责任也移交到他身上。他的全部武装力量大约有步兵十二万人，骑兵一万六千人；另外，除了留在首府的战象和船舶，他还有战象五十八头，配备船员的五桨木船三十二艘，未配备船员的五桨木船十八艘。除轻装部队里有一些利古里亚人以外，这支迦太基军队里没有雇佣兵，除了几支腓尼基分遣队之外，军队主要是由服兵役的迦太基属国民众——利比亚人和西班牙人组成。汉尼拔非常了解他要打交道的人，为了确保西班牙人的绝对忠诚，他给他们所有人批准整个冬季的假期以示信任；不同于腓尼基人爱国心的狭隘排外，他向利比亚人发誓，倘若他们能凯旋回到非洲，他必定会赐予他们迦太基的公民身份。然而，这支大军中只有一部分为远征意大利之用，大约两万人被派往非洲，小部分人去往首都和腓尼基本土，大多数人则派至非洲西端。为了保卫西班牙，一万二千名步兵、两千五百名骑兵以及将近一半的战象都留在了后方，此外还有舰队驻守在那里。西班牙的主要兵权和行政权都委托给了汉尼拔的弟弟哈斯德鲁巴。迦太基的直接领地防卫较弱，因为首都有充足的财力以备不时之需；同样，西班牙容易征得新兵，适量的步兵就足够当前之用，而非洲的特别兵力——战马和战象则大部分都留在了西班牙。汉尼拔将主要精力都用于保障西班牙和非洲之间的交通，因而他把舰队留在西班牙，非洲西部则由一支强大的军队守卫。为确保军队的忠诚，他不仅从西班牙城绑押来人质，把他们拘留在萨贡图姆的要塞，而且还把士兵从征募之地转移到其他地区：非洲东部的民兵大多移至西班牙，西班牙的民兵移至非洲西部，非洲西部的民兵移至迦太基。他为防御之需做了充分的准备，至于进攻策略，则是将兵力分为两队，一队由二十艘五桨木船载着一千名士兵自迦太基驶向意大利西海岸进行劫掠，另一队则是二十五艘，如果可能的话，他们将重新占领利利贝乌姆。汉尼拔相信政府可以发挥一定的效力，他决定亲自率领主力部队进攻意大利，这无疑是哈米尔卡原有计划的一部分。只有在意大利才有可能对罗马发起决定性的攻击，一如只有在利比亚才有可能对迦太基发起决定性的攻击一样；当然，罗马有意将后者作为它下一次战争的首要目标，所以迦太基起初不应将自己局限于西西里这样的次要军事目标，也不应只局限于防守——无论如何，战败必会两伤，而战胜却不会实现获益均等。

进攻之法

可是如何攻打意大利呢？他可以沿海路或陆路到达这个半岛，但如果他的计划将不只是一场不顾一切的冒险，而是一次带有战略目标的军事远征，那么一个比西班牙或非洲更近的军事基地则必不可少。汉尼拔不能依赖舰队和防御海港的支援，因为罗马现在掌握着海上霸权。意大利同盟境内没有任何可驻守的基地。如果是在不同的时代，尽管同情希腊人，但意大利同盟经受住了皮洛士[7]的打击，那么它如今便不会一遇腓尼基将军就土崩瓦解；毫无疑问，一支侵略军在罗马堡垒网与稳固同盟的双重夹击下必然溃不成军。拿破仑的俄罗斯之战与汉尼拔的意大利之战类似，利古里亚人和凯尔特人的领地之于汉尼拔就像波兰之于拿破仑。这些部落仍苦于无休无止的独立战争，他们与意大利人种族不同，罗马堡垒与干路联合封锁的第一批盘管正将他们紧紧束缚起来，他们感觉自己的生存受到了威胁，只能将腓尼基军队视作救星（在军中任职的有许多西班牙的凯尔特人），并充当它可依靠的第一支援方——一个可供它招兵买马、集资筹饷的来源地。波伊人和因苏布雷人已缔结正式条约，条约规定他们必须派出向导前去迎接迦太基大军，为其取得同族部落的殷勤招待和沿途补给，一旦大军到达意大利，便起兵攻打罗马人。最后，罗马与东方的关系使得迦太基人也趋向此地。马其顿于塞拉西亚战役中取胜，于是在伯罗奔尼撒半岛[8]重建主权，与罗马关系紧张；法洛斯的德米特里乌斯背弃了罗马同盟转而投向马其顿同盟的怀抱，随后其国为罗马所占，他亡命于马其顿朝廷，罗马人要求马其顿交出德米特里乌斯，马其顿予以拒绝。如果能将瓜达尔基维尔河与卡拉苏河的大军集合于一处以对抗共同的敌人，那么此地非波河[9]莫属。于是，所有的一切都驱使汉尼拔去往意大利北部。罗马纪元524年即公元前230年，罗马人在利古里亚突遇迦太基人的侦察队，可见其父当时的注意力已转向此地。

汉尼拔为何舍海路而取陆路，我们无从得知；无论是罗马人的海上霸权还是马西利亚同盟，都不能阻挡热那亚登陆，这一点显而易见，后续也会得到证明。这个问题的满意答复取决于几个因素，但权威著作并未有所提及，我们也不能仅凭猜想就妄下定论。汉尼拔必须两害择其一。对他而言，海上航行和海战偶发性强、凶吉难料，与其将自己置身于危险之中，还不如接受波伊人和因苏布雷人诚挚无疑的保证，而且即便军队在热那亚登陆，也仍须翻山越岭，这样的话则更当选择陆路了。而与阿尔卑斯主干山脉相比，翻越热那亚的亚平宁山脉的难度系数到底小多少，他无法确切知晓。无论如何，他所循的路线是原始凯尔特人的路线，许多更大的队伍都曾沿此路线越过了阿尔卑斯山脉：凯尔特民族的盟友和救星都可谨慎而行，涉险越过它。

汉尼拔启程

所以在适宜的季节到来之时，汉尼拔便将参加大军的队伍集结于卡塔赫纳：有九万名步兵，一万两千名骑兵，其中大约三分之二是非洲人，三分之一是西班牙人。随行的三十七头战象或许只是为让高卢人眼前一亮之用而非真正用于作战。汉尼拔的步兵不再需要像克桑提普斯[10]率领的步兵一样藏身于战象的队伍之后，象队是一把双刃剑，它既能挫败敌人，也经常能令本军失利，这位将军非常睿智，他审慎而又不加吝啬地使用这一武器。罗马纪元536年即公元前218年春，汉尼拔率领这支武装部队从卡塔赫纳出发，向埃布罗河挺进。他一早就将他所采取的措施，尤其是他与凯尔特人建立的联系以及此次远征的资源和目标，都告知他手下的士兵，以至于即使是久经沙场深谙军事的普通士兵都深感其领袖英明睿智、统帅有方，故而愿意无条件地信任他，追随他去向陌生遥远的地方。汉尼拔进行了一番慷慨激昂的演说，向士兵阐明了他们国家所处的位置以及罗马人的要求，奴隶制度必将席卷他们亲爱的祖国，他们也会背上可以牺牲所爱的将军及其部下的污名，深为耻辱，这激发了所有人心中的英勇爱国热情。

罗马的地位以及他们迟疑不决的作战计划

罗马政府身处困境，即使是稳固英明的贵族阶级也会遭遇这样的情况。毫无疑问，罗马人知道他们自己到底想要什么，也为此采取了各种各样的措施，但却没有一件事行之得当，也没有一件事合乎时宜。他们原本在很久之前就可以掌握阿尔卑斯山脉的门户，解决与凯尔特人的争端；而现在凯尔特人依旧难以对付，阿尔卑斯山脉也仍旧对外开放。如果他们信守罗马纪元513年即公元前241年的和约，便可与迦太基开展友好关系，又或者如果他们无意守和，那很久以前他们便可征服迦太基：实际上，撒丁岛被攻陷后，和平就已经遭到了破坏，他们却允许迦太基休养生息、恢复国力，长达二十年之久。罗马要想与马其顿维持和平，其实并没有多大困难，但他们却因一点蝇头小利而葬送了与马其顿[11]的友谊。这时一定缺少一位领袖政治家对事态作一个系统全面的观察；当下所做事务纷繁复杂，不是过少，就是过多。如今，经过他们的许可，战争开始的时间和地点均由敌人决定；尽管他们有理有据地坚信自己的军事实力优于敌方，但对于首次行动的目标及要遵循的路线，他们却茫然不知。他们手上有超过五十万的可用士兵听其调遣；只有罗马骑兵不及迦太基的精良，数量也较少，罗马骑兵约占出兵总数的十分之一，迦太基骑兵占其总数的八分之一。罗马舰队有二百二十艘五桨木船，它们刚从亚得里亚海驶回西海，而受此战影响的国家却没有一支能与之相匹敌的舰队。对于这种压倒性的武力优势，其天然适当的用途自是不言而喻。战争应该以登陆非洲为开端，这是长久以来所遵循的策略。之后形势有变，罗马人不得不将同时登陆西班牙纳入他们的作战计划，主要是为了防止西班牙兵临迦太基城下。实际上，汉尼拔于罗马纪元 535 年即公元前 219 年初进攻萨贡图姆就已经拉开了战争的帷幕，依照计划他们首先应该做的是在萨贡图姆沦陷之前派一支罗马军队入驻西班牙，但他们却忽略了名誉及利益的要求。萨贡图姆奋起抵抗长达八个月之久，终是徒劳：罗马甚至还未将登陆西班牙的部队武装起来，该城就已落入他人之手。然而，埃布罗河[12]与比利牛斯山脉之间的区域仍是自由之地，该地各部落不仅是罗马人的天然盟友，而且与萨贡图姆人一样得到了罗马使者所给的迅速支援的承诺。自意大利沿海路到达加泰罗尼亚[13]并不比从卡塔赫纳沿陆路到此地多耗费很长时间，如果罗马人在这期间正式宣战，然后仿效腓尼基人于四月出发，汉尼拔则有可能在埃布罗河战线上与罗马军团相遇。

汉尼拔在埃布罗河上

最后，罗马的大部分陆军、海军固然都已做好了远征非洲的准备，第二执政官普布利乌斯·科尔内利乌斯·西庇阿也被派往埃布罗河；但他从容前进，遇波河上发生暴动时，他让准备登船的军队留在那里，转而另组新军团以供远征西班牙之用。所以即使汉尼拔在波河上遭遇了激烈的反抗，这反抗也仅仅是出自当地的土著人；当前形势下，对罗马人而言，时间要比战士的鲜血更为宝贵，数月之后，他们克服了阻碍，损失四分之一的兵士，最终成功到达比利牛斯山脉一线。罗马的西班牙盟友因此次耽搁而再度被牺牲，这实属预料之中，此次耽搁本可以轻易避免，但罗马纪元536年即公元前218年春季迦太基远征意大利必定出乎罗马人的意料，如果罗马人及时出现在西班牙，或许也可避免这次军事行动。汉尼拔绝对无意牺牲他的西班牙"王国"，将自己如亡命之徒一般弃于意大利。他将许多时间用于围攻萨贡图姆、铲平加泰罗尼亚，并留下大批军队以驻守埃布罗河与比利牛斯山脉之间的新收地域，足见如果有一支罗马军队与他争夺西班牙的所有权，他必不甘心就此撤退。更重要的是，如果罗马人能让他晚几周从西班牙出发，那在汉尼拔到达阿尔卑斯山脉之前，冬天就已经封锁了山路，远征非洲的大军就可畅通无阻地朝目的地进发了。

汉尼拔在高卢　西庇阿在罗讷河的马西利亚通道

抵达比利牛斯山脉之后，汉尼拔将一部分军队遣送回国。从一开始他就决意采取这样一项措施，一方面向士兵展示他们的将军对取胜何其自信；另一方面消除这样一种顾虑，即他所从事的是一项有去无回的冒险行当。他率领一支由五万名步兵和九千名骑兵（全都是久经沙场的老兵）组成的军队，轻松越过比利牛斯山脉，然后沿纳博讷和尼姆附近的海岸线穿过凯尔特人之境；迦太基军队一路畅行无阻，一部分是因为先前就建立的联系，一部分是因为迦太基的黄金，还有一部分是因为武力。直到七月底，迦太基军队抵达阿维尼翁对面的罗讷河，才似乎遭遇一场激烈的对抗。执政官西庇阿在航行去往西班牙途中就已登陆马西利亚（大约在六月底），他到那里才得知他来得太晚，汉尼拔不仅已经渡过埃布罗河，而且还越过了比利牛斯山。罗马人一听到这些消息，才开始明白汉尼拔的手段和目标，执政官暂时放弃远征西班牙的计划。这里的凯尔特部落一贯受马西利亚影响，从而也受到罗马人的影响，西庇阿与他们联合，决定在罗讷河[14]上等待腓尼基人的到来，阻止他们渡河及进入意大利。汉尼拔很幸运，目前在他即将经此渡河的地点对面只有凯尔特人的普通民兵，而执政官西庇阿本人及其所率领的两万两千名步兵和两千匹战马仍在马西利亚，顺下游至此需四天的行程。高卢民兵遣信使火速通知西庇阿。汉尼拔的目标是要在敌人的眼皮底下，在西庇阿抵达之前把他的军队及其为数众多的骑兵和战象运过急流，而目前他连一只船都没有。他即刻下令不惜一切代价收购罗讷河附近大批船户的全部船只，另外伐木造筏以弥补船只的不足。事实上这支人数众多的队伍能在一日之内得以运送过河。而当此事正在进行之时，波米尔卡之子汉诺率领一支强大的分遣队向上游急进，直至抵达一处适于渡河的地点，此地无人防备，且与阿维尼翁[15]只有两日行程的距离。在这里他们利用仓促建成的木筏渡河，以图沿左岸顺流而下，将正阻止主力军渡河的高卢人甩在身后。迦太基军队抵达罗讷河之后的第五日即汉诺出发后的第三日清晨，分遣队在河对岸发放了事先约定好的烟雾信号，以指示焦灼等待的汉尼拔尽快渡河。高卢人看见敌方船队开动，急忙占领河岸，就在这时，他们身后的军营突然起火。事发突然，兵力分散，他们既不能抵御敌人的进攻，也不能阻止其渡河，最终只得落荒而逃。

同时，西庇阿在马西利亚召开战事会议，就占据罗讷河渡口的事宜展开讨论，即便凯尔特首领火速告急，他依旧按兵不动。他不相信他们的话，仅仅派遣一小队罗马骑兵去侦察罗讷河左岸的情况。这支骑兵队发现敌人全军都已被运至左岸，正忙于接应独留在河流右岸的战象。仅仅为了完成侦察工作，分遣队在阿维尼翁区域与迦太基军队激烈交战——这是此战中罗马人与腓尼基人的首次交锋——他们急忙回到总部汇报情况。西庇阿现在才行色匆匆地率领全军朝阿维尼翁进发。但当他抵达那里的时候，甚至留在后面掩护战象渡河的迦太基骑兵都已于三日前离开了，西庇阿只能率疲惫的军队灰头土脸地回到马西利亚并斥责布匿首领的"抱头鼠窜"。于是，罗马人第三次纯粹因疏忽大意而抛弃了他们的盟友和一条重要的防御线。不仅如此，在初次犯错之后，他们先是拖沓行事，后又操之过急，几天之前还胜券在握的事，现在已然毫无成功的可能，他们却仍想去做，因而使得可弥补过错的真正良方从手中溜走。一旦汉尼拔进入罗讷河上在罗马这边的凯尔特境内，罗马人便无法阻挡他抵达阿尔卑斯山脉。但如果西庇阿一听到这个消息便立刻率全军前往意大利——经热那亚可于七日内到达波河——并与波河流域内的薄弱队伍联合的话，那他至少可以给敌人沉重一击。可是他不仅把宝贵的时间浪费在进军阿维尼翁上，而且，尽管他颇有能力，但他缺乏政治胆量或军事才干，不能因时调整军队目的地。他派其弟格涅乌斯率主力军前往西班牙，自己则带数人返回比萨。

汉尼拔越过阿尔卑斯山脉

渡过罗讷河之后，汉尼拔召集军队，向部下说明了他远征的目标，并请来自波河流域的凯尔特将领马吉鲁斯利用翻译亲自向军队发表演讲，同时，他继续行军，一路畅行无阻，来到阿尔卑斯山道。虽然他没有时间迂回前行，也没有时间投入战斗，但不能以路线长短或民心向背来决定通道。他必须选择一条适用于辎重、为数众多的骑兵及战象能够通行的路线，军队要能沿这条路线以友好或武力手段获取充足的给养，因为汉尼拔的军队尽管损失惨重，但仍有近五万之众，他虽已做好了用驮兽随军运送粮饷的准备，但这也仅能供应军队几日之需。汉尼拔放弃海上路线，不是因为罗马人拦路，而是因为海路会使他偏离航向，距目的地越来越远。除此路之外，古时仅有两条从高卢出发经阿尔卑斯山脉至意大利的著名路线[16]：一条是通至陶里尼（经苏萨或腓尼斯特莱斯而至都灵）境内的科蒂安阿尔卑斯山道（即日内瓦山），另一条是通至萨拉西（至奥斯塔和伊夫雷亚）境内的格雷晏阿尔卑斯山道（即小圣伯纳德山）。前一路线较短，但在离开罗讷河河谷之后，它要途经难行且贫瘠的德拉克河、罗曼什河及迪朗斯河上游诸河谷，穿过艰难困苦的山区，至少需要翻山越岭七八天。庞培首次在这里修建了一条军用道路，为山南高卢和山北高卢之间的交通开辟了一条捷径。

经由小圣伯纳德山的路线稍长，但在越过形成罗讷河河谷东部边界的第一层阿尔卑斯山壁之后，它沿伊泽尔河上游河谷而行，该河谷自格勒诺布尔经尚贝里直至小圣伯纳德山山麓，换句话说，它沿较高的阿尔卑斯山脉而行，在所有阿尔卑斯河谷中，该河谷地势最为开阔，土壤最为肥沃，人口也最为密集。此外，小圣伯纳德山道不是阿尔卑斯山所有天然山道中地势最低的，但却是最易于通行的。这里虽未建有人工道路，但一支奥地利军团却带着炮兵队于1815年沿此路越过了阿尔卑斯山。最后，此路线只需翻越两个山脊，自古以来它就是从凯尔特到意大利的绝佳军事通道。因此，迦太基军队实际上别无选择。它是一个幸运的巧合，但不影响汉尼拔的决策，即与汉尼拔在意大利结盟的凯尔特部落居住于直达小圣伯纳德山的地方。若选择紧靠日尔瓦山的路线，则必将先进入陶里尼境内，而他们自古以来就与因苏布雷人不和。

所以迦太基军队最初沿罗讷河而上朝伊泽尔河上游河谷进发，他们并不像人们所认为的那样取最近的路线，从瓦朗斯沿较低的伊泽尔河左岸上行至格勒诺布尔，而是穿过阿洛布罗热的"岛屿"，这是一片土壤肥沃且当时人口密集的低地，西北两面有罗讷河围绕，南临伊泽尔河，东临阿尔卑斯山脉。他们之所以这么做是因为，如果走最近的路线，他们就要行经崎岖贫瘠的山地，而该"岛屿"则是一片平原，土地肥沃，与伊泽尔河上游河谷仅有一层山壁之隔。十六日内，迦太基人可沿罗讷河进入并穿过"岛屿"直至阿尔卑斯山麓，这并没有太大困难。汉尼拔在"岛屿"之内巧妙利用阿洛布罗热两首领之间的矛盾，使其中最重要的一位首领归顺于他，这位首领不但护送迦太基人穿过整个平原，而且为他们供应粮饷，给士兵武器、衣服和鞋履。但远征军在攀越第一道阿尔卑斯山脉时好不容易才免遭大难，山壁陡然耸立，只有一条山路可以通行，而阿洛布罗热人已严守此路。汉尼拔早已知晓事态如何，他在山脚下安营扎寨，以免遭遇突袭，待到太阳落山之后，凯尔特人分散到附近城镇的各家各户，他才于夜间夺取此路，最终攻下了山顶。但从山顶通向布尔热湖的小路异常陡峭，骡子和马匹都不免失足跌落。凯尔特人适时对行进中的军队加以攻击，攻击本身不足为患，但因其引发混乱，故而甚是恼人。毫无疑问，汉尼拔率轻装部队从上面与阿洛布罗热人交战时，想要把他们驱逐下山、致其损失惨重并不困难，但战斗噪声更进一步加剧了混乱尤其是训练中的混乱。因此，在遭受重大损失后，汉尼拔来到平原地带，他立刻出兵攻打最近的城镇，以惩戒蛮族之人，令他们心生畏惧，同时尽可能弥补他们所失去的驮兽和马匹。在怡人的尚贝里谷地休整一天之后，迦太基军队继续向伊泽尔河上游行进，只要尚贝里谷地依旧宽阔，土壤依旧肥沃，他们便不会因缺粮或遭受攻击而耽搁行程。他们第四日便进入森特隆（今塔朗泰斯）境内，河谷渐狭，他们更有理由再次进入戒备状态。森特隆人手持树枝花环在国界（约在孔夫朗附近）迎接迦太基军队，给他们提供肉牛、向导和人质。迦太基人行经此境便如行经友邦，然而，军队既已抵达阿尔卑斯山麓，路径偏离伊泽尔河，沿雷克吕斯溪盘旋而上，倚崎岖险峻的峡谷蜿蜒而行，直抵圣伯纳德山山巅。

这时森特隆民兵突然出现，一部分在军队后方，一部分在山道左右两边的巉岩岩顶，欲切断长队及辎重。但机智如汉尼拔，百密无一疏，他早已洞察这一切，明白森特隆人先前所为只不过是为了不祸及本国之境，同时又能马上获取丰富的战利品，他预料到会有此一击，于是送辎重和骑兵先行，并以全部步兵为其掩护。这样一来他成功粉碎了敌人的企图，可是敌人沿平行于步兵行军路线的山坡移动，并向其投掷乱石以作攻击，给迦太基人招致了很大的损失，汉尼拔却不能加以阻止。一座高耸的白垩绝壁立于圣伯纳德山麓，控制着登山路段，称作"白石"，汉尼拔率步兵在此扎营，以掩护终夜辛苦攀爬的马匹和驮兽。在连绵不休的血战之中，他最终于次日抵达山道顶峰。这片掩蔽的高原绵延2.5英里，中间有一小湖，为多利亚河的源头，汉尼拔准其军队在此歇息。士兵们已开始灰心丧气。道路日渐难行，粮饷匮乏，行经峡谷时不断遭到暗敌的攻击，队伍弱小，散兵与伤兵身处绝境，除了满腔热忱的领袖及其亲近的部下以外，所有人都认为所求目标无异于镜花水月，是痴心妄想而已——以上种种甚至都开始影响到非洲及西班牙的老兵。但汉尼拔的信心依旧如故。众多散兵重新归队，友好的高卢人身在不远之处。分水岭到了，令登山者舒心愉悦的下坡路近在眼前。稍事歇息后，他们重整旗鼓，为最后最难的大业——行军下山做准备。下山时，迦太基军队并未受到敌人的极大干扰。但天色已晚——已是九月初——给下山行程带来了不少麻烦，不亚于上山时邻族进攻所引发的麻烦。多利亚河沿岸的山坡陡峭光滑，新降的大雪掩埋了山路，行人牲畜不免迷路打滑，猛然跌入峡谷之中。事实上，第一天行军结束时，他们走到一段约两百步长的山路，山路位于克拉蒙悬崖之上，常有积雪发生崩塌从悬崖上坠落下来，这里即使夏季仍然寒冷，积雪则终年不消。步兵已过，可战马和战象却无法通过这平滑的冰面，冰面上只覆盖着一层新降的薄雪，汉尼拔带辎重、骑兵和战象在难行的地点上方扎营。次日骑兵奋力挖掘壕沟，为战马和驮兽造出一条可供通行的道路。他们轮班工作三天以后，这些饥肠辘辘的战象才最终被牵引过去。这样一来，耽搁四日后，全军再度会合。他们在多利亚河河谷又走了三天，河谷日益宽阔，土壤日益肥沃，河谷居民萨拉西人是因苏布雷人的客民，他们高呼迦太基人是他们的盟友和救星，之后军队大约于九月中旬抵达伊夫雷亚平原。筋疲力尽的军队在各乡村安顿下来，补充营养，休息两周，以便从前所未有的艰难困苦中恢复过来。这时，罗马人可在都灵附近的某处组建一支军队，军队由三万名准备作战的绝对新兵组成，即刻逼迫敌人作战，如果真能这样做的话，那汉尼拔宏伟计划的前景则十分堪忧。但汉尼拔非常幸运，罗马人再一次不在他们应该在的地方出现，敌军急需休息，他们也不横加干扰。[17]

结果

目标达成了，但却付出了沉重的代价。迦太基军队越过比利牛斯山脉时，共有五万名久经沙场的步兵和九千名骑兵，其中超过半数都已在战斗、行军和渡河中牺牲。据汉尼拔自己所述，他现在拥有不超过两万步兵（其中五分之三是利比亚人，五分之二是西班牙人）和六千骑兵，一部分人无马可骑。骑兵损失相对较轻，一方面显示了努米底亚骑兵的精良；另一方面也说明汉尼拔将军深谋远虑，不滥用如此精锐的部队。行军五百二十六英里，耗时约三十三天——整个过程虽未大规模遭受突如其来的重大灾祸；但另一方面，它之所以得以继续进行并最终完成，可能仅仅只是因为不期而至的好运以及敌方难以计数的错误。此次行军不但以这些牺牲为代价，而且使得军队疲惫不堪、士气低落，以至于需要休息很长一段时间才能再次备战。此番军事行动的价值受到质疑，而汉尼拔本人是否认为它仍是成功之举，尚未可知。我们不可仅凭此言就简单粗暴地对汉尼拔横加指责。我们洞悉其作战计划的弊病，但却无法断言他是否能预知这些弊病——他拟定的路线是行经无人知晓的蛮族之地——或者其他计划，如取沿海道路或在卡塔赫纳或迦太基乘船渡海，能否降低他所冒的风险。无论如何，他执行具体计划时的小心谨慎与高明手腕值得我们敬佩，无论这种结果源于何故——主要是由于幸运之神的眷顾，还是由于汉尼拔的本领——哈米尔卡的宏伟理想，即与罗马在意大利交战，现在得以实现。这次远征是经汉尼拔的才智筹划而来，因为斯泰因和沙恩霍斯特的任务较约克和布卢彻的任务更为艰巨，也更为可贵，所以历史记载在论及一大串准备工作的最后一环即攀越阿尔卑斯山脉时，总是赞其机智聪敏，无失无过，而对特拉西美诺湖[18]和坎尼平原两战，则不似那般赞誉有加。

注释

[1] 雷古鲁斯（？—约公元前249年），古罗马将军，在公元前255年的第一次布匿战争中被迦太基人俘虏，后随迦太基使者赴罗马议和，趁机力促元老院继续对迦太基战争，然后遵守自己事先立下的议和不成就回到迦太基为囚的诺言，重返迦太基，被杀。——译者注

[2] 关于这些事件，我们所有的记载不但残缺不全，而且还是一面之词，因为罗马编年史家所采取的说法当然是迦太基主和派的说法。然而，甚至在我们残缺失真的叙述中（最重要的记载见于波利比乌斯、阿庇安和狄奥多罗斯等人的著作中对法比乌斯的论述里），各派的关系都显而易见。关于敌党用以污蔑"革命党"的卑鄙流言在奈波斯书中可见一斑，我们很难找到可与之相匹敌的流言。

[3] 巴卡家族能缔结最重要的政治条约，行政部的批准只是一种形式。罗马向他们和元老院提出抗议。在许多方面，巴卡家族对迦太基的地位与奥兰治王家对三级会议的地位类似。

[4] 汉尼拔·巴卡（公元前247—前183年或前182年），北非古国迦太基著名军事家。生长的时代正逢古罗马共和国势力的崛起时。少时随父亲哈米尔卡·巴卡进军西班牙，并在父亲面前发下一生的誓言，要终身与罗马为敌，自小接受严格和艰苦的军事锻炼，在军事及外交活动上有卓越表现。现今仍为许多军事学家所研究之重要军事战略家之一。——译者注

[5] 巴卡家族是迦太基贵族，其家族名"巴卡"在腓尼基语中的意思为"闪电"。巴卡家族的知名成员包括：哈米尔卡·巴卡（公元前275—前228年），迦太基在西班牙的开拓者，育有三子三女。长女（佚名）：嫁给迦太基将领波米尔卡，汉诺之母。次女（佚名）：嫁给哈斯德鲁巴。哈斯德鲁巴（？—公元前221年）：哈米尔卡之婿，继哈米尔卡之后成为西班牙统治者。幼女（佚名）：嫁给努米底亚首领那拉瓦斯。汉尼拔（公元前247—前183年）：哈米尔卡长子，第二次布匿战争期间的迦太基名将。哈斯德鲁巴·巴卡（公元前245—前207年）：哈米尔卡次子，迦太基将军。马戈（公元前243—前203年）：哈米尔卡三子，迦太基将领。——译者注

[6] 萨贡图姆（今萨贡托）位于西班牙东部沿海，为希腊人的殖民城市，工商业较发达，且在罗马和迦太基对抗中与前者结盟。公元前219年汉尼拔经八个月围攻，攻占此城，罗马反对，向迦太基提出最后通牒，被拒绝。次年，罗马向迦太基宣战。此事件被认为是导致第二次布匿战争的一个直接原因。——译者注

[7] 皮洛士生于亚历山大大帝死后分裂的希腊化世界，是小国伊庇鲁斯的王子，他是一位战争艺术的大师，战略之父汉尼拔就自称是他的学生，把他排在亚历山大大帝后列为古典时代的第二位名将。——译者注

[8] 伯罗奔尼撒位于希腊南部，岛上不仅有丰富的历史典故和古迹，如最早的奥林匹克体育馆、阿伽门农的迈锡尼等，还有细腻优质的海滩、碧绿的海湾，以及原始质朴的马伊纳山区。伯罗奔尼撒名字来源于传说中的英雄人物帕罗普斯以及希腊文"nisos（岛屿）"一词，科林斯运河横越地峡，把该岛屿的一端和大陆相连。——译者注

[9] 波河，意大利最大河流。发源于意大利与法国交界处科蒂安山脉的维索山，注入亚得里亚海。——译者注

[10] 克桑提普斯是一名希腊（可能是斯巴达）雇佣兵首领，在第一次布匿战争期间由迦太基雇用，帮助他们对抗罗马军队。他对迦太基士兵进行训练，最终于公元前255年的突尼斯之战中带领迦太基军队击溃罗马军队，并俘获罗马统帅、执政官马库斯·阿蒂利乌斯·雷古鲁斯。——译者注

[11] 马其顿共和国是位于欧洲东南部巴尔干半岛的一个地区。马其顿地区包括从

115

前南斯拉夫独立出来的马其顿共和国、希腊北部的马其顿地区，以及保加利亚的西南角。马其顿共和国自立国以来，一般简称为"马其顿"，但马其顿共和国和马其顿地区是两个不同的概念，希腊方面认为"马其顿"是希腊历史的一个概念，反对马其顿共和国使用"马其顿"的名称。2009年8月，两国的谈判似乎出现了转机，据称，希腊方面已经接受了"北马其顿共和国"的说法。——译者注

[12] 埃布罗河是伊比利亚半岛第二长的河流，也是完全在西班牙境内最长的河流（更长的塔霍河下游在葡萄牙）。发源于坎塔布里亚山脉，朝东南方流入地中海并形成了三角洲。历史上是罗马共和国和迦太基，以及查理曼帝国的西班牙边疆区和后倭马亚王朝的分界线。——译者注

[13] 加泰罗尼亚位于伊比利亚半岛东北部，是西班牙的一个自治区，相对于西班牙其他地区，在文化发展上仍具有一定的自主性，是西班牙经济较为发达、独立意识也较鲜明的地区。——译者注

[14] 罗讷河，也称作隆河，是欧洲主要河流之一，法国五大河流之首，地中海流域尼罗河之后第二大河。——译者注

[15] 阿维尼翁是法国东南部城市，沃克吕兹省首府。在罗讷河畔，南距迪朗斯河和罗讷河汇合处四公里。——译者注

[16] 到了中古时期，途经塞尼峰的路线开始成为一条军用道路。东边诸道在这里自不成问题，例如攀越波宁阿尔卑斯山（即大圣伯纳德山）的道路，经恺撒和奥古斯都建设后它才变成军路。

[17] 曾多次讨论的地形学问题，与这次著名的远征联系在一起，经过威克姆和克莱默的巧妙研究可谓已经整理就绪，并大致得到解决。至于同样困难的年代学问题，或许可以让我们在这里特别说几句话。

汉尼拔抵达圣伯纳德山巅时，"山巅已开始被深雪覆盖"，路上的雪可能大部都不是新降的雪，而是崩落的积雪。圣伯纳德山的冬季始于米迦勒节（九月二十九日），降雪始于九月。上文提到的英国人于八月底登山，他们在路上几乎没有看到雪，可是夹道两旁都被雪覆盖。因此，汉尼拔似乎是在九月初抵达隘口，这与他"在冬季降至时"到此一说相吻合，因为这一描述的意义如此，而绝不是指昴星团与太阳同时出没的日子（约在十月二十六日）。

如果汉尼拔于九日后也就是在大约九月中旬抵达意大利，那么自此时至十二月底特雷比亚战争期间的事便有发生的可能性，特别是把开往非洲的军队从利利贝乌姆运到普拉森提亚。这种假设又与另一种说法相吻合，即：大军集结，宣布在临近春季即三月底启程出发，行军历时五个月（据阿庇安说是六个月）。如果汉尼拔九月初在圣伯纳德山，那他就必须在八月到达罗讷河，因为到达罗讷河需要花费三十天时间，这样一来，则西庇阿的登船时间是在初夏（最迟在六月初），他肯定沿途耗时较多，否则就是过于懒惰，在马西利亚逗留了太长时间。

[18] 特拉西美诺湖亦称佩鲁贾湖。意大利半岛的最大湖泊。位于翁布里亚大区、佩鲁贾西面由一些小溪流补给，湖水经人工地下水道排入台伯河。湖滨多沼泽，人烟稀少。公元前217年，汉尼拔在湖北岸大胜由弗拉米尼努斯执政官率领的罗马军队。汉尼拔的部队由非洲人、伊比利亚人和塞尔特人组成，打死约一万五千罗马人，俘虏约六千人。——译者注

第五章

汉尼拔战争至坎尼之役

汉尼拔和意大利的凯尔特人

迦太基军队一出现在阿尔卑斯山脉靠罗马一侧，便骤然改变了时局，打乱了敌人的作战计划。罗马人分两路大军，一路已在西班牙登陆，并与敌人在此交战，不能再召回本国；另一路归执政官提比利乌斯·赛姆普罗尼乌斯统率，前往非洲，所幸他们仍在西西里岛。这样看来，罗马的迟延也有一次是有益的。迦太基有两支舰队，一队前往意大利，一队前往西西里，第一队被风暴冲散，数艘船只在梅萨那城附近为叙拉古人所掳；第二队曾试图突袭利利贝乌姆，但未成功，而后在此港口外的海战中被击败。然而，敌人的舰队继续留在意大利海域，极为不便，于是执政官提比利乌斯·赛姆普罗尼乌斯决定先占领西西里周围的小岛，撵走攻打意大利的迦太基舰队，然后再渡海到非洲。他征服梅里达[1]，追赶敌人的舰队，当舰队袭击维博（即蒙泰莱奥内）附近、侵略布鲁提亚海岸时，他料定会在利帕里群岛发现它的踪迹，最后，他搜集情报，以选择在非洲海岸登陆的适当地点。就这样，夏天过去了。所以当元老院的命令传来，要求他们尽快回国保卫家园时，陆海两军仍在利利贝乌姆。

这样一来，罗马两路大军（每一路都与汉尼拔全军人数相当）的留驻地都与波河流域相距甚远，罗马人未做好在那里遇袭的准备。毫无疑问，甚至在迦太基军队到来之前，由于凯尔特人发生暴动，那里便已有罗马军队。罗马建立普拉森提亚和克雷莫纳两个大本营，每个大本营都接纳六千殖民者，特别是罗马准备在波伊境内建立穆提那城，已驱使波伊人不待到与汉尼拔约定的时间，便于罗马纪元536年即公元前218年春起兵造反，因苏布雷人即刻加入他们的阵营。已移居穆提那的殖民者突然遇袭，避入城内。执政官路奇乌斯·曼利乌斯掌握阿里米努姆大权，他急忙率手下唯一一个军团前去解救被围困的殖民者。但是他在森林中遇袭，损失惨重，他别无他法，只得据守一座小山，被波伊人围困于此，直到罗马派出执政官路奇乌斯·阿提里乌斯率领的第二军团到来，才得以成功将军队和城市解救出来，并暂时镇压了高卢叛乱。波伊人起兵过早，一方面推迟了西庇阿启程前往西班牙的日期，在本质上有助于汉尼拔计划的实施；另一方面，要不是此事发生，汉尼拔必会发现波河流域除堡垒外全都无人占领。但是罗马部队只有两个伤亡惨重的军团，士兵人数不足两万，他们与凯尔特人周旋已不轻松，根本无暇考虑据守阿尔卑斯山道。八月，执政官普布利乌斯·西庇阿从马西利亚回到意大利却未带军队随从，这时罗马人只知道山道受到威胁，甚至可能他们都未过多关注此事，因为，毫无疑问，仅靠阿尔卑斯山脉便可粉碎这鲁莽的企图。因此，在关键时刻、关键地点，甚至连一个罗马的前哨基地都没有。汉尼拔有充裕的时间休整军队，陶里尼首府紧闭城门拒他入内，他围城三日后便将其攻下，又引诱并威吓波河上游的所有利古里亚和凯尔特城邦与他联盟，之后控制波河流域的西庇阿才与他相遇。

西庇阿在波河流域　提契诺纷争　普拉森提亚各军队

西庇阿所率军队人数相较而言非常少，骑兵也很薄弱，他肩负十分困难的任务，一方面要阻止敌方优势兵力前进，另一方面又要镇压凯尔特人四处蔓延的暴动。他可能在普拉森提亚渡波河，沿河上行，与敌人正面相迎，同时汉尼拔在攻陷都灵后沿河下行，以援救因苏布雷人和波伊人。罗马骑兵与轻装步兵大规模前进侦察，在提契诺与塞西亚之间的平原（与韦尔切利相距不远）遇见同样为此事出动的布匿骑兵，双方皆由将军亲自统率。西庇阿不顾敌人兵力优越，敌人若挑战，他便应战。但他那些位于骑兵前方的轻装步兵，一面对敌人重装骑兵的攻击便四散逃走，迦太基重装骑兵从正面与罗马骑兵主力交锋，而努米底亚轻装骑兵在冲开敌方步兵的破碎行列之后，从侧翼和后方攻击罗马骑兵。这便决定了战局。罗马人损失巨大。西庇阿缺乏为将之才，便以冲锋陷阵的士兵精神加以弥补，身受重伤，他之所以能够脱身，全都仰仗于他十七岁儿子的忠诚。其子奋勇冲入敌阵之中，逼其部下队伍跟随他救出父亲。经此一战，西庇阿才明白敌人力量的强大，也意识到自己的失策，即以较弱军队背水据守在平原上。他决定在敌人眼皮底下回到波河右岸，把军事行动缩小到一个较为狭小的区域。他认为罗马人不可战胜的错觉也随之幻灭，其在军事上的雄才伟略一时被年轻对手的冒险计划所埋没，如今终于恢复了用武之地。汉尼拔正在准备一场对阵战，西庇阿凭快速决策、稳步执行的行军活动，成功抵达他曾在不幸之时放弃的波河右岸，并拆毁军队后方的波河桥梁。然而，罗马六百人的分遣队负责掩护他们的破坏行动，却惨遭拦截，成为俘虏。但因为波河上游在汉尼拔之手，罗马人不能阻止他沿河流上行，利用船桥过河，并于数日后和罗马军队在右岸相遇。罗马军队已占领普拉森提亚前面的平原，但罗马军营中的一队凯尔特人兵变，高卢人[2]又在四面八方再度起兵，执政官不得不撤离该平原，据守在特雷比亚河后面的小山上。这次退兵并未造成太大损失，因为奉命追击的努米底亚骑兵把时间耗费在了焚掠罗马人丢弃的营帐上。在这个强有力的据点，左翼靠亚平宁山脉，右翼倚波河和普拉森提亚的堡垒，前面有特雷比亚河做屏障——在那个季节该河流流量并不算小——西庇阿不能挽救克拉斯提迪乌姆（即卡斯泰焦）的充盈贮藏，敌军切断了他与此地的联系；他也不能制止几乎所有高卢部落发起的造反运动，只有塞诺马尼人与罗马人友好相处；但他完全限制了汉尼拔的发展，迫使他与罗马对垒。此外，西庇阿所守的据点与塞诺马尼人的环境威胁因苏布雷人的边境，妨碍高卢叛军主力直接与迦太基人联合，同时罗马第二军已从利利贝乌姆抵达阿里米努姆，它也乘机经由叛乱地区到达普拉森提亚（一路上并无实质性阻碍），与波河的军队会师。

特雷比亚河战役

于是，西庇阿彻底且出色地解决了这个难题。罗马军队现有近四万之众，虽在骑兵方面无法与迦太基匹敌，但至少在步兵方面实力相当，他们必须留驻原地，以迫使敌人尝试在冬季渡河攻营，或阻止其前进，以冬季驻营的艰苦生活检验高卢人浮躁善变的脾性。然而，尽管这显而易见，但还有一点也同样非常明显，即时值十月，若依此计划行事，罗马或许可以取胜，但执政官提比利乌斯·赛姆普罗尼乌斯不会得胜，他因为西庇阿受伤而独得大权，其任期在数月之后便届满。汉尼拔了解此人，便用尽一切办法诱他应战。那些仍效忠于罗马人的凯尔特村庄惨遭蹂躏，引发了双方骑兵之间的冲突，此时汉尼拔容许敌人自夸得胜。不久之后，在一个寒冷的雨夜，一场罗马人始料未及的大战到来。从一大早开始，罗马轻装部队就已和敌人的轻骑交手；轻骑缓缓撤退，罗马人急忙沿高涨的特雷比亚河[3]乘胜追击。突然，敌骑止步；罗马先头部队发现自己与停在自选战场上备战的汉尼拔军队迎面撞上，如果主力军不尽快渡河前来支援，这支轻装部队便要覆灭。罗马人饥饿疲惫，浑身湿透，他们冲到前面，匆忙列阵，骑兵照常在两翼，步兵在中间。双方皆以轻兵作前锋，轻兵率先开始战斗。但罗马人在与敌方的骑兵对战时几乎就已经用光了所有的发射武器，只能立即撤退。同样，两翼的骑兵前受战象的重大压迫，左右两面又被更多的迦太基战马包抄，也只能撤退。但是罗马步兵名不虚传，战斗开始时，它与敌军步兵交锋，显然要优于敌方，甚至在罗马骑兵撤退，敌人的骑兵和轻装部队转而攻打罗马步兵的时候，步兵虽停止前进，但却仍然固守其地。在这个阶段，汉尼拔最小的弟弟马戈率一支精锐的迦太基军队（步兵与骑兵各一千人）从埋伏地出现在罗马军队后方，进攻被团团包围的罗马大军。经此一击，罗马军队两翼和中军的后方列队纷纷溃散，同时罗马第一分队一万之众紧密排列，从迦太基的阵线中突围，斜穿敌军，杀出一条血路，给敌方步兵尤其是高卢叛军带来巨大损失。这支英勇的队伍遭遇追击，但追击攻势并不猛烈，从而到达了普拉森提亚。余军试图渡河时，大部分被象队和敌人的轻装部队剿杀，只有一部分骑兵和几队步兵涉水过河，能够抵达营地，而迦太基人不追击他们，所以他们也抵达了普拉森提亚。[4]特雷比亚河一战最能为罗马士兵增光，同时，它也最有力地控告了罗马统帅的罪行；尽管正直的评论家不会忘记定期届满的主帅之职并不合乎军事规程，种瓜也不可能得豆，但我们依然持这种意见。此次胜利得来不易，即便是获胜者也付出了很大的代价。虽说此次战争的损失主要落在凯尔特叛军身上，但之后许多汉尼拔部下的老兵都死于冬季湿冷天气引发的疾病，战象也仅剩一头。

北意大利的汉尼拔首领

侵略军首次得胜所产生的影响是：现如今，民族性的反叛活动在凯尔特全境肆意蔓延并发展成型。波河的罗马残军挺进普拉森提亚和克雷莫纳两处要塞，他们与罗马之前的联系全被切断，只得沿波河取道获取给养。执政官提比利乌斯·赛姆普罗尼乌斯带领一支薄弱的骑兵护卫队前往罗马举行选举，竟奇迹般地没有被俘虏。汉尼拔不愿冒险危害将士的身体健康，在这种严寒的季节里不再继续前进，便就地露营过冬。因为大刀阔斧地攻打较大的堡垒必然是徒劳无功，所以他只限于袭击普拉森提亚的河港和罗马的其他小据点，以干扰敌军。他的主要工作是组织高卢起义，据说，凯尔特人中有六万名步兵和四千名骑兵已加入他的军队。

汉尼拔的军事和政治地位

罗马并未对罗马纪元537年即公元前217年的战役做出过多努力。元老院认为，尽管战事失利，也绝不会严重威胁到他们的地位，这种想法不无道理。海岸卫戍部队被派往撒丁岛、西西里岛和他林敦，增援部队被派往西班牙，除这两路部队以外，两位新任执行官盖乌斯·弗拉米尼乌斯和格涅乌斯·塞尔维利乌斯所得兵力仅足以令四个军团恢复到满员状态，只有骑兵的兵力有所扩充。两位执行官必须保卫北部边境，于是驻扎在两条从罗马通往北部的大道上，当时西北大道的终点在亚雷提恩，东北大道的终点在阿里米努姆；盖乌斯·弗拉米尼乌斯据守西北大道，格涅乌斯·塞尔维利乌斯据守东北大道。他们命波河堡垒的部队可沿水路来此会合，等待有利季节到来时，计划先采取守势占领亚平宁山脉的隘口，而后再采取攻势，进入波河流域，在靠近普拉森提亚的某个地方会师。然而，汉尼拔绝无意防守波河流域。他可能比罗马人自己更了解罗马人，也很明白他确实处于劣势，尽管特雷比亚河一战他表现出色，赢得了胜利，也还是弱于敌人。他也知道罗马人桀骜难驯，要想实现折辱罗马的终极目标，不能倚仗恐吓或突袭，而只有通过彻底征服骄傲的罗马城方能达成所愿。很显然，意大利同盟政治稳定，军事资源也远胜于敌方，敌人仅从本国获取不定时、不定量的额外接济，在意大利起初也仅依赖于反复无常的凯尔特人提供援助。腓尼基步兵虽因汉尼拔而颇受苦楚，但在战术上却远逊于罗马军团，西庇阿的防御行动以及特雷比亚河上落败步兵的巧妙撤退都完全证明了这一点。从这种信念中衍生出两个基本原则，这两个基本原则决定了汉尼拔在意大利的全部军事方法——作战方式应该稍带冒险性，经常改变作战计划和场地；战争的顺利结束仅仅得益于政治上的成功而非军事上的辉煌——意大利同盟逐渐松散并最终瓦解。这种作战方式非常必要，因为汉尼拔仅拥有一种决定性要素可用以对抗众多不利条件——他的军事天才——只有不断通过出其不意的联合挫败敌人，他的军事天才方能完全发挥作用。如果战事静止不动，那汉尼拔便无用武之地。这个目标是正确的方针政策命他定下的目标，因为他虽是百战百胜的伟人，但他很清楚，他每次征服的都是罗马将领而不是罗马城，每打完一仗，罗马人依旧优于迦太基人，一如他本人优于罗马的统帅。即使是在事业的全盛时期，汉尼拔都未曾在这一点上自欺欺人，这比他最负盛名的战役都更值得钦佩。

汉尼拔翻越亚平宁山脉

汉尼拔之所以好像放弃他新得的用于攻打意大利的军事基地，转而将战场移至意大利劣土，就是源于这些动机，而不是因为高卢人恳求他保全他们的国土；他们的恳求并不会对他产生影响。在进行此项行动之前，他命人将所有俘虏都带到他面前。他下令把罗马人单独放到一处，如对待奴隶一般给他们戴上镣铐。有人说凡是能服兵役的罗马人，一旦落入汉尼拔之手，不管是在此处还是他处，都将被处以死刑，毫无疑问，这绝对是极其夸张之辞。另一方面，所有意大利同盟的人均被释放，并且不需要赎金，这些人奉命回本国报告说汉尼拔不是对意大利作战，而是对罗马作战；他向所有意大利城邦承诺恢复其旧时的独立和原有的疆界；这位救星将追随他所释放的这些人，带来解脱和报复。事实上，冬季告终时，他便从波河流域出发，寻找一条通过亚平宁山脉[5]险隘的路线。盖乌斯·弗拉米尼乌斯当时仍在阿雷佐，他带领伊特鲁里亚军队，打算等到时机成熟，便从此地出发前往卢卡以保卫阿尔诺河谷及亚平宁山脉隘口。可是汉尼拔先发制人。在尽可能靠西也就是离敌人尽可能远的地方，他不畏艰难地翻过了亚平宁山脉；但在融雪和春雨淹没了塞尔基奥与阿尔诺两河之间的沼泽低地上，汉尼拔军队必须涉水行军四日，夜间没有干燥之地可供休憩，他们只得在堆高的行李和倒下的驮兽上面休息。这支军队经受了难以言喻的痛苦，尤其是高卢步兵，他们跟在迦太基人后面，沿着已经无法通行的小道行进。他们怨声载道，如果不是马戈率领的迦太基骑兵严守后方，堵住了去路，他们想必早就四散而逃了。马匹染病，成堆倒下；大批士兵死于各类疾病；汉尼拔本人也患上眼炎，导致一只眼睛失明。

弗拉米尼乌斯

但是目标实现了。汉尼拔在菲耶索莱扎营，这时盖乌斯·弗拉米尼乌斯还留在阿雷佐，等到道路可以通行时再将它们封锁起来。执政官弗拉米尼乌斯[6]的兵力可能足以防守山道隘口，但很显然，他现在无法在空旷的战场上抵御汉尼拔，罗马的防守地位既已发生转变，那他最好的应对之策莫过于等待如今在阿里米努姆已是全然无用的第二军到来。然而，他本人却另有所图。他是一位政党领袖，通过致力于限制元老院权力而跻身显赫之位。在任执行官期间，他遭贵族阴谋陷害，因而对政府满心愤懑。他反对党派偏见和墨守故辙，这肯定不无道理，但却失之偏颇，对一切传统旧俗都视如敝屣。他即刻沉湎于平民的盲目爱戴，也同样专注于贵族党的深恶痛绝。此外，他还固执地相信，他是一个军事天才。罗马纪元531年即公元前223年，他出兵攻打因苏布雷人，在公正的评论家看来，这一战仅仅表明优秀士兵往往能补救糟糕将领的错误，但他和他的拥护者却将其视作一个铁证，即罗马人唯有推举盖乌斯·弗拉米尼乌斯为军队首领才能迅速除掉汉尼拔。这种言论已为他取得了第二次就任执政官的机会，如今，这种希望也使得许多想要战利品但却手无寸铁的人前来军营效力，据审慎的史学家考证，其人数多于军团的人数。汉尼拔的一部分计划就是建立在这种情形的基础上。汉尼拔非但不攻击他，反而从他身旁走过，纵容熟谙劫掠的凯尔特人和他为数众多的骑兵四处抢劫。盖乌斯·弗拉米尼乌斯曾许诺会让人民群众富裕起来，如今他们竟在这位英雄眼皮底下惨遭劫掠，于是众人义愤填膺、怨声四起；敌人也声称他们不相信盖乌斯·弗拉米尼乌斯有能力或有决心在其同僚到来之前施行任何事；这样一来，盖乌斯·弗拉米尼乌斯只得施展他的军事天赋，给轻率自大的敌人一次深刻的教训。

特拉西美涅湖之战

没有比这更为成功的计划。敌人路过阿雷佐，缓缓行经基亚纳河谷，前往佩鲁贾，执政官急忙沿此路线紧随其后。他在科尔托纳境内追上敌军，汉尼拔掌握到敌人行军的准确信息，他有充足的时间挑选战场——两座陡峭山壁间的一条隘路，其出口紧靠高山，入口临特拉西美涅湖。他率精锐步兵堵住出口，轻兵和骑兵埋伏在两旁。罗马纵队毫不迟疑，进入无人据守的山道。晨雾浓密，挡住了他们的视线，他们看不见敌军的位置。罗马先锋行近高山时，汉尼拔发出作战信号，骑兵在高山后面前进，封锁了山道入口，同时雾气滚滚散去，罗马人这才看到，沿着山峰左右两侧到处都是腓尼基军队。于是没有战斗，只有一面倒的溃败。仍留在隘路外面的罗马人被迦太基骑兵逼入特拉西美涅湖。主力军几乎毫无抵抗，就被敌人歼灭于隘路之内，其中大多数人包括执政官自己都在队列中被杀死。罗马纵队先锋由六千名步兵组成，他们从敌方步兵中间杀出一条血路，再一次证明了罗马军团的不可抵挡之势。但他们与其他部队断了联系，不知道他们是死是活，于是冒险前行，最后于次日被一支迦太基骑兵队围困在他们曾占领过的小山上，而且汉尼拔拒绝了他们要求自由撤退的投降协定，所有人都沦为了战俘。一万五千名罗马人阵亡，一万五千名罗马人被俘，换句话说，他们全军覆没。迦太基军队损失并不大，仅伤亡一千五百人，而且其中大部分都是高卢人。[7]而这似乎还不够，格涅乌斯·塞尔维利乌斯派盖乌斯·森特尼乌斯率领阿里米努姆军队的四千名精锐骑兵来临时支援其同僚，而他自己则缓慢前进。特拉西美涅湖战役结束后，这支骑兵队也立刻被迦太基军队包围，一部分被杀，一部分被俘。整个伊特鲁里亚都沦陷了，汉尼拔可以径直朝罗马行进。罗马人做好最坏的准备，他们拆毁台伯河上的桥梁，任命昆图斯·法比乌斯·马克西穆斯为独裁者以修缮城垣，指挥防务，并为此组建了一支预备军。同时他们又召集两个军团备战，以补覆灭军团之缺。如果罗马被围，舰队也可能发挥重要作用，于是把舰队也整顿起来。

汉尼拔于东海岸改编迦太基军队

可是汉尼拔比皮洛士国王更有远见。他不进攻罗马，甚至不攻打格涅乌斯·塞尔维利乌斯。格涅乌斯·塞尔维利乌斯是一位能将，他在北路堡垒的帮助之下保其军队至今无恙，或许也可以坚守阵地，将敌人抵在海湾地区。汉尼拔又做出了一次惊人之举。他企图突袭斯波莱提乌姆，但未成功，于是越过此地，穿过翁布里亚，以一种可怕的方式摧毁遍地都是罗马农舍的皮凯努姆，并在亚得里亚海岸立定休整。他的人马至今还未从春季战役的惨痛影响中恢复过来，他在这里休息多时，让他的军队在晴朗的时节选择舒适宜人的地方恢复体力，并仿效罗马的方式改编利比亚步兵，战利品中大批罗马武器为他提供了可用于改编步兵的工具。此外，他与本国的音讯断绝已久，从这里开始，他重新与本国取得了联系，并将他的捷报由水路传至迦太基。终于，他的军队完全恢复了体力，也接受了足够的训练，知道如何使用新式武器，他这才拔营启程，从容不迫地沿海岸而行，进入南意大利。

法比乌斯在下意大利一战

他在选择这个时机改编步兵时就已经进行了正确的计算。他的敌人一直认为首都会遭攻击，这给了他至少四周不受干扰的闲暇时间，以实行这项空前大胆的试验，即凭一支规模仍相对较小的军队在敌国腹地彻底改变其军事体制，并试图以非洲军团对抗所向披靡的意大利军团。然而，他希望意大利同盟现在开始解体却未能如愿。伊特鲁里亚人在进行他们最后的独立战争时，所用的主要是高卢雇佣兵，所以在这方面伊特鲁里亚人并不是非常重要；意大利同盟的精华，尤其是以军事眼光来看，除拉丁人之外便是萨贝利城邦，汉尼拔现在也有充分的理由进入他们附近的区域。但是各城纷纷对他紧闭大门，没有一个意大利城邦与腓尼基人联合。这对罗马人来说实在是一个高于一切的重大利益。不过首都的人认为，用这种方式检验盟友的忠诚度，又没有罗马军队常驻战场，实属轻率。独裁者昆图斯·法比乌斯将在罗马组建的两支补充军团与阿里米努姆军队结合起来，当汉尼拔走过卢塞利亚的罗马堡垒前往阿尔皮时，罗马军旗于埃加出现在其右侧。然而，他们的领袖选择了一条不同于其前任的路线。昆图斯·法比乌斯年纪老迈，他的深思熟虑与坚定不移在许多人看来是一种耽搁拖延、顽固不化。他热心尊崇旧时的辉煌盛世、元老院的政治全能以及市长的统治，他将有条不紊的作战看作拯救元老院的工具。法比乌斯是盖乌斯·弗拉米尼乌斯的政敌，因为盖乌斯愚蠢的战争煽动行为引起反动，他受命主持国事，前往军营，正如他上一任首领决定不惜一切代价作战，他下定决心要不惜一切代价避免一场对阵战。毋庸置疑，他坚信只要罗马军队未受损伤地正面与汉尼拔迎战，依照兵法的首要准则，汉尼拔便无法前进，所以罗马人用小规模冲突削弱敌军实力并非难事。又因为敌军仰仗通过抢粮来补充给养，所以罗马人可逐渐断绝敌军粮草，迫使他们就范。

前往卡普亚　回到阿普利亚　阿普利亚战争

汉尼拔安插在罗马和罗马军队中的间谍尽职尽责，所以汉尼拔能即刻了解到战争的形势走向，并像往常一样，根据敌军将领的性格调整他的作战计划。他越过罗马军队，翻越亚平宁山脉进入意大利腹地，前往贝内文托，在萨莫奈和坎帕尼亚交界处攻陷大门洞开的特雷西亚城，由此转战卡普亚。卡普亚是罗马属下最重要的意大利城市，也是唯一一座在一定程度上与罗马处于平等地位的城市，也正是因为这个原因，卡普亚受罗马政府压迫比其他城市更甚。汉尼拔已在那里建立联系，他希望坎帕尼亚人可以背叛罗马联盟，但终归大失所望。所以他原路返回，前往阿普利亚。在迦太基军队行进期间，罗马独裁者昆图斯·法比乌斯已经紧随其后沿高处而行，努米底亚骑兵四处劫掠罗马的忠实盟友，广阔平原上的村庄燃起熊熊火焰，而罗马士兵却只能手持兵器悲伤地站在一旁观看。最后，昆图斯·法比乌斯终于给了愤懑难平的罗马军队梦寐以求的机会，让他们攻打敌人。当汉尼拔已开始撤退时，法比乌斯一方面严守沃尔图耳努斯左岸的城市，另一方面用主力军占据居于右岸之顶的高地，以此截断他在卡西利努姆（今卡普亚）附近的路线，同时一支四千人的分遣队扎营在沿河岸的道路上。可是紧接着便有高地耸立在道路旁，汉尼拔命令他的轻装部队攀爬这些高地，在一群牛的角上绑着燃烧的柴把,然后赶着它们前进,这样一来,看着就像是迦太基军队在夜间借着火炬之光快快而去。堵住道路的罗马队伍以为他们已经逃走,不需要再进一步扼守这条道路,于是沿一边移动,也朝同样的高地走去。因此,这条路无人看守,汉尼拔率其大多数士兵撤退,并未遭遇敌军。次日清晨,他毫不费力地解脱并撤回了他的轻装部队,但罗马人却遭受重创。然后汉尼拔继续向东北方向前进,畅行无阻。他沿一条广阔迂曲的路线,穿过赫尔尼基人、坎帕尼亚人、萨莫奈人、裴里格尼人和弗伦达尼人境内,要求他们贡献财物,无人敢于反抗,然后他带着丰富的战利品和充盈的金库,于秋收将要开始之际,再次回到了卢塞利亚地区。在他涉足甚广的行军过程中,他未在任何一处遇到激烈的对抗,但也未在任何一处寻得盟友。他清楚地知道他现在别无他法,只能在旷野过冬,于是他开始进行一项艰难的活动,即依靠自身兵力,从敌人的田地收集军队过冬的必要给养。因此他选择了阿普利亚北部宽阔且多半平坦的区域,这些区域能提供充足的粮草,并且可完全受他部下的精良骑兵控制。他在卢塞利亚以北二十五英里的格卢尼乌姆建起一座深沟高垒的军营,每日派遣三分之二的人马外出囤积军需物品,同时率领余下部队占据有利位置,以保护军营和派出的分遣队。

法比乌斯和米纽修斯

罗马骑兵将领马库斯·米纽修斯在独裁者昆图斯·法比乌斯离营期间暂代统帅之职,他认为这是接近敌军的适当时机,于是在拉利那特人境内建一军营。一方面,他在这里,敌军便不敢随意派兵出去,因而也就无法取得食物及必需品;另一方面,在一系列武装冲突中,他的军队与单独的腓尼基小分队甚至是汉尼拔本人交锋,最终都取得胜利，将敌人逐出前沿阵地，迫使他们集中于格卢尼乌姆。当然，人们向来不吝于绘声绘色地描述战况，所以胜利的消息一传到罗马首都，立刻就爆发了反对昆图斯·法比乌斯的暴动。这并不是全无根据的。尽管罗马相当精明，他们遵守防御之势，企图主要以断绝敌人生存所需来夺取胜利，但是在一个重防守、断敌粮的计策中，敌人竟可在人数相当的罗马军队目睹之下扫平整个中意大利而无人与之对抗，并且通过井然有序、最大规模的抢粮策略为自己谋得足以过冬的粮草，这实在不可思议。普布利乌斯·西庇阿在波河流域指挥军事时并未采取防守的态度，他的继任者试图模仿他，但却没有成功，以至于为罗马城的嘲笑者提供了充足的笑料。当汉尼拔如此明显地向意大利各城邦展示腓尼基人的优越及罗马援助的无效时，他们也不曾动摇，这是极好的。可是对于这双重战事的负担他们能忍受多久呢？对于自己在罗马军队和本地分遣队眼皮底下备受劫掠，他们又能容忍多久呢？最后，人们不能宣称罗马军队的状况迫使这位将领采取这种作战方式。罗马军队包括善战的阿里米努姆兵团以及临时出动的民兵，其中，阿里米努姆兵团是军队核心，民兵则从旁辅助，他们之中的大多数人也同样习惯于武装服役。他们完全没有因最近的败绩而灰心丧气，反而因其主将——"汉尼拔的马屁精"分配给他们很不光荣的任务而义愤填膺，他们大声疾呼，要求将领带他们上阵杀敌。在人民大会中，最凶猛的恶言谩骂都指向这位顽固的老人。他的政敌、以前任执政官的盖乌斯·特伦提乌斯·瓦罗为首领，抓住这次争执的机会——为了理解这次争执，我们必不能忘记这位独裁者实际是受元老院任命，这一职位被视作保守党派的守护神——并与怨声四起的士兵及惨遭劫掠的财产所有者联合，他们通过一项荒谬而又不合宪法的人民决议，独裁者一职是为在危急时避免分掌兵权之害，如今他们把这一职位赋予曾担任昆图斯·法比乌斯副将的马库斯·米纽修斯[8]，他们也曾用同样的方式把这一职位赋予法比乌斯本人。于是，罗马军队在其分为两个独立军团的危险刚刚得到适当排除后，又再一次一分为二。不仅如此，两个部队还被置于此类将领统率之下，即众所周知，这两位将领采取完全相反的作战策略。当然，昆图斯·法比乌斯坚持他那有条不紊的不作为方针，按兵不动，更甚于前。马库斯·米纽修斯被迫在战场上为其独裁者之职正名，以尚不充足的兵力仓促进攻，如果不是他的同僚适时率生力军前来支援，避免了更大的不幸，他必将全军覆没。最近一次情势的转变在一定程度上证明了消极抵抗政策的合理性。但实际上汉尼拔在此次战役中已经完全实现了其武力所能实现的一切：无论他的敌人是冲动或是审慎，都未曾挫败他任何一次重要行动。他劫掠粮草，虽然也曾遇到困难，但在总体上还是非常成功的，以至于军队能毫无怨言地在格卢尼乌姆军营度过冬天。拯救罗马的不是那位按兵不动的延宕者，而是意大利同盟的紧密结构。另外，西方人对腓尼基英雄的全民憎恶或许也功不可没。

保卢斯与瓦罗在罗马的权力之争

尽管遭遇诸多灾祸，罗马的骄傲与主权同样都屹立不倒，毫不动摇。叙拉古的国王希罗和意大利的希腊城市为进行下一次的战役而捐赠了许多东西——与罗马的其他意大利同盟相比，这场战争对希腊城市的影响较小，因为他们没有派分遣队参加陆上军队——但却被罗马谢绝；罗马通知伊利里亚首领不许忽略纳贡；甚至又一次要求马其顿国王交出法洛斯的德米特里乌斯。尽管最近发生的事情似乎使费力的拖延战略合法化，但元老院的大多数人认为这种战略虽缓慢但却必然置国家于危难之境，于是坚决要予以放弃。如果那位民选独裁者较为积极的作战策略已宣告失败，他们便会将失败的原因归结为他们采取了一个折中的办法，给独裁者的兵力也太少，这不无道理。他们决心避免这种错误，为其配备一支超越罗马往昔所派兵力的军队——八个军团，每个军团都比正常兵力及人数相当的同盟军大五分之一——足以摧毁兵力不及他一半的敌人。除此之外，执政官路奇乌斯·波斯图米乌斯率领的一支军团被派往波河流域，如果可能，他们将把汉尼拔麾下的凯尔特人驱逐回乡。这些决定是明智的，一切皆取决于他们是否能达成一项同样明智的决议，这项决议关乎最高统帅的归属问题。昆图斯·法比乌斯态度强硬，引发了民众领袖的攻击，导致独裁者和元老院大体上比以前更加不得民心：一种愚蠢的说法在民间流传开来，即元老院故意延长战事，其中也不乏民众领袖的默许纵容。因此，既然不考虑任命独裁官，元老院便企图使合适的执政官当选，但是这也只会彻底引发猜忌。元老院千辛万苦才推选上一位候选人——卢基乌斯·埃米利乌斯·保卢斯，他曾于罗马纪元535年即公元前219年指挥过伊利里亚的战事，英明决断；而大多数公民却推举人民党派候选人盖乌斯·特雷恩蒂乌斯·瓦罗为其同僚，他是一个无能的人，人们之所以知道他，只因为他激烈反对元老院，而且是建议选举马库斯·米纽修斯作为共同独裁官的主要发起人，他之所以能获民众举荐，也只是因为他出身寒微，粗鄙无耻。

坎尼战役

这些针对下一场战役的准备正在进行之时，战火便已在阿普利亚点燃。时节一允许，汉尼拔就离开冬营，他便照常决定作战路线，采取攻势，从格卢尼乌姆出发，继而向南进军，行经卢塞利亚，渡过奥菲杜斯河，兵至坎尼城（位于卡诺萨和巴列塔之间），坎尼城控制卡努西乌姆平原,迄今为止都是罗马人的一座主要弹药库。自从法比乌斯依照宪法于仲秋辞去独裁官之职,罗马军队如今归格涅乌斯·塞尔维利乌斯和马库斯·雷古拉斯统领,他们先任执政官,后任地方总督,竟无法规避这种重大损失。不论是基于军事原因还是基于政治原因,通过一场对阵战来遏制汉尼拔的进展,相较于以前显得更加必要。于是,两位新任统帅——保卢斯与瓦罗遵从元老院明示此意的命令,于罗马纪元538年即公元前216年初夏到达阿普利亚。他们带来四个新军团和一支人数相当的意大利分遣队,罗马军队增至步兵八万人,一半公民,一半盟军,骑兵六千人,其中三分之一是公民,三分之二是盟军;而汉尼拔的军队共有骑兵一万人,可是步兵只有大约四万人。汉尼拔所愿不过就是一战,这不仅是因为上文已经论及的大致缘由,还特别是因为阿普利亚平原十分广阔,他得以发挥部下骑兵的全部优势,再加上敌军逼近,对方兵力足有他两倍之多,又可倚靠一串堡垒,尽管他拥有精良的骑兵,但是军队人数众多,不久之后还是难以供应全军的给养。如上文所述,罗马军队领袖已对作战的一般性问题做了考量,并依此信念接近敌军;但罗马军中较为精明者看清了汉尼拔所处的位置,于是想要先行等候,仅驻扎在敌人附近,以便逼退汉尼拔,令他在较为不利的场地应战。汉尼拔在奥菲杜斯河右岸的坎尼城扎营。保卢斯在河流两岸扎营,主力军驻扎在左岸,可是一支强军却占据右岸直接与敌人相对的位置,以便妨碍敌人的粮饷供应,或许也可威胁坎尼。对汉尼拔而言,最为重要的是进行一场速战,他率主力军渡过奥菲杜斯河,在河左岸挑起战端,保卢斯却不应战。然而,民主党执政官却不赞成这种迂腐的战略——常言道,士兵上战场不是为了站岗吹哨,而是为了挥舞兵器——于是他下令无论何时何地,只要一发现敌人,便立刻予以攻击。人们近乎可笑地保持一种旧时的习惯,根据这种习惯,作战会议中的决定权逐日在两位统帅之间轮番更替;

因此大家次日必须服从他，让这位铺路英雄独行其是。左岸的广阔平原给迦太基骑兵提供了充分发挥优势的空间，他当然也不在这里作战；但他决定将罗马的全部兵力集结于奥菲杜斯河右岸，在这里占据迦太基军营和坎尼之间的位置，严重威胁坎尼，向敌挑战。一支一万人的分遣队留在罗马大营，负责在交战期间夺取迦太基营垒，从而截断敌军渡河的退路。若依未修正历法，这天应是八月二日，若依修正历法，这天大约是在六月间，奥菲杜斯河在这一时节水位尚浅，对于行军过河并无太大阻碍，罗马主力军于拂晓时渡过此河，并在坎尼以西的罗马小营附近成行列阵。迦太基军队也随他们过河，罗马军队右翼和迦太基军队左翼均依此河而立。罗马将骑兵置于两翼：其中较弱的部分由市民组成，归保卢斯统率，在靠河的右翼；较强的部分由同盟军组成，归瓦罗统率，在面向平原的左翼。步兵为中军，排成非常纵深的队列，由上一任执政官格涅乌斯·塞尔维利乌斯率领。汉尼拔将其步兵排成新月形，与罗马中军相对，凯尔特[9]和伊比利亚部队身穿各自国家的盔甲，组成前列的中军，而利比亚人却仿照罗马的武装，形成殿后的两翼。哈斯德鲁巴率领的全部重装骑兵驻扎在靠河的一边，而努米底亚的轻骑则据守在面向平原的一边。双方轻兵队短暂交手后不久，全线便都加入战斗。迦太基轻骑与瓦罗率领的重装骑兵交战，在努米底亚人接连不断的冲击中，战事延长，胜负难分。另一方面，罗马中军的兵团将最先与他们相遇的西班牙和高卢部队彻底击垮；胜利者步步紧逼，乘胜追击，然而就在同时，右翼的战局已对罗马人不利。汉尼拔只是力图牵制敌人左翼的骑兵，以使哈斯德鲁巴率领全部常规骑兵最先攻打实力较弱的右翼，一举将其击破。经过一番英勇抵抗，罗马军队最终败下阵来，而那些未倒下的残余部队则被追杀至河边，无法渡河，在平原上四散逃窜；保卢斯受伤，骑马到中军，企图扭转那些罗马军团的命运，如若不然，他便要与他们同生共死。为了更好地乘胜追击敌人的前列步兵，这些军团将前方列阵改为进攻的纵队，成为楔形，楔入敌人的中军。在这样的位置，他们左右两边都受到来自利比亚步兵的猛烈攻击，一部分人被迫止步，以抵御侧翼的侵袭；这样一来，他们的前行受阻，步兵主力原先已过于紧密拥挤，如今再没有任何发展阵线的余地。同时，哈斯德鲁巴·巴卡在大胜保卢斯一翼之后，已重新集结整顿手下骑兵，率领他们在敌人中军后方进攻瓦罗一翼。瓦罗的意大利骑兵应付努米底亚人已是手忙脚乱，如今面对双重攻击便迅速溃逃，哈斯德鲁巴将追击败兵的任务交给努米底亚人，第三次整顿骑兵队，带领他们攻打罗马步兵的后方部队。这最后一击决定了战局。逃走已不可能，求饶又不被允许。或许，从没有如此规模的军队像坎尼的罗马军队一样在战场上被歼灭得如此彻底，而敌人的损失却又如此轻微。汉尼拔损失不足六千人，其中三分之二是落在攻打罗马军团时首当其冲的凯尔特人身上。反之，罗马原有七万六千人参战，最后阵亡人数竟达七万，他们之中有执政官卢基乌斯·保卢斯、地方总督格涅乌斯·塞尔维利乌斯、三分之二的官员以及八十名元老院成员。只有执政官盖乌斯·瓦罗仰仗其快速决策和座下骏马，幸免于难，抵达韦诺萨，苟且偷生。罗马军营的卫戍部队足有一万之众，其中大部分都沦为战俘，只有几千人（一部分是卫戍部队，一部分是战线部队）逃往卡努西乌姆。不仅如此，罗马今年好似有完全覆灭之势，年终之前，罗马派往高卢的军团也中了埋伏，全军为高卢人所灭，其将领路奇乌斯·波斯图米乌斯已被任命为下一年的执政官，如今却葬身于此。

坎尼战役的结果——西班牙增援受阻

这次史无前例的成功似乎终于使政治大联合臻于成熟，汉尼拔也正是为此目的来到意大利。毫无疑问,他原本主要把军队作为他计划的基础,但由于已准确了解到敌人的力量,所以他计划这支军队仅作前锋,为此西方和东方的力量逐渐与之联合,以准备摧毁这座骄傲的城市。然而,看起来似乎最可靠的支持,也就是西班牙派出的增援,却因罗马派到那里的将军格涅乌斯·西庇阿的大胆坚定而受挫。汉尼拔渡过罗讷河之后,西庇阿即乘船前往伊伯利亚,先占领比利牛斯山和埃布罗河之间的海岸,然后征服汉诺,也成为内陆的主人(罗马纪元536年即公元前218年)。次年(罗马纪元537年即公元前217年),他在埃布罗河河口彻底击败迦太基舰队,其兄普布利乌斯是守卫波河流域的英雄,在他率八千名援兵前来会合之后,格涅乌斯·西庇阿甚至渡过埃布罗河,远达萨贡图姆。确实,得到非洲援助以后,哈斯德鲁巴·巴卡于次年(罗马纪元538年即公元前216年)遵其兄命,企图率兵翻越比利牛斯山脉[10];但西庇阿兄弟阻挠其渡过埃布罗河,几乎在汉尼拔取得坎尼战役胜利的同时,他们完全击败了哈斯德鲁巴·巴卡。凯尔特伊比利亚人的强大部落以及许多西班牙部落都加入了西庇阿兄弟的阵营;他们控制海洋和比利牛斯山脉的隘口,并且借可靠的马西利亚人之力又成功控制了高卢海岸。因此,与从前相比,如今汉尼拔有望得到西班牙援助的可能性更小了。

西班牙的援助

就迦太基而言,他们对身处意大利的将军所做的援助,但凡是能够想象得到的,迄今为止他们都已做到。腓尼基舰队威胁意大利和罗马诸岛的海岸,并守卫非洲海岸以防罗马人登陆,但他们所能做的也不过如此而已,更为切实的援助却遭制止,其主因不在于汉尼拔行踪不定以及他缺少一个在意大利登陆的港口，而在于多年来西班牙军队已经习惯了自给自足，而最为重要的原因则在于主和派的嗔怪抱怨。汉尼拔深刻感受到这不可原谅的不作为政策所带来的后果，尽管他丝毫都不挥霍他所带来的金钱和士兵，但是他的库藏却逐渐空虚，军饷陷入困顿，军中老兵也始见消瘦。可是现在坎尼战役捷报传来，即便是国内兴风作浪的反对派也无话可说。迦太基元老院决议调拨大量金钱和援兵给汉尼拔将军任意支配，这些金钱和援兵一部分来自非洲，一部分来自西班牙，其中包括努米底亚骑兵四千名，战象四十头，并决议在西班牙和意大利奋力作战。

迦太基－马其顿同盟

迦太基与马其顿之间的攻势同盟久经商议，但却被搁置下来，起先是因为安提柯突然暴毙，而后因为其继任者腓力优柔寡断，他和他的希腊同盟又不合时宜地对埃托里亚人作战（罗马纪元534—537年即公元前220—前217年）。坎尼一战后，唯独现在，法洛斯的德米特里乌斯发现腓力决定听从他的建议，割让伊利里亚领土给马其顿——这块领土无疑必须先从罗马人手中夺过来——唯独现在，佩拉的朝廷才与迦太基达成协议。马其顿同意派一支进攻的军队登陆意大利东海岸，作为回报，它要得到一项保证，即罗马在伊庇鲁斯的领土应归还马其顿。

迦太基－叙拉古同盟

在西西里的和平时期，只要不超过安全范围，国王希罗便尽量保持中立政策；在迦太基与罗马缔结和约后的危机时期，他已经有意要照应迦太基人，尤其是为他们供应玉米。毋庸置疑，他看见迦太基和罗马之间再次出现裂痕，极为痛心；但他没有能力改变这个局面，事情发生时，他经过深思熟虑，最终决定效忠罗马。但是不久之后（罗马纪元538年即公元前216年秋），这个在位五十四年的老人便与世长辞了。这位精明老到之人的继任者是他的孙子希耶罗尼姆斯，此人年少无能，继任后便开始与迦太基使者谈判；因为这些使者轻易答应凭条约先许他远至迦太基与西西里旧时边界的西西里领土，而后当他提出的要求越发狂妄无理时，这些使者甚至许他整个西西里岛，于是他便与迦太基缔结盟约，并命令叙拉古舰队与来此示威的迦太基人联合。利利贝乌姆的罗马舰队之前就不得不应付驻扎在埃加迪群岛附近的迦太基第二舰队，如今突然陷入十分危急的境地，同时，准备在罗马登船前往西西里的军队由于坎尼之役战败便将工作重心转向其他更为紧急的事务。

卡普亚和大多数下意大利城邦归顺汉尼拔

最重要的是这样一个决定性的事实，即罗马同盟的组织结构在经历两年激战的冲击后依然得以留存下来，并未有所动摇，时至今日，它终于开始崩裂。投归汉尼拔旗下的有阿普利亚的阿尔皮，梅萨皮亚的乌赞顿，以及两个深受罗马殖民地卢塞利亚和布林迪西之害的古城，以布鲁提人为首的所有城市（只有裴台里尼人和康森替尼人是在被围困之后才投降），大部分卢卡尼亚人，移居萨勒农区的皮肯特人，赫尔皮基比奈人，除彭特利人之外的萨莫奈人。最后也最主要的是意大利第二城市卡普亚，它能输送步兵三万人，骑兵四千人，它也从罗马同盟中分离出去，从而带动了邻城阿泰拉和卡亚佐的叛变。诚然，贵族党处处都与罗马利害相联，在卡普亚更是如此，他们极力反对这种变节，因而就这个问题上引发了难以控制的内讧，极大削减了汉尼拔从此类叛变中所得的利益。例如，卡普亚的一位贵族党领袖德西乌斯·马吉乌斯甚至在迦太基人进城后仍固执地为罗马同盟作斗争，汉尼拔不得不将其抓获并送往迦太基。因此，这表明迦太基将军刚向坎帕尼亚人郑重承诺的自由和主权并无多大价值，对汉尼拔来说十分不利。反之，南意大利的希腊人固守罗马盟约——这个结果无疑与罗马卫戍部队有着必不可分的关系，但更多地还是因为希腊人一方面坚决嫌恶腓尼基人及其卢卡尼亚和布鲁提亚的新同盟，另一方面依附罗马，因为罗马曾积极把握一切机会表现其希腊精神，又待意大利的希腊人异常亲厚。于是，坎帕尼亚的希腊人，特别是尼亚波利人，英勇抵抗汉尼拔的亲征，尽管他们在大希腊、利基翁、图里伊、梅塔彭图姆和他林敦（今塔兰托）的处境十分艰难，但也依旧如此。反之，克罗顿和洛克里斯一方面遭风暴侵袭，一方面被腓尼基和布鲁提亚的联合军队攻击，被迫投降，克罗顿的公民被送往洛克里斯，而布鲁提亚的殖民者则占领了这个重要的军港。南意大利的拉丁殖民地，如布林迪西、维努西亚、裴斯顿、科萨和加勒当然一如既往地效忠罗马，毫不动摇。他们是胜利者控制外国领土的大本营，处在人群环居之地，与其邻邦长期不和。如果汉尼拔遵守诺言，恢复各个意大利城邦的旧时边界，那这些城市也会最先受到影响。同样，整个中意大利即罗马最早实行统治的地方也是如此，在这里，拉丁习俗和语言已处处占据优势地位，人们感觉自己是统治者的伙伴，而不是臣民。汉尼拔在迦太基元老院中的敌人不免指出这样一个事实，即没有一个罗马公民或拉丁城邦投入迦太基的怀抱。罗马势力的基础就如同库克罗普斯的城墙一般，只有一块接一块地拆掉石头，才能将其摧毁。

罗马人的态度

意大利同盟的精锐将士以及七分之一能服兵役的意大利人都死于坎尼战役，此战的结果便是如此。平心而论，不仅是一些愚蠢或卑鄙的人，而且罗马民族本身也都犯过严重的政治错误，坎尼战役便是对此类错误所进行的一种残酷却公正的惩罚。适用于一座小乡镇的宪法不再适用于一个大国，在这种战争中，若说罗马城的军队领袖问题应该年复一年地留给投票的潘多拉盒子决定，这简直是不可能的事。因为即便可以从根本上修订宪法，但至少也不能现在就着手进行，实际监督战事特别是授予和延长指挥权的工作应该立即交与唯一一个专管此事的机构——元老院，只把形式上的核准权交由平民议会。西庇阿兄弟在西班牙这种艰苦的战场上都能取得如此辉煌的成功，可见这种方式能收获何等的成效。然而，政治煽动主义已在侵蚀宪法中贵族政治的基础，夺得意大利战事的管理权。这种荒唐的指控，即贵族私通外敌与其共谋，已烙印在"人民"的心上。由于政治上的迷信，人们向救星盖乌斯·弗拉米尼乌斯和盖乌斯·瓦罗寻求帮助，他们两个都是最纯粹的"新人"和人民之友，曾在人民群众的赞许中于罗马广场公开表露他们的作战计划，于是人民群众授权委托他们去执行这些计划；结果便是特拉西美涅湖之战和坎尼之战。与从非洲召回一半雷古拉斯军队时相比，元老院现在当然更能明白自己要做的工作，它所承担的责任要求它必须掌握国事的管理权，反对这种有害的行动；但是第一次战败后，元老院暂时执掌政权，它的所作所为也不免受到政党利益影响，失之偏颇。昆图斯·法比乌斯虽不能与罗马的这些"克理翁"相提并论，但他不单纯以军事领袖的身份指挥战事，还特别作为盖乌斯·弗拉米尼乌斯的政敌坚持强硬的防守战略。而且在处理与部下的争端时，明明需要团结一致，他却总是竭力激怒对方，令矛盾愈加恶化。结果就是：

第一，英明的祖先将这个最重要的工具——独裁制——交与元老院，刚好用于处理此类情况，但却毁于他手；第二，至少间接造成了坎尼战役的败局。然而，罗马势力之所以一落千丈，不是因为盖乌斯·弗拉米尼乌斯或盖乌斯·瓦罗犯下了过错，而是因为政府和被统治者之间互不信任，即元老院和公民之间存在分歧。如果罗马的解救与复兴仍有可能，那么就必须先重建国内的团结一致与互相信任。既然已经明白这一点，那么更重要的就是付诸行动，而且在行动时，无论理由如何公平正义，都要制止一切形式的攻讦，这就成就了罗马元老院光辉不朽的荣耀。坎尼战役后，在所有率兵的将军之中，只有瓦罗一人回到了罗马。罗马元老院议员在城门口迎接他，感谢他没有放弃拯救祖国，这不是表面冠冕堂皇实则包藏祸心的空话，也不是对可怜之人的尖酸嘲讽，这是政府与被统治者之间缔结的和约。在紧张的时局和庄严的呼吁面前，民众领袖的高谈阔论归于沉寂。自此以后，罗马人唯一的想法就是如何才能团结一致挽救这个共同的危局。在这个关键时刻，昆图斯·法比乌斯的坚毅英勇比他的所有战绩都更有益于国家，他和其他著名的元老院议员一起指挥一切行动，使公民重新燃起对自己和对未来的信心。信使从四面八方赶来罗马，汇报战争失利、盟友叛变、据点和武库失守，又在意大利被弃、罗马城几乎无一守兵之时，请求派兵支援波河流域和西西里岛，元老院却仍坚持己见、无动于衷。民众不得在各城门口集会；旁观者和妇女被遣送回家；为战死者哀悼的时间不得超过三十天。这样一来，禁穿丧葬服饰的乐神祭典就不会被中断太久——因为阵亡将士甚多，每个家庭都要悼念死者。同时，两位能干的军事领袖阿皮乌斯·克劳狄乌斯和小普布利乌斯·西庇阿已将战场生还的残军集结在卡努西乌姆。那些年轻贵族懒散颓废，深感救国无望，便想逃往海外，小普布利乌斯·西庇阿凭借崇高的精神及其忠心之士手中挥舞的刀剑，成功改变了他们的看法。执政官盖乌斯·瓦罗率领少数人马与他们相会，渐渐地，约有两个军团在此处集合。元老院下令对他们进行改编，让他们戴罪服役，不领军饷。一有合适的托辞，那位无能的将军便被召回罗马。执政官马库斯·克劳狄乌斯·马塞卢斯在高卢战役中富有经验，原定率舰队从奥斯蒂亚前往西西里岛，现就任主帅之职。罗马人费尽心力去组建一支能出战的军队，又召集拉丁人施以援手，挽救共同的危局。罗马以身作则，征召所有成年男子，武装债务农奴和罪犯，甚至将国家购买的八千名奴隶编入军队。因为缺乏武器，他们从神殿中取出老旧的战利品，四处发动作坊和工匠。胆怯的爱国人士力劝用拉丁人填补元老院的空缺，但却不被采纳，最终他们从有身份的罗马公民中敲定人选。汉尼拔申请用罗马金库中的款项赎回战俘被拒，迦太基使者与俘虏代表一同前来，罗马人却不准他们进城：从所有迹象来看，元老院似乎并没有求和的意思。不但同盟国无法相信罗马有意进行谈判，甚至包括卑贱的平民都明白他和所有人都没有和平可言，只有取得胜利才能安全。

注释

[1] 梅里达，西班牙城市，埃斯特雷马杜拉自治区首府所在地，是西班牙最漂亮的古罗马式的城市之一，由当时的罗马人在其战略要道上所建。由于其杰出的建筑工艺，一些古罗马建筑经历了大自然的长期严峻考验，较好地保留至今，成为人类依然可以共享的宝贵遗产。——译者注

[2] 高卢人指的是在铁器时代和罗马高卢时期聚居于高卢地区的凯尔特人，年代在公元前五世纪到公元三世纪之间。他们的语言高卢语是大陆凯尔特语支的主要组成部分。高卢人从来没有形成过统一的政府，但会集结在一起进行大

规模战争。公元前三世纪时力量达到顶峰。第一次布匿战争之后罗马共和国崛起,并对高卢人形成压迫之势。公元前225年的泰拉蒙战役之后,高卢人的力量开始衰退,在公元前50年代的高卢战争中被征服。此后高卢人就生活在罗马的行省之中。由于罗马文化的影响,形成了罗马-高卢文化,最终由于罗马的强势而渐被同化,公元一世纪时已经无法和罗马人相区分了。——译者注

[3] 特雷比亚河,意大利北部河流。源出热那亚东北部的亚平宁山地,向东北流经波河低地,在皮亚琴察西面注入波河,全长一百一十五公里。公元前218年汉尼拔在河畔击败阿非利加努斯和隆古斯的联合部队,大部分罗马军队被赶入特雷比亚河内淹死。1799年俄奥军队在河畔平原上击败法国军队。——译者注

[4] 波利比乌斯对特雷比亚河战役的叙述十分清晰。如果普拉森提亚在特雷比亚河右岸流入波河之处,战场在左岸,而罗马营垒在右岸——这两点都曾引起争论,如今却无可非议——罗马士兵要想夺取普拉森提亚和营垒,就必须渡过特雷比亚河。但是渡河去往营垒的士兵必须穿过本军的散乱部队,冲过绕到他们身后的敌军,而后与敌军几番正面交锋,强渡过河。另一方面,罗马人等追势渐缓后在普拉森提亚附近渡河,敌人已经到达罗马堡垒范围内,距战场几英里远;虽说无法证实,但这里或许有一座横跨特雷比亚河的桥梁,对岸的桥头或许驻有普拉森提亚戍兵,也未可知。显然,第一次渡河很困难,第二次渡河很容易,因此尽管波利比乌斯是一位军事法官,但他只谈到一万士兵排成密集纵队,杀出一条血路,抵达普拉森提亚,而不提此次渡河没有遇到困难,这还是很有道理的。

李维把腓尼基营垒移至特雷比亚河右岸,把罗马营垒移至左岸,这一见解的错误性近来屡次有人提出。我们只要补充说:克拉斯提迪乌姆(今卡斯泰焦附近)的故址现在已由铭文确定下来。

[5] 周围有狭窄滨海地带环绕的山脉,它是意大利半岛的自然骨干,对意大利人类地理学有很大的影响。亚平宁山脉呈巨弧形,从西北部靠近滨海阿尔卑斯山脉的卡迪波纳山口起,一直延伸远至西西里岛西边埃加迪群岛,总长约一千四百公里。——译者注

[6] 弗拉米尼乌斯,古罗马共和国政治家,卒于公元前271年。他是反对元老院的民众领袖。——译者注

[7] 根据未修正的历法,此战发生在六月二十三日;根据已修正的历法,时间大约在四月份,因为昆图斯·法比乌斯在六个月后卸去独裁权,当时是仲秋,那他的就职时间大约就是五月初。即使是此时,罗马历法也还很混乱。

[8] 新独裁官曾在格卢尼乌姆大胜后将这礼物献给赫拉克勒斯胜利神,1862年,其铭文在罗马的圣洛伦佐附近出土。

[9] 凯尔特人,他们在罗马帝国时期与日耳曼人、斯拉夫人一起被并称为欧洲的三大

蛮族，也是现今欧洲人的代表民族之一。——译者注
[10] 比利牛斯山脉，欧洲西南部山脉，法国与西班牙两国界山。东起地中海海岸，西至大西洋比斯开湾畔。——译者注

第六章

汉尼拔领导的战事
——自坎尼之战到扎马之战

危机

汉尼拔远征意大利的目的在于破坏意大利同盟:三次战役过后,只要是能达到的目的都已达到。很显然,意大利的希腊和拉丁或其他拉丁化城邦既然没有因坎尼战役变节,那他们就不会屈服于威吓,只会屈服于武力;甚至南意大利的一些偏远小乡镇,如布鲁提亚的佩特利亚,都不顾一切,对腓尼基人进行殊死抵抗,从这足以看出马尔西人和拉丁人将会如何对待他们。如果汉尼拔期望用这种方法获得更多的成就,甚至能够带领拉丁人反抗罗马,那这些希望已成为泡影。但是在其他方面，意大利联合似乎也没有产生汉尼拔预期的结果。卡普亚立即规定，汉尼拔无权强制性征召坎帕尼亚公民入伍当兵；坎帕尼亚公民没有忘记皮洛士在他林敦的所作所为，他们天真地幻想能马上摆脱罗马和腓尼基的统治。萨莫奈和卢塞利亚不复从前，那时国王皮洛士欲率领萨贝利的年轻人攻入罗马。

不仅成串的罗马堡垒处处切断此地的神经和肌腱，而且多年来罗马统治已使得居民不习武器——他们只派出少量队伍加入罗马军队——已平息了他们往日的仇怨，而且已拉拢了许多人处处为占据统治地位的城邦谋福祉。确实，在罗马似乎大势已去之后，他们与征服罗马的人联合，但他们认为这不再是一个自由问题，而只是以一个意大利主人交换一个腓尼基主人，将萨贝利部落投入胜利者怀抱的也不是热情，而是绝望。在这种情况下，意大利的战事不免有所懈怠。汉尼拔控制意大利半岛北至沃尔图耳努斯和加尔加努的半岛南部，他不能像放弃凯尔特人的领地那样再次随意放弃这些地方，他现在有需要保卫的边界，如果不对其加以庇护，那他必将受到惩罚。为了守卫既得的疆域，以对付处处反抗他的堡垒和自北方行进的军队，同时又要恢复艰难的攻势以对付中意大利，他的兵力——不算意大利分遣队的话，约四万人——远远不够。

马塞卢斯

最重要的是，他发现其他敌人与他对立。因为受了惨痛的教训，罗马人采取一种更为明智的作战方法，只任命经验丰富的军官为军队首领，而且至少在必要时延长他们的领兵期限。这些将军既不会从山头俯瞰敌人的动态，也不会不管在何处，只要一发现敌人便与其交锋，而是在按兵不动和鲁莽行事之间保持正确的折中之道。他们驻扎在堡垒城墙之下稳固的军营里,并在胜可收功败可不灭的地方应战。这种新式战术的灵魂人物是马库斯·克劳狄乌斯·马塞卢斯。坎尼一战惨败后,元老院和人民群众都不自觉地将目光转向这位英勇老练的军官,并即刻委托他担任实际的最高统帅。他已在西西里与哈米尔卡的苦战中接受了训练,并在最近与凯尔特人的对战中充分展示了他的领袖才能和个人勇气。他虽然早已年过五十,但却依然如最年轻的士兵一般洋溢着满腔的热情,仅在数年前任将军时,他就砍倒过骑在马上的敌军将领;他是罗马首位也是唯一一位实现这种战绩的执政官。他把他的一生献给两个神——荣誉和勇猛,并在卡佩尼[1]门为他们建造了两座宏伟壮观的庙宇。拯救罗马于水火之中的功绩不属于某个人,而属于全体罗马公民,尤其属于元老院,但是对于共同事业的成功,马库斯·马塞卢斯所作的贡献无人能及。

汉尼拔前往坎帕尼亚

汉尼拔已从战场转往坎帕尼亚,古往今来的愚人都以为他一进攻敌人首都便可结束这场战争,可是汉尼拔却比这些愚人更了解罗马。确实,近代战争在战场上决胜负,但古时候的攻城术远不及守城术成熟,无数情况下,战场上最圆满的胜利却因首都城墙的抵抗而功亏一篑。迦太基的议会和公民根本不能与罗马的元老院和人民相提并论,雷古拉斯第一战之后的迦太基所面对的情形比坎尼战役之后的罗马危急得多,然而迦太基固守阵地、顽强抵抗,最终大获全胜。我们能以什么立场期望罗马现在向胜利者上交钥匙,甚至是接受一个公平的和约呢?因此,汉尼拔不会为了这种虚无的表示而牺牲切实重要的胜利,也不会把时间浪费在攻打被困于卡努西乌姆城墙之内的两千罗马败兵上，他赶在罗马人派出的卫戍部队到达之前即刻前往卡普亚，并因此成功引诱这座意大利的第二城市在经过长时间犹豫过后与他联合。他可能希望能够在占据卡普亚之后夺取坎帕尼亚的一个港口；此次大胜使得国内的反对派不得不提供增援，而他可以在这一港口把这些增援卸载下来。

坎帕尼亚战争和阿普利亚战争的复萌

当罗马人得知汉尼拔的行踪时，他们也离开阿普利亚，只留下一支弱小的队伍，并把剩余兵力都集中在沃尔图耳努斯河右岸。马库斯·马塞卢斯率领两支自坎尼生还的兵团进军帖亚农·西底西农，当时来自罗马和奥斯提亚的可调遣军队在此地与他会合，同时独裁官马库斯·尤尼乌斯率仓促编成的主力军紧随其后，缓缓而来；马库斯·马塞卢斯远至卡西利努姆的沃尔图耳努斯河，如果可能，他想要拯救卡普亚。他发现此城已被敌人控制，但另一方面，敌人对于尼亚波利的企图已因公民的英勇抵抗而受挫，罗马人仍不失时机地派兵戍守这一重要港口。其他两座沿海大城——库迈和努塞利亚也同样忠诚地依附罗马。诺拉的民众党和元老党对于他们是应该依附迦太基人还是罗马人这一问题的争端仍未有定论。马塞卢斯听说民众党正占得优势，于是在卡亚佐渡河，沿苏伊苏拉的高地前进以避开敌军。他抵达诺拉，还有充足的时间固守城池抵御内外之敌。在一次出击战中，他甚至击退汉尼拔亲率的队伍，使之大受损失。作为汉尼拔遭遇的首次败仗，此次胜利在精神层面的影响远比在物质层面的结果重要。确实，在坎帕尼亚，努塞利亚、阿切拉以及受强势围攻直至次年（罗马纪元539年即公元前215年）的卡西利努姆（沃尔图耳努斯河的钥匙），均被汉尼拔征服，而这些依附于罗马的城市，其元老院也都受到最为严厉的处罚。可是威吓是改变信仰的有力武器，罗马人以较小的损失成功度过他们一开始软弱无能的危急时期。坎帕尼亚的战事陷于停滞，然后冬天来临了。汉尼拔驻兵于卡普亚，对于三年来未曾身处屋内的军队来说，卡普亚的奢侈绝没有益处。次年（罗马纪元539年即公元前215年），战事又有转机。久经沙场的将领马库斯·马塞卢斯，在去年的战争中担任骑兵统领、战功卓著的独裁官提比略·塞姆普罗尼乌斯·格拉古以及老将昆图斯·法比乌斯·马克西穆斯，统率必将包围卡普亚和汉尼拔的罗马三军到来，其中马塞卢斯任地方总督，其他两个人任执政官；马塞卢斯停留在诺拉和苏伊苏拉，马克西穆斯据守在加勒附近的沃尔图耳努斯河右岸，而格拉古则驻守在里特农附近的海岸，掩护拿波里和库迈。坎帕尼亚人进入距库迈三英里的哈迈，欲突袭库迈人，却被格拉古彻底击败；汉尼拔出现在库迈城下以雪此耻，却在一次争斗中败下阵来，他提出对阵战也遭拒绝，只得忿忿撤回卡普亚。因此，坎帕尼亚的罗马人不仅守住了他们已有的领土，而且还收复了康普尔特利亚和其他一些小地方，与此同时，汉尼拔的东部盟友怨声四起。执政官马库斯·瓦利留斯已率领一支罗马军队据守卢塞利亚，一方面可以联合罗马舰队监视东部海岸和马其顿人的行动，一方面可以协同诺拉的军队向那些叛变的萨莫奈人、卢卡尼亚人和赫尔尼基人征收贡赋。为了救助他们，汉尼拔转而先攻击他最活跃的敌人——马库斯·马塞卢斯。然而，马库斯·马塞卢斯在诺拉城下彻底打败了腓尼基军队，腓尼基军队为雪此耻，便不得不从坎帕尼亚出发前往阿尔皮，以图最终能抑制敌军在阿普利亚的发展。提比略·格拉古率兵紧随其后，同时坎帕尼亚的其他两支罗马军队计划于次年春季继续攻打卡普亚。

汉尼拔被迫转为守势以寻求支援

汉尼拔并没有被胜利冲昏头脑。日益明显的是，他并不是因为这个才达成目标。汉尼拔的胜利主要依赖那些急促的行军、那种来来回回的冒险作战，而今却都已完结。敌人越来越狡猾，因为防守既得之地是必要之举，所以几乎不可能再进一步行动。攻势未作考虑，守势又很困难，而且每过一年都有可能会更加困难。他几乎可以预见到，如果仅凭他自己和意大利同盟的兵力，他根本无法完成其伟业的后半部分，即征服拉丁人和罗马。要想成就其伟业，需依赖迦太基议会、卡塔赫纳的总部以及佩拉和叙拉古的朝廷。如果非洲、西班牙、西西里和马其顿现在能集合所有人力物力，团结一致抗击共同的敌人，如果下意大利成为西、南、东三方海陆军的主要集结地，那他便可希望去完成先锋队在他的领导之下已创下辉煌开端的事业。最自然简单的途径就是本国给予他足够的支援。迦太基政府仍然未受战事影响，由于一小队果敢的爱国人士自主行动、自担风险，它才得已从近乎深渊之中崛起，赢得圆满胜利，毫无疑问，迦太基政府能够做到这一点。不论何种规模的腓尼基舰队都能在罗克里或克罗顿登陆，尤其当叙拉古港口对迦太基人保持开放以及布林迪西的舰队受马其顿牵制的时候，更是如此，以下事例皆可说明这一点：大约在这个时候，波米尔卡带四千名非洲人从迦太基赶来支援汉尼拔，他们在罗克里登陆而未受阻拦，更重要的是，汉尼拔在全盘皆输时乘船，竟也未受干扰。但是在坎尼胜利的最初影响已渐渐消散之后，迦太基的主和派随时都准备好牺牲祖国以换取其政敌的垮台，又得目光短浅、好逸恶劳的公民衷心拥护，当汉尼拔请求更明确的援助时，他们以半简单半恶毒的话回绝了他，说他既然真是胜利者，那实际上便不需要援助。这样说来，他们对于拯救罗马所做的贡献并不少于罗马元老院。汉尼拔在军营中长大，对人民党派的机构并不熟悉，他的父亲可以依靠哈斯德鲁巴这位人民领袖的援助，他却无人依靠；国内本拥有充裕的救国工具，可他却不得不向国外求助。

为了达到这个目的，他可以依靠西班牙爱国军队的将领，依靠其在叙拉古建立的联系以及腓力的参战。一切都仰仗西班牙、叙拉古或者马其顿派新军到意大利战场以对抗罗马。而为了实现或阻止这个目标，西班牙、西西里和希腊境内都在作战。这些战争都只是达成目的的手段，历史学家通常会在比较它们的重要性时犯错。就罗马人而言，它们在本质上都是防御战，而这些防御战本身的目的在于扼守比利牛斯山脉的隘口，牵制希腊的马其顿军队，守卫梅萨那城并断绝意大利与西西里之间的交通。当然，无论在何时，只要有可能，罗马人都用攻势方法发动这场守势战争；如果形势有利，事情可能会发展成将腓尼基人逐出西班牙和西西里，并解散汉尼拔与叙拉古和腓力的同盟。就其本身而言，意大利战争暂时蒙上了阴影，演变成堡垒争夺战和掠夺性的军事袭击，这都不会对大局产生决定性的影响。不过，只要腓尼基人保持其攻势，意大利就一直都会是军事行动的中心目标；汉尼拔在南意大利备受孤立，人们费尽心力、全情投入，都只为终结或延续这种孤立状态。

派往增援的部队暂时受挫

如果在坎尼之战以后，汉尼拔能即刻启用他认为可以依靠的一切资源，那他差不多就胜券在握了。但是埃布罗河一战以后，哈斯德鲁巴在西班牙的地位十分严峻，以至于迦太基公民因坎尼战役得胜而提供的金钱和士兵大部分用在了西班牙，那里的局势却并未因此得到改善。下一次战争中（罗马纪元539年即公元前215年），西庇阿兄弟将战场从埃布罗河转移到瓜达尔基维尔河；在安达卢西亚，即迦太基固有领土的中心区域，他们取得伊里突吉和茵替比里两战的辉煌胜利。在撒丁岛，与土著人之间的交往使得迦太基人希望自己能够成为这座岛屿的主人。这座岛屿作为西班牙和意大利之间的中转站，具有十分重要的意义。然而，提图斯·曼利乌斯·托尔夸图斯奉命率一支罗马军队前往撒丁岛，彻底摧毁了迦太基的登陆部队，保证罗马人毫无争议地占领了这座岛屿（罗马纪元539年即公元前215年）。从坎尼派往西西里的军团英勇无畏，成功据守该岛的北部和东部地区以抗击迦太基人和希耶罗尼姆斯；罗马纪元539年即公元前215年末，希耶罗尼姆斯死于刺客之手。甚至是在马其顿，批准结盟一事都被搁置，这主要是因为马其顿派到汉尼拔那里的使者在回国途中被罗马战舰所擒。所以东部海岸那令人畏惧的侵袭暂时停止；罗马人获得时间先以舰队再以格拉古抵达之前就用于保护阿普利亚的陆军据守布伦迪西这个非常重要的驻地，甚至准备一旦宣战就进攻马其顿。在意大利境内，战事因此陷入停滞，与此同时，在意大利境外，迦太基人却没有采取任何行动以加快新军或舰队开赴战场的进程。罗马人又极力将自己置于防御状态，由于持有这种防御的态度，无论汉尼拔的天赋如何发挥作用，罗马人作战多半都能得到好的结果。于是，坎尼一战取胜在迦太基激起的爱国心很快就消失殆尽；有不少军队都是在这里组建，要么是因为党派的反对，要么只是因为笨拙地想要调和议会中发表的不同意见，都浪费在了无用之地，只有很小一部分真正用在了实处。到了罗马纪元539年即公元前215年底，深思熟虑的罗马政治家确信，危险的紧急关头已经过去，为了达成目标，冒险开始的抵抗只能在各方面继续努力。

西西里之战　围攻叙拉古

首先，西西里的所有战事宣告结束。汉尼拔原本的计划并不是要在西西里岛上发起战争，但一部分出于偶然，主要是因为鲁莽的希耶罗尼姆斯幼稚自大，一场陆上战役在这里爆发——无疑是因为汉尼拔之前并未有此计划——迦太基议会特别重视这场战事。罗马纪元539年即公元前215年底，希耶罗尼姆斯被杀，在这之后，叙拉古公民更加无法确定是否要坚持他所奉行的政策。如果说任意一个城市有理由依附于罗马，那这个城市必然是叙拉古，因为迦太基人战胜罗马人之后，无论如何，叙拉古都不得不将整个西西里的主权交与迦太基人，至于迦太基对叙拉古人所作的承诺，没有人会真的相信它将依言兑现。一部分出于这方面考虑，一部分因罗马人危险的准备而恐惧——这座重要的岛屿是沟通意大利和非洲的桥梁，罗马人竭尽全力想要再次彻底控制它，如今又派他们最优秀的将军马库斯·马塞卢斯到西西里岛，为罗马纪元540年即公元前214年的战役做准备——叙拉古公民有意适时回归罗马同盟，以图罗马联盟对他们既往不咎。但是，希耶罗尼姆斯死后，有人企图重建旧时的人民自由，又有许多人发起突击，要求补王位空缺，如此循环交替，叙拉古陷入可怕的混乱之中，同时，外国雇佣兵首领成为此地真正的主人。在这种情况下，汉尼拔机敏的密使——希波克拉底和埃披库代斯寻得机会阻挠和平计划。他们假借自由的名义煽动群众，恰巧莱昂蒂尼人刚又被罗马人征服，据说罗马人已对他们进行了严厉的惩处，这些不着边际、大肆夸张的言论甚至在上流社会中都引发了疑惑：现在要修复旧时他们与罗马的关系是否为时已晚？同时佣兵之中的许多罗马逃兵大部分都是从舰队逃跑的桨手，他们很容易就相信，公民与罗马缔结和约就等于宣布了他们的死刑。于是，主要官吏被处死，停战协定被撕毁，希波克拉底和埃披库代斯接管了这座城市的治理事宜。罗马执政官别无他法，只得进行围攻。但是叙拉古防守巧妙，其工程师阿基米德[2]以精通数学著称，在这场守城战中表现尤其出色，罗马人不得不在攻城八个月后变围攻为海陆封锁。

迦太基远征西西里岛　迦太基军队未能征服叙拉古

同时，迦太基迄今为止都只用舰队支援叙拉古人，一听说他们又起兵反抗的消息，便命希米尔科率一支精锐陆军前往西西里，这支陆军未受阻拦便在赫拉克利亚·密诺亚登陆，立即占领了阿格里真托这一重镇。为了与希米尔科[3]会师，骁勇善战的希波克拉底率军从叙拉古出击，处于叙拉古卫戍部队和两支敌军之间的马塞卢斯面临危急之势。然而，一些援军从意大利赶来，在他们的帮助下，马塞卢斯守住了他在西西里岛的地位，继续封锁叙拉古。另一方面，大部分内陆小城市被迫加入迦太基阵营，其主要原因不在于敌军，而在于罗马人在岛上的残暴行径，尤其是他们怀疑恩纳的公民企图谋反，驻守在此地的罗马戍兵便对其进行大肆屠杀。罗马纪元542年即公元前212年，在叙拉古城庆祝佳节期间，外墙守兵离去，围城军成功攀上城墙，深入自"岛屿"和海滨市区延伸至内地的郊区。欧律阿罗斯的堡垒位于郊区的极北之地，保护这些郊区以及从内地通向叙拉古的主要道路，因此与外界隔绝开来，不久之后便陷落了。当围攻叙拉古城的局势因此转而对罗马人有利时，希米尔科和希波克拉底率领的两支军队前去支援叙拉古，并试图同时攻击罗马人的阵地，另外，迦太基舰队企图登陆，叙拉古卫戍部队企图突围出击。但是，各方面的进攻均被击退，两支援军不得不在城下扎营，驻守在阿纳普河沿岸低洼的沼泽地。盛夏仲秋之际,这里瘟疫横行,对逗留此地的士兵都有致命的威胁。这些瘟疫多次拯救叙拉古城于危难之中,其作用甚至超过了英勇的叙拉古公民;在狄奥尼修斯一世时代,两支腓尼基军队都曾围攻叙拉古城,但最后都这样覆灭于该城之下。如今,命运将叙拉古城的这种特殊防御之道转变为毁灭它的工具。驻扎在郊区的马塞卢斯军队所受损害并不严重,热病却使得腓尼基人和叙拉古人的营地一片凄凉孤寂。希波克拉底死了,希米尔科和大多数非洲人也死了,两支军队存活下来的人大多是西西里土著人,他们四散奔逃至周边的城市。迦太基人还想从海洋方面拯救叙拉古城,但当罗马舰队向海军将领波米尔卡发起挑战的时候,他却撤退了。埃披库代斯在叙拉古城内发号施令,如今也深感无望,弃城而去,逃到阿格里真托。叙拉古欣然向罗马人投降,目前双方交涉已经开始。可是罗马逃兵再次妨碍交涉:在另一次兵变中,主要长官和许多有身份的公民被杀,外国军队把政府和城防都委托给他们的首领。马塞卢斯现在与其中一位首领进行谈判,结果叙拉古城内一个仍然自由的区域,即"岛屿"部分落入马塞卢斯之手。之后,叙拉古公民也主动向他敞开市本部的大门(罗马纪元542年即公元前212年秋)。很显然,叙拉古城没有自主行动的自由,而且曾屡次极力摆脱外国士兵的暴政,如果无论如何都要显示仁慈的话,那么,甚至是按照罗马公法处理叛变城邦时那种不足称道的原则,叙拉古城也可获得宽恕。不过,马塞卢斯准许手下士兵大肆劫掠富裕的商业城市,致使阿基米德和许多其他公民在此期间惨遭杀害,玷污了自己的军事荣誉。而且后来叙拉古人控诉这位名将,罗马元老院也充耳不闻,既不归还被掠的私人财产,也不恢复叙拉古城的自由。叙拉古和先前依附于它的各城被纳入罗马纳贡城邦之列——只有陶洛米尼乌姆和内顿得到与梅萨那相同的特权,而莱昂蒂尼的领土则归罗马所有,其昔日的地主变为罗马的租户——此后没有叙拉古公民能够定居在"岛屿"部分，即该城内控制海港的部分。

西西里游击战　罗马占据阿格里真托　西西里归于安宁

就这样，迦太基人似乎失去了西西里岛，但汉尼拔的天才甚至能从远处影响至此处。汉诺和埃披库代斯率迦太基军队驻守在阿格里真托，他们迷惘窘困，无所作为，于是汉尼拔派利比亚骑兵官穆丁到军队驻地，接管努米底亚骑兵统帅一职。罗马施行的暴政已在西西里全岛激起满腔仇恨，穆丁率手下游击队将这彻骨的仇恨煽成熊熊的火焰，发起了一场声势浩大的游击战，并最终取得了极好的战绩，以至于迦太基军队在希梅拉河与罗马军队相遇时，他甚至能与马塞卢斯本人数次对战，并成功取胜。然而，汉尼拔与迦太基议会的关系又在这里小规模凸显。议会任命的将军心怀嫉妒，排挤汉尼拔派来的军官，坚持不用穆丁及努米底亚人，自己单独率兵与马塞卢斯作战。汉诺的愿望得以实现，他被彻底击败。穆丁并不因此改弦更张。他据守内地，占领几个小城市，不少援军从迦太基赶来与他会合，因而他能够逐渐扩展他的军事行动。他战功显赫，最后，主帅无法阻止这位骑兵官功高盖己，便立即革除他的轻骑统领之职，转而任命自己的儿子为轻骑统领。两年来，这个努米底亚人为腓尼基主人保全西西里岛，如今受到此等待遇，忍无可忍。他和手下不肯听命于小汉诺的骑兵，与罗马将军马库斯·瓦利留斯·莱维努斯谈判，并将阿格里真托献给罗马。汉诺乘船逃回迦太基，向上级报告汉尼拔所派军官的无耻叛国行径。城内的腓尼基卫戍部队为罗马人所杀，公民被卖作奴隶（罗马纪元544年即公元前210年）。为了保证西西里岛不再遭遇罗马纪元540年即公元前214年那样的登陆突袭，该城精选一批西西里居民，组建一支新的居民团，归罗马处置，昔日辉煌的阿克拉加斯不复存在。在整个西西里岛就这样被征服以后，罗马人努力使这扰攘的岛屿恢复些许安宁和秩序。在内地出没的成群匪徒一同被逐，并被遣往意大利，这样一来，他们可从其位于利基翁的总部焚毁汉尼拔各同盟国的领土。西西里岛上的农业已彻底荒废，罗马政府尽其所能促进农业复兴。迦太基议会不止一次谈到要派舰队去往西西里岛，再兴岛上的战事。但这个计划也仅仅只是计划而已，再无进一步行动。

马其顿的腓力及其耽搁事宜

比起叙拉古，马其顿对事情发展可能更具决定性影响。眼下，人们既不期望东方各国予以援助，也不担心他们从中作梗。安条克大王是腓力的天然同盟，罗马纪元537年即公元前217年，埃及人在拉菲亚取得了决定性胜利之后，他便不得不庆幸自己从懒惰的斐拉佩特手里获得了原有的和平。一方面，拉基代与之竞争，他无时无刻不在担心战事再发；另一方面，国内觊觎王位者发起叛乱，小亚细亚、巴克特里亚和东方各省的种种冒险事件频发，因而他无法加入汉尼拔筹划的反罗马大同盟。埃及的朝廷毅然站在罗马一边，罗马纪元544年即公元前210年，它与罗马再结同盟，可是人们也不再期望托勒密·斐拉佩特会在除运载粮食之外的其他方面支援罗马。因此，除非是他们自己互起纷争，否则没有什么事能阻挡希腊和马其顿把决定性的力量用于意大利大战。如果他们有自制力，能在为数不多的几年时间里相互支持，以对付共同的敌人，那他们便可挽救希腊的声誉。这种情绪无疑在希腊风行一时。诺帕克图斯的阿革拉奥斯曾预言说，希腊人如今所沉迷的武打比赛恐怕不久便会成为过去。他诚挚提醒人们放眼西方，不要让一个强国将同等奴役的和约强加在所有交战国身上——从根本上说，此番言论有助于促成腓力和埃托里亚人之间的和平（罗马纪元537年即公元前217年），而且它也是这一和平趋势的重要证明，即埃托里亚同盟即刻任命阿革拉奥斯为其将军。

与迦太基一样，民族的爱国心在希腊愤然而起：一时之间似乎能激起一场希腊反抗罗马的民族战争。但在这样一场讨伐战争中，任将军一职的只能是马其顿的腓力。发动这样一场战争必须要有热情及民族信仰，而腓力身上却缺乏这两种特性。他不知道如何解决这个棘手的难题，即如何完成从压迫者到希腊拥护者的角色转换。他推迟与汉尼拔结盟，抑制了希腊爱国者一开始最为高涨的热情。当他真与罗马交战的时候，他的作战方式仍不足以唤起同情和信心。就在坎尼战役那一年（罗马纪元538年即公元前216年），他首先企图占领阿波罗尼亚，最后却失败得近乎可笑，因为腓力一接到毫无根据的消息，即一支罗马舰队正向亚得里亚海驶来，便仓皇往回赶。此事发生在与罗马正式决裂以前。双方最终决裂时，不论敌友都料定马其顿人必将登陆下意大利。自罗马纪元539年即公元前215年以来，一支罗马舰队和陆军便据守在布林迪西以备战争之需。腓力没有战船，于是便建造一小队伊利里亚轻艇以运送军队渡海。可是到了需要认真努力的时候，他却不敢与那令人胆战的五桨木船在海上相遇。他曾向盟友汉尼拔许诺要尝试登陆，如今却违背诺言，而且为了仍有所作为，他决定对他自己的那份战利品即罗马在伊庇鲁斯的领地发起攻击（罗马纪元540年即公元前214年）。在最好的情况下，这件事也不会有什么结果；但罗马人深知攻势要比守势更为可取，他们绝不会如腓力所希望的那样，甘心坐观来自彼岸的袭击。罗马舰队从布伦迪西运送一支陆军到伊庇鲁斯，从腓力手里夺回诺里库姆，将卫戍部队置于阿波罗尼亚城内，攻陷马其顿的营垒。于是，腓力从局部行动变为完全无所作为,汉尼拔试图将自己的热情与果敢注入腓力这种犹豫不前、目光短浅的政策之中,终究是徒劳无功。尽管他颇多抱怨,但腓力却仍然按兵不动,虚度了几年的光阴。

罗马领导反马其顿的希腊联盟

率先再兴战争行动的并不是腓力。由于他林敦沦陷(罗马纪元542年即公元前212年),汉尼拔在最便于马其顿军队登陆的海岸上获得了一个极好的港口,诱使罗马人从远处避开这个打击,马其顿人忙于国内事务,因而无暇顾及意大利。希腊的民族热情当然很早以前就烟消云散。借助于对马其顿的旧仇以及腓力新犯下的轻率不公的罪行,罗马海军将官莱维努斯轻易便把处在罗马保护之下的中小国组成一个反马其顿的联盟。这个联盟由埃托里亚人领导,他们开公会时,莱维努斯亲自到场,并承诺交出埃托里亚人觊觎已久的阿卡纳尼亚领土,以此获得了公会的支持和拥护。他们与罗马达成一个适中的协议,以共同掠夺希腊的人民和土地,这样一来,土地应该归埃托里亚人所有,人民和动产应该归罗马人所有。希腊本部意欲把反马其顿或者更准确地说主要是反亚该亚的国家也拉入这个联盟。在阿提卡有雅典,在伯罗奔尼撒半岛有伊利斯、墨塞奈和斯巴达,特别是斯巴达,它的陈腐体制约在这时被一位英勇的士兵马坎尼达斯推翻;国王珀罗普斯尚未成年,他加入这个联盟就是为了假借国王名义行使专制权,成立一个由佣兵部队支持的冒险政府。此外,加入该联盟的还有马其顿的宿敌,即半野蛮的色雷斯和伊利里亚各部落的首领,以及最后的帕加马国王阿塔罗斯,在他周围的两个希腊大国惨遭毁灭之时,阿塔罗斯积极睿智地追求他自己的利益,而当他的援助尚有一定价值的时候,他又以其敏锐的眼光依附于罗马，做个附庸。

无果的战争　腓力与希腊人之间的和平　腓力与罗马之间的和平

密切关注这场漫无目的的战争变化，既不适合，也没有必要。腓力虽比他的任何对手都要优秀，凭其干劲与个人勇气击退各方攻击，但他却把时间和精力都浪费在了那种无益的防守上。时而埃托里亚人联同罗马舰队一起歼灭了倒霉的阿卡纳尼亚人，并威胁洛克里斯和塞萨利，他不得不转而抵抗他们；时而蛮族入侵，他被召去北部各省；时而亚该亚人寻求他的帮助以对抗埃托里亚人和斯巴达人的侵略性远征；时而帕加马国王阿塔罗斯和罗马海军将官普布利乌斯·苏尔皮西乌斯率其联合舰队威胁东海岸，或运送部队登陆于埃维亚岛。因缺乏一支作战舰队，腓力的一切行动都受到限制。他甚至向其盟友比提尼亚的普鲁西阿斯甚至汉尼拔请调战船。只是临近战事结束，他才决定下令建造一百艘战船，而这事本应在一开始就做的。然而，就算此项命令能付诸实践，这些战船也未派上用场。在这场不幸的战事中，希腊拼尽最后一丝力气自相残杀，这片土地的繁荣也化为乌有，所有了解希腊形势并同情它的人无不痛惜。那些商业国家，如罗德岛、希俄斯、米提利尼、拜占庭、雅典，甚至是埃及都屡次试图居间调停。事实上，协议双方都能从中获益。罗马同盟国特别重视埃托里亚人，跟马其顿人一样，埃托里亚人受战争迫害匪浅，尤其是在阿达马尼的小王被腓力笼络之后，埃托里亚内地便门户大开，受到马其顿人入侵。许多埃托里亚人也逐渐意识到罗马同盟使他们扮演着这个可耻歹毒的角色。当埃托里亚人伙同罗马人把整批希腊公民（如安提库拉、俄瑞乌斯、代美和埃伊纳岛的公民）卖作奴隶时，惊恐的呼喊声响彻希腊全国。可是埃托里亚人不再自由，如果他们主动与腓力缔结和约，那便冒着极大的风险。罗马人仅用几艘船只作战，战争的负担与损害大都落在埃托里亚人身上，他们认为罗马人绝对无意停战，特别是西班牙和意大利的局势正变得对罗马有利之后，罗马人就更不愿停战了。然而，最后埃托里亚人决定听从各城市的调停，尽管罗马人从中作梗，希腊各国还是于罗马纪元548—549年即公元前206—前205年间的冬季商议一份和约。埃托里亚已把一个过于强大的盟友转变为危险的敌人，但罗马已然筋疲力尽，元老院当时正集中罗马的所有资源以供远征非洲决一胜负之用，所以并不认为这是一个为埃托里亚背弃同盟而愤愤不平的适当时机。埃托里亚人退出之后，罗马人要继续对腓力作战，就必须竭尽全力；而且对他们来说，如果也凭借一纸和约来结束战事，似乎会更加方便，和约规定实际恢复战前的状态，特别是罗马可保有除阿丁达尼人无用疆域以外的伊庇鲁斯沿岸领土。在这种情况下，腓力得到这种条款，必定自认为是幸事。可是事实表明——的确，这再也无法掩藏——希腊人经历了十年惨无人道的战事，忍受了难以言说的痛苦，终究是徒然。汉尼拔筹划了那公平正义的伟大联合，一时之间全希腊踊跃加入，而今却都土崩瓦解，无法挽回。

西班牙战争

在西班牙，哈米尔卡和汉尼拔的精神影响深远，斗争越发胶着。由于地方特性和人民习惯，战事进展异常跌宕起伏。埃布罗河河谷优美，安达卢西亚土地肥沃，物产丰足，崎岖不平的高原地带介于两地之间，许多树木葱茏的山脉横断此处。居住在这里的农民和牧羊人很容易便能响应号召,集合从军,但要想带领他们抗击敌人或在任何情况下都凝聚在一起,实为难事。尽管城市居民每次都躲在城墙后面坚定地向压迫者挑衅,但他们同样无法联合起来采取稳健的行动一致对敌。他们似乎都平等对待罗马人和迦太基人;无论是定居埃布罗河河谷的麻烦客民,还是占领瓜达尔基维尔河流域的讨厌外客,他们都据有半岛或大或小的领地,而对于当地居民而言,这可能是件非常无关紧要的事情。因此,那种西班牙所特有的根深蒂固的党派偏见在这次战争中并不明显,只有个别城市例外,如萨贡图姆支持罗马人,而阿斯达帕则站在迦太基人一边。但是,因为罗马人和非洲人都没有带来充足的兵力,所以这场战争必然会演变成双方争取党人的斗争,这种斗争很少由忠实的依附决定,更多情况下是取决于恐惧、金钱或者偶然。而当战争似乎将要结束之时,便分解为层出不穷的堡垒攻坚战和游击战,不久之后,战事却又死灰复燃。军队如海岸上的沙丘一般忽隐忽现,昨日小山还立于此处,今日便已寻不到它们的踪迹。一般来说,罗马人比较占优势,一部分是因为他们最初作为助西班牙摆脱腓尼基暴政的救星出现在西班牙,一部分是因为他们有幸选择了正确的领袖,而这些领袖又带来值得信赖的队伍作为其坚强的核心。然而,传至今日的史料记载残缺不全,而且混乱不清,特别是在年代方面,我们几乎不能对这样进行的战事发表一个令人满意的见解。

西庇阿兄弟的胜利　西法克斯攻击迦太基

罗马人在这半岛上的两位代理执政官,格涅乌斯和普布利乌斯·西庇阿(特别是格涅乌斯)都是优秀的将军和执政官,他们成功完成任务,立下最为卓越的功勋。他们不仅坚守住比利牛斯山脉的关口,坚决粉碎了敌人欲重建主帅与其总部之间那已被切断的陆路交通的图谋;不仅仿照西班牙的新迦太基模式,借助于在塔拉科广泛设防修港的方法,创造了一个西班牙的新罗马,而且罗马军队已于罗马纪年539年即公元前215年在安达卢西亚成功取胜。次年(罗马纪元540年即公元前214年),他们再次远征此地,仍大获全胜。罗马人的武装几乎远达赫拉克勒斯之柱,他们扩展南西班牙的保护地,最后又通过收复并重建萨贡图姆获得自埃布罗河到卡塔赫纳路线上的一个重要军站,与此同时也尽可能偿还了罗马人欠下的旧债。西庇阿兄弟像这样几乎将迦太基人赶出西班牙时,又会在西非鼓动一位危险的敌人去攻击他们,这个人就是强大的西非君主西法克斯,他统治近代的奥兰和阿尔及尔两地,大约于罗马纪元541年即公元前213年与罗马人建立联系。如果可以给他一支罗马军队,想必会有好的结果,可是当时在意大利没有一个闲人可供差遣,西班牙军队也因太过薄弱而无法分散兵力。尽管如此,那些隶属于西法克斯的部队由罗马军官训练和指挥,仍能在迦太基的利比亚国民中掀起一股巨浪,以至于西班牙和非洲的副元帅哈斯德鲁巴·巴卡亲自率西班牙的精锐部队前往非洲。他的到来很可能给事情带来了另一个转机:国王加拉——在如今的君士坦丁——曾长期与西法克斯为敌,拥护迦太基;他与他英勇的儿子马西尼萨一起击败了西法克斯[4],迫使他求和。关于这次利比亚战争,不过是叙述迦太基在马西尼萨胜利后如何照常残忍报复叛徒而已。

西庇阿兄弟战败被杀　罗马人据守于埃布罗河南岸的西班牙　尼禄被派往西班牙

　　非洲的事宜发生此类转变,对西班牙战事具有重要影响。哈斯德鲁巴又能回到西班牙（罗马纪元543年即公元前211年），不久之后，大量增援和马西尼萨本人都追随他而来。敌军将领离开的这段时间里（罗马纪元541年至542年即公元前213年至前212年），西庇阿兄弟继续在迦太基领地内劫掠招降，现在却发现他们意外遭优势兵力攻击，不得不退守埃布罗河或者召集西班牙军队。他们选择了第二种方法，雇佣两万凯尔特-伊比利亚人，然后为了更好地抵御分别由哈斯德鲁巴·巴卡、吉斯戈之子哈斯德鲁巴和马戈率领的三支敌军，他们把军队分散开来，甚至连罗马部队也不放在一起。因此，他们实属自寻死路。格涅乌斯所率军团包括三分之一的罗马人和所有西班牙部队，他们驻扎在哈斯德鲁巴·巴卡对面，哈斯德鲁巴·巴卡不费吹灰之力便以一笔钱诱使罗马军队里的西班牙人撤退——或许，从他们自由职业的道德观念来看，这甚至似乎并不有悖忠诚，因为他们没有投归其雇主的敌人手下。罗马将军别无他法，只得仓皇撤退，敌人紧随其后。与此同时，普布利乌斯率领的罗马第二军团，遭受由吉斯戈之子哈斯德鲁巴和马戈所率的其他两支腓尼基军队重击，马西尼萨的骁勇骑兵队赋予了迦太基人决定性的优势。罗马军营几乎被敌人重重包围。已在途中的西班牙补充兵马如果抵达，罗马人便将被彻底围困。这位代理执政官大胆决定趁前进中的西班牙人尚未出现，封锁线的缺口尚未填补之际，用他最精锐的部队与其交锋，最后不幸失利。罗马人一开始确有优势，但努米底亚骑兵迅速奉命追击，不久便赶上他们，使他们无法延续已完成一半的胜利，也无法引兵退回，直至腓尼基步兵到来，将军阵亡，战事才转败为胜。普布利乌斯这样阵亡后，缓慢撤退的格涅乌斯抵御一支迦太基军队本就非常吃力，如今他见三支大军突然同时袭来，努米底亚骑兵又切断了他们的所有退路。被围困在一座甚至无处扎营的荒山上，所有的罗马士兵不是被杀死，就是沦为俘虏。至于格涅乌斯自己是生是死，却未有确切资料可考。盖乌斯·马奇路斯是格涅乌斯派的杰出军官，他仅率一小队人马安全抵达埃布罗河彼岸。使节提图斯·方泰也带领普布利乌斯军团中留守营地的部队安全抵达此处，甚至大多数分散在西班牙南部的罗马戍兵也逃到这里。如今腓尼基人统治着埃布罗河南岸的整个西班牙，无人反抗。渡过埃布罗河、打通比利牛斯山脉及恢复与意大利的交通的时日似乎也并不遥远。但是罗马军营正处于危急关头，急需合适的人选主持大局。士兵们不推选资历较老且不无能力的军官，而召唤盖乌斯·马奇路斯任军队领袖，他的英明领导，以及三位迦太基将领之间的嫉妒不和（可能具有同样的效果），使得他们所获重大胜利的成果大打折扣。那些已经渡过埃布罗河的迦太基人都被逐回，同时，罗马人据守埃布罗河一线，直至罗马赢得时间派遣一支新军队和一位新将军前来支援。幸运的是，卡普亚陷落，意大利的战事出现转机，这使得此事能够实现。行政官盖乌斯·克劳狄乌斯·尼禄率一支一万两千人的强大军团到来，恢复了双方兵力的平衡。次年（罗马纪元544年即公元前210年），罗马人远征安达卢西亚，大获全胜；哈斯德鲁巴·巴卡被团团围住，只是依靠卑劣的计策和公然叛变才得以免于立约投降。然而，尼禄不是进行西班牙战争的适当人选。他不乏能力，但为人严厉、暴躁易怒，因而不得人心；他不善于重修旧好或是建立新交；西庇阿兄弟死后，迦太基人一概用不讲情理、骄恣傲慢的态度对待远西班牙的人，不论敌友，已然激怒了所有人，可他也不会加以利用。

普布利乌斯·西庇阿

元老院对西班牙战事的重要性和特性具有正确的判断，又从被罗马舰队收为俘虏的乌提卡人那里得知迦太基人正极力派遣哈斯德鲁巴和马西尼萨率一支人数众多的军队翻越比利牛斯山脉，于是决定派新援军和一位非凡的高级将军到西班牙，至于对这位将军的任命权，他们认为应该交给人民。据说长久以来，没有人愿意接下这个复杂艰险的职务，但是到了最后，一位二十七岁的年轻军官普布利乌斯·西庇阿（战死于西班牙的同名将军之子）自告奋勇前来竞选这一职位，他曾任军团司令官和民选行政官。令人难以置信的是，元老院在其所召开的人民大会中竟将如此重要的选举交托于偶发事件。同样不可思议的是，罗马的雄心壮志与爱国热情竟然就这样消失殆尽，以至于没有一位可靠的老将挺身而出担任这一重要职位。反之，这位年少多才又经验丰富的军官曾在提希纳斯河与坎尼的两次激战中立下赫赫战功，可他的官阶仍不足以让他自告奋勇参与竞选，继任地方官和执政官。如果元老院把目光投向他，那么采用这个方法便很顺理成章，这样的话，尽管他的资格不够，但是人民出于善良的本性也只好承认这唯一的候选人。毫无疑问，远征西班牙十分不得民心，采用这个办法也使得民众不得不支持这位年轻将领以及这项征战计划。这候选资格表面上未经筹谋，如果其效果实为精心策划，那它便是非常成功的。九年前，普布利乌斯·西庇阿曾在提希纳斯河战役中救下他父亲的性命，现在他要去报这杀父之仇；这位年轻的长发美男，谦逊腼腆地请命说如果没有更合适的人选，他愿就任这一危险的职位；数百人投票表决，立即将区区一个军团司令官升到最高行政官之列——凡此种种给罗马公民和农人留下了奇妙而不可磨灭的印象。事实上，普布利乌斯·西庇阿是一个热情而又能激发他人热情的人。少数人凭借自身能力以及钢铁一般的斗志强迫世界接纳并移入新路径，长达数百年之久，或是至少将命运牢牢掌握在手中，一去数年，直至命运的车轮从身上碾过，但普布利乌斯·西庇阿不是这样的人。他谨遵元老院的指示打胜仗、收国土；借助于所得的军事荣誉，他也以政治家的身份在罗马取得了一个重要地位；然而，这样一个人与亚历山大或恺撒还是相去甚远。作为军官，他对国家所作的贡献至少不多于马库斯·马塞卢斯；作为政治家，他虽然可能没有完全意识到其政策的损公利己，但他的军事才能对于国家而言至少是利弊均等。然而，一种特殊的魔力萦绕在这位优雅的英雄周围，西庇阿总是半轻信半机敏地活跃在安静自信、富有灵感的氛围中，这种氛围将他的形象笼罩着，犹如一团炫目的光圈。他的热情足以感化别人的内心，他的筹谋足以令凡事都听从智慧的安排，同时又不会将那些世俗之人置之度外；他既不会天真到跟民众一样相信他受神灵的启示，也不会坦率到对其置之不理，但他却暗自深信他是受神特殊眷顾的人——简言之，就是真正具有先知性的人；他超脱于人民之上，又远在人民之外；他信守承诺，大有王者之风；他认为若是采用普通的王者称号，便是自贬身价，但他不明白共和政体的宪法应怎样拘束他；他对自己的伟大深为自信，以至于他不知道何为嫉妒，何为怨恨，他谦恭有礼地承认他人的功绩，慈悲地原谅他人的过失；他是一位杰出的军官，也是一位优雅的外交家，但他身上却没有这两种职业中让人生厌的特质；他把希腊文化和罗马人最为丰富的民族感结合在一起，谈吐中满是才气，举止间尽显优雅——不论是士兵还是妇女，是一国同胞还是西班牙人，是元老院中的对手还是更为伟大的迦太基敌人，无不对普布利乌斯·西庇阿心悦诚服。他的名字不久便广为人知，似乎他就是那个注定为国家带来胜利与和平的明星。

西庇阿前往西班牙　攻取新迦太基

普布利乌斯·西庇阿于罗马纪元544年至545年即公元前210年至前209年前往西班牙，随行的有代理行政官马库斯·西拉努斯，他将继任尼禄的职位，当这位年轻主帅的助手和谋士；另外还有他的知己盖乌斯·莱利乌斯任海军将官，并配备有一支异常强大的军团和一个充盈的金库。他一来到战地，便立即进行了一场史上最大胆最幸运的突击行动。迦太基有三位将军，其中哈斯德鲁巴·巴卡驻守在塔古斯河源头，吉斯戈之子哈斯德鲁巴驻守在塔古斯河河口，马戈则驻守在赫拉克勒斯之柱；他们之中距腓尼基首都新迦太基最近的也有十天的行程。突然，罗马纪元545年即公元前209年春，在敌军开始行动之前，西庇阿率全部近三万陆军和舰队前往新迦太基，从埃布罗河口出发沿海岸线行进，几日之内便可到达此城。他通过海陆联合攻击，突袭腓尼基首都不足一千人的卫戍部队。新迦太基位于延伸至海港的舌形陆地，三面同时受罗马舰队的威胁，第四面则受罗马军团威胁，而所有救援都相距甚远。不过，指挥官马戈毅然自卫，武装公民，因为他手下的士兵不足以供守城之用。他试图突围出击，却被罗马人轻易击退。罗马人也不把时间用于展开正式的围攻，而是开始攻打向陆的一面。攻击者急切地沿着通往新迦太基城的狭窄陆地推进，新队伍不断接替疲惫的队伍，薄弱的守军完全筋疲力尽，但罗马人也未曾得利。西庇阿对此也没有任何期待，他发起攻击只是为了引守兵离开靠近海港的一面。他听说退潮时海港的一部分会变干涸，于是便想在那里进行第二次攻击。当向陆的一面激战正酣之时，西庇阿派遣一支小分队带上梯子走过浅滩，"那里有海神亲自为他们指路"，他们竟有幸发现一处未设防的地方。于是这座城市第一天便被攻下，随后马戈在大本营立约投降。与迦太基首都一起落入罗马人之手的还有十八艘解除武装的战船，六十三艘运输船，全部军需物品，大批谷物，六百塔兰特军用资金（合四万余镑），一万名俘虏（其中有十八位迦太基长老或法官），以及迦太基属下所有西班牙同盟的人质。西庇阿承诺，各城邦一与罗马结盟，他就让其人质回国；另外，他用新迦太基城的资源增强和改善部下军队的条件。他命新迦太基的两千名工匠替罗马军队工作，并承诺战事一结束就放他们自由；他还在剩下的民众之中挑选身强力壮的人做舰队的桨手。可是，此城的市民却被赦免，他们可以继续拥有自由和先前的地位。西庇阿了解腓尼基人，知道他们会言听计从；重要的是，要保全一座拥有东海岸唯一良港和丰富银矿的城市，光有一支卫戍部队还不够，还应利用其他方法来加以防护。

因此，这一大胆的冒险行动荣获成功——之所以说大胆，是因为西庇阿不知道哈斯德鲁巴已经接到政府要他向高卢进军的命令，并且正忙于将其付诸实践，还因为如果西庇阿的归期延迟，留守埃布罗河的薄弱队伍就不能认真抵制这个行动。但是在哈斯德鲁巴出现于埃布罗河之前，他又到了塔拉科。为了进行勇敢的一击，这位年轻的将军放弃了他主要的任务，其所做之事的危险性被海神和西庇阿一同取得的巨大成功掩盖起来。罗马国内对于这位了不起的年轻人曾有诸多期望，如今他奇迹般地攻下了腓尼基首都，充分证明了这一切期望都是有道理的，以至于没有人敢提出任何反对意见。于是西庇阿的统帅任期被无限延长。他自己决定不再仅限于努力防卫比利牛斯山脉的隘口。由于新迦太基陷落，不仅埃布罗河以北的西班牙人已全数投降，而且甚至是埃布罗河彼岸最强大的君主也已背弃迦太基而寻求罗马保护。

西庇阿前往安达卢西亚　哈斯德鲁巴攀越比利牛斯山脉

西庇阿利用罗马纪元 545 年至 546 年即公元前 209 年至前 208 年冬季的时间解散部下舰队，并以这样得来的人丁扩充他的陆军，如此一来，他便可同时守卫北方和在南方采取较以前更为积极的攻势。罗马纪元 546 年即公元前 208 年，他行军前往安达卢西亚。西庇阿与哈斯德鲁巴·巴卡在此相遇。哈斯德鲁巴·巴卡在执行他蓄谋已久的计划，正向北移动以支援他的兄长。双方在拜库拉交战，罗马人自称得胜，表示已擒获一万名俘虏，但实质上，哈斯德鲁巴·巴卡却得遂所愿，虽然这是以牺牲一部分军队为代价。他带着金库、战象和部下精兵，奋勇前进至西班牙的北部海岸。沿海岸而行，他又到达比利牛斯山脉西部似乎无人据守的隘口，在恶劣的季节到来之前，他到了高卢，在这里驻营过冬。很显然，西庇阿原本奉命坚持守势，如今却决定攻守并用，这既欠缺考虑，也非明智之举。这位得胜将军率领人数众多的军队，骄恣傲慢，交代给西班牙军队的直接任务，不仅是西庇阿的父亲和叔叔，而且甚至是盖乌斯·马奇路斯和盖乌斯·尼禄都曾以远不能及的兵力将其完成，可是他却还觉得不够。罗马纪元547年即公元前207年夏，汉尼拔合攻罗马人的计划最终得以实现，罗马陷入极其危急的境地，西庇阿要为此承担主要责任。然而，受神灵眷顾之人所犯的过错，自有神灵用月桂替他遮掩。所幸意大利的危机安然渡过，罗马人欣然接受拜库拉一战的可疑捷报，当新近的捷报又自西班牙传来时，他们便不再思及这样一种情况，即他们曾被迫在意大利与最具才干的将军和西班牙-腓尼基军的精锐部队抗衡。

西班牙被征服　马戈前往意大利　加的斯归罗马所有

哈斯德鲁巴·巴卡离开后，留守在西班牙的两位将军决定暂时退兵，吉斯戈之子哈斯德鲁巴退至卢西塔尼亚，马戈甚至退至巴利阿里，他们只留下马西尼萨的轻骑，仿照之前穆丁在西西里岛的成功之举，在西班牙发动一场杂乱无章的战争，一直到新援军从非洲赶来。于是，整个东海岸落入罗马人的掌控之中。次年（罗马纪元

547年即公元前207年），汉诺实际上率第三军从非洲赶来，随后马戈和哈斯德鲁巴回到安达卢西亚。但是马库斯·西拉努斯打败了马戈和汉诺的联合军队，并亲自擒获了汉诺。于是哈斯德鲁巴放弃驻守旷野的想法，将他的部队分散到安达卢西亚各城，西庇阿在本年内只能攻打其中一个城市，即奥林吉。腓尼基人似乎被彻底征服，可是次年（罗马纪元548年即公元前206年）他们又派出一支强大的军队到战场，有三十二头战象、四千名骑兵以及七万名步兵，确实，其中大部分都是仓促招募的西班牙民兵。双方又一次在巴库拉交战。罗马军队的人数不及敌军一半，其中大部分也是西班牙人。西庇阿跟处于同种境况中的惠灵顿一样，把部下的西班牙人安排在无法参战的地方——这是唯一能阻止他们分散的方法——而另一方面，他让部下的罗马队伍首先攻击西班牙人。尽管如此，双方斗争依旧激烈，但最终罗马人取胜，当然，腓尼基这种军队一战败便无异于彻底瓦解——哈斯德鲁巴和马戈逃至加的斯。现在罗马在半岛上所向披靡，少数决意不降的城市也被接连征服，其中有几个受到了重罚。西庇阿甚至能在非洲海岸拜访西法克斯，并与他和马西尼萨建立联系以准备远征非洲——这是一次莽撞的冒险行动，虽然有关它的报告可以大大满足国内首都公民的好奇心，但是没有任何相应的有利条件证明这次远征的正当性。现在，只有马戈控制的加的斯仍属于腓尼基人。西班牙人处处抱有这样一种期望，即腓尼基人的统治结束以后，他们也能摆脱罗马客民，重获原有的自由，但罗马人继承了迦太基人的遗产，令他们大失所望。此后，西班牙一时似乎将全面爆发反罗马人的叛乱，罗马昔日的盟友将率先发难。罗马将军患病，部下一支兵团又因军队多年欠饷而发动兵变，这些都对西班牙的叛乱有好处。然而，西庇阿康复得比预期更快，他巧妙地镇压住这些士兵的哗变，于是在全国叛乱发展壮大之前，那些带头起事的城邦即刻被剿灭。鉴于这次行动毫无结果，又不能常驻

173

加的斯，迦太基政府命马戈将一切船只、军队和金钱都聚集起来，如果可能，就用这些东西再度扭转意大利的战局。西庇阿无法阻止此事——他拆除舰队的武装，如今自食恶果——他受命保家卫国，如今却再度被迫将抵御新一轮武装入侵的防务交与他的神灵。哈米尔卡最小的儿子离开半岛，未遇阻拦。他离开以后，腓尼基人于西班牙最早和最后所得的领土——加的斯在优渥的条件下向新主人投降。经过十三年的斗争，西班牙从迦太基所属领土变为罗马领土，这里与罗马人之间的冲突不断，达数百年之久，叛乱屡遭镇压，但从不消亡。然而，当时这里却并没有敌人与罗马作对。西庇阿趁着最初的表面和平辞去统帅之职（罗马纪元548年即公元前206年末），并亲自在罗马汇报他所取得的胜利以及他所赢得的领土。

意大利战争　各军队所处位置

于是，马塞卢斯结束了西西里的战事，普布利乌斯·苏尔皮西乌斯结束了希腊的战事，而西庇阿结束了西班牙的战事。与此同时，声势浩大的战争正以不可抵挡之势席卷意大利半岛。坎尼战役已在这里结束，其胜败得失逐渐明朗，罗马纪元540年即公元前214年（即开战第五年）年初，彼此对抗的罗马人和腓尼基人布阵如下：汉尼拔离去后，北意大利再度为罗马人所占，有三个军团予以保护，其中两个军团驻守在凯尔特人境内，第三个军团则作为预备队留在皮凯努姆。下意大利至加尔干诺山和沃尔图耳努斯，除堡垒和大多数港口以外，都掌握在汉尼拔手中。他率主力军驻扎在阿尔皮，同时提比略·格拉古率四个军团与他在阿普利亚对垒，依靠卢塞利亚和贝内文托的要塞。布鲁提亚境内的居民已完全归附汉尼拔，甚至境内的港口——除利基翁受来自梅萨那的罗马人保护以外——均被腓尼基人占领，汉诺率领的迦太基第二军队驻扎在这里，在此期间，并未看到有敌军当前。罗马主力军四个兵团受两位执政官昆图斯·法比乌斯和马库斯·马塞卢斯统率，正企图克复卡普亚。此外，罗马还有留在首都的两个后备军团，驻守在所有海港的卫戍部队——因为担心马其顿人在他林敦和布伦迪西登陆，所以有一个军团在这两地支援——最后还有无可争议地掌握海洋控制权的强大舰队。如果我们再加上西西里岛、撒丁岛和西班牙的罗马军队，甚至不包括当地殖民者在下意大利堡垒准备的卫戍部队，罗马全部兵力大概不下二十万人，其中三分之一是本年应征入伍的新兵，约二分之一是罗马公民。我们可以假定，所有从十七岁到四十六岁能服兵役的男子都在备战，凡是在战争允许耕田的地方，田地都由奴隶、老人和妇孺耕种。我们可以想象，在这种情况下，财政肯定极度窘困；土地税是政府的主要财源，如今这种收入却极不稳定。然而，尽管在人力和资金方面都有困难，罗马人——固然迟缓并倾尽全力——却仍能坚定地收回他们曾骤然失去的东西；他们的军队年年增加，腓尼基人的军队却年年减少；汉尼拔的意大利同盟坎帕尼亚人、阿普利亚人、萨莫奈人和布鲁提亚人既不能像下意大利的罗马堡垒一样足以自保，也不能靠汉尼拔薄弱的军队给予他们充分的保护，罗马人对他们的势力却在逐年发展壮大；最后，罗马人通过马库斯·马塞卢斯创立的作战方略来发展军官的才能，充分发挥罗马步兵的优越性。毋庸置疑，汉尼拔仍然可以期望得到胜利，但却不再期望能得到特拉西美涅湖和奥菲杜斯河上的那种胜利，公民将军的时代已经成为过去。他别无他法，只得等腓力实行其许诺已久的攻击计划，或者等他自己的兄弟从西班牙赶来与他会合，同时他要让他本人、他的军队和他的客民尽可能不受伤害，保持愉悦的心情。汉尼拔过去固守攻势，他的勇猛大胆几乎无人能敌，如今他却开始倔强地实行守势，我们几乎认不出这是同一位将军所做的事。一个人竟然能完成两种截然相反的任务，而且完成得同样圆满，这无论从心理学角度还是从军事角度来看，都是不可思议的。

意大利南部的战争

最初，战事主要转向坎帕尼亚。汉尼拔及时赶来保卫此地的首都，使其免遭围困。可是坎帕尼亚的城市为罗马人占领，他却无法从强大的罗马卫戍部队手中把它们夺过来；他也无法阻止——除了许多不那么重要的城市以外——保护他渡过沃尔图耳努斯河的卡西利努姆在经过顽强防守后被两位执政官的军队攻占。汉尼拔意欲夺取他林敦，是专门为了得到一个供马其顿军队登陆的安全地点，最后也没有成功。同时，汉诺所率布鲁提亚的迦太基军队多次与阿普利亚的罗马军队在卢卡尼亚交锋。提比略·格拉古最终得胜，在距贝内文托不远的地方打完胜仗之后，因被迫服役的奴隶军团在此役中战功卓著，他以人民的名义赐予部下奴隶兵自由和公民权。

罗马人夺取阿尔皮

次年（罗马纪元541年即公元前213年），罗马士兵偷偷潜入富庶且重要的阿尔皮，在此之后，阿尔皮公民与他们合攻迦太基守军，因而罗马人收复了这座城市。一般来说，汉尼拔结成的盟约关系正趋松散，许多显要的卡普亚人和布鲁提亚的几座城市都归顺罗马，甚至腓尼基军队的一支西班牙队伍在从西班牙密使那里得知家乡的情况后，也由迦太基军转投到罗马军的怀抱。

汉尼拔夺取他林敦

对罗马人而言，罗马纪元542年即公元前212年是比较不顺的一年，因为罗马人犯了新的政治和军事错误，汉尼拔则不失时机地乘虚而入。汉尼拔与大希腊所保持的联系并没有产生重大的结果，只有一件事例外，即他林敦和图里伊的人质被拘留在罗马，受汉尼拔部下密使的唆使，企图冒昧出逃，最后很快又为罗马哨兵所擒。但是对于汉尼拔来说，罗马人所表现出的那种浅薄的报复精神比他的阴谋诡计更为有用，所有企图逃跑的人均被处以死刑，这就使罗马人失去了有价值的抵押品，从那以后，愤怒的希腊人便在考虑如何对汉尼拔敞开大门。由于汉尼拔和公民之间互相理解，加上罗马指挥官疏于防范，他林敦竟然为迦太基人所占，罗马卫戍部队艰难地自保于要塞之地。赫拉克利亚、图里伊和梅塔彭图姆纷纷效仿他林敦，罗马戍兵必须撤离梅塔彭图姆以拯救他林敦的卫城。这些胜利大大增加了马其顿登陆的风险，以至于先前几乎完全不注意希腊战事的罗马也被迫对其重新关注，并重作努力。幸运的是，叙拉古首都沦陷，西班牙战局有利，因而它有这样做的可能。

卡普亚战争

在主要战场——坎帕尼亚，战争所产生的成果各异。驻守在卡普亚附近的罗马军团至今并未正式包围这座城市，但却大大阻碍了土地耕种和收割，以至于人口密集的城市急需外来供应。于是，汉尼拔收集大量粮食，让坎帕尼亚人在贝内文托领取，可是他们迟迟未到，罗马执政官昆图斯·弗拉库斯和阿皮乌斯·克劳狄乌斯趁机赶来，给了守护粮饷的汉诺一记重击，并夺走他的军营和所有军用储备。然后两位执政官包围了卡普亚,提比略·格拉古则驻守在阿庇亚古道以阻止汉尼拔前来支援。然而,由于卢卡尼亚叛变,这位英勇的军官中计而亡。他的死亡无异于彻底战败,因为他的军队里大多数都是他所解放的奴隶,他们敬爱的领袖一死,这些奴隶便都四散而逃。因此汉尼拔发现通往卡普亚的道路通行无阻,他们出其不意地来到此地,迫使两位罗马执政官解除刚刚才开始进行的封锁。汉诺和巴斯卡尔率腓尼基骑兵驻守在卡普亚,汉尼拔抵达之前,他们已和同样精良的坎帕尼亚骑兵一起彻底击败了罗马骑兵。盖乌斯·森特尼乌斯原是一名下级军官,却被随意擢升为将军,他所带领的常规军和自由队在卢卡尼亚全军覆没,而疏忽骄恣的执政官格涅乌斯·富尔维乌斯·弗拉库斯也同样大败于阿普利亚,结束了本年度一长串的灾祸。但是罗马人的坚定不移又再一次抵消了汉尼拔火速赢得的胜利,至少在最关键的一点上是如此。汉尼拔一转身从卡普亚前往阿普利亚,罗马军队便再次聚集在这座城市周围,一军由阿皮乌斯·克劳狄乌斯率领,驻于部丢利和沃尔图诺堡;另一军由昆图斯·富尔维乌斯率领,驻于卡西利努姆;第三军由执政官盖乌斯·克劳狄乌斯·尼禄率领,驻于诺朗路。这三座军营墙高池深,靠防御路线互相联络,阻断所有通往卡普亚的道路,如果援军不到,仅用围困之法便能迫使这座给养不足的大城在不久后投降。当罗马纪元542年至543年即公元前212年至前211年的冬季告终之时,城内粮食几乎耗尽,急不可待的使者只能偷偷穿过戒备森严的罗马封锁线,请正在他林敦忙于攻城的汉尼拔火速支援。于是汉尼拔带上三十三头战象和最精锐的部队,从他林敦出发,急赴坎帕尼亚,俘获卡亚佐的罗马哨兵,在卡普亚附近的替法达山扎营,他们深信罗马将军会像去年一样解除围困。但是罗马人已有时间将军营和战线修建成要塞,他们岿然不动,当坎帕尼亚骑兵和努米底亚骑兵分别从两面冲击他们的战线时,他们从壁垒之上冷眼旁观。汉尼拔不能发起正式攻击,他可以预见到,在这片曾受过大规模劫掠的地区,即便在其他罗马军队到来之前,他没有因粮食短缺而被迫离开,他的进军也会很快吸引其他罗马军队随他而来,前往坎帕尼亚。在这方面,他也无能为力。

汉尼拔进军罗马

汉尼拔又尝试另一项策略——他创造性天才的最后一项策略,以拯救这座重要的城市。在把他的用意告知坎帕尼亚人、力劝他们坚守阵地之后,他率援军从卡普亚出发,取道前往罗马。以他在初期的意大利战争中曾表现出的机敏勇敢,他带领一支薄弱的军队穿梭于敌军和敌垒之间,率兵穿过萨莫奈,沿瓦莱里安路,经过台伯河,直抵阿诺河上的桥梁。他通过这座桥,在河对岸扎营,距离罗马城五英里远。罗马人的孙辈听到"汉尼拔在门前"仍不寒而栗,但却没有真正的危险。罗马城附近的乡间田舍惨遭敌人蹂躏,城内的两个军团奋起抵抗,阻止敌军围城。此外,汉尼拔从未想过如不久之后西庇阿对新迦太基所做的那样突袭罗马,更不想认真地围攻罗马,他只希望在首次告急之时,部分卡普亚围军能开赴罗马,从而给他一个打破封锁的机会。于是,短暂停留过后,他便启程离去。罗马人在他撤退时,看见有神灵以非凡的力量居间调停,当罗马军团确实无法逼退恶人时,神灵用先兆和幻象迫使他离开。在汉尼拔距罗马最近的地方,在卡佩尼门前阿庇亚古道的第二块里程碑旁,罗马人带着感激之心为"退敌护国"神建起一座祭坛。事实上,汉尼拔退兵是因为这是他计划的一部分,他朝卡普亚行进。然而,罗马将军并未犯他们的敌人所预期的错误,罗马各军团仍然守在卡普亚的战线处,岿然不动,汉尼拔进军罗马的消息传来,只有一支弱小的队伍被派遣出去。执政官普布利乌斯·加尔巴鲁莽地自罗马追随汉尼拔而来，迄今为止汉尼拔从不避免与他交战，如今，汉尼拔得知罗马围军不动，便突然转攻普布利乌斯·加尔巴，将他击败，以风暴之势攻取他的营地。

卡普亚投降

但是这不足以抵偿卡普亚如今不可避免的陷落。卡普亚公民，尤其是上流阶级，早已忧心忡忡地预料即将要发生的事。元老院和卡普亚政府几乎全由反罗马的民党领袖掌权，现在无论高低贵贱，无论坎帕尼亚人还是腓尼基人，都陷于绝望之中。二十八位元老自愿赴死，其他人则把这座城市交由怒气难平的敌人处置。当然，残忍的报复必定随之而来，唯一的争论点只在于这个过程是长是短：哪种做法较为明智恰当，是到卡普亚以外的区域对叛逆谋反的细节查根究底，还是迅速了结此事？阿皮乌斯·克劳狄乌斯和罗马元老院希望采取前一种做法；后一种做法可能比较人道，因而占据上风。代理执政官昆图斯·弗拉库斯下令，卡普亚的五十三名文武官吏在加勒和台农的集市当着他的面受鞭笞斩首之刑，其余元老被捕入狱，众多公民被卖作奴隶，富裕之人的财产被没收充公。阿泰拉和卡亚佐也受到同样的惩罚。这些惩罚着实残酷，但是，鉴于卡普亚的叛变对罗马影响很大，再加上当时的战争方法虽不正当却属平常，这些惩罚也就在意料之中了。而且，卡普亚公民一变节就将所有当时在卡普亚的罗马公民置于死地，这不是自己在给自己宣判量刑吗？不过，意大利这两个最大城市早已在暗中相互较量，罗马人不应当趁此机会满足其好胜心，而且从政治视角来看，他们也不应当通过废除这座坎帕尼亚城市的宪法来趁机歼灭他们所嫉恨的对手。

罗马人的优势　他林敦投降

卡普亚的陷落产生了巨大的影响，又因它不是由突袭所致，而是对汉尼拔竭尽全力围攻两年的结果，所以影响更大。这足以证明罗马人已恢复在意大利的主权，一如数年前卡普亚向汉尼拔投诚，也足以证明罗马人失去了在意大利的势力。汉尼拔试图通过夺取利基翁或他林敦的要塞以抵消这个消息对其盟友的影响，但终是徒劳。他率兵急进，突袭利基翁，竟毫无结果。他林敦和迦太基联合舰队封锁海港以后，他林敦要塞大受饥荒之苦，但是因为罗马人能够率领更为强大的舰队切断那支舰队的给养，汉尼拔所控制的地域又不足以供应部下军队的粮饷，所以靠近海洋一面的攻城军所遭受的痛苦并不亚于被困在要塞之内的罗马人，最终他们离开了海港。汉尼拔现在一事无成，幸运之神似乎已离迦太基人而去。一直以来汉尼拔在意大利同盟中所享受的尊重和信任现在深受冲击，各个城邦只要受害不至太深，便都努力以尚可接受的条件重新加入罗马同盟；比起直接损失，卡普亚陷落的后果对汉尼拔的影响更加强烈。他必须在两种方法中择取其一，要么派卫戍部队到风雨飘摇的城市，这样一来，他部下已经过于薄弱的军队会更加薄弱，并且会让他可靠的部队面临溃散覆灭或是被人出卖的危险——罗马纪元544年即公元前210年，萨拉皮亚城叛变，五百名精锐的努米底亚骑兵就这样被人处死；要么焚毁那些不可依靠的城市以免其落入敌人之手——这种方法不能提升意大利客民的士气。卡普亚一陷落，罗马人感觉自己对意大利战争的最后结果又有了信心。因西庇阿兄弟阵亡，罗马军队的生存受到威胁，他们派遣大批援军到西班牙。自开战以来，尽管征兵的难度一年比一年大，总额却逐年增加，最终达二十三个军团之多，至此，他们首次冒险裁减军队。所以，次年（罗马纪元544年即公元前210年），马库斯·马塞卢斯虽在西西里战争结束之后再任主力军统帅之职，罗马人进行意大利战争却较以前疲软。他投身于攻打内地堡垒的事务中，并与迦太基人进行了胜负难分的交锋。争夺他林敦卫城的战争也仍然没有决定性的结果。在阿普利亚，汉尼拔成功于赫尔多奈击败代理执政官格涅乌斯·富尔维乌斯·森图马鲁斯。次年（罗马纪元545年即公元前209年），罗马人采取措施收复曾归顺汉尼拔的第二大城市——他林敦。马库斯·马塞卢斯继续以他惯常的顽强和精力亲自对抗汉尼拔，在为期两天的战斗中，第一天战败，第二天得胜，但代价颇大，伤亡惨重。执政官昆图斯·弗拉库斯诱使已经人心浮动的卢卡尼亚人和赫尔尼基人变节，献出他们的腓尼基戍兵。罗马人自利基翁闪电出击，布鲁提亚人被逼至困境，汉尼拔不得不火速赶来支援。这时，老将昆图斯·法比乌斯第五次担任执政官之职，并接下收复他林敦的任务，他固守在邻近的梅萨皮亚境内，他林敦的一部分布鲁提亚守兵叛变，向他交出此城。这些愤怒的胜利者犯下恐怖的暴行，他们将所有守兵和他们能找到的公民全都赶尽杀绝，还打家劫舍。据说，他林敦人被卖作奴隶的有三万人，送往国库的款项有三千塔兰特（合七十三万英镑）。这是八十岁的老将所立下的最后一功。汉尼拔赶来支援此城时，一切都已结束，于是他退至梅塔彭图姆。

汉尼拔被击退　马塞卢斯之死

汉尼拔就这样失去了他最重要的领土，并逐渐发现自己被困于半岛的西南端。在此之后，马库斯·马塞卢斯被选为次年（罗马纪元546年即公元前208年）的执政官，他希望与能力卓越的同僚提图斯·昆图斯·克里斯皮努斯合作，能以一场决定性进攻结束这场战争。这位六十岁的老迈士兵对自己的年纪不以为意，终日萦绕在他心间的只有一个念头，那就是击败汉尼拔，解放意大利。可是命运却将胜利的花环留给较为年轻之人。两位执政官在维努西亚地区忙于一项无足轻重的侦察工作时，突然遭遇一支非洲骑兵队袭击。马塞卢斯坚持这场兵力悬殊的战斗——与他四十年前和哈米尔卡的战争以及十四年前在克拉斯提迪乌姆的战争无异——直至身死落马。克里斯皮努斯得以逃脱，但却在此战中受伤，最终伤重而亡（罗马纪元546年即公元前208年）。

战争压力

现在是战事的第十一年。数年前曾威胁国家生存的危险似乎已经消失不见，但是战事无休无止，罗马人感受到更加沉重的负担，这种负担一年更胜一年。国家财政损失不可估量。坎尼战争（罗马纪元538年即公元前216年）后，罗马成立了一个专门的财政委员会，该委员会由位高权重者组成，以在艰难时期形成一个审慎监督政府财政的长久机关。这个机关可能已经竭尽所能，无奈世事如此，一切明智的财政努力都无济于事。开战伊始，罗马人降低银币和铜币的价值，使银币的法定价值提升三分之一，并发行一种价值远超金属价值的金币。不久，这一措施便被证实并不完善，他们不得不从承包人那里赊取补给，纵容承包人的行径，因为他们需要这些承包人，一直到后来营私舞弊之风盛行，已到了不可原谅的地步，营造官这才终于在人民面前弹劾几个罪魁祸首，以示惩戒。人们经常呼吁富人的爱国心，而且并非徒劳，事实上他们才是受害最深的人。高级士兵、下级军官以及整个骑士阶层或出于自愿，或为团体精神所迫，都拒绝接受酬劳。国家将奴隶武装起来，并于贝内文托[5]战役后将他们解放，财政委员会要付奴隶主报酬，奴隶主回复说他们允许付款延期至战争结束（罗马纪元540年即公元前214年）。当国库再也没有资金举行国庆和修缮公共建筑时，一直以来包办这些事宜的公司声明他们准备暂时不收酬劳，继续服务（罗马纪元540年即公元前214年）。正如第一次布匿战争时的情形，富人甚至自愿集资装备一支舰队（罗马纪元544年即公元前210年）。他们花费未成年人的资金，终于，在攻取他林敦的那一年，他们动用了最后一笔久留备用的款项（合十六万四千英镑）。尽管如此，国家还是无力偿付最必要的开支，军饷积欠许久，已到了十分危险的地步，尤其是在较为偏远的地区。然而，国家的窘困还不是物质灾荒最为恶劣的部分。田地处处荒芜，甚至是未受战争摧残的地方，都缺乏锄草割麦的人力。一蒲式耳半谷物的价格增至十五便士，至少是首都均价的三倍。如果埃及的给养不到，最重要的是，如果西西里的农业复兴不曾阻止灾荒继续恶化，那么很多人都将因彻底缺粮而死。这种情势必会毁坏农场，使小农户遭受损失，吞噬掉辛苦劳动所得的积蓄，把欣欣向荣的村庄变为乞丐和强盗的巢穴，我们从留有详细记载的类似战事中可以看出其影响。

同盟国

比物质灾荒更糟糕的是，同盟国对罗马战争越来越厌恶，因为这战争消耗了他们的生命财产。确实，至于非拉丁城邦，这并不那么重要。从战争本身来看，只要拉丁民族站在罗马一边，他们便无能为力；他们的厌恶是多是少无关紧要。然而，现在拉丁姆也开始动摇。大部分在伊特鲁里亚、拉丁姆、马尔西人领地和坎帕尼亚北部的拉丁城邦——在意大利受战事直接损害最小的区域——于罗马纪元545年即公元前209年向罗马元老院宣布，自此以后，他们既不派兵，也不献贡，战争原本对他们有利，现在他们要让罗马人自己支付战争费用。罗马大为恐慌，但他们暂时没有办法强迫这种难以驾驭的城邦。所幸不是所有拉丁城邦都这样做。相反，在高卢人领地、皮凯努姆和南意大利的殖民地均以强大而爱国的弗雷吉莱为首领，他们宣称会更紧密更忠诚地依附于罗马。其实，他们很明显可以看到，如果可能，比起首都的存亡，他们的生死与当前的战争更加攸关，这不仅仅是为罗马而战，更是为拉丁人在意大利的霸权而战，实际上，是为意大利民族的独立而战。当然，局部的变节本身并不是叛国，而只是目光短浅和精疲力竭的结果。毫无疑问，这些相同的城市必将惊恐地拒绝与腓尼基人结盟。但是，罗马人和拉丁人之间仍有分歧，这对这些地方的属国人有不利影响。一场危险的动乱即刻在亚雷提恩爆发。伊特鲁里亚人策划了一场有利于汉尼拔的阴谋，被人发现，情势危急，罗马军队奉命前往此地。军队和警察轻松镇压了这场运动，但这是一个重要的信号，即一旦拉丁要塞不能再令人心生畏惧，那些地方便会有事发生。

哈斯德鲁巴·巴卡逼近

情势窘困危急之时，消息传来，说哈斯德鲁巴·巴卡已于罗马纪元 546 年即公元前 208 年秋翻越了比利牛斯山脉，罗马人必须准备次年与哈米尔卡的两个儿子在意大利作战。汉尼拔多年来历经千辛万苦，固守其地，百折不挠，并非是徒劳；国内的反对党和目光短浅的腓力都拒绝给他援助，最终，他的弟弟哈斯德鲁巴·巴卡带上增援，正在赶来的路上。他的弟弟与他自己一样，大有父亲哈米尔卡的风范。已经有八千名利古里亚人因收受腓尼基的金钱而入伍，准备与哈斯德鲁巴·巴卡会师；如果他赢得第一场战役的胜利，那么他可能会希望能像他的兄长一样,让高卢人或许还有伊特鲁里亚人起兵对抗罗马。再者,意大利已不再是十一年前的意大利,国家和人民都筋疲力尽,拉丁同盟摇摇欲坠,他们最优秀的将军刚战死沙场,汉尼拔也还未被征服。事实上,西庇阿已犯下不可饶恕的过错,如果他的天赋能使这种过错所产生的后果不危及西庇阿自己以及他的国家,那他便可称颂这种天赋。

新式武装 行进中的哈斯德鲁巴·巴卡和汉尼拔

一如极端危险之时,罗马又派出了二十三个军团。义勇军被征召入伍,那些法律上免服兵役的人也被包括在征募之列。尽管如此,他们仍措手不及。哈斯德鲁巴·巴卡在阿尔卑斯山靠意大利一侧(罗马纪元547年即公元前207年),远比其敌友所料更早。高卢人现在已经习惯了军队过境,他们欣然受贿开放他们的隘口,并提供军队所需。如果罗马人有意据守阿尔卑斯山隘的出口,那他们又太迟了。他们听说哈斯德鲁巴·巴卡在波河上,他正在号召高卢人起兵,跟他兄长往日一样大获成功,普拉森提亚被围。执政官马库斯·李维乌斯全速赶往北部军中,他的出现刻不容缓。伊特鲁里亚和翁布里亚陷入阴郁的骚动之中,这两地的义勇军赶来支援腓尼基军队。他的同僚盖乌斯·尼禄号召执政官盖乌斯·霍斯提利乌斯·图布鲁斯从维努西亚赶来与他会合,并率领一支四万人的军队迅速拦截汉尼拔北进。汉尼拔将所有兵力集合于布鲁提亚境内,沿着自利基翁至阿普利亚的大道前进,在格鲁门顿与执政官马库斯·李维乌斯相遇。两军激战,互不相让,尼禄自称得胜,不过,汉尼拔虽有损失,却无论如何都能用他惯用的巧妙侧进之法避开敌人,畅通无阻地抵达阿普利亚。他在此地停下,先扎营于维努西亚,后扎营于卡努西乌姆；尼禄紧随其后，在两地均与他对垒。汉尼拔自愿停下，而并非罗马军队阻其前进，这一点似乎毋庸置疑；他之所以恰好据守此地而不继续北进，肯定是由他自己和哈斯德鲁巴·巴卡之间协商的安排或者对哈斯德鲁巴·巴卡的行军路线所作的揣测决定的，而我们对此一无所知。在两军这样按兵不动、彼此对垒之时，汉尼拔军营急切盼望着哈斯德鲁巴·巴卡发来的文书，但此文书却在半路被尼禄的前哨兵截获。文书中说哈斯德鲁巴·巴卡打算取弗拉米尼亚大道，换句话说，就是先沿海岸前行然后在法诺转越亚平宁山脉，朝纳尼亚进发，他希望与汉尼拔在此地会合。尼禄即刻命都城内的后备军开赴纳尼亚——腓尼基两军交会之地，同时原本驻守在卡普亚的队伍去往都城，而且都城内又组建了一支新的后备军。尼禄确信汉尼拔不知道弟弟哈斯德鲁巴·巴卡的意图，必将继续在阿普利亚等他，于是决定进行一个大胆的尝试，即率领一小支七千人的精锐部队向北急进，如果可能的话，与其同僚一起逼哈斯德鲁巴·巴卡应战。他之所以能够这样做，是因为他留在后面的罗马军队仍然足够强大，如果汉尼拔来袭，这支军队能够固守其地、与之对抗，如果他离开，这支军队也能随行，并与他同时到达决战场地。

塞纳战役　哈斯德鲁巴·巴卡之死

尼禄在塞纳加利卡找到正在等候敌人的同僚马库斯·李维乌斯。这两位执政官见哈斯德鲁巴·巴卡正忙于渡梅陶鲁斯河，立即对他发起进攻。哈斯德鲁巴·巴卡想要避战，从侧翼躲过罗马人，但他的向导置他于不顾，他在陌生的地方迷了路，最后在行军过程中受到罗马骑兵的攻击，无法前行，直到罗马步兵赶到，一场战争无可避免。哈斯德鲁巴·巴卡将西班牙人置于右翼，十头战象在前，高卢人则在左翼，留在后面。右翼的战局早已风雨飘摇，执政官李维乌斯指挥右翼，遭遇猛烈攻击，后来尼禄再次将战略行动应用于战术，使得对面按兵不动的敌人坚守阵地，又带领自己的军队攻击西班牙人侧翼。这便决定了战局。全军浴血奋战，最终大获全胜；敌军毫无退路，便被一举歼灭，营垒也惨遭攻陷。哈斯德鲁巴·巴卡眼见大势已去，便如他的父亲一样寻求一个光荣的战士之死。无论是做军官还是做人，他都不愧为汉尼拔之弟。

汉尼拔退至布鲁提亚

战后一天，尼禄出发，在刚离开十四天之后，又与汉尼拔在阿普利亚对垒，汉尼拔没有接到消息，也不做行动。罗马执政官带来消息，那是哈斯德鲁巴·巴卡的头颅，罗马将领命人将其丢入敌人的前哨基地。他伟大的敌人不屑与死人作战，对保卢斯、格拉古和马塞卢斯都予以厚葬，如今却得到这样的回报。汉尼拔明白他的希望已成泡影，一切都完了。他放弃阿普利亚、卢卡尼亚甚至梅塔彭图姆，带领手下部队退至布鲁提亚，这里的港口是他从意大利撤退的唯一出路。由于罗马众将军积极作战，再加上他们得幸运之神眷顾，罗马免于危难。这场浩劫足以证明汉尼拔在意大利的顽强坚守、不屈不挠，而且与坎尼之战相比也毫不逊色。罗马陷入无尽的欢腾之中，人们如在和平年代一般重操旧业，每个人都认为战乱已经过去。

意大利的战事停滞不前

不过罗马人却并不急于结束战争。政府和人民无论在精神上还是物质上都过度紧绷，难免筋疲力尽。人们欣然沉湎于安宁之中，不思进取。

陆军和舰队都被精简；罗马人和拉丁农民都回到他们荒无人烟的家园；坎帕尼亚的一部分领地被变卖，国库因而充盈起来。国家行政事务经过重新整顿，盛行一时的纷乱局面得到了控制。政府开始偿还公民在战时自愿提供的贷款，而欠债不还的拉丁城邦则不得不履行他们未尽的义务，缴纳重息。

意大利的战事毫无进展。此后四年，汉尼拔仍能固守布鲁提亚，尽管敌人占尽优势，却无法逼迫他闭关自守或乘船离去，这就极大地证明了汉尼拔的军事天才以及如今与其敌对的罗马将军的无能。的确，汉尼拔不得不退守愈加偏远之地，其主要原因并不是与罗马人的焦灼对战，而是因为其布鲁提亚盟友日益麻烦，以至于到最后他只能倚仗部下军队驻守的城市。于是，他主动放弃了图里伊。经普布利乌斯·西庇阿提议，来自利基翁的远征军重新占领了罗克里（罗马纪元549年即公元前205年）。迦太基当局曾阻挠他的计划，如今考虑到罗马人按预期实行登陆，他们似乎最终认可了这些计划，并主动将其复兴（罗马纪元548年即公元前206年），增派援兵及补贴给意大利的汉尼拔和西班牙的马戈，命他们重新发起意大利战事，以使战战兢兢的利比亚乡间别墅及迦太基商店所有者得有喘息的余地。他们还派遣一支使团到马其顿，以图诱使腓力重新缔结盟约，并在意大利登陆（罗马纪元549年即公元前205年）。不过为时已晚，腓力已经于数月前与罗马缔结和约。迦太基在政治上濒临灭亡，这对它来说绝非乐事，但他至少不公然与罗马为敌。一小支罗马分队前往非洲，据罗马人所述，这笔费用是由腓力本人承担。这或许确是实情，但从后来的情况可以看出，罗马人毕竟没有确凿的证据。人们并未考虑到马其顿人登陆意大利一事。

马戈在意大利

哈米尔卡最小的儿子马戈全身心投入战斗。他首先率领西班牙残军前往米诺卡岛,而后于罗马纪元549年即公元前205年在热那亚登陆,攻陷这座城市,并号召利古里亚人和高卢人起兵。金钱和新奇的冒险促使他们像往常一样成群结队地投奔马戈。他甚至在政治迫害经久不息的伊特鲁里亚处处建立联络。然而,他所带领的军队人数太少,无法正式对意大利本土作战;同样,汉尼拔所率队伍的力量也太过薄弱,在下意大利的权势也已衰落过甚,无力支撑他朝成功进发。迦太基的统治者不愿在国家尚可得救之时拯救他们的国家,如今,他们有意救国,可是却再不可能实现。

西庇阿远征非洲

迦太基对罗马作战已告终结,而罗马对迦太基作战则从现在开始,对此,罗马元老院里大概没有人会怀疑。然而,远征非洲虽无可避免,但他们却不敢着手准备。最重要的是,他们急需一个能力卓越、受人爱戴的领袖,但却无从获得。他们最优秀的将领不是已战死沙场,就是和昆图斯·法比乌斯、昆图斯·富尔维乌斯一样,年纪老迈,无力统率这样一场全新且可能旷日持久的战争。塞纳的胜利者盖乌斯·尼禄和马库斯·李维乌斯或许能担此重任,但他们俩都是极不得民心的贵族,他们是否能取得兵权还是问题——当时事态已发展到,才干本身只有在危急时期方能决定民意——而这两个人是否能激励精疲力尽的人民再作努力,更是问题。最终,普布利乌斯·西庇阿从西班牙回来,这位深得民心的将领出色地完成了(或者说至少似乎完成了)民众交给他的任务,即刻被选为次年的执政官。他早在西班牙时就计划远征非洲,如今一上任(罗马纪元549年即公元前205年)便毅然决定将此项计划付诸实践。然而,在元老院里,不仅支持依兵法作战的一派不愿于汉尼拔尚在意大利之时远征非洲,而且大多数人对这位年轻的将军本人也绝无好感。罗马城的教父严肃且有点粗鲁,普布利乌斯·西庇阿希腊式的优雅以及现代化的修养和见解都不讨他们喜欢;而且他们对他在西班牙的作战指导及军事纪律都持严重的怀疑态度。有人反对他,说他对部下军官太过纵容,不久之后,盖乌斯·弗拉米尼乌斯在洛克里肆意妄为,证明了此说确有依据,西庇阿监管不力,实为可耻,自然难逃罪责。在元老院商议组织非洲远征军及任命远征将军的事宜时,这位新上任的执政官每逢惯用法或宪法与他的个人见解发生冲突,便毅然排除这些障碍,并且明确表示如有必要他愿意借助于个人名望来与政府抗衡。凡此种种只会激怒元老院,而且引发严重的忧虑,即在即将来临的决战和最终与迦太基议和之际,这样一位将军是否会按他所接到的指令行事——他远征西班牙时的独断专行绝不适于消除这种忧虑。然而,双方都足够智慧,不将事情推至过于复杂的境地。元老院必须承认,远征非洲实属必要,不可无限期延迟。元老院必须承认,西庇阿是一位相当能干的军官,就此范围而言,他非常适于担任此次战争的领袖之职,如果有人能说服人民在必要时延长其统帅任期,释放他们最后的力量,那这个人便是西庇阿。多数派达成一项决议,即:西庇阿之前至少在形式上没有忽略这个最高行政机关应得的尊重,并预先遵从元老院的政令,如今他有意担任此职,便不要拒绝他。西庇阿将于本年前往西西里监督舰队的组建、围攻器具的准备及远征军的编制工作,然后于次年登陆非洲。为此西西里军——仍然是坎尼残军组建而成的两个军团——归他调遣,因为一支力量薄弱的戍兵和舰队便足以守卫这座岛屿,而且他被允许在意大利招募志愿兵。显然,元老院并未安排这次远征,而只是予以许可。西庇阿所得的资源条件不及过去雷古拉斯掌握的一半,他手下的军队正是多年来元老院有意诋毁的军队。在元老院的大多数人看来,非洲军就是被贬队伍和志愿兵组成的敢死队,无论如何,国家都没有必要为他们的伤亡惋惜。

除西庇阿以外,任何人都可能会声称非洲远征要么借助其他方法来进行,要么就根本不做考虑。但西庇阿却很有信心,仅仅只为了得到他梦寐以求的军权,便接受任何条件。他小心翼翼,尽可能避免直接将压力强加于人民身上,这样一来,他便不会在远征时失去民心。远征的费用,尤其是组建舰队的大笔费用,一部分是来自伊特鲁里亚众城邦所谓的自愿捐款,也就是对阿瑞底姆和其他倾向于腓尼基人的城邦判罚的战费,一部分则是由西西里各城负担。四十天之后,舰队整装待发。志愿兵的加入使队伍进一步壮大,其中七千名志愿兵来自意大利各地,他们响应受人爱戴的军官的号召来到此处。于是,西庇阿于罗马纪元550年即公元前204年春率两支由老兵组成的强大军团(约三万人)、四十艘战舰和四千艘运输船启航前往非洲,未遇丝毫阻碍,便成功登陆尤蒂卡附近的美丽岬。

在非洲的作战准备

过去几年,罗马舰队时常来到非洲海岸进行劫掠性远征,迦太基人早已预料到这会引起一场更为严重的入侵,他们不仅竭力再起意大利与马其顿之间的战事以作防御,而且在本国也做好了迎战罗马人的武装准备。两位柏柏尔君主中,锡尔塔(今君士坦丁)的马西尼萨是马西利亚人的统治者,西加(在奥兰以西的塔夫纳河口)的西法克斯是马塞西里亚人的统治者,后者实力远比前者雄厚,并且迄今为止都待罗马人颇为友善。迦太基人通过条约和联姻成功让他亲附迦太基，同时摆脱西法克斯的旧敌以及迦太基人的盟友。经过浴血奋战，马西尼萨屈从于迦太基人和西法克斯的联合力量，被迫将自身疆土拱手让与西法克斯；他自己则带领一些骑兵在沙漠中辗转流离。除了预计自西法克斯而来的分遣队以外，一支共两万名步兵、六千名骑兵和一百四十头战象的迦太基军队——汉诺曾为此被外派去猎象——准备为保卫都城而战，这支军队由吉斯戈之子哈斯德鲁巴统率，他曾在西班牙获得过作战经验；港口泊有一支力量强大的舰队。索巴特率领的马其顿部队和凯尔特伊比利亚雇佣兵都有望即刻到来。

西庇阿退回海岸　　迦太基营地遇袭

不久之前，马西尼萨曾作为敌方与西庇阿在西班牙对战，如今一听到西庇阿登陆，便立刻赶到他的营地。但这位失国君主一开始并未带来除其个人能力之外的任何东西以援助罗马人，利比亚人虽然非常厌烦征兵纳贡，但也在同类事件中有过极其痛苦的经历，因而不立刻声明支持入侵者。于是西庇阿开始参战。但凡只与力量弱小的迦太基军队对抗，西庇阿必占上风，几次小规模的骑兵战过后，他竟能前去围攻尤蒂卡；但当西法克斯赶到的时候（据说带来五万步兵和一万骑兵），他不得不撤离，在尤蒂卡和迦太基之间易于挖壕掘沟的岬上建造一座用于过冬的海军防御营。西庇阿在这里度过了罗马纪元550—551年即公元前204—前203年的冬季。到了春季，他陷于一种不适意的处境之中，而后又通过一次幸运的奇袭助自己摆脱困境。西庇阿以阴谋诡计向非洲人提出和议，非洲人受骗上当，将自己置于不利之境，两处营地在同一夜遭遇突袭；努米底亚人的芦苇营房突然起火，迦太基人赶来援救，不料自己的军营也遭此厄运；众逃兵为罗马分遣队所杀，并无半点抵抗。此次夜袭比多次战役更具破坏性，不过迦太基人并没有就此意志消沉，怯懦或者更准确地说是明智之士提议召回马戈和汉尼拔，他们甚至都不予采纳。就在这时，预期的凯尔特-伊比利亚和马其顿的辅助兵力赶到，他们决心在距尤蒂卡五日行程的"大平原"上再兴一场对阵战。西庇阿急忙应战。他手下的老兵和志愿军不费吹灰之力便击溃了迦太基人和努米底亚人仓促召集的乌合之众，凯尔特-伊比利亚人也不指望能得到西庇阿的宽恕，他们顽强抵抗，最终都惨遭杀害。双重溃败之后，非洲人再也无力据守战场。迦太基舰队试图攻打罗马的海军营地，虽不能说落败，但也绝非是决定性的胜利。西庇阿异常幸运，擒获了西法克斯，马西尼萨之于罗马人一如最初西法克斯之于迦太基人，这些都远比迦太基舰队攻营更加重要。

迦太基爱国之士为和平大计所作的协商

迦太基主和派过去十六年都沉默不言，经过这样的兵败后，他们又能抬起头公开反抗巴卡家族和爱国者的政府。吉斯戈之子哈斯德鲁巴尚不在城内，即被政府处以死刑，他们企图通过西庇阿来签订休战条约，获取和平。西庇阿要求割让迦太基在西班牙的领土及地中海的岛屿，将西法克斯的王国移交给马西尼萨，上交除二十艘之外的全部战船，支付四千塔兰特（约合一百万英镑）的战争赔款——这些条款似乎对迦太基特别有利，因而人们难免生出这样一个疑问，即西庇阿提出这几项条款，究竟是为他自己的利益还是为整个罗马的利益。迦太基全权大使在获双方政府批准的保留条件下，接受了这些条款，于是迦太基派大使前往罗马。但迦太基的主和派却不愿如此轻易地放弃斗争，他们笃信高尚的目标，信赖伟大的领袖，甚至尊崇罗马所做的榜样，所有这些都促使他们坚持不懈地奋斗下去，而若说和约的签订必然会使反对党重掌政权，最终走向毁灭，则另当别论。爱国党在公民之中占据优势，他们决定让反对党议和，同时准备最后做一次决定性的努力。政府命马戈和汉尼拔全速赶回非洲。马戈三年来（罗马纪元549—551年即公元前205—前203年）都致力于在北意大利促成反罗马联盟，而就在这时，他在因苏布雷人境内（靠近米兰）为罗马人的两支优势兵力所打败。罗马骑兵已被迫屈服，步兵也已陷入窘困；迦太基人似乎已对胜利势在必得，这时一支罗马军队英勇攻击敌人的战象，最重要的是，备受军民爱戴且能力卓越的迦太基统帅受了重伤，因此，战局发生了转变。腓尼基军队不得不退至利古里亚海岸，他们在这里接到登船命令并依令行事。然而马戈却在航程中因伤殒命。

汉尼拔被召回非洲

如果不是因为与腓力最近的一次协商令汉尼拔燃起了新的希望，让他以为在意大利比在利比亚更能报效祖国，他可能就预料到了这项命令；近来他将总部设在克罗顿，一接到命令，他便立刻遵命行事。他命人杀死他的战马及不肯随他过海的意大利士兵，然后登上早已在克罗顿停泊处准备就绪的运输船。即使是现在，也无人敢逼迫这位利比亚雄狮离开，然而他却这样主动抛弃利比亚领土，罗马公民深感舒畅。罗马众将军中，历经苦难而幸存于世、荣誉加身的，只有这位年近九十的老将昆图斯·法比乌斯，在这种情况下，元老院和市民授予他一顶草冠以示嘉奖。按照罗马人的传统，一位将军拯救了军队，那这支军队便会交予他一顶草冠；从整个城邦手中接下这顶草冠素来都是罗马公民的无上殊荣，也是这位老将的最后荣誉。同年（罗马纪元551年即公元前203年）他便辞世了。无疑，汉尼拔不是受停战协定的保护，而仅仅只是因为他行动迅速，又得幸运之神眷顾，所以才能一路畅通无阻，抵达莱普提斯，哈米尔卡的"狮子窝"当中最小的一个在离开三十六年之后再次踏上祖国的土地。他离开的时候，差不多还是一个孩子，便开始走上那条崇高却全无结果的英雄主义之路，在这条路上，他先朝西进发，而后在迦太基海绕行了一个成功的圆圈，最后由东回国。如今，无论是他曾希望杜绝的，还是一经许可便可杜绝的，他都已践行，这时被召前来支援，如有可能，定是要承担救国大任。他听命行事，既无怨言，也不责难。

纷争再起

他一抵达，爱国党便公然挺身而出；哈斯德鲁巴所受的屈辱判决被撤销；通过汉尼拔的巧妙谋略，与努米底亚酋长建成了新的联系；不仅公民大会拒绝正式批准这份实际已缔结的和约，而且由于在非洲海岸搁浅的罗马运输舰队惨遭劫掠，一艘载着罗马使节的战船甚至也被扣押，停战协定遭到破坏。西庇阿当然有理由心生恼意，他从突尼斯军营出发（罗马纪元552年即公元前202年），越过肥沃的巴格拉达河（即梅杰尔达）河谷，不再允许各镇区投降，而命人把各村镇的居民全部抓起来贩卖。他已经深入内地，处在拿剌加拉（在西卡以西，现在的卡夫，突尼斯和阿尔及利亚的边界之上），这时汉尼拔从哈德鲁麦图姆行军离开，与西庇阿意外相遇。这位迦太基将军企图通过与罗马将军亲自会面商议来赢得更好的条件。然而，西庇阿已经做了最大的让步，他不可能在停战协定被破坏之后还同意继续妥协。汉尼拔采取这一措施，就是为了向民众表明爱国党并非绝对地反对和平，除此之外不会再有其他目的。这次会议全无结果。

扎玛战役

于是，两军在扎玛[6]（可能距西卡不远）决战。汉尼拔将步兵排成三线，第一线为迦太基雇佣兵，第二线为非洲民兵和腓尼基国民军以及马其顿部队，第三线为自意大利追随他而来的老兵。战线前方列有八十头战象，骑兵则置于两翼。同样，西庇阿按照罗马人的惯例也将手下军团分为三部，精心安排其阵列以使战象虽能攻而不能破。不但这种阵列安排大获成功，而且横冲直撞的战象也搅乱了两翼的迦太基骑兵队。此外，因马西尼萨军队赶到，罗马兵力远胜于敌军，如此一来，西庇阿的骑兵不难将其击溃，不久便展开全面追击。步兵的战斗更为激烈。双方第一部之间的战争旷日持久，最终双方均在极其残忍的肉搏战中陷入了混乱，不得不向第二部寻求支援。罗马人得到支援，迦太基民兵却表现出一副动摇不稳的样子，让罗马雇佣兵以为自己上当受骗，于是便与其掀起了一场肉搏战。然而，汉尼拔现在火速将前两线的剩余兵力转至两翼，并令意大利优势兵力沿全线推进。另一方面，西庇阿将大多数能参与战斗的第一线士兵集中在中军，并让二、三部的兵力集合于第一部的左右两侧。一场更为可怕的战斗又在同一处爆发。尽管敌众我寡，汉尼拔的旧部也绝不动摇，直到后来罗马和马西尼萨的骑兵追击落败的敌骑归来，将他们团团围住。这不但结束了此次战斗，而且歼灭了腓尼基军队。十四年前，这些士兵曾在坎尼败退，如今在扎玛大仇得报，给了他们的征服者一记重击。汉尼拔带着少数人逃到哈德鲁麦图姆。

和约

经此一役，只有傻子才会劝迦太基继续作战。另一方面，这位罗马将军即刻掌权，开始围攻迦太基首都，此城既无防护，也无存粮，除非有意外事件从中调停，否则西庇阿现在就能将汉尼拔欲加诸罗马身上的厄运加诸迦太基。西庇阿没有这样做，他同意和约（罗马纪元553年即公元前201年），但却不再建立于以前的条款之上。上次谈判就已提出过一些有利于罗马和马西尼萨的妥协条款，除此之外，迦太基人必须于五十年间每年纳贡两百塔兰特（四万八千英镑）；他们必须保证不对罗马或其同盟作战，甚至绝不在非洲边界之外的地方作战；在非洲，若非征得罗马同意，他们也不可在自有领地之外的区域作战——这种条款的实际影响就是迦太基成为附庸国，失去了它政治上的独立地位。迦太基人似乎甚至决定在某些情况下为罗马舰队供给战舰。

有人指责西庇阿，说他许给敌人太过优厚的条件，唯恐自己会被迫将结束罗马最惨烈战事的功劳连同兵权一起拱手让与继任者。如果第一次的提议得以实行，那这种指控可能还有据可依，至于第二次的提案，此番言论则似乎并无依据。扎玛得胜后，西庇阿在罗马备受人民爱戴，因而并不是非常担忧会被召回国——此次胜利之前，元老院就已图谋利用公民将他免职，但公民断然予以拒绝。这些条件本身也不足以证明西庇阿有罪。迦太基城的行动就这样受到了束缚，而且旁边出现了一个强大的邻邦，在这之后，它甚至从未试图脱离罗马的霸权统治，更别提与罗马为敌了。另外，凡是想要知道的人都知道这场刚刚结束的战争是因汉尼拔而起，而并非迦太基所为，爱国党这项宏大的计划也绝不可能复兴。在这场烈焰中毁灭的只是五百艘交出来的战舰，而并非他们所憎恨的城市本身，这在心存报复的意大利人眼里似乎还远远不够。心存怨念以及迂腐守旧的人可能会力争唯有歼灭敌人才算真正地征服敌人，也可能会指责那个不屑严惩使罗马人陷于焦虑之罪的人。西庇阿却不这么想。我们没有理由因而也没有权力假定说这位罗马人此举是受卑鄙之心驱使，而不是受其性情中本有的高尚情操影响。这位自信自强的英雄每做一事都能取得超乎想象的成功，他没有彻底摧毁这座不幸的城市（此事于五十年后交由其孙儿奉命执行，现今他确能一样成功实施），不是因为考虑到自己有可能会被召回国或时运变幻无常，也不是因为害怕马其顿战争必在不久之后爆发。更可能的是这两位伟大的将军如今身负解决政治问题的责任，便利用这种条款授受和平，以对战胜者的猖狂报复和战败者的莽撞难驯设下公正合理的限制。这两位互相对立的伟人都拥有高尚品性及政治才略，从汉尼拔胸怀雅量、甘受不可避免之事足见其实，同样，西庇阿明智禁止滥用胜利侮辱对手也清楚表明了这一点。试问这样一个慷慨公正、雄韬伟略的人又怎会不扪心自问：如今迦太基城的政治势力已毁，古时的农商业地位彻底遭到破坏，现存文明的一根主要支柱也被恶意推翻，这对他的国家又有何益处呢？罗马的领袖人物一心破坏邻国文明，并妄想掉一滴闲泪便能洗去民族的永世骂名，这还不是时候。

战争结果

第二次布匿战争，或者按照罗马人更为正确的叫法——汉尼拔战争，历时十七年，损毁了自赫勒勒滂至赫拉克勒斯之柱的大陆和岛屿，终宣告结束。此战之前，罗马人所定政策的最高目的便在于取得对意大利半岛天然疆界内的大陆及意大利群岛和海域的控制权；议和时他们对待非洲的态度清楚证明了他们也抱有这样一种想法结束此次战争，即他们并非是奠定了统治地中海诸国或所谓世界帝国的基础，而是使一个危险的敌人变得纯良无害，也让意大利有了合意的邻国。无疑，战争的其他结果，尤其是征服西班牙，确实与这一理念不合，但他们的成功确不在原有的计划之内，事实上，罗马人征服西班牙也可称作偶然。罗马人入主意大利是其奋力争取所得，而地中海领域的霸权以及由此衍生而来的统治权，在某种程度上是因时势所迫才落入罗马人手中，而并非他们有意夺取。

意大利境外

意大利境外战事的直接结果就是：西班牙沦为罗马下属的两省，然而，这两省长久以来都处于暴动之中；一向独立的叙拉古王国今与罗马的西西里省合并；位高权重的努米底亚首领开始受罗马而非迦太基保护；最后，迦太基从一个强大的商业国沦为毫无防御能力的商业城市。换言之，此战建立起了罗马对地中海西部地区的绝对霸权。另外，第一次布匿战争仅预示了东西方国家体制之间的交流互动，而此战则使其得到进一步发展，因而使罗马对亚历山大各君主国的纷争实行密切果决的干涉。

意大利境内

至于意大利境内的战果，如果凯尔特人的命运之前尚未预先设定，如今他们注定最先趋于灭亡，这种命运的实现只是时间问题。在罗马同盟内部，战争的结果就是使得占统治地位的罗马民族所持的优势愈加明显，其内部的团结统一已经受磨难的考验与证明，虽偶尔会出现动荡之局，但这个民族总体上却已然能忠诚协力，共渡难关。非拉丁民族或非拉丁化的意大利人,尤其是伊特鲁里亚人和下意大利的萨贝利人,更受压制。最严厉的惩罚或复仇一部分是加诸汉尼拔最强大的盟友身上,一部分则加诸他最早也是最后的盟友即卡普亚城和布鲁提亚人的领地身上。卡普亚的政治制度被废,卡普亚也从第二大城降为意大利的第一大村,甚至有人建议说将这座城市夷为平地。元老院宣布此城的全部土地除少数外国人或亲罗马的坎帕尼亚人所有的产地外,均转为公有土地,而后又将其分给小地主,以作短期租赁之用。西拉鲁河上的皮塞努姆族也遭受同样的待遇,他们的都城被夷为平地,居民也被遣散至周边的村庄。布鲁提亚人的命运甚至更加残酷,他们一同沦为罗马人的奴隶,永世不得佩带武器。汉尼拔的其他盟友也须为其过错付出惨痛的代价。希腊各邦损失惨重,少数坚定依附于罗马的城邦除外,如坎帕尼亚的希腊人和雷吉乌姆,而阿尔皮人和许多其他阿普利亚、卢卡尼亚和萨莫奈城邦所受惩罚也不轻,它们大多失去了部分领土。于是罗马便在一部分这样得来的土地上建立新的殖民地。因此,罗马纪元560年即公元前194年,公民殖民队陆续被派往下意大利的最佳港口,其中包括可叫出名字的锡彭顿(在曼弗雷多尼亚附近)和克罗顿,还有位于南皮塞努姆族故土以防止他们起事的萨勒农,最重要的是部丢利,它不久便成为文雅乡居生活的中心以及亚洲和埃及奢侈品的交易地。图里伊变成一座拉丁城堡,改名为科皮亚(罗马纪元560年即公元前194年),富庶的布鲁提亚城——维博改名为瓦伦蒂亚(罗马纪元562年即公元前192年)。萨莫奈和阿普利亚境内的土地被分为许多小块,分别由非洲胜利军的老兵居住,剩下的则依然留作公地,罗马贵族的牧场取代了农民的田园。而且,所有半岛城邦内不向罗马投诚的政要名流自然均被除掉,只要政治手段和财产充公能实现这一目的则必然予以实行。意大利各处的非拉丁同盟都感觉他们是有名无实的同盟,自此他们便依附于罗马。人们

201

认为战胜汉尼拔就相当于第二次征服意大利，胜利者狂妄骄恣，满心愤怒，他们宣泄其不满，尤其非拉丁族的意大利同盟更是成为他们发泄的对象。甚至这个时期无色彩的喜剧，实际上受警方控制，但也带有此事的痕迹。卡普亚和阿特拉这两个被征服的城市沦为罗马滑稽剧的笑料，任人嘲弄，毫无限制，以至于阿特拉成为滑稽剧的大本营，其他喜剧作家开玩笑说：在致命的氛围中，甚至最能吃苦耐劳的奴隶种族——叙利亚人都日渐衰弱，而坎帕尼亚[7]农奴却已习得生存之法。这种无情的嘲弄反映了胜利者对他们的藐视，也反映了这个被踩躏民族的沉痛哀号。在后来的马其顿战争中，元老院焦虑而谨慎地监视着意大利，而且罗马派援兵到最重要的殖民地，罗马纪元554年即公元前200年到维努西亚，罗马纪元555年即公元前199年到纳尼亚，罗马纪元557年即公元前197年到科萨，罗马纪元570年即公元前184年前不久到加勒，这些都表明了当时的战争形势。

战争和饥荒给意大利民众造成了怎样的空白，可以从罗马公民的例子中得见——战时罗马公民的数量已减少差不多四分之一。如此看来，说在汉尼拔领导的战役中丧生的意大利人总数达三十万绝不为过。当然，这一损失主要落在公民精英的身上，事实上，他们是战争的中坚分子，也聚成了大规模的士兵队伍。坎尼战役后，元老院成员降至一百二十三人，为填补空缺，后另外任命了一百七十七名元老，这才勉强恢复常态，可见特别是元老院的规模如何被大为削减。而且，这场长达十七年的战事在意大利各处同时进行，其影响范围遍及海外，必定动摇了国民经济的根本，这是不言而喻的。然而，我们往日的传统并不足以具体说明这一点。无疑，国家通过没收财产获利，自此，尤其是坎帕尼亚领土成为国家岁入的不竭源泉。但通过这样推广公田制度，国家繁荣所受的损失自然大致等于之前分割国土所得的利益。许多繁荣的小镇——据统计有四百座——均被烧毁，辛勤积累的资本化为乌有，人民因营地生活而道德沦丧，上至罗马都城下至最小的村庄，其市民和农民旧有的优良传统都遭到破坏。奴隶和亡命之徒聚集在一起行盗窃之事，仅阿普利亚一处在一年之内（罗马纪元569年即公元前185年）就有七千人因拦路抢劫被判刑，由此可见盗匪的猖獗。牧场扩张，再加上牧场里都是些半野蛮的奴隶牧人，助长了这片土地上有害的野蛮行径。自西西里和埃及运来的粮食能养活罗马人民，而他们自己收割的粮食则派不上用场——这一点在此战中已得到初次证明——因此这威胁到了意大利农业的生存。

不过，因上帝眷顾，身经百战却依然得以存活下来的罗马人可以为他们的过去感到骄傲，对他们的将来充满信心。罗马人犯过很多错误，但也受过不少苦痛。十年来，这个民族所有能持武器的年轻人几乎未曾放下过盾剑，对于自己的过失，他们自可以多加原谅。不同民族虽然一直相互对立，大体上却能友好相待、和平共处，这似乎是近代民族生存发展的目标，但在古代却并非如此。古时，铁砧或铁锤是必要之物，在战胜者之间的最后鏖战中，胜利依然属于罗马人。他们是否有此明断，知道如何正确利用此次胜利——以更加紧密的联系让拉丁族依附于罗马，逐渐使意大利拉丁化，将各省属下的依附者当作臣民来加以统治而不以对待奴隶的方式虐待他们，改革政治体制，重振并扩大摇摇欲坠的中产阶级——都尚未可知。如果他们知道如何利用此次胜利，意大利便可希望见证幸福的时代，其间个人在顺境中依靠自身努力实现繁荣，对当时的文明世界握有最具决定性的政治霸权，因而这个大集体中的每一个成员都拥有公平合理的自恃力，每种抱负都有一个相称的目标，每种才能都有用武之地。如果他们不能善用其胜利，那事情无疑就另当别论。然而，一时之间怀疑的声音以及阴郁的忧惧都陷于沉寂，这时勇士和胜利者从四面八方赶回故乡，感恩、娱乐以及对士兵和公民的奖赏都是每天的惯例，获释的战俘从高卢、非洲和希腊被遣送还乡。最后，年轻的征服者行走在壮观的队伍中，穿过都城装饰起来的大街，将他的桂冠放置在那个神灵的庙宇内，据虔诚之士相互私语所言，他曾受这位神灵的直接感召，并得到其在决策和行动上的指导。

注释

[1] 马拉维最大城市，南部省首府。又称布兰太尔。——译者注
[2] 阿基米德（公元前287—前212年），古希腊哲学家、数学家、物理学家。出生于西西里岛的叙拉古。阿基米德到过亚历山大里亚，据说他住在亚历山大里亚时期发明了阿基米德式螺旋抽水机。后来阿基米德成为兼数学家与力学家的伟大学者，并且享有"力学之父"的美称。阿基米德流传于世的数学著作有十余种，多为希腊文手稿。——译者注
[3] 希米尔科，迦太基航海家、探险家，曾由地中海航行到欧洲西北海岸。——译者注
[4] 西法克斯（？—公元前203年）是一位东努米底亚国王、马塞西利部落的酋长，约活跃于公元前三世纪后期。他的事迹在李维的《罗马建国史》中有记载。——译者注
[5] 贝内文托是意大利坎帕尼亚大区的一个城市，贝内文托省的省府。——译者注
[6] 叫扎马的有两个地方，其中相对较西的一处位于哈德鲁麦图姆以西约六十英里，这可能就是当时的战场。时间是罗马纪元552年即公元前202年春季或夏季。因为所谓的日食，有人将那天定为十月十九日，这并无价值。
[7] 坎帕尼亚，位于意大利半岛南部、亚平宁山脉南麓、濒临第勒尼安海。北起利里斯河，南坎帕尼亚至波利卡斯特罗湾，包括阿韦利诺、贝内文托、卡塞塔、那不勒斯与萨莱诺等省。坎帕尼亚大区其领土面积在意大利排第十二位，但人口却居全国第二。农业在坎帕尼亚大区占有十分重要的地位，由于内陆地区多山少水，所以主要农作物种植区都集中在沿海平原地区。首府是那不勒斯。——译者注

第七章

从汉尼拔签订和约至第三期结束的西方世界

征服波河流域

罗马将疆域扩展至阿尔卑斯山脉或如当时罗马人所言扩展至意大利边界，赋予凯尔特领地生机并在此地实行殖民化，却都因汉尼拔发动的战事而受阻。这项任务如今会在其曾经中断之处重新开始，自是不言而喻，凯尔特人也深谙此理。就在与迦太基签订和约的那一年（罗马纪元553年即公元前201年），涉险最为直接的波伊人境内再次爆发了战争行动。他们与仓促集结的罗马征兵交锋，获首胜，再加上马戈远征北意大利时曾留下一位迦太基军官——哈尔米卡,此人全力游说,于是到了次年(罗马纪元554年即公元前200年),一场普通的叛乱蔓延至波伊族和因苏布雷族以外的区域,这两个部落直接受到威胁。利古里亚人见危险愈加逼近,不得不举兵起事,甚至塞诺马尼的年轻人在这种情况下也不以他们行事审慎的首领马首是瞻,而听命于在危难中告急的同族之人。为抵御高卢的突袭,罗马人曾建造两座堡垒——普拉森提亚和克雷莫纳,如今普拉森提亚惨遭洗劫,死里逃生的普拉森提亚居民数不超过两千名,克雷莫纳则被围困。罗马军团火速赶来,竭尽全力救其脱困。一场大战爆发于克雷莫纳城下。腓尼基将领的巧妙策略和专业技能无法弥补他手下军队的缺陷,高卢人无力抵御罗马兵团的进攻,无数人战死沙场,这位迦太基军官便是其中之一。但是凯尔特人仍坚持战斗,次年(罗马纪元555年即公元前199年),由于主帅的疏忽,曾于克雷莫纳得胜的罗马军队几乎为因苏布雷人所灭,直到罗马纪元556年即公元前198年,普拉森提亚才部分重建起来。但是这个曾并肩奋战的部落联盟内部却出现不和。波伊人和因苏布雷人发生争执,塞诺马尼人不但退出民族联盟,而且卑鄙地出卖同胞,以换取罗马人的饶恕。因苏布雷人与罗马人在明奇乌斯河上交战,塞诺马尼人竟从后方突袭,助敌人毁灭自己的同盟和战友(罗马纪元557年即公元前197年)。因苏布雷人战败受挫,在科莫沦陷后,他们也同意单独议和(罗马纪元558年即公元前196年)。对于塞诺马尼人和因苏布雷人而言,罗马人规定的条款当然要比他们一贯给意大利同盟成员的更为苛刻,尤其是他们注意利用法律来确认意大利人和凯尔特人之间的障碍,并规定这两个凯尔特部落的人永远无法取得罗马公民资格。但这些波河对岸的凯尔特区域却得以继续存在并保持原有的国家体制——这样一来,他们不成市镇,而成部落聚集区——并且他们似乎不用缴纳贡赋。罗马人意在让他们充当波河以南罗马殖民地的壁垒,使意大利免受北方迁徙部落的侵犯,而且阿尔卑斯山脉的居民惯于在此地劫掠，此举也可使意大利免遭他们的攻击。再者，拉丁化在这些地方发展迅速，凯尔特民族显然还远不能同更为文明的萨贝利族和伊特鲁里亚族一样抵制此类反抗行径。著名的拉丁喜剧诗人斯塔提乌斯·凯西利乌斯死于罗马纪元586年即公元前168年，他就是一个因苏布雷被释奴。波利比乌斯于六世纪末来此游历，据他所言，此地仅有阿尔卑斯山脉的少数村落仍为凯尔特人所居，这或许会有夸大之嫌，而另一方面，维内蒂人保持其民族性的时间似乎较为长久。

抑制阿尔卑斯山外高卢人迁徙的举措

罗马人在这些地区所做的主要努力自然是抑制阿尔卑斯山外凯尔特人的迁徙，使隔开半岛和内陆的天然壁垒也成为其政治边界。罗马的恶名已深入阿尔卑斯山外邻近的凯尔特部落，这一点能从两方面得到证明：阿尔卑斯山内的同胞被歼灭或被征服之时，山外的凯尔特人保持完全消极的态度，而且孤立的凯尔特人想在阿尔卑斯山脉靠近罗马一侧安居，罗马使者向阿尔卑斯山外各部落——提到这个名词，我们首先会想到赫尔维蒂（在日内瓦湖和美因河之间）人和加尔尼人，又名陶里斯奇（在卡林西亚和施蒂里亚）人——抱怨此事，他们却都不以为然。更重要的是，这些移民先低声下气地来乞求罗马元老院分给他们一点土地，然后又乖乖遵守严命回到阿尔卑斯山外（罗马纪元568—575年即公元前186—前179年），让他们已经建立在离阿奎莱亚不远的城镇再遭破坏。元老院严格遵循以下原则，无一例外：自此以后，阿尔卑斯山脉的门户应该对凯尔特民族关闭，并对鼓动这种移民计划的意大利罗马公民予以重罚。凯尔特人曾经亚得里亚沿海最深处，沿着一条罗马人至今都不知道的路线，企图迁入意大利。再者，马其顿的腓力似乎计划效仿汉尼拔从西方切入的策略，自东方侵入意大利。因此，罗马人在意大利的东北极地建造了一座堡垒，即最北的意大利殖民地阿奎莱亚（罗马纪元571—573年即公元前183—前181年），建造这座堡垒的目的不仅在于永远对外邦人封闭此路线，而且在于确保控制住这一特别便于航行的海湾，制止这些海域内仍未肃清的海盗行径。阿奎莱亚的建立致使罗马人与伊斯特里亚人爆发战争（罗马纪元576—577年即公元前178—前177年），随着罗马人攻陷几座大本营，伊斯特里亚国王埃普洛阵亡，战事迅速宣告终结。这场战事除了少数蛮族突袭罗马军营的消息传来，罗马舰队和整个意大利都陷入惊慌之外，再无其他值得注意的事。

波河以南地区的殖民化

罗马元老院决定将波河以南的地区与意大利合并起来，因而采用了一条较以往不同的路线。波伊人即刻便受这一策略的影响，他们决意拼死自卫。他们甚至渡过波河，企图鼓动因苏布雷人再起兵事（罗马纪元560年即公元前194年）；他们将一位罗马执政官困于军营，眼看着他濒临覆灭的边缘；普拉森提亚奋力抵御土著人疯狂而持续的攻击，勉强自保。最后，双方在穆提那决战，这场战争持久而惨烈，但是罗马人获得胜利（罗马纪元561年即公元前193年）。从那时起，斗争不再意指开战，而只是猎取奴隶而已。 不久之后，罗马军营就成为波伊境内唯一的避难所，大部分幸存者都开始到此避难，战胜者竟能不甚夸张地向罗马汇报说：波伊除老人和孩子之外已不剩其他。因此，这个民族不得不接受既定的命运。罗马人要求其割让一半领土（罗马纪元563年即公元前191年）。

波伊人无法拒绝这一要求，甚至在仅剩的区域内，波伊人也很快不见了踪迹，并与他们的征服者合而为一。[1]

　　罗马人扫清外敌、掠取土地之后，普拉森提亚和克雷莫纳的居民多半因过去几年的灾祸而惨遭扫荡或四散而去，罗马人遂将这两地重组，并派新居民到这里来。新建立的堡垒在塞诺尼人原有的地域或其附近，有波登提亚（在雷卡纳蒂附近，离安科纳不远，建于罗马纪元570年即公元前184年）和皮骚隆（又名佩萨罗，建于罗马纪元570年即公元前184年），另有堡垒在新占的波伊，包括博洛尼亚（罗马纪元565年即公元前189年），穆提那（罗马纪元571年即公元前183年）和帕尔马（罗马纪元571年即公元前183年）；穆提那殖民地在汉尼拔领导的战事爆发之前就已经建立，但还未建成便因此战中断。建造堡垒总是与修建军事道路联系起来，这次也不例外。弗拉米尼亚大道自其在阿里米努姆的北端延伸至普拉森提亚（罗马纪元567年即公元前187年），名为埃米利亚大道。而且从罗马到亚雷提恩的卡西亚大道可能早已是地方自治的道路，大概在罗马纪元583年即公元前171年由罗马城接管重修；到了罗马纪元567年即公元前187年，自亚雷提恩翻越亚平宁山脉至博洛尼亚的线路远达新埃米利亚大道，均已整顿就绪，用作罗马与波河堡垒之间的一条捷径。由于这一系列措施，波河实际取代亚平宁山脉成为凯尔特和意大利之间的分界。自此以后，波河以南的地区主要流行意大利人的公民政体，波河以北的地区主要流行凯尔特人的部落政体；如果亚平宁山脉与波河之间的区域仍被称作凯尔特领地的话，那也只不过是虚名罢了。

利古里亚

意大利西北山区的山谷和丘陵地带大多为种类纷繁的利古里亚族所占，而罗马人所遵循的路线也大致相同。那些即刻去往阿诺河以北的居民都被彻底铲除。遭遇这一命运的以阿普阿尼人为主，他们居住在阿尔诺河与马格拉河之间的亚平宁山脉之上，一方面不断劫掠比萨之地，另一方面又抢夺博洛尼亚和穆提那的领土。那些人但凡没有在此地牺牲于罗马人刀下的，都被转移至下意大利的贝内文托一带（罗马纪元574年即公元前180年）。利古里亚人曾攻占穆提那殖民地，罗马人不得不于罗马纪元578年即公元前176年收复此地。通过一些积极有效的措施，罗马人在波河流域和阿尔诺河流域之间的分水岭将利古里亚族彻底毁灭。卢纳堡垒（距斯佩齐亚不远）于罗马纪元577年即公元前177年在阿普阿尼故地建成，守卫着边疆以抵御利古里亚人的袭击，一如阿奎莱亚保卫疆土以对抗阿尔卑斯山外的凯尔特人。同时，罗马人也能得到一个绝佳的港口，自此以后，这个港口就成为渡海至马西利亚和西班牙的码头。自罗马至卢纳的海岸线（又称奥勒利安大道）以及自卢纳经佛罗伦萨而至亚雷提恩（在奥勒利安大道与恺撒大道之间）的横路，大概都在同一时期建成。

较为西边的利古里亚部落扼守热那亚的亚平宁山脉和沿海的阿尔卑斯山脉，纷争不断。他们是麻烦的邻居，习惯在海陆两地行劫掠之事：比萨人和马西利亚人都因他们的侵犯和海盗行径而受到很大损害。这些无休无止的对抗并没有产生永久性的结果，或许甚至也志不在取得永久性的结果。不过显然有个例外，那就是除了沿海的常规路线外，罗马人还想拥有一条通往阿尔卑斯山外高卢和西班牙的陆上交通线，为此他们肃清自卢纳经马西利亚至伊比利亚的沿海大道，至少远至阿尔卑斯山脉——而在阿尔卑斯山外，则由马西利亚人负责向罗马船只开放海上航行，向陆上旅客开放沿岸道路。内地山谷无法通行，堡垒坚如磐石，居民贫苦却机敏狡猾，罗马将此地主要用作军事学校，以训练众将士。

科西嘉[2]和撒丁岛[3]

他们所谓的战争与对抗利古里亚人的战争性质趋同，这些战争是针对科西嘉人甚至更大程度上是针对撒丁内地居民发起的。罗马人曾对撒丁内地居民进行劫掠性远征，如今这些居民便突袭沿海各地，予以报复。罗马纪元577年即公元前177年，提比略·格拉古远征撒丁人尤其令人难以忘怀，主要不是因为此战给该省带来了"和平"，而是因为他宣称自己杀死或俘虏的岛上居民多达八万人，并将大量奴隶从这里牵到罗马，因而便有了"廉价如撒丁人"这一说法。

迦太基

在非洲，罗马的政策基本上归结于一个想法，一个目光短浅而又心胸狭隘的想法，即：它应该制止迦太基势力的复兴，因而应该使这座不幸的城市永受压迫，并因罗马宣战胆寒心惊，就好似达摩克利斯之剑时刻悬挂于头顶之上。和约规定：迦太基人应该保卫其领土无所削减，但是他们的邻居马西尼萨应该将所有他或他祖先在迦太基境内曾拥有的领土都对他做出一个保证，之所以补充这一条件，其目的似乎不在于避免争执，而在于引发冲突。这种说法也同样适用于罗马和约强加在迦太基人身上的义务，即不对罗马同盟作战。这样一来，根据条约内容，他们甚至无权把努米底亚人从确属他们自己的领土内赶出去。既有这样的规定限制,非洲一般的疆界问题又变幻无常,迦太基面对一个实力雄厚又不择手段的邻国以及一个既是裁判员又是当事人的领主国,它所处的位置甚为痛苦。但现实却比最坏的预期更为恶劣。早在罗马纪元561年即公元前193年,迦太基便发现他国突然以各种莫须有的借口侵犯自己,它最富庶的一块领土,即小塞尔斯高原上的伊伯利亚省,一部分为努米底亚人所掠,一部分甚至被他们夺去不还。这种侵略行为屡见不鲜。平坦的乡村都落入努米底亚人之手,迦太基人勉强能在较大的领域内自保其地。迦太基人于罗马纪元582年即公元前172年宣称:仅在最近两年内,又有七十个村庄被违约夺走。他们接连派使者到罗马,请求罗马元老院准许他们武装自卫,或者设立一个有权执行判决的仲裁法庭,又或者重新调整疆界,让他们至少可以清楚知道自己损失多少;否则,与其这样逐渐把他们交给利比亚人,还不如直接让他们成为罗马公民。然而,罗马政府已于罗马纪元554年即公元前200年向其客民言明准许其扩大疆域,当然,吃亏的还是迦太基,罗马政府似乎并不反对它拿走自己的应得之物;对于曾经所遭受过的苦痛,利比亚人如今已全数奉还,彻底报复了往日折磨他们的人,有时甚至会过于猛烈。对此罗马政府可能会适当加以控制,但是罗马人指定马西尼萨为迦太基的邻国,其根本目的还是为了施以磨难。一切请求和抱怨都没有结果,只有两点例外,即:罗马使者来到非洲,一番彻查过后,仍未有任何定论;在罗马进行交涉时,马西尼萨使者假装没有收到指示,事情因而被搁置下来。只有意志坚韧的腓尼基人能逆来顺受地屈从于这种局势,甚至能主动对暴虐的胜利者极尽殷勤与礼数。他们尤其会通过给罗马人运送粮食来讨其欢心。

汉尼拔改革迦太基政体　汉尼拔溃逃

然而，战败者的这种柔软性却不仅仅只是耐性与顺从。迦太基仍有一支爱国党派，该党领袖无论被命运置于何处，都能令罗马人闻风丧胆。显而易见，罗马与东方各国将会发生纠纷，而爱国党派从未放弃过利用这些纠纷再起战事的想法。再者，由于哈尔米卡及其诸子的大计未成（其主要原因在于迦太基的寡头政治），所以主要目标就是复兴内政，为新的战争作准备。逆境的有利影响加上汉尼拔清醒高尚又极富威严的头脑，引发了政治与财政改革。寡头政治对这位伟大的将军提起刑事诉讼，又以故意放弃夺取罗马城及挪用意大利战利品为由来控诉他，实在是恶贯满盈、愚蠢至极——由于汉尼拔的提议，这腐朽的寡头政治被推翻，一个适于公民现状的民主政府建立起来（罗马纪元559年即公元前195年）。通过追缴欠款和被挪用的资金，设立更好的监督体系，财政迅速得到重组，这样一来便能支付上交给罗马的贡赋，而不用让公民负担额外的赋税。罗马政府当时正向亚细亚的大王发动一场至关重要的战争，见此形势，不免忧虑，这一点我们不难想象。罗马军团在小亚细亚[4]作战时，迦太基舰队可能登陆意大利，汉尼拔领导的二次战争也可能在此地爆发，这种危险并不是凭空想象。因此，罗马人遣使去迦太基（罗马纪元559年即公元前195年），多半是要求迦太基交出汉尼拔，对此我们几乎不能加以责难。迦太基那些居心不良的寡头政客一封接一封地寄信到罗马，向民族的仇敌控告曾推翻过他们的英雄，说他同反罗马的国家暗通往来。他们虽然卑鄙，但其情报应该无误。这位使者觍着脸承认他们如此强大的一个民族对迦太基这样一个贫贱小国心生畏惧，确是事实。这位征服扎玛的高傲者竟在元老院里反对采取如此可耻的方法，这是理所当然又值得钦佩的事，但他们所承认的只是单纯的事实，汉尼拔确实是一个非凡的天才，除了感情用事的政客以外，在罗马无人能容许他继续任迦太基首脑。罗马政府给他这样显著的认可并非在他意料之外，因为进行上一场战争的是汉尼拔而非迦太基，所以须承担战败者厄运的也是他。迦太基人别无他法，只能屈从，并对汉尼拔免他们受更大耻辱而心怀感激——汉尼拔迅速而明智地逃往东方，只把较小的耻辱留给他的祖国，即把它最伟大的公民永远逐出祖国，没收他的财产，拆毁他的宅第。有一句意义深远的话这样说道：那些神灵给予其无限快乐与悲苦的人便是神灵的宠儿。这话就这样在汉尼拔身上得到了充分证明。

罗马对迦太基无休无止的愤恨

比起迫害汉尼拔，罗马政府应负的更严重的责任是他们在汉尼拔走后仍继续猜疑凌虐迦太基。各党各派确实在这里蠢蠢欲动，一如从前。但是，在这位几乎改变世运的非凡之人离开以后，爱国党在迦太基的地位并不比在埃托里亚或亚该亚高很多。当时，各种思想搅动着这座不幸的城市，而其中最为合理的无疑就是依附于马西尼萨，让它从腓尼基人的压迫者转变为他们的保护者。但无论是爱国党当中的民族派还是亲利比亚派都未夺得政权，相反，政权仍握在亲罗马的寡头政客手中，即便他们完全不考虑未来，也会坚持这样一种信念，即在罗马的守护之下保全迦太基的物质繁荣和公共自由。对于这种事态，罗马人可以很放心。不管是民众，还是普通当权者，都不能摆脱汉尼拔战争所带来的深切恐慌。罗马商人以一种嫉妒的眼光看着这座城市，看着它已然失去了政权，但却仍然拥有着广泛的商业客户群以及根深蒂固不可撼动的财富。罗马纪元567年即公元前187年，迦太基政府已自请立即付清罗马纪元553年即公元前201年和约所规定的全部款项——然而，罗马人对于迦太基需义务纳贡这一事实的重视程度远甚于纳贡金额本身，他们毅然拒绝这一请求，只从中得出一个信念：尽管他们费尽千辛万苦，这座城市却依然未毁，也不能毁。关于背信弃义、诡计多端的腓尼基人的谣言一直层出不穷，传遍罗马。一次，据说有人曾在迦太基看见推罗的阿里斯托作为汉尼拔的密使让公民准备亚细亚战舰队的登陆（罗马纪元561年即公元前193年）；又有一次，谣传议会曾在医神庙里召开秘密的夜间会议，接见珀尔修斯[5]的使者（罗马纪元581年即公元前173年）；还有一次，有人说迦太基正在装备强大的舰队以参加马其顿战争（罗马纪元583年即公元前171年）。诸如此类的谣传至多只是起于个人的言行失检，但它们仍是罗马在外交上再兴风浪的讯号，也是马西尼萨再起纷争的警钟，而迦太基问题非第三次布匿战争不能解决这一观念越缺乏意义，越没有理由，便越坚不可摧。

努米底亚人

于是，腓尼基人的势力在其居住之地日渐衰弱，一如许久以前，其势力在故乡一蹶不振，这时，一个崭新的国家在他们旁边发展起来。自远古时代开始，非洲北海岸就居住着这样一群人（至今仍居住在这里），他们自称锡拉人或塔马齐格特人，希腊人和罗马人称他们为诺马德人或努米底亚人，即"游牧"民族，阿拉伯人则称之为柏柏尔人，虽然有时也会称之为"牧羊人"，我们则习惯称他们为柏柏尔人或卡比尔人。这个民族，就迄今为止它为人所研究的语言来看，与其他已知民族都毫无关系。在迦太基时代，这些部落除直接居住在迦太基周围或直接居住在海岸边的以外，基本上都保持着独立地位，也大多保留着牧羊和骑马的生活方式，与现在阿特拉斯居民的生活方式如出一辙。尽管他们对腓尼基字母表和腓尼基文明大体上并不陌生，柏柏尔首领让其子到迦太基求学以及与腓尼基贵族通婚的事例也不在少数。在非洲获取自己的直辖领地并不是罗马人的政策，他们宁愿在这里建立起一个国家，这个国家的实力应该还没有强大到能够脱离罗马的保护，但应该足以压制如今仅限于非洲的迦太基势力，使这座备受凌虐的城市绝不能自由活动。他们在土著君主那里得到他们想要的。大约在汉尼拔战争期间，北非的土著人臣服于三个霸主，根据当地习俗，每个霸主都有众多注定归于其麾下的小王：毛里王包卡儿统辖自大西洋至摩洛卡特河（今姆鲁伊亚，在摩洛哥和法国的边界上）的区域；马塞西里亚王西法克斯统辖自上述地点至所谓的"钻孔岬"（在德吉耶里和博纳之间），在如今的奥兰和阿尔及尔两省之地；马西里亚王马西尼萨则统辖自钻孔岬至迦太基边界的区域，在如今的君士坦丁省。其中实力最强的西加王西法克斯已在上次罗马与迦太基的战争中被俘，并被押往罗马，最终在幽禁中死去。他的广阔领土大多归于马西尼萨，尽管西法克斯之子佛明那言辞恳切地祈求从罗马人手里收复他父亲的一小部分领土（罗马纪元554年即公元前200年），但是罗马人的早期盟友是迦太基的主要压迫者，佛明那无法从他手中夺回其位。

马西尼萨

马西尼萨成为努米底亚王国的开创者，无论是出于选择还是意外，这样一个完全适合其位的人实在是不可多得。他身体强健，年老却不僵化，性情温和，处事冷静，一如阿拉伯人；能吃苦耐劳，能从早到晚立于一地而不动，能二十四小时在马背上奋战而不倦。

他在年轻时历经兴衰枯荣，在西班牙战场上不论是身为士兵还是身为将军他都有所历练，也能掌握更困难的技术，不但把人口众多的家室打理得井井有条，而且能将其领地管理得秩序井然。不论是匍匐于其强大保护主的膝下，还是蹂躏其孱弱的邻国，他都不择手段，通力为之。除此之外，他曾在迦太基求学，经常出入最高贵族的宅第，因而对迦太基的情形了如指掌，同时像其他非洲人一样，对于自己以及自己民族的压迫者满怀怨恨。他的民族似乎濒临灭亡，这位杰出之士转而成为复兴民族的主心骨，他仿佛就是这个民族优缺点的化身。好运对他时时眷顾，尤其是给他时间一展抱负，完成伟业。他享年九十岁（罗马纪元516—605年即公元前238—前149年），在位六十年，直至最后也还是体力充沛，精气十足，死后留下一个一岁的儿子以及一世英名，后人都说他是当时最强壮、最贤明也是最幸运的君主。

努米底亚的扩张与文明

我们在上文已经叙述过罗马人在管理非洲事务时如何明确表示他们有意袒护马西尼萨，以及马西尼萨如何积极反复地利用这种默许来剥削迦太基，以达到其扩大领土的目的。整个内陆直至荒漠边缘地区都自动落入土著君主之手，甚至巴格拉达河的上游河谷连同富庶的瓦加城都归这位君主统辖。在迦太基以东的沿海地带，他也占据了锡多尼亚人的古城大莱普提斯和其他地方，这样一来，他的王国自毛里塔尼亚边界延伸至昔兰尼加边界，沿陆地把迦太基的领土团团围住，在最近的区域内处处打压腓尼基人。毫无疑问，他将迦太基视作他未来的首府，利比亚派也有此意。但迦太基所受的损失并不只在疆域缩小这一方面。他们伟大的君主把游牧民族变为另一种民族。这位君主开垦大片土地,并把大量地产传给每个儿子,他的臣民也仿效此例,开始定居务农。他把游牧民变成定居公民,同时也把成群的抢掠者变成士兵,罗马人认为这些士兵可与罗马军团并肩作战。他传给继任者的是充盈的国库和纪律严明的军队,甚至还有一支舰队。他的居住地锡尔塔(即君士坦丁)成为一个热闹的大国首都,也成为腓尼基文明的一个主要所在地,柏柏尔王的宫廷积极培育这种文明——或许是考虑到迦太基和努米底亚将来要合并为一国才特意加以培育。于是,素来卑微的利比亚民族自觉地位上升,本地的风俗语言甚至流入腓尼基古城,如大莱普提斯。在罗马的庇护之下,柏柏尔人开始觉得自己的地位与腓尼基人平等,甚至高于腓尼基人。在罗马的迦太基使者不得不静听这样的言论:他们在非洲就是外来人,非洲属于利比亚人。即使是在帝国的休整时期,北非的腓尼基文明依然保持着生机与活力,这主要还是归功于马西尼萨而非迦太基人。

西班牙的文明状况

在西班牙,沿海的希腊和腓尼基城市,如伊伯利亚、萨贡图姆、新迦太基、马拉和加的斯都欣然服从罗马统治,因为如果单凭他们自己的力量,他们必不能自保以抵御土著人的侵袭。基于类似的原因,马西利亚虽然比这些城市都更为强大,也更能自卫,却也不忘通过亲附罗马人来寻得一个强有力的支撑,以备不时之需,而罗马作为意大利和西班牙的中间站,又起到非常重要的作用。反之,土著人却给罗马人制造了无数麻烦。诚然,伊比利亚半岛并不缺少一种初步的民族文明,尽管我们并不能对这文明的特性得出任何清晰的概念。我们在伊比利亚人之中发现了一种流传甚广的民族文字，这种文字分成两大类，一类是埃布罗河流域的文字，一类是安达卢西亚文字，每一类又大概能细分成各个不同的小类别。这种文字似乎起源于远古时代，追其根本，似乎是出自古希腊字母，而非腓尼基字母。甚至有传闻称，图尔德泰尼人（在塞维尔附近）拥有自远古时代流传下来的短诗，一部六千行的法律韵律书以及大量历史记载。无论如何，在所有西班牙部落中，这个部落据说是最文明同时也是最不好战的。的确，它经常利用外国雇佣兵作战。波利比乌斯[6]所描述的一段话指的大概也是这个地区，他说西班牙的农业和畜牧业都甚为繁盛，以至于在没有机会出口时，粮食和肉类便会以极低的价格出售。还说王宫恢宏壮丽，银瓶盛满"大麦酒"。再者，至少有一部分西班牙人热心接受罗马人所带来的文化元素，以至于在海外各省中，西班牙的拉丁化进程相较于其他地方更为迅速。例如，意大利式的热水浴这时开始为土著人所用。显然，罗马钱币不仅在西班牙流通的时间远比其他地方更早，而且还被西班牙钱币模仿，这里丰富的银矿多少可以说明这一情况。所谓的"奥斯卡（今阿拉贡的韦斯卡）银币"即刻有伊比利亚文的西班牙第纳里于罗马纪元559年即公元前195年被载入史册。西班牙开始铸币的时间一定不会太晚，因为这种银币的印纹是根据最早的罗马第纳尔仿造而来。

但是，在南方与东方各省，土著人的文化可能已经为罗马文明和罗马统治开辟了道路，以至于它们并没有遭遇多大的困难。另一方面，西方、北方以及整个内陆地区都为众多部落所占，这些部落的野蛮程度不一，对任何文明都知之甚少——例如，到了约罗马纪元600年即公元前154年，茵特加提亚的人还不知道使用金银——而且他们之间的关系也并不比与罗马人的关系好。这些自由的西班牙人有一种特性，即男子的骑士精神以及至少不亚于男子的女子侠义精神。一位母亲送子出征时，会逐一讲述祖先的功绩以激励他的

219

精神；最美的女子不需请求便自愿嫁给最英勇的男子；单人决斗是稀松平常的事情，它既可用来决定勇士的奖赏，也可用来解决诉讼的曲直，甚至君主亲属对于继承问题的纷争也可用这种方式加以解决。常有一位著名的战士面对敌人的队伍，点名挑战对手，而后战败的那一方将他的斗篷和佩刀赠予对手，甚至与他结为朋友，加以款待。第二次布匿战争结束后二十年，凯尔特－伊比利亚人的小城邦冈普勒加（在塔古斯河的源头附近）给罗马将军送去一封信，信中说他若不给战死者每人送一匹马、一件斗篷和一把佩刀，他便会遭遇不幸。他们为军人荣誉而自豪，被缴械之后，往往不能忍辱偷生，但是西班牙人却愿意追随任何需要他们效劳的人，并愿意在任何外国战争中以命相赌。图尔德泰尼人雇佣一支凯尔特－伊比利亚人的队伍去和罗马人作战，罗马将军对当地的习俗非常熟悉，便命人带去一封口信，让他们要么回家，要么以双倍饷银的条件加入罗马军队，要么择定作战的时间地点，这封口信也反映了罗马人的典型特征。如果募兵官不出现，他们便主动组成自由队伍，意在劫掠更加和平的地区，甚至夺取并占据各城市，大有坎帕尼亚人的风范。流放到卡塔赫纳以西的内陆地区在罗马人看来实属重罚，在群情激奋之时，远西班牙的罗马军官所带护卫队达六千之众，内陆地区的荒凉与动荡由此得见。希腊人与其居住于伊比利亚（伊比利亚是希腊人与西班牙人共居的城市，位于比利牛斯山的极东之处）的西班牙邻人的异常关系更加清楚地说明了这一点。希腊移民居住在半岛上，向陆一面与西班牙人一墙之隔，他们非常谨慎，每晚派三分之一的民兵看守这堵墙，并安排一位高级军官对这唯一城门的守兵进行实时监督；希腊人不准西班牙人踏足希腊城，自己也只在有大部队严密护卫时才运送货物给土著人。

罗马人和西班牙人的战争

这些土著人不安分而且好战,浑身充满席德和堂·吉诃德的精神,现在罗马人要驯化他们,如果可能,还要把他们变成文明人。从军事眼光来看,这并非难事。诚然,不论是固城自守或受汉尼拔领导作战之时,还是以一己之力在野外战场拼搏之时,西班牙人都昭示着他们不是可鄙的敌人。手持双刃短剑(罗马人之后也学他们采用这种双刃短剑),形成凶猛的进攻队列,西班牙人甚至经常让罗马军团为之动摇。如果他们能服从军事纪律和政治联合,或许已经摆脱了外国强加于他们身上的桎梏。但是他们身上所体现出的是游击队员的勇猛,而非战士的英勇,而且他们毫无政治眼光。所以在西班牙没有惨烈的战争,却也没有真正的和平,就像恺撒后来极为公允地评判他们时所说的,西班牙人在和平中无法安静,在战乱中也做不到奋勇。一位罗马将军击溃一伙叛军虽非难事,但罗马政治家要想出适当的方法真正安抚并教化西班牙人却也并不容易。事实上,他只能用缓和的手段来应对这种情况,因为真正可取的办法唯有广建殖民地,而这种办法却与当时罗马政策的主要目的不符。

罗马人保留在西班牙的常驻军队

第二次布匿战争期间,罗马人在西班牙获取大片领土,这片领土从一开始就分为两块:一块是原先属于迦太基的省份,最初包括如今的安达卢西亚、格拉纳达、穆尔西亚和巴伦西亚;一块是埃布罗河省,即近代的阿拉贡和加泰罗尼亚,最后一次战争时罗马军队的驻地就设在这里。这些领土就形成了罗马的远西班牙和近西班牙两省。内陆地区的面积差不多相当于两个卡斯蒂利亚,罗马人统称其为凯尔特－伊比利亚，并意图逐渐将它们收为属地，同时，对于西方各地的居民，尤其是如今居住于葡萄牙和西班牙埃斯特雷马杜拉的卢西塔尼亚人，他们仅仅满足于阻止其侵入罗马地域；至于北部海岸的部落——加莱西亚人、阿斯图里亚斯人和坎塔布连人，罗马人至今都未曾与他们联系。然而，这样获得的领土若无驻军守卫，便无法保全，因为近西班牙的长官每年都疲于惩办凯尔特－伊比利亚人，较远省份的长官也忙着击退卢西塔尼亚人。于是，罗马需要年复一年地安排四个强大军团（约四万人）的兵力戍守在西班牙。此外，在罗马所占领的区域内经常需要进行大范围征税以增强军团的战斗力。此事极为重要，原因有二：派兵驻守一地变成一项持续不断的必要行动最早（至少大范围内最早）始于西班牙，因而这里的兵役也具有永久性。罗马的旧俗是：哪里战事紧急需要援兵，便派兵到哪里，而且除非是在重大战事中，一般人服兵役满一年即可卸甲，而这一习俗却与保全海外动荡遥远的西班牙各省不可兼容。要从这些地方撤兵，是绝对不可能的，甚至士兵大规模退伍都很危险。罗马公民开始意识到，统治外族不仅对奴隶是一种困扰，对主人来说亦是如此，他们对去西班牙服兵役深恶痛绝，怨声载道。同时新任将军以正当理由拒绝现有军队全部实行更替，导致士兵哗变，并扬言如果不许他们退伍，他们便会自行离开。

  罗马人在西班牙发起的战事本身也只处于次要地位。西庇阿一走，战事即起，汉尼拔领导的战事持续多久，这场战事便持续多久。与迦太基缔结和约（罗马纪元553年即公元前201年）之后，半岛上的战争才停止，但这只维持了一小段时间。罗马纪元557年即公元前197年，两省爆发了全面叛乱，远西班牙的统帅遭遇猛烈打击，近西班牙的统帅则战败而亡。认真作战实属必要，同时，贤能的执政官昆图斯·米纽修斯虽已控制住最初的危险，元老院却仍于罗马纪元559年即公元前195年决定派执政官马库斯·加图亲赴西班牙。

一登陆伊比利亚，他便发现整个近西班牙都受叛党肆虐，只有海港和内地的一两处要塞勉强自保，仍为罗马所有。叛党与罗马军队爆发激战，一开始是一对一的单人决斗，而后由于罗马人善于用兵，终于还是以最后一支预备军决定了战局。随即近西班牙全境纷纷递书请降，但是这种投降并无诚意，以至于执政官已回罗马的谣言一出，叛乱即刻再起。然而，谣言并不属实，加图迅速平息二次叛乱，将这些叛党成批卖作奴隶，然后他裁定近西班牙省份的西班牙人全部解除武装，并命令自比利牛斯山脉至瓜达尔基维尔河所有土著人居住的城市都必须在同一天之内拆毁城墙。没有人知道这项命令波及的范围有多广，他们也没有时间来理解这一命令，大多数城邦都听命行事，而少数违抗命令的城邦在不久之后罗马兵临城下时，也大多不敢冒险等待其进攻。

这些强有力的措施当然不会没有长久的效果。不过罗马人几乎每年都会平定"和平省"的某个山谷或山中要塞，卢西塔尼亚人不断入侵远西班牙省，罗马人有时大败。例如，罗马纪元563年即公元前191年，一支罗马军队在遭遇重创后不得不放弃它的营垒，急行回到较为安静的地方。罗马纪元565年即公元前189年，执政官卢基乌斯·埃米利乌斯·保卢斯[7]打了一场胜仗，罗马纪元569年即公元前185年，英勇的执政官盖乌斯·卡尔普尼乌斯又在塔古斯河外力挫卢西塔尼亚人，赢得一场更大的胜利，然后才得有一段时间的安宁。在近西班牙，罗马人素来徒有统治凯尔特-伊比利亚部落的虚名，直到罗马纪元573年即公元前181年，昆图斯·富尔维乌斯·弗拉库斯大胜凯尔特-伊比利亚人，而后逼迫临近区域的居民俯首投降，这才稳固了罗马的统治。其继任者提比略·格拉古（罗马纪元575—576年即公元前179—前178年）不仅用武力征服了三百个镇区，而且更重要的是，他善于适应这一淳朴而骄傲的民族的观念和习惯，因此建立了永垂不朽的功绩，比昆图斯·富尔维乌斯·弗拉库斯更甚。他劝诱凯尔特-伊比利亚的名流到罗马军中任职，于是造就了一班依赖者；他授田给迁徙部落，让他们聚居在城镇之中——西班牙城格拉古利仍保留着这个罗马人之名——于是他们的劫掠行径大大受阻；他利用公正明智的条约调整几个部落与罗马人的关系，于是尽可能杜绝将来叛乱的发生。西班牙人感激他，并将他的名字牢记于心，自此以后，虽然凯尔特-伊比利亚人有时仍不耐束缚，但西班牙却相对安宁。

西班牙行政管理

西班牙两省的行政管理体系与西西里撒丁省的相似，但却并不相同。罗马纪元557年即公元前197年，罗马初次任命两位助理执政官掌握这两处的监督权，同年规定了这些新省的疆界和具体的组织机构。巴别法律（罗马纪元573年即公元前181年）中有一项明智的规定，即西班牙执政官的任期应始终为两年，由于对最高行政长官这一职位的竞争日益激烈，更由于元老院对最高行政长官的权力监督甚严，这项规定并未严格执行。在西班牙，除了因特殊情况而发生变动的地方以外，罗马人也固守每年更换一次省长的制度，在如此遥远而又难以知悉的省份，这种制度尤其不当。附属城邦一概需要纳贡，但罗马人就如同往日的迦太基人，对西班牙的几个城镇和部落征收定额款项或其他捐资，以替代西西里和撒丁所征的什一税和关税。由于西班牙各城邦的控诉，元老院于罗马纪元583年即公元前171年颁发法令，禁止用军事手段征收这些款项。若非有补偿，他们不会供应粮食，即便是省长，所征粮食也不超过二十分之一。而且依据上述最高权力机构颁布的法令，他必须要用公平合理的方式来调整补偿体制。另一方面，西班牙属国有义务派兵加入罗马军队，这一义务与在和平的西西里所尽的义务相比，其重要性大不相同，而且这项义务在各条约中也有严格规定。西班牙城市似乎经常获得铸造罗马标准银币的权力，而罗马政府在这里似乎也绝没有像在西西里时那样极力维护铸币垄断权。罗马急需在西班牙建立属国，所以不得不极尽温和地推行省级政制。罗马特别优待的城邦有希腊人、腓尼基人或罗马建立的沿海大城，如萨贡图姆、加的斯和塔拉科，这些城市作为罗马统治该半岛的天然支柱，获准与罗马结盟。总而言之，不管是从军事角度还是财政角度来看，西班牙对罗马共和国而言都是负担而非增益；一个问题由此产生：罗马政府当时的政策显然无意夺取海外疆土，既然如此，它为何不舍弃这些麻烦的领地呢？西班牙不可谓不大的商业联系、她那重要的铁矿以及更为重要的银矿自远古时代便已驰名于远东地区[8]——罗马如迦太基一般，自理开矿之事，马库斯·加图（罗马纪元559年即公元前195年）也特别整顿了银矿管理体制——毫无疑问，所有这些诱使罗马人保留此地；然而，罗马人之所以将这半岛留作自己的直接领土，主要原因还是：凯尔特有马西利亚共和国，利比亚有努米底亚王国，而西班牙却没有类似性质的国家，因此，他们若放弃西班牙，那任何冒险家都有可能复兴巴卡家族的西班牙帝国。

注释

[1] 据斯特拉波所述，这些意大利的波伊人被罗马人经阿尔卑斯山脉驱逐出去，到了奥古斯都时代，格塔伊人渡过多瑙河，攻打波伊殖民地并把它歼灭，这一殖民地就是由当时的意大利波伊部而来，但却以"波伊沙漠"之名留居此地。此说与罗马编年史上经过证实的说法相去甚远。据罗马编年史记载，罗马人

仅仅从波伊族手里攫取了一半领土。为了解释意大利波伊人的灭绝，我们实在不必设定其受到暴力驱逐，而凯尔特其他部落受到的战争与殖民迫害虽远不及波伊族，但也同样迅速且彻底地在意大利诸民族中销声匿迹。另一方面，有人说以前在德意志部落逼其南下之前，凯尔特民族的主支居住在巴伐利亚和波希米亚，新锡德尔湖上的波伊人由此而来。不论是在波尔多附近，还是在波河之上，又或是在波希米亚境内，我们都发现了波伊人的踪迹，他们是否真的是一个民族的零散分支，还是说只是名称相似，这还不得而知。斯特拉波的假设或许只是以名称相似为依据——古人经常没有缘由地妄自揣测，如关于辛布里人、维内蒂人和其他方面的揣测都是如此。

[2] 科西嘉岛属法国领土，位于法国本土的东南部，亚平宁半岛以西，撒丁岛以北，是法国最大岛和地中海的第四大岛。该岛被法国当局分为南科西嘉省和上科西嘉省。区府所在地为阿雅克肖，是拿破仑一世的出生地。——译者注

[3] 撒丁岛，意大利岛屿和区。西地中海诸岛中面积仅次于西西里岛的第二大岛。位于意大利半岛海岸以西两百公里。北距法国的科西嘉岛十二公里，南距非洲海岸两百公里。首府卡利亚里。1861年，维克托·伊曼纽尔被立为意大利国王，该岛成为统一的意大利国家的一部分。——译者注

[4] 安纳托利亚又名小亚细亚或西亚美尼亚，是亚洲西南部的一个半岛。北临黑海，西临爱琴海，南濒地中海，东接亚美尼亚高原。主要由安纳托利亚高原和土耳其西部低矮山地组成。——译者注

[5] 阿尔戈斯王阿克里西奥斯从神示得知将被女儿达那埃所生之子杀死，便把女儿囚禁在铜塔中。宙斯化成金雨和达那埃相会，生下珀尔修斯。——译者注

[6] 波利比乌斯，古代希腊历史学家，生于伯罗奔尼撒半岛的麦加洛波利斯。波利比乌斯是亚该亚同盟领袖莱克塔斯之子，年轻时即跻身政界。公元前169年任阿哈伊亚同盟骑兵长官。公元前168年罗马人在德纳战胜马其顿之后，他作为亚该亚联盟一千个贵族人质之一被带到罗马。来到罗马后，波利比乌斯成为小西庇阿的家庭教师，并成为罗马上层社会的一员。曾随小西庇阿远征迦太基，约公元前150年回到故乡。——译者注

[7] 以下为执政官卢基乌斯·埃米利乌斯·保卢斯颁布的法令，最近在一块出土于直布罗陀附近的铜表上得以发现，今藏于巴黎博物馆："卢基乌斯之子埃米利乌斯将军规定：住在拉斯古达那堡（由钱币和普林尼记载可知确有此地，不过地址不详）的哈斯登修（即哈斯达·雷吉亚，距杰雷兹德·拉·弗隆特拉不远）奴隶应该享有自由。只要征得罗马公民和元老院许可，他们现在所拥有的土地和乡镇还可继续为他们所有。罗马纪元564或565年一月十二日营中所做。"这是我们所知最古老的罗马原始文献，其著成时间比罗马纪元568年即公元前186年执政官颁布的酒神节法令还早三年。

[8]《马加比书》第一卷第八章第三节："犹太人听说罗马人在西班牙所做的，就是成为那里银矿和金矿的主人。"

第八章

东方诸国与第二次马其顿战争

希腊东部

在罗马人初次踏足这片自称由自己所有的领土一百年以前,马其顿国王亚历山大便已经开始了自己的大计,整个计划虽大体遵循了"东方希腊化"的根本方针,但随着时间的推移,它已然演变成希腊-亚细亚国家体制的建设事业。一直以来,希腊人热衷迁徙并开拓殖民地,这点早已根深蒂固,因此以前的希腊商人曾到过马西利亚和昔兰尼、尼罗河和黑海,现在他们也能固守亚历山大之所得;在长矛的保护之下,阿契美尼德王朝的古帝国全境共享着希腊文明。那些瓜分大将军遗产的军官逐渐解决了他们的争端,建立了一个均势体系，这一体系虽时有波动，却仍能显示出某种规律性。

大国马其顿

同属于这个体系的一级国家有三个：马其顿、亚细亚和埃及。腓力五世自罗马纪元534年即公元前220年开始执掌王权，在他的统治下，马其顿至少在表面上与亚历山大之父腓力二世统治之时无异——国家军事团结，财政秩序井然。在马其顿北部边境，待高卢洪水的浪头滚滚逝去，一切都恢复原状。边境守兵轻易便能抵御伊利里亚蛮族的进攻，至少在平日里确是如此。在南方，不仅整个希腊都依赖马其顿，而且希腊大部分地区都直接隶属于马其顿，并配有马其顿戍兵把守，其中包括自奥林匹斯山至斯佩尔凯俄斯河和马格尼西亚半岛的最广义上的塞萨利全境，疆域辽阔且占据重要地位的埃维亚岛，洛克里斯、福基斯和多利斯等地，以及阿提卡和伯罗奔尼撒半岛的许多独立据点，如苏尼乌姆岬角、科林斯、奥科美那斯、赫里亚和特普利亚地区；更为重要的是三座堡垒，即马格尼西亚的德米特里阿斯、埃维亚岛的哈尔基斯以及科林斯，俗称"希腊人的三副脚镣"。但是该国最主要的优势还是在于它世代传承的土地——马其顿。的确，该国地广人稀，马其顿倾尽全力，所出的人数勉强才抵得上罗马一支常规执政军的两个兵团；而且很显然，此前由于亚历山大的出征以及高卢人的入侵，该国人口锐减，至今尚未复原。然而，在希腊本部，人们的道德能量与政治积极性已然衰弱，民族繁盛似乎已成过去，生活似乎了无趣味，甚至这里的高洁之士也以饮酒、舞剑或挑灯苦读来消磨时日。在东方和亚历山大城，希腊人或许能够在为数众多的土著人中间传播文化因子，宣扬他们的语言和喧嚣、科学和伪科学，但他们的人口只够在国内任军官、政治家和教师之用，即使在这些城市里，他们也因人口太少，而不能形成纯希腊式的中层阶级。另一方面，北希腊仍然留存着相当一部分旧时的民族力量，这股力量曾造就出许多马拉松斗士。因此，马其顿人、埃托利亚人和阿卡尔那尼亚人都满怀信心，在东方，无论他们去向何处，都坚称自己是优等种族，别人也视他们为优等种族，所以他们在亚历山大和安条克的宫廷中都享有崇高地位。有这样一个特别的故事，说一个亚历山大城的人久居马其顿，效仿马其顿的礼俗和着装，他一回到本国，便把自己视作人，而把亚历山大人视作奴隶。这种坚定的力量和健全的民族精神对马其顿人颇有裨益，促使马其顿成为北希腊最强大最有组织的国家。这里的旧式政制在一定程度上承认等级分化，而如今无疑出现了与之相反的专制政体。然而，马其顿的君臣关系与亚细亚和埃及的君臣关系截然不同，马其顿的臣民仍觉得自己是独立且自由的。马其顿人奋勇抵抗以任何名义入侵的公敌，坚定不移地效忠于祖国和世袭政府，在绝境中勇往直前、不屈不挠，上古历史中没有哪个民族像他们一样与罗马人如此相似。而在高卢人入侵以后，马其顿几乎奇迹般地复兴起来，这对国家领袖和人民来说都是一个不朽的荣誉。

亚细亚

第二大国亚细亚只不过是改头换面和希腊化的波斯[1]，该国君主常以一种既显骄恣又见软弱的方式自称"王中之王"，而这就是"王中之王"的国家。它以一种近似于波斯的狂妄姿态统治着自赫勒斯滂至旁遮普的区域，其杂乱无章的组织形式也与波斯无异。它是一个由或多或少依附于它的属国、不听号令的下属辖地以及半自由的希腊城市组合而成的集合体。在小亚细亚，这种情况尤其明显。

小亚细亚名义上属于塞琉古帝国,但其整个北海岸和内陆东部的大部分地区实际都在本地王朝或从欧洲侵入此地的凯尔特部落手里;西部大部分地区都为帕加马国王所有,而岛屿和沿海城市有些属于埃及,有些则为自由之地;所以大王所剩的不过是西里西亚、弗里吉亚和吕底亚的内陆地区以及大量对自由城市和众王族不易实现的虚权,这恰恰和当初德意志君主在其世袭领地以外的统治权性质类似。这一帝国想要将埃及人逐出沿海地区,结果徒劳无功,又与东方民族帕提亚人和巴克特里亚人在边境地区展开斗争,与居于小亚细亚、为害地方的凯尔特人互结仇怨,时刻阻挠东部各省和小亚细亚的希腊城市实现独立,身陷家庭纷争与叛党暴动,最后耗尽国力。亚历山大继任者所创建的国家固然无一能避免此类事端以及国势衰颓时君主专制政体所引发的祸乱,但在亚细亚,这些灾祸要比在其他地方更为可怕,因为该帝国组织涣散,这些灾祸通常使得某些特定地区与本国长期或短期分离。

埃及

与亚细亚截然不同,埃及是个团结统一的国家,首位拉基代国王明达睿智,善治国之道,他巧妙地利用古时的民族与宗教先例,成立了一个完全专制的内阁政府,即便是最糟糕的暴政也无法激起任何独立或分裂的图谋。马其顿的忠君亲上是建立在个人尊严的基础之上,也是个人尊严的政治表达,埃及的乡村人民则大不相同,他们完全处于被动;另一方面,首都是重中之重,而首都又是朝廷的附庸。因此,与马其顿人和亚细亚人相比,埃及人对其统治者的疏失散漫更觉麻木,反之,若埃及由托勒密一世和托勒密三世这样的人统治,这种国家机器就会变得极其有用。与其两大对手相比,埃及有一个特殊的优势，就是它的政策不是捕风捉影，而是追求可以达到的具体目标。马其顿是亚历山大的故乡，亚细亚是他建立政权的地方，这两国永远视自己为亚历山大帝制的直接延续体，并且大呼小叫，声称自己即使无法恢复这一帝制，至少也有权为其代表。拉基代王朝从未想过要建立一个世界帝国，也从未想过要征服印度，但通过补偿之法，他们将印度和地中海之间的商业贸易全部从腓尼基港口引到亚历山大城，使埃及成为当时第一个商业航海国，也成为东地中海及其海岸和岛屿的主人。托勒密三世自愿把除安条克以外的全部占领地都归还塞琉古二世，这是一项具有重要意义的举措。一部分出于这个原因，一部分得益于得天独厚的地理优势，埃及取得相对那两个大陆强国而言攻守俱佳的军事地位。陆军无论从哪一面几乎都不能接近埃及，敌人即便乘全胜之势也难以对其造成严重威胁，同时埃及人经海路不但能占领昔兰尼，还能夺取塞浦路斯[2]和基克拉泽斯群岛[3]以及小亚细亚的整个南部和西部海岸，甚至欧洲色雷斯的切尔松尼斯也都尽归他们所有。他们凭借先进的技术开发尼罗河流域的肥沃土壤，直接增加了国库收入，又通过明智决绝的财政政策增加了物质利益，因此亚历山大城的朝廷甚至是以金钱强国的身份一直凌驾于其敌国之上。最后，人们当时醉心于所有行业和知识领域的研究，拉基代王朝对这种趋势表示欢迎，也知道如何把这种研究控制在君主专制的范围之内，把学术研究和君主专制的利益联结在一起。拉基代王朝用丰厚的奖赏来鼓励此类研究，是为明智之举，一方面，亚历山大城的数学研究给造船业和机械制造业带来了有利影响，国家直接受益；另一方面，这也使得在希腊民族政治解体后所产生的新型智能（最重要也是最伟大的新型智能）但凡是可供使用的，便全数为亚历山大城的朝廷所用。如果亚历山大帝国依然存在，希腊的科学艺术必能找到一个合适的栖身之所。如今，希腊民族早已土崩瓦解，学术上的世界主义蔚然成风，不久便被磁石一般的亚历山大城所吸引。这里的科学器械和收藏取之不尽，这里的国王创作悲剧而大臣加以评注，这里的私立学校和学院繁荣发展。

综上所述，三大国之间的关系显而易见。海上强国控制沿岸地区，称霸海上，在第一次成功实现欧亚两大陆的政治分离之后，不得不进一步努力削弱陆上两大国的实力，以此来保护几个小国；而马其顿和亚细亚虽视对方为仇敌，但却首先意识到埃及是他们共同的敌人，于是联合起来或者无论如何应该联合起来对付埃及。

小亚细亚王国

在次等国家中，就东西方之间的联系而言，我们首先还是把重点放在那些自里海南端延伸至赫勒斯滂、居于小亚细亚内陆和北海岸的国家：阿特罗帕特尼（里海西南，今阿塞拜疆），其次是亚美尼亚、小亚细亚内陆的卡帕多西亚、黑海东南岸的本都和黑海西南岸的比提尼亚。这些国家都是波斯大帝国的残余，受东方王朝统治，其中大部分受波斯旧王朝统治，尤其阿特罗帕特尼的偏远山区是古代波斯制度的真正收容所，甚至亚历山大的远征军横扫此地，都没有留下一点痕迹；所有国家也都与曾取代或想要取代亚细亚大王地位的希腊王朝暂时保持表面上的附属关系。

小亚细亚的凯尔特人

一般说来，更为重要的是小亚细亚内陆的凯尔特。该国介于比提尼亚、帕夫拉戈尼亚、卡帕多西亚和弗里吉亚之间，住有三个凯尔特部落，分别是托利斯托波利人、泰克托萨基人和特罗克密人，他们既不放弃自己的本土语言和习俗，也不放弃自己的体制和海盗行当。三个部落分为四个辖区，每个辖区又设一位长官，这十二位长官与他们的三百人议事会一起组成国家的最高权力机构，在"圣地"集中开会，尤其宣布死刑时更是如此。在亚细亚人看来，凯尔特人的辖区体制似乎很特别，北方入侵者的冒险和劫掠行径似乎也同样奇怪，他们一方面每逢战事都给不好战的邻国提供雇佣兵；另一方面又从周边地区劫掠财物，勒索捐资。周边的弱小国家都对这些粗野强悍的蛮族心生畏惧，甚至亚细亚的大王也怕他们。几支亚细亚军队都被凯尔特人歼灭，甚至国王安条克一世也在斗争中丧生（罗马纪元493年即公元前261年），最终亚细亚大王同意向他们纳贡。

帕加马

由于大胆反抗高卢部落并赢得了胜利，帕加马的富民阿塔罗斯获得了本城的王室头衔，并把它传给子孙后代。这个新朝廷在很大程度上是亚历山大城朝廷的缩影。这里的日常事务就是促进物质利益的增加，推动文学艺术的发展，再加上政府推行审慎严肃的内阁政策，其主要目的一方面是削弱两个危险的大陆邻国的实力，另一方面则是在小亚细亚西部建立一个独立的希腊国家。充盈的国库大大提高了帕加马统治者的地位。他们预先贷给叙利亚国王大批款项，后来罗马所提的和约中便有一条是偿还这笔款项。他们甚至用这种方式成功获取领土，例如，在上一场战争中，罗马人和埃托利亚人联合起来，从腓力的盟友亚该亚人手里夺得埃伊纳岛，按条约规定，此地应归埃托利亚人所有，埃托利亚人便以三十塔兰特（合七千三百英镑）的价格将它卖给阿塔鲁斯。然而，尽管朝廷辉煌，王位显赫，帕加马共和国却总带有一点都市色彩，在政策上它常向自由城市看齐。阿塔鲁斯本人是古代的洛伦佐·德·美第奇，他终身都是一位富裕的公民。阿塔鲁斯家族的和谐友爱不因拥有王室头衔而改变，这与更加贵族化的王朝中所出现的荒淫无耻行径形成鲜明对比。

希腊的伊庇鲁斯人　阿卡尔那尼亚人　彼奥提亚人

在欧洲的希腊，除了西海岸的罗马领土（在它最重要的地方，尤其是科西拉，似乎驻有罗马长官）和直接附属于马其顿的疆域以外，或多或少能自主推行政策的势力有：北希腊的伊庇鲁斯人、阿卡尔那尼亚人和埃托利亚人，中希腊的彼奥提亚人和雅典人，以及伯罗奔尼撒半岛的亚该亚人、拉西第梦人、麦西尼亚人和埃利亚人。其中伊庇鲁斯、阿卡尔那尼亚和彼奥提亚以各种方式与马其顿紧密结合起来，尤其是阿卡尔那尼亚，因为只有马其顿能够保护它不被埃托利亚人所灭，他们都不是重要势力，内部情况也千差万别，这在某种程度上可以一事为证：在彼奥提亚——这里的情形固然糟糕到极点——有一个惯例，凡不传给直系子嗣的财产一律移交给公餐会；如遇公务长官选举，当选的首要条件是他们必须保证在二十五年之内不许任何债主尤其是外国债主起诉债务人。

雅典人

雅典人习惯接受亚历山大城的帮助以对抗马其顿，并与埃托利亚人紧密联合。可是他们也没有任何力量，除了雅典诗歌和艺术外，几乎没有什么能把过去光辉岁月的无用衍生物与众多同类小城区别开来。

埃托利亚人

埃托利亚人同盟的势力较为持久。在这里，北希腊人的性格虽已变得鲁莽无纪、不耐管制，但他们的实力仍未受损。埃托利亚有一条公法，即：埃托利亚人可作为雇佣兵与任何国家对抗，包括与本国结盟的国家；其他希腊人恳求他们修改这一奇怪的法律，埃托利亚公餐会却表示埃托利亚人就算被逐出埃托利亚，也不会从法典里删去这项规定。埃托利亚人本可以为希腊民族效力，奈何他们有组织地行劫掠之事，彻底仇视亚该亚同盟，又在不恰当的时机与马其顿大国作对，因此反而更加有害于希腊民族。

亚该亚人

在伯罗奔尼撒半岛，亚该亚同盟集合希腊本土的精华，组成了以文明、民族精神和和平备战为基础的联盟。然而，尽管这个同盟向外扩张，但亚拉图自私的外交政策却抑制了它的繁荣发展，尤其是影响了其军事战斗力。它不幸与斯巴达起了争执，更可悲的是，它召马其顿人前来干涉伯罗奔尼撒半岛的事务，以至于亚该亚同盟完全屈从于马其顿的至高权威，自此以后，该地主要堡垒都驻有马其顿的戍兵，并且每年都在这里宣誓效忠于腓力。

斯巴达　埃利斯　墨塞奈

伯罗奔尼撒半岛各弱国如墨塞奈和斯巴达的政策由他们旧时对亚该亚同盟的仇恨决定，而关于边境问题的争端更是助长了这种仇恨，他们倾向于亲埃托利亚而反马其顿，因为亚该亚人站在腓力一边。这些国家中只有尚武的斯巴达君主国比较重要，马坎尼达斯死后，斯巴达已落入一个叫纳比斯的人手里。纳比斯日益狂妄，倚仗流氓游勇的支持，不但把市民的房屋土地分给他们，而且把市民的妻儿也分给他们。克里特岛是佣兵和海盗的避难所，他千方百计地与其保持联系，甚至共谋海盗营生，岛上有几个地方也归他所有。他的陆上劫掠军和留在玛勒亚海角的海盗船恶名在外。他本人卑劣残暴，人所共愤，但他的统治区域不断扩展，大约在扎玛战役时，他已经成功占领了墨塞奈。

希腊城市同盟罗德市

最后，在中等国家中，普罗庞蒂斯海欧洲海岸、小亚细亚全部海岸和爱琴海各岛屿上的希腊自由商业城市，都居于最为独立的地位；同时，希腊的国家体系呈现混乱庞杂之景，它们是这幅图景中最为明亮的部分。特别是其中三个城市在亚历山大死后彻底重获自由，又通过海上贸易活动得到相当大的政治势力，甚至获得大片领土。它们分别是：因征收过境税和与黑海各地进行谷物贸易而臻于富强的博斯普鲁斯海峡之主——拜占庭，与帕加马朝廷保持密切联系的米利都之女——普罗庞蒂斯海靠亚细亚一面的库齐库斯，以及最后也是最重要的罗德市。亚历山大一死，罗德即刻逐走马其顿的戍兵，通过有利的贸易和航海地位，控制了整个东地中海的运输业。

他们的舰队运作得宜，公民的勇气在罗马纪元 450 年即公元前 304 年的著名包围战中也得到了锻炼，所以在这混乱不休的年代，罗德人成为智勇双全的代表，并在必要时提倡一项中立的商业政策。例如，他们用武力逼迫拜占庭免除罗德船舶在博斯普鲁斯海峡的过境税，而且不允许帕加马国王封闭黑海。另一方面，他们尽可能避免陆上战争，尽管他们已在卡里亚对岸获得不少领地。在战争不可避免之地，他们就利用雇佣兵应战。他们对四周的邻国（如叙拉古、马其顿、叙利亚，特别是埃及）都很友好，在这几国的朝廷上也很受尊重，因此，大国交战时，他们便经常被请来居间调停。但他们特别关心希腊沿海城市的利益，这些城市数量繁多，分布于本都、比提尼亚和帕加马等国沿海以及埃及从塞琉古帝国夺来的小亚细亚沿岸和岛屿上，如锡诺普、赫拉克利亚－本都卡、契欧、兰萨库斯、阿比多斯、米提利尼、希俄斯、士麦拿、萨摩斯、哈利卡纳苏斯等。这些城市基本上都是自由城市，除了要申请特权和适当纳贡以外，它们与当地的领主没有什么关系。领主每欲进犯，它们便巧妙应用，有时行逢迎谄媚之法，有时则直接采取强硬措施。在这种情况下，罗德人是他们的主要帮手。例如，罗德人果断支持锡诺普抗击本都的米特拉达特斯。小亚细亚的这些城市如何在各领主的争执中利用其矛盾建立稳固的自由制度，可由一事得见：此后数年，安条克和罗马人之间的争端不在于这些城市的自由本身，而在于它们是否须向安条克申请核准其特权。就当地领主的特殊地位及其他方面而言，这个城市同盟是个正式的汉萨组织，罗德岛为其首领，为它自己和盟友商订协约。这个同盟维护这些城市的自由以对抗领主利益。城外激战正酣之时，城内的公众精神与文明繁荣都相对安全，科学艺术欣欣向荣，既不会被暴军破坏，也不会受朝廷风气所蚀。

腓力，马其顿国王

在东西方的政治隔阂被打破而以马其顿的腓力为首的东方各国开始干涉西方关系之时，东方事态便是如此。我们已在一定程度上阐述了这种干涉行动的起源和第一次马其顿战争（罗马纪元540—549年即公元前214—前205年）的过程；我们也指明腓力本可在第二次布匿战争中做出何种成就，以及在汉尼拔一切正当的期望与计划中真正得以实现的又是如何之少。世界上没有什么比世袭君主制更加随意，这条至理名言又新添一佐证。腓力不是马其顿当时需要的人，但他的天资远不可小觑，从最好和最坏的意义上来看，他都是名副其实的君主。热衷亲理国事，不假手于人是他的本性，他以自己的王权为荣，但却不仅限于此，而他确实有引以为荣的理由。他不但有战士的骁勇和将军的见识，而且在处理国事时，一旦他那马其顿的荣誉感被冒犯，他便展现出昂扬的斗志。凭着十足的谋略与智慧，他使所有他想要笼络的人都对他心悦诚服，尤其是那些最为能干最为风雅的人，如弗拉米尼努斯和西庇阿。他是一个很好的酒友，也是一个危险的情人，这不仅仅是由他的地位所致。但同时他也是那个无耻的时代造就的最为狂妄残虐的人，他经常说：除了神灵以外，他什么都不怕，但他的神灵似乎就是海军将官狄凯阿科斯定期祭拜的无神和无法。在他眼里，他的谋士和支持他计划的人，其生命都不是神圣不可侵犯的，他也不惜毁坏历史悠久的纪念碑和著名的艺术品，以发泄自己对雅典人和阿塔鲁斯的愤恨。有人引用他的一句为政箴言："杀其父者必并杀其子。"他或许并不以残暴为乐，但他确实对他人的生命和苦难漠不关心，只有慈悲心能使人宽容大度，但他残忍顽固，并无慈悲之心。他厉声高呼：一个专制君主不受任何诺言和道德法的束缚，以至于他的计划受到了极大的阻碍。没人能否认他的精明决断，但他的精明决断却以一种奇怪的方式与循环姑息联系起来,这或许可由下列事实得到解释:他十八岁便登上王位,掌握专制王权,但凡有人以抗辩或驳议的方式扰乱他的专制统治,他必会勃然大怒,因此,所有独立的谋士都对他畏而远之。第一次马其顿战争时,他那软弱无耻的作战方法由何而来,我们不能妄下论断,或许是由于懈怠狂妄,不到万分紧急的时候,他都不肯拼尽全力;又或许是因为作战计划并非他自己制定,他对其漠不关心。汉尼拔的伟大也令他自愧不如,让他心生妒忌。可以确定的是,他后来的举动丝毫不像腓力所为。因为他的疏忽大意,汉尼拔的计划受挫。

马其顿和亚细亚攻打埃及

腓力于罗马纪元548年至549年即公元前206年至前205年与埃托利亚人和罗马人缔结条约时,他的真正用意是与罗马建立长久和平,将来便可专心应对东方事宜。毋庸置疑,他见迦太基迅速屈服,不免懊悔。或许汉尼拔希望马其顿再次宣战,腓力则暗中派雇佣兵增援最后一支迦太基军队。可是同时他在东方处理的繁杂事务,以及所谓增援的性质(特别是罗马人在找寻战争根据时对破坏和平的举动绝口不提)都使人们深信腓力在罗马纪元551年即公元前203年绝无意补做他十年前就应该做的事。他的眼光已转向一个完全不同的区域。

埃及国王托勒密·斐拉佩特死于罗马纪元549年即公元前205年。其继位者托勒密五世是个五岁的幼童,马其顿国王腓力和亚细亚国王安条克联合起来对付他,以彻底还报这两个大陆君主国对海洋国家的旧仇。两国要瓜分埃及土地,埃及和塞浦路斯归安条克,昔兰尼、爱奥尼亚和基克拉泽斯群岛归腓力。完全效仿腓力对此类顾虑嗤之以鼻的做法，这两国国王没有理由也没有借口开战，正如"大鱼吞小鱼"。而且这一联盟做出了正确的预测，特别是腓力，埃及忙于抵御叙利亚近敌的进攻，不得不在腓力侵犯小亚细亚和基克拉泽斯群岛时，任凭其防务空虚。在迦太基与罗马缔结和约那一年（罗马纪元553年即公元前201年），腓力命属下各城市装备一支舰队用以运载军队，并沿色雷斯海岸航行。马其顿军从埃托利亚戍兵手里夺取利西马基亚，附属于拜占庭的佩林苏斯同样也被占领。因此拜占庭的和平遭到破坏，而埃托利亚人虽然刚刚才与腓力媾和，其良好互信关系至少也受到了影响。渡海到亚细亚并非难事，因为比提尼亚国王普鲁西阿斯是马其顿的盟友。作为补偿，腓力助他征服境内的希腊商业城市。卡尔西登投降，契欧抵抗，最后被攻陷并夷为平地，他的居民也沦为奴隶。这是毫无意义的暴行，普鲁西阿斯欲保全此城并据为己有，因而此举使普鲁西阿斯大为不满，也激起了整个希腊世界的愤慨。埃托利亚的将军曾控制契欧，罗得人企图居间调停，却因腓力卑鄙狡诈的手段而无疾而终，这两国都大为恼怒。

罗德岛汉萨同盟与帕加马对抗腓力

但即使情形并非如此，所有希腊商业城市的利益也危如累卵。他们不可能允许马其顿的暴政取代近乎纯粹名义上的埃及温和统治，因为市民自治和通商自由与马其顿的暴政水火不容。从契欧人受到的恐怖待遇看来，他们所面对的危机并非确定城市章程的权利问题，而是个体和全体的生死存亡。兰普萨库斯已经陷落，塔索斯的遭遇和契欧一样，形势刻不容缓。罗德岛英勇的将军特俄菲利克斯号召公民共同抵御危机，不要让城市和岛屿被敌人逐一蚕食。罗德岛人定下决心，向腓力宣战。拜占庭与罗德岛联合，年迈的帕加马国王阿塔鲁斯，在私人和政治方面都与腓力结仇，也加入了反腓力阵营。同盟国舰队集结于爱奥利亚海岸之际，腓力正下令麾下部分舰艇攻打契欧和萨摩斯，亲率其余舰艇抵达帕加马城下，然而此举无功而返。他只能漫行旷野，四处毁坏庙宇，留下马其顿骁勇的痕迹。

腓力突然离岸登舟，打算与当时位于萨摩斯的分舰队会合，罗德岛和帕加马的联合舰队紧随其后，腓力被迫在契欧海峡应战。马其顿的甲板船为数不多，没有甲板的船却很多，足以弥补缺陷，而且腓力的士兵都骁勇善战，但他最终还是战败了，二十四艘甲板船将近一半被击沉或俘虏，马其顿阵亡海军六千人，陆军三千人，海军将领德摩克拉特斯也阵亡，俘虏两千人。联军取得这次胜利付出的代价不过八百人和六艘船只。但是联军的领袖阿塔鲁斯与其舰队的联络被敌军切断，被迫将所乘船只搁浅于厄立特利亚。罗德岛将军特俄菲利克斯，他满怀爱国之情，决定开战，又在战争中，却在战后因伤而死。因此，阿塔鲁斯率领舰队归国，罗德岛舰队暂时滞留契欧之际，腓力伪称获胜，得以继续向前航行，调转方向直指萨摩斯，意图占领卡里亚诸城。在卡里亚沿海，这次没有阿塔鲁斯的援助，罗德岛人在美里塔司港口前的小岛拉德附近，再次与赫拉克里德斯率领的马其顿舰队交战。双方再次同时宣称获胜，但由于战后罗德岛人撤退到孟多司，又从孟多司退到科斯，马其顿占领美里塔司，狄西阿库斯率领一支埃托利亚舰队占领基克拉泽斯群岛，这次似乎是马其顿获胜。腓力进而攻取罗德岛在卡里亚大陆上的领土和希腊各城。如果他愿意亲自攻打托密勒，不局限于获得战利品，此时他可能甚至已经萌生远征埃及的念头了。

在卡里亚，马其顿人没有遇到军队抵抗，腓力从马格内西亚到迈拉沙一路畅通无阻，但是这里的每一座城市都是堡垒，围城攻战旷日持久，且收效甚微、前路茫茫。吕底亚总督宙克西斯不热心援助其君主的联盟，正如腓力无意为叙利亚王的利益驱驰，而希腊诸城只有在武力和威吓逼迫下才会施以援手。军队补给日益艰难，腓力不得不在今日劫掠昨日曾自愿供需的地方，有时候又要勉强再向他们卑词请求。如此这一年的好时节逐渐终结，其间罗德岛的舰队得到增援，阿塔鲁斯的舰队也与之会合，因此盟军在海上具有绝对优势。他们似乎已经切断腓力的退路，此时马其顿国内形势紧急，尤其是埃托利亚和罗马有干涉的倾向，急需他回国处理之际，腓力却被迫在卡里亚驻营过冬。腓力察觉到了危险，他留下共达三千人的守军，一部分驻守在迈利那以牵制帕加马，一部分驻守在迈拉莎周边的小城——耶素、巴吉里亚、犹罗穆和裴达萨——以确保卡里亚的优良港口和着陆点。由于联军对海面疏于防范，腓力率领舰队于罗马纪元553—554年即公元前201—前200年冬季之前成功抵达色雷斯海岸，返回本国。

罗马的外交干预

实际上西方正酝酿着一场反抗腓力的风暴，阻止他继续进犯毫无防御能力的埃及。罗马在这一年最终按照自定的条款与迦太基缔和，开始重视东方的混乱局面。有人常说罗马在平定西方以后会即刻着手征服东方，再三忖度定能得出更为合理的判断。只有固执己见者，才会对此时罗马并未攫取地中海各国主权置若罔闻，相反，罗马只希望邻国不在非洲和希腊为非作歹，而且此时马其顿确实算不上罗马的威胁。马其顿的势力并不弱，很明显罗马纪元548—549年即公元前206—前205年的缔和条件，罗马元老院是勉强同意的，因为和约保存了马其顿的完整性。但是罗马对马其顿完全不怀疑惧，从之后一年罗马只派出少量军队与马其顿作战就可以明显看出这一点，因为罗马从来不会强迫军队与优势敌军作战。当然，罗马元老院更愿意看到马其顿遭到挫败，但是这种挫败若是以罗马军队在马其顿陆上作战来取得，代价未免太大。因此，在埃托利亚撤退之后，元老院自愿在维持现状的基础上立即缔和。所以，如果说罗马政府在缔和时就已经有等待更便利的时机再次发动战争的具体计划，完全是无稽之谈。

非常肯定的是，当时国家已经精疲力竭，公民极度不情愿卷入第二个海外战争中，所以罗马人很大程度上不愿意发动马其顿战争。但此时战争已无法避免。罗马人在罗马纪元549年即公元前205年将马其顿视为自己的邻国，或许还说得过去，但他们不可能允许马其顿将亚洲希腊最大的部分以及要地昔兰尼占为己有，任其征服中立的商业国家，借此势力倍增。再者，埃及的覆灭和罗德岛挫败，或者被征服，将重创西西里和意大利的贸易，如果意大利与东方的商业要依赖大陆上的两个大国，罗马还能袖手旁观吗？此外，自从第一次马其顿战争以来，阿塔鲁斯就成为罗马的忠实盟友，罗马要对他履行荣誉义务。腓力已经将阿塔鲁斯围困在首都，罗马必须阻止腓力将阿塔鲁斯逐出领地。最后，罗马声称要将其护佑延伸至所有的希腊人，绝非空谈。拿波里、利基翁、马西利亚和恩波利公民均能证明这种保护真心诚意，毫无疑问当时罗马与希腊人关系的密切程度非其他民族能及，不比希腊－马其顿的关系疏远。对于契欧人和塔索斯人骇人听闻的遭遇，罗马人不但同情希腊人，而且同情人类，有人却争论他们应该对此感到反感，实在令人费解。

第二次马其顿战争的序幕和托辞

如此一来，事实上所有政治、商业和道义的动机共同导致罗马发动第二次马其顿战争——这是罗马城发动的、最为正义的战争之一。此举极大地为元老院增光添彩，元老院即刻制定解决方法，不因国力耗竭或人民反对宣战而不作必要的战争准备。早在罗马纪元553年即公元前201年，行政长官马库斯·瓦勒里乌斯·莱维努斯就率领三十八艘战舰组成的西西里舰队出现在东方的海面。然而罗马政府苦于找不到发动战争的托辞，虽然他们远不像腓力那样轻视开战合法理由的重要性，为了让人民满意，政府也需要提供开战理由。据说腓力与罗马缔和之后，曾向迦太基人许诺会提供支援，其真实性显然无法证实。当然，很长时间以来，伊利里亚的臣民都在控诉马其顿的侵犯。罗马纪元551年即公元前203年，一位罗马使臣率领伊利里亚雇佣兵将腓力的军队逐出伊利里亚领土，元老院因此于罗马纪元552年即公元前202年向腓力的使臣声称，如果他想发动战争，罗马将在他备战好之前发动战争。但是这些侵犯行为只是腓力向邻国发起的寻常暴行，如果现在要因此进行交涉，结果必然是腓力道歉赔罪，而不至于引起战端。在名义上，罗马公社与东方各交战国均建立了友好关系，可以为他们抵御腓力的攻击提供援助。罗德岛和帕加马自然也需要向罗马求助，但二者在形式上却是侵略国。虽然亚历山大城的使臣请求罗马元老院作为其幼主的监护者，但是埃及似乎并不急于请求罗马的直接干预，这种干预可以暂时破除困境，但同时必须向这个西方大国敞开东方海域的大门。此外，援助埃及必须先援助叙利亚，这必然导致罗马陷于和亚细亚与马其顿同时作战，罗马人坚决不干预亚洲事务，更不愿意陷入这种困境。这个时候别无他法，只能向东方派遣使团，其一是为了——在这种情况下并不难——取得埃及的认可，允许罗马干预希腊事务；其二是希望通过放弃叙利亚，任由安条克大王处置，以宽慰其心；最后是为了尽可能加快与腓力关系的破裂，号召希腊、亚细亚小国联合起来反抗腓力（罗马纪元553年即公元前201年末）。在亚历山大城，罗马轻而易举达成目的，埃及朝廷别无选择，只能欣然接受罗马元老院派遣马库斯·埃米利乌斯·雷比达作为"国王监护人"，在无需实际干涉的条件下维护国王的利益。安条克既未断绝与腓力的联盟，也没有给罗马人想要的具体解释，然而在其他方面——无论是出于疏忽，还是受到罗马人宣称不希望干预叙利亚的影响——他一意孤行自己的计划，对希腊和小亚细亚的事务置之不理。

战争的进展

时间随之进入罗马纪元554年即公元前200年春，战争再次拉开序幕。腓力再次向色雷斯进军，占据色雷斯沿海所有地方，尤其是马诺利亚、埃奴、埃卢和赛都斯，他希望确保其欧洲属地无罗马人登陆的危险。腓力随后攻打亚细亚沿岸的阿卑多斯，攻取阿卑多斯对他来说意义重大，因为腓力据有赛都斯和阿卑多斯之后，便能与其盟友安条克的关系更上一层楼，不需要再担忧联盟舰队阻断其往来小亚细亚的航道。势力稍逊的马其顿舰队撤退之后，联盟舰队掌握了爱琴海的控制权。腓力在海上的军事行动仅限于驻兵戍守锡克拉底斯群岛的三个岛屿——安德罗、乞特诺和帕罗——以及装配私掠船。罗德岛人行军至契欧，再由契欧进入特内多斯岛，阿塔鲁斯在埃基那度过了冬季，听雅典人说书消磨时光，便率领舰队和盟军于特内多斯岛会合。阿卑多斯人英勇自卫，盟军本来应该立刻赶赴支援，但他们按兵不动，在几乎所有能操戈赴战的士兵于混战中殒身城下之后，阿卑多斯城最终只能请降。该城大部分居民在投降之后自杀身亡——战胜者的慈悲是允许阿卑多斯人在三天内自行了断。罗马使团在处理完叙利亚和埃及事务之后，便访问和游说各希腊小国，这时来到阿卑多斯营前，与腓力会见，向他转达罗马元老院命令他们提出的建议：马其顿王不应该向任何希腊国家发动侵略战争，归还从托勒密掠夺的领土，至于给帕加马人和罗德岛人造成的伤害，应该付诸裁决。罗马元老院本来意图借此激怒腓力，正式发动战争，但是计划落空了。罗马使臣马库斯·埃米利乌斯·雷比达只得到腓力彬彬有礼的恭维，说因为使臣是个年轻有为、仪表堂堂的罗马人，所以原谅他的口无遮拦。

然而与此同时，罗马已经在另一处找到了想要的宣战理由。两个不幸的亚该亚人不经意误入雅典人举行的神秘宗教仪式，雅典人便狂妄且残忍地处决了他们。亚该亚人自然怒火中烧，随即请求腓力为他们报仇，腓力无法拒绝自己最忠实盟友的合理请求，允许亚该亚人在马其顿招募士兵，在没有正式宣战的情况下，亚该亚人率领在马其顿所募士兵以及本国军队入侵阿提卡。当然这不能算是真正意义上的战争，此外，马其顿分队队长尼加诺听闻罗马使者此时在雅典发言恫吓，即刻下令旗下部队撤退（罗马纪元553年即公元前201年），但是为时已晚了。雅典派遣使团到罗马，控告腓力攻打罗马的老同盟国，从罗马元老院接待使团的方式来看，腓力对将来的形势了然于胸。所以在罗马纪元554年即公元前200年春，腓力立即命令在希腊的将领菲洛克里向阿提卡境内发动战争，将雅典城夷为平地。

罗马宣战

现在罗马元老院如愿以偿，在罗马纪元554年即公元前200年夏，元老院向人民大会提议宣战，理由是"因与罗马结盟的国家受到了攻击"。起初，这一提议几乎被人民一致否决：官员愚不可及、不怀好意，人们抱怨元老院，不让百姓休养生息。但是战争无法避免,而且严格来说,战争已经开始了,所以罗马元老院不可能退步。人民被游说和让步所惑,放弃了抵抗。值得一提的是,这些让步主要以联盟的利益为代价。高卢、意大利南部、西西里和撒丁的守军总计达两万人,都是专门从同盟的现役兵中调度而来——这与罗马人昔日的原则大相径庭。另一方面,所有自汉尼拔战争以来未尝卸甲的公民部队尽皆解散,据说政府只招募志愿兵参加马其顿战争,但是此后人们才发现,所谓的志愿兵实际上大部分都是被强迫来的——罗马纪元555年即公元前199年秋,这一事实在阿波罗尼亚引起一次惊心动魄的兵变。新应征的士兵编成六个兵团,其中两个兵团留守罗马,两个兵团驻守埃托利亚。只有两个兵团在执政官普布利乌斯·苏尔庇乌斯·伽尔巴的率领下,于布林迪西登船开赴马其顿。

这样一来,事实更加明朗:掌握主权的公民大会往往由于偶然事件作出目光短浅的决定,罗马的胜利编织起繁杂的关系,而公民大会不再适宜处理这些关系。公民大会对国家机器运转的恶意干预,导致军事上必要的措施受到危险的更改,而将拉丁盟国视为下等国则荼毒更甚。

罗马联盟

形势对腓力十分不利。东方诸国在面对罗马的干涉理应联合起来反抗,而且在其他情况下,它们很可能也会采取联合行动,但是主要由于腓力的过失,这些国家之间屡生嫌隙,以至于对罗马的侵入非但没有抵制防御,甚至反而有意促成。亚细亚是腓力天然也是最重要的同盟国,但是他当时忽视了这一点,而且亚细亚正忙于应对与埃及的争端以及叙利亚战争,无暇施以积极的干涉。

埃及当务之急是将罗马的舰队控制在东部海域之外，甚至直到目前，某个埃及大使还明确表示亚历山大朝廷愿意为罗马代劳，接手管理阿提卡的有关事宜。但是亚细亚与马其顿缔结的关于瓜分埃及的协议，迫使埃及，这个本来举足轻重的国家完全投入罗马的怀抱。亚历山大内阁迫于压力，对外宣称只有得到罗马的许可，才能干预欧洲希腊的事务。以罗德岛、帕加姆斯和拜占庭等为首的希腊商业城市也面临相似的处境，而且情形更加窘迫。在其他情况下，他们毫无疑问会竭力封锁东方海域以抵抗罗马人；但是腓力所实行的暴虐征服政策，迫使他们作以弱敌强的抗争，而为了自保，他们又不得不千方百计将强大的意大利卷入其中。

在希腊本部，罗马奉命在那里组织另一个抵抗腓力的联盟，但是腓力实际上已经作茧自缚了。至于由斯巴达人、伊利斯人、雅典人以及埃托利亚人组成的反马其顿派，腓力可能已经笼络了埃托利亚人，因为二者于罗马纪元548年即公元前206年缔结了和约，埃托利亚人与罗马的友好同盟关系产生了无法愈合的裂痕；但是且不说马其顿将塞萨利各城——埃契洛、拉利萨·克雷马斯、法萨卢以及弗斯奥提斯的底比斯——撤出埃托利亚同盟，因此与埃托利亚结下的旧怨，埃托利亚在里西马乞亚与契欧的守备部队被驱逐出境，也在埃托利亚人心中燃起了对腓力的敌意。他们迟迟不加入反腓力联盟，其主要原因必然是与罗马依旧存有嫌隙。

更加令人担忧的情况是，甚至与马其顿利益密切相关的伊庇鲁斯、阿卡纳尼亚、彼奥提亚以及亚该亚等希腊各邦中，也只有阿卡纳尼亚和彼奥提亚毫不动摇地支持腓力。在与伊庇鲁斯人的交涉中，罗马使者不无成果；而阿达马尼国王阿密南德与罗马的关系尤为紧密。甚至在亚该亚人中间，腓力杀害亚拉图[4]一事，也激起了许多人的愤慨；但另一方面腓力也因此为同盟开辟了一条更加自由的发展之路。在菲洛佩门[5]的领导下，亚该亚同盟改革其军事制度，通过战胜斯巴达人重拾信心,也不再像亚拉图时期那样盲目服从马其顿的政策。

腓力的好大喜功,既不会给亚该亚同盟带来任何利益,也不会对其产生直接危害,故而在希腊各邦中,独有亚该亚同盟能够以一种不偏不倚的希腊民族观点看待这场战争。亚该亚同盟深知,如此一来,在罗马人希望或意欲招降希腊民族之前他们便会自投罗马,所以亚该亚人试图调停腓力与罗德岛人的争议,但是为时已晚。民族情怀曾经一度平息联盟的战事,第一次马其顿与罗马的战争也主要导源于此,但是此时已经归于沉寂;亚该亚的调停无果,腓力亲访马其顿各城市及岛屿,希望唤起民族的热情,但也没有任何成效,它的无动于衷正如契欧和阿卑多斯的内美西斯[6]。亚该亚人既无力改变时局,也不愿意对其中任何一方施以援手,故而一直保持中立。

罗马人登陆马其顿

罗马纪元554年即公元前200年秋季,罗马执政官普布利乌斯·苏尔皮基乌斯·伽尔巴率领两个兵团以及一千名努米底亚骑兵,甚至还骑着从迦太基获得的战象,登陆阿波罗尼亚。腓力闻讯,匆匆由赫勒斯滂赶回塞萨利。但是由于岁时已晚,而且罗马将军身患疾病,那一年罗马在陆地上没有任何作为,只进行了一次大规模的侦察,其间占据了周边城市,特别是马其顿的殖民地安提帕特里亚。次年罗马与北方蛮族,主要有当时斯科德拉的统治者普勒拉托斯和达尔达尼国王巴托,筹划共同进攻马其顿,他们都理所当然地想抓住这个良机从中获利。

罗马舰队的行动起到了更加重要的作用,该舰队拥有一百艘甲板船,八十艘轻艇。其余的船只停泊在科西拉过冬,盖乌斯·克劳迪乌斯·森图率领一支分队到达比雷埃夫斯[7]，援助水深火热中的雅典人。但是森图见阿提卡地区已经作了完备的防御准备，有能力抵抗科林斯驻军以及马其顿海盗船的劫掠，便继续航行，出人意料地闪现于优比亚岛[8]的卡尔西斯，该处是腓力在希腊的主要堡垒，他的仓库、军械库以及俘虏都在这个地方，该地的统领索帕特尔完全没有预料到罗马会对其发起进攻。城墙无人防守，罗马人攀登而上，杀戮城内驻军，释放所囚俘虏，将仓库积聚的物资付之一炬。只可惜罗马军队数量有限，未能留兵驻守这一重要据点。闻知卡尔西斯遇袭，腓力勃然大怒，立刻从塞萨利的德摩特利亚斯出发，赶赴卡尔西斯，结果除了一片废墟外，并不见敌人的踪迹。腓力便继续向前，开赴雅典，想要施以报复。但是腓力突袭雅典的企图却落空了，即使他冒着生命危险亲临战场，也并未取得任何成果。盖乌斯·克劳狄乌斯从比雷埃夫斯、阿塔鲁斯从埃伊纳岛[9]赶赴雅典施援，腓力不得不率军撤离。腓力仍在希腊逗留了一段时间，但是在政治和军事方面，他取得的成果捉襟见肘。腓力还曾试图劝诱亚该亚人起兵相助，亚该亚人未予理会。腓力又发兵攻打埃琉西斯[10]和比雷埃夫斯，并再次兵临雅典城下，但都同样无果而终。他束手无策，但又怒不可遏，于是大肆蹂躏乡隅，毁坏阿卡德摩的林木，然后重返北方。

罗马人尝试入侵马其顿

冬季就这样过去了。罗马纪元555年即公元前199年春，罗马执政官普布利乌斯·苏尔庇乌斯从冬季的驻营开拔，率领兵团从阿波罗尼亚以最短路线侵入马其顿本土。此番进攻从西边切入，主要分为三路攻击相辅而行。北部是达尔达尼人和伊利里亚人，东部是罗马及各同盟国集结在埃伊纳岛的联合舰队,最后,南有阿达马尼人,如果说服埃托利亚人参战的尝试成功的话,他们也会自南部进发。伽尔巴越过阿普沙斯河(今贝拉提诺)贯穿的山脉,往前行进,经过达萨雷代肥沃的平原,到达分隔伊利里亚和马其顿的山脉,越过该山脉,便进入马其顿本土。

腓力率兵迎战伽尔巴。但是这些马其顿区域地广人稀,双方很长一段时间寻不见彼此。最后他们终于在林塞斯蒂斯相遇,此处距西北边界不远,是一块丰腴而充满泥沼的平原,两军在相距不足千步之遥的地方安营扎寨。与遣往扼守北方隘口的部队会师之后,腓力的军队有大概两万步兵、两千骑兵;罗马军队的兵力与其势均力敌。然而马其顿军队占有很大的优势:他们在本国领土范围内作战,对那里的大路和间道都十分熟悉,很容易获取给养,而且他们驻扎在距罗马人营寨这么近的地方,罗马人不敢冒险分兵出去搜寻粮草。马其顿执政官多次请战,但国王腓力坚决拒战。虽然罗马人在轻装部队的作战中稍有斩获,但并未造成实质的力量变化。伽尔巴被迫拔营,在八英里之外的奥克托洛浮建立另一个营寨,他认为在这个地方可以更容易获取给养。但是在这里,派遣出去的部队也被马其顿轻装部队和骑兵所击溃,罗马兵团不得不赶来施援,马其顿的先头部队孤军深入,被迫退回营寨,损失惨重。国王腓力在作战中失去了坐骑,要不是其部下慷慨牺牲,将战马让出,腓力本人也在劫难逃。伽尔巴指挥联盟军队进行的次要攻击进展相对顺利,也可能是由于马其顿兵力薄弱,罗马军队才能脱离危险的处境。

虽然腓力在马其顿境内大肆征兵,而且招募了罗马逃兵以及其他的雇佣兵,但是除了小亚细亚与色雷斯的守备部队外,他能派上战场的仅有当下亲率对抗普布利乌斯·苏尔庇乌斯的那支军队。此外,为了组建这支军队,腓力不得不抽调防守装拉哥尼亚地区北方隘口的部队,任该地处于毫无防备的状态。为了防止罗马人从东海岸发动进攻，腓力下令将西阿苏斯和帕瑞图斯这些可能被敌方舰队当作驻军港的岛屿尽行毁坏，派兵驻守塔索斯和海岸，并且令赫拉克里底率领在德摩特利亚斯组编的舰队。至于南部边界，腓力只能惴惴不安地寄望于埃托利亚的中立。这个时候埃托利亚突然加入反马其顿联盟，并立刻协同阿达马尼亚人入侵塞萨利，同时达尔达尼人和伊利里亚人侵入马其顿北方各部，罗马舰队在路奇乌斯·阿普斯提乌斯的率领下离开科西拉，到达东部海面，在那里同阿塔鲁斯的舰队、罗德岛人以及伊斯特里亚人的战船会合。

腓力得知战况如此，便主动放弃了据点，往东方撤退：其用意可能是击退出乎意料入侵的埃托利亚人，也可能是为了将罗马军队吸引过来，企图将其一举歼灭，或者是同时考虑到了这两点，企图随机应变择用其中一种计划，对此我们无法妄下论断。腓力的撤退进行得十分巧妙，伽尔巴未经斟酌，轻率作出尾随其后的决定，但此时已经找不到腓力的踪迹，腓力却采取迂回战术，从侧面包抄过来，扼住了林塞斯替与欧尔代亚两地交界的狭窄隘口，企图等待罗马人到来，在这个地方给他们迎头痛击。两军在腓力既定的地点短兵相接，但是马其顿人的长矛并不适合在林木丛生的崎岖地带作战。马其顿军队一部分撤回，一部分四面溃逃，死伤惨重。

罗马人卷土重来

此战失利之后，腓力的军队虽然无力再阻挡罗马人前进的步伐，但罗马人恐怕会在进退维谷的敌境再遭遇始料未及的危险，于是将马其顿北部的欧尔代亚、埃里梅亚以及欧雷斯替等富饶地带尽行搜刮毁坏之后，便撤回到阿波罗尼亚。欧雷斯替最大的城市开勒特隆（今卡斯托里亚，在与其同名湖泊的半岛上）已经投降，这是唯

——一个向罗马打开城门的马其顿城市。在伊利里亚地区，阿普苏河上游汇流处，达萨代人的裴琉城被罗马人突袭攻陷，罗马派遣强兵驻守此地，以备作为将来再次发动远征战役的据点。

罗马军队撤退的时候，腓力并未趁机骚扰，转而被迫移师对抗埃托利亚人和阿达马尼人，他们以为腓力正忙于应对罗马兵团，便肆无忌惮地劫掠裴臬河的富饶地带，腓力将他们彻底挫败，所有未葬身战场的埃托利亚人和阿达马尼人都被迫沿着熟悉的山间小路落荒而逃。经过这场战役的失败，同盟的实力大减，而在埃托利亚大量招募士兵派往埃及战场，更加削弱了同盟的兵力。腓力的轻装部队首领亚腾那哥拉毫不费力，就从山上将达尔达尼人驱赶回来，使他们蒙受严重损失。罗马舰队也未取得重大进展，他们将马其顿的守备部队逐出安度罗，收服了尤比亚和斯乞亚图，然后试图攻占卡尔西斯半岛，但是在门德被马其顿守备部队击退。由于马其顿守备部队的顽强抵抗，尤比亚的奥列乌斯久攻不下，到秋季之前的这段时间罗马人都在攻打这个地方。马其顿舰队力量相对薄弱，在赫拉克里底的率领下于赫拉克利亚按兵不动，不敢冒险同罗马争夺海洋归属权。马其顿舰队早早开赴冬季驻港，罗马人前往庇刺优斯和科西拉，罗德岛人和帕加马人则返回其本土。

总体看来，此次战役能有这样的结果，腓力或许应该心生庆幸了。罗马军队在这场棘手的战事之后，到了该年秋季仍旧停留在他们春季发兵出征的地点；而且如果没有埃托利亚人及时介入，又在欧尔代亚隘口始料未及地获得胜利，也许罗马会全军覆没，无一人能活着回到罗马境内。四路合攻均遭遇挫败，到了秋季，腓力不仅将全境的敌军完全肃清，而且还有余力尝试攻打埃托利亚的坚城陶马基[11]，但是结果并不如意。腓力曾向神灵祈求安条克施以援手，如果安条克与腓力合力攻打埃托利亚的陶马基，此战将取得大胜，然而事与愿违。有时安条克似乎确实有意于此，他率领军队抵达小亚细亚，攻占了阿塔鲁斯治下的几个城市，阿塔鲁斯请求罗马提供军事援助。然而罗马人此时并不急于和安条克决裂，他们向安条克派遣使者，竟然成功劝服安条克撤出阿塔鲁斯的领土范围。对此腓力无计可施。

腓力驻军亚乌河　弗拉米尼努斯将其逐回坦佩　罗马人控制希腊

但攻打埃托利亚陶马基带来的好事，使腓力重拾信心，或者说可谓趾高气扬，他牺牲了几座坚固的城池，重新获得了亚该亚人的中立，又牺牲千夫所指的舰队司令赫拉克里底，重新获得了马其顿人的拥护，并于次年，即罗马纪元556年即公元前198年春季发动攻势，率军进入阿丁达尼境内，意图在亚乌河蜿蜒于埃罗普斯山与阿斯瑙山之间的狭窄隘口处，建造一座城高池深的营寨。其对面驻扎着新增援而来的罗马军队，先是由前一年的执政官普布里乌斯·维里乌斯率领，之后从罗马纪元556年即公元前198年开始由当年的执政官提图斯·昆克提乌斯·弗拉米尼努斯率领。弗拉米尼努斯是个年方三十的有为青年，属于年轻的一代人，他们开始弃绝先辈们的爱国精神以及生活习惯，虽然并非不关心祖国，但是更加注重他们自身以及希腊主义[12]。他是位身经百战的将才，也是位优秀的外交家，从很多方面来说，都十分适合处理棘手的希腊事务。但是如果选择一个对希腊不这么满怀同情的人，如果罗马派遣到希腊的元帅不受巧言令色所蛊惑，不被冷嘲热讽所激怒，不会沉醉在对希腊文学艺术的追忆之中，忽视希腊各邦政体的可悲状况，既能够按照希腊的功过给予其客观对待，又能够让罗马人避免追求不切实际的理想，结果对罗马和希腊都更好。

两军对垒，各自扎营，新任统帅弗拉米尼努斯即刻与腓力举行会面。腓力提议平息战端，声明愿意将所侵占的土地全数奉还，关于对希腊各城造成的损失，也愿意服从仲裁；但是当被要求放弃马其顿原始领土尤其是塞萨利时，谈判便破裂了。两军在埃乌河的隘口对峙长达四十天，腓力毫不退让，而弗拉米尼努斯并不确定是该下令进攻，还是置腓力不顾，继续前一年的远征。最后几个曾经与马其顿交好的埃庇鲁素领导人，尤其是卡罗普的头目发生叛乱，临阵倒戈，罗马统帅弗拉米尼努斯才得以脱离窘境。他们引导一支由四千步兵、三百骑兵组成的罗马军队，经由山间小径，来到马其顿扎营的高地。执政官弗拉米尼努斯率军从正面发起进攻，从山路提前登上山顶的那支罗马分队居高临下，出乎意料地冲将下来，从而掌控战局。

　　腓力丢失了营地和堑壕，损失将近两千士兵，匆忙撤军退守马其顿本土的门户唐培山隘口。除了各处防御要塞，腓力尽皆放弃，那些他无力防守的塞萨利城市，腓力尽行毁坏，只有菲雷闭门坚守，不让腓力进城，才得以免遭破坏。伊庇鲁斯人看到罗马军队战果累累，而且弗拉米尼努斯贤明宽厚，率先脱离马其顿同盟。得到罗马军队获胜的消息之后，阿达马尼人和埃托利亚人立刻侵入塞萨利，罗马军随后继至。开阔而无人防守的旷野很容易占领，但是那些亲附马其顿、又得到腓力支持的坚城，在强敌面前奋勇抗争，最终寡不敌众城池失守——尤其是裴臬河左岸的阿特拉克，作战方阵在被罗马军攻破的城墙缺口上站成一道人墙。因此，除这些塞萨利要塞及忠于腓力的阿加纳尼亚领土外，希腊北部全都落于罗马联军之手。

亚该亚人与罗马结盟

另一方面，由于彼奥提亚和马其顿的友好关系，以及亚该亚人保持中立，卡尔西斯和科林斯这两个要塞可以假道彼奥提亚，维持彼此间的交通，希腊南部仍在马其顿的势力范围之内。因为当年再进兵马其顿境内已经为时太晚，弗拉米尼努斯便下令陆军和舰队先进攻科林斯和亚该亚。罗德岛和帕加马的战船此时已经再次与罗马舰队会合，二者此前一直忙于攻打劫掠优比亚的埃勒特里亚和卡利斯图斯这两座小城；然而此时，他们又将这两座小城以及奥里乌斯一并弃守，复又被马其顿在卡尔西斯的统帅菲洛克里占据。联军舰队由此处开赴科林斯东面港口森克雷，紧逼科林斯这个易守难攻的要塞。弗拉米尼努斯从西面进军至富西斯，并将其占领，其中只有埃拉提亚城坚守了较长时间。罗马人将这个区域，尤其是科林斯海湾上的安提塞拉选为冬季驻军地点。亚该亚人见罗马兵团即将大军压境，而且罗马舰队已经泊至其海岸，便放弃了他们道德上可敬、政治上站不住脚的中立，加入了罗马联盟阵营。狄米、梅伽洛波里以及阿尔戈斯这些城市与马其顿关系最为紧密，在这些城市的执政者离开公会之后，公会便决议加入反腓力的联盟。

乞克里亚底以及马其顿党派的其他领导人都走上了流亡之路。亚该亚人的部队立刻与罗马舰队联合起来，迅速从陆地上将科林斯包围。科林斯原先是腓力防御亚该亚人的要塞，罗马承诺此城攻下后，将其赠予亚该亚人，当作亚该亚加入联军的报酬。但是，科林斯有一支一千三百名身经百战的马其顿戍兵部队，其中大部分是意大利逃兵，决心与这座坚固的城池共存亡，而且菲洛克里率领一千五百人从卡尔西斯赶来，解了科林斯之围，并率军攻入亚该亚境内，与支持马其顿的市民协力从亚该亚人手中夺取了阿尔哥斯。但是腓力对这种忠诚给予的回报，是将忠实的阿尔哥斯人置于斯巴达纳比斯的恐怖统治之下。纳比斯原来就是罗马的盟国，而且其之所以加入罗马联盟，主要是为了对抗亚该亚，并于罗马纪元554年即公元前204年公然与亚该亚人开战。亚该亚加入罗马联盟之后，腓力希望将纳比斯争取过来。但腓力的时局已经陷入绝望的境地，这个时候无人愿意与他联合。纳比斯从腓力手中接受了阿尔戈斯，但是骗过了腓力，仍旧和弗拉米尼努斯结盟，弗拉米尼努斯此时与两个曾经互相征伐的强国结盟，陷入左右为难的境地，便在此时为斯巴达人和亚该亚人商议拟定了四个月的停战协议。

求和的尝试失败

于是冬季就来临了，腓力再次利用这一时机，尽可能争取公平的和约。双方在马里亚古湾的尼西亚举行会议，腓力亲自与会，试图与弗拉米尼努斯达成和解。腓力以高傲而文雅的态度排斥那些小头目的傲慢无礼，只将罗马人当作与自己势均力敌的对手，特别向他们表示尊重，希望能与他们签署可以接受的条款。弗拉米尼努斯和腓力一样逐渐感觉出那些同盟国的可鄙，见腓力对他本人彬彬有礼，但对同盟却傲慢不恭，不由深感荣幸。但是弗拉米尼努斯权力有限，无法令腓力如愿以偿。他向腓力许诺休战两个月，作为其撤军福西斯和洛克里的报酬，关于主要的问题，弗拉米尼努斯提议他请示罗马政府。

罗马元老院一直就马其顿应该放弃其一切国外领土达成一致意见，所以腓力的使臣来到罗马，只问他们是否有全权宣布放弃对希腊领土的占有，尤其是科林斯、卡尔西斯以及德摩特利亚斯，当对方表示自己不具备此项权力之时，谈判即刻终止，元老院决议全力发动战争。在护民官的帮助下，元老院成功阻止了统帅人选的更迭——在之后多次证明这是遗患无穷的——并顺利延长了弗拉米尼努斯的任期。弗拉米尼努斯得到大批增援力量，而且两位前任执政官，普布里乌斯·伽尔巴和普布里乌斯·维里乌斯都奉命听其调遣。腓力决心再冒险进行一场堂堂正正的会战。此时除了阿加那尼亚和彼奥提亚外，希腊各邦都起兵对抗腓力，为了保全在希腊的势力，科林斯的守军扩充至六千人，而他本人则倾风雨飘摇的马其顿之余力，将孩童和老人征入方阵，调动一支由大概两万六千人组成的军队，其中有一万六千人的马其顿方阵士兵。

腓力进军塞萨斯——奇诺斯法莱之战

因此第四次战役于罗马纪元 557 年即公元前 197 年打响。弗拉米尼努斯分派出舰队的一部分力量，攻打阿加那尼亚人，将他们围困于卢卡；在希腊本土，他设计占领了彼奥提亚的首府底比斯，彼奥提亚人被迫至少在名义上承认加入反马其顿同盟，这样一来就阻断了科林斯和卡尔西斯之间的交通。弗拉米尼努斯欣然北上，因为只有在北方，他才能对马其顿发动决定性攻击。在大部荒凉的敌境，军队给养供应十分困难，行军因此屡屡受阻，而此时罗马舰队跟随军队沿海岸前行，载来自非洲、西西里以及撒丁运来的物资，供应不足的困局因此被打破。然而决战来得比弗拉米尼努斯预料的要早。腓力素来性情急躁，且自以为是，无法忍受在马其顿边境等待敌军抵达。他已经在狄穆集结军队，经由唐培隘口，进入塞萨利境内，在斯科图萨与前来会战的敌军部队不期而遇。

罗马军队得到阿波罗尼亚、阿达马尼以及纳比斯派来的援军，特别是得到一支埃托利亚劲旅之后，与马其顿的兵力几乎不相上下，双方各拥兵两万六千人，而罗马骑兵更占优势。在斯科突萨前的伽拉达高原上，在一个阴暗的雨天，罗马的先头部队同马其顿先头部队狭路相逢，后者盘踞于两军营寨之间一座名为奇诺斯法莱的高峻陡峭的山上。

罗马先头部队被驱逐回到平原，罗马营寨派遣轻装部队以及装备精良的埃托利亚骑兵前来援助，反过来逼迫马其顿先头部队退守山头，然后逃到山的另一面。可是到了这里，马其顿人的全体骑兵以及大部分轻装步兵赶来援助，罗马人孤军深入，损失惨重，几乎被一路追赶到自家营寨，若不是埃托利亚骑兵在平原上奋力死守，等到弗拉米尼努斯调来仓促备战的兵团，罗马可能会全线溃败。

马其顿得胜，军队士气昂扬，军士们要求乘胜对罗马发起进攻。腓力应允了他们的要求，迅速下令重装士兵列阵备战，而上至将领下至兵卒都未预料到该日会有战事。占据奇诺斯法莱山意义重大，而且小山上一时没有军队驻守。腓力亲率方阵右翼及时赶到，在山上列成作战队列，方阵左翼还未来得及上山，马其顿轻装部队就被罗马兵团打得四散奔逃，冲到山上。腓力迅速指挥逃上来的士兵穿过方阵归入中军，尼迦诺率领方阵左翼，行军较为缓慢，还没等他到位，腓力就下令方阵右翼士兵将长矛放低，对山下的罗马兵团发动攻势，同时轻装步兵重整旗鼓，绕过兵团从侧面发起进攻。马其顿方阵占据这样有利地势，进攻势不可挡，将罗马步兵队伍击溃，罗马军队左翼也遭到重创。尼迦诺在方阵左翼见腓力发动进攻，便下令左翼队伍全速前进，这样一来其所率部队陷入一片混乱，方阵前列的士兵已经紧随腓力所率右翼乘胜下山，而由于地势不平，现场更加混乱不堪，方阵后列的士兵才刚刚到达山顶，很是滞后。

在这样的情况下，罗马右军很快攻破敌军左翼，单靠右军的战象，就给组织无纪的马其顿左翼造成了极大杀伤力。此时正酝酿一场恐怖的屠杀，腓力乘胜追击罗马军左翼，将战线拉得太长，而罗马军右翼竟然包抄至其后，罗马一员勇将纠集二十个排，对腓力发起反击。方阵对来自后方的攻击没有任何防御能力，罗马此举给这场战争画上了句号。

由于方阵两翼完全溃败，我们或许可以大胆猜测马其顿损失可达一万三千人，有的被俘，有的阵亡，但是阵亡的占多数，因为马其顿人投降的标志是高举长矛，而罗马人对此并不知情，所以很多投降的士兵也最终丧命。战胜方罗马的损失较小。腓力逃回拉利萨，将一切文件尽行焚毁，以免牵累他人，然后撤出塞萨利，退回马其顿本土。在此次大败的同时，马其顿在其仍然占据的地方也遭到了全面挫败。在迦利亚，罗德岛的佣兵击败戍守于此的马其顿军队，将其困守在斯特拉托尼恺；科林斯守备部队被尼科斯特拉图斯率领的亚该亚人击败，死伤惨重；阿卡那尼亚的路卡在英勇抵抗后亦终告陷落。腓力完全战败，他最后的盟友阿加那尼亚人得知奇诺斯法莱的战况，也向罗马投降了。

双方和解的初步阶段

如此一来罗马人便掌握了拟定和约条款的主动权，但他们并没有滥用这一权力。亚历山大帝国有可能面临覆灭的威胁，在一次同盟国会议中，埃托利亚人特别提出此项要求。但是此举除了拆除保护希腊文化不受色雷斯人和凯尔特人侵扰的壁垒之外，又有何意义呢？战争即将结束，位于色雷斯的刻尔松尼斯，一度发展繁荣的里西马乞亚被色雷斯人彻底毁坏，这可谓是前车之鉴。弗拉米尼努斯此时已经清楚意识到希腊诸邦之间的强烈敌意，即使高雅侠义的腓力也没有博得他对希腊的同情，埃托利亚人自称"奇诺斯法莱之战的战胜者"，其自大没有触犯他的罗马民族情怀，弗拉米尼努斯也不允许强大的罗马成为埃托利亚同盟的泄愤工具。他告知埃托利亚人：罗马没有剿灭战败国的习惯，此外，埃托利亚人可以自己做主，如果他们有能力自行消灭马其顿。腓力备受尊敬，他声明现在愿意接受此前罗马所提的要求，并筹付一笔赔款以及交纳人质——马其顿王子德摩特里乌斯也在人质之列，弗拉米尼努斯同意签署一个期限较长的停战协议，腓力十分需要这样一个协议，以此将达尔达尼人逐出马其顿境内。

与马其顿缔结和约

希腊的事务千头万绪，元老院委托一个十人委员会作最终的裁断，其中弗拉米尼努斯是首脑及核心人物。通过该委员会审议决定，腓力得到了与迦太基相同的和约。他丧失了在小亚细亚、色雷斯、希腊以及爱琴海诸岛等一切国外领土；马其顿本土还完全在腓力的控制范围内，只有边境上几个不重要的地方以及奥列斯提都郡例外，奥列斯提都宣告脱离马其顿，腓力对此反应强烈，但罗马不得不这样规定，因为当地人曾经背叛腓力，他们已然了解腓力的性情，便不可能将这个地方交给他随意处置。马其顿又承诺，如果事先没有征得罗马的同意不可与他国结盟，不可戍兵他国；此外还承诺不可在马其顿境外对文明国家或罗马的盟国发动战争；马其顿不能保留超过五千人的军队，不允许拥有战象，甲板船不能超过五艘——其余全数上交罗马。最后，腓力加入罗马人的同盟，他有义务一受要求就出兵助战，不久之后马其顿部队的确开始与罗马兵团并肩作战。此外，他还赔付战争费用一千塔兰特（折合二十四万四千英镑）。

解放希腊

因此马其顿沦落到没有任何政治地位,只能保留足够兵力防守希腊边境抵御野蛮人,接下来便是处理腓力割让的领土。罗马人此时吸取了西班牙的教训,对海外领土的利弊存疑,而且开战的初衷并不是扩充领土,所以罗马人对战利品分文不取,同盟国见状不得不适可而止。他们决议宣布之前腓力统治下的所有希腊各邦可独立自主,并委任弗拉米尼努斯,在希腊人集聚于土腰赛会时(罗马纪元558年即公元前196年)向他们宣读根据这一决议制定的法令。思虑深远的人也许会问:自由是不是一种可以如此授予的权利?没有团结和统一,自由对一个民族又有何意义?但罗马元老院授予希腊人自由的举动发自内心,所以受到希腊人诚挚的欢呼和拥护。

斯科德拉——亚该亚联盟兼并埃托利亚

这一总规则仅有以下例外:伊利里亚自埃庇丹努斯以东各区均落于斯科德拉统治者普乐拉图斯之手,使这个一世纪前被罗马制服的国家成了流匪海盗猖獗之地,并成为周边地区中最强大的小公国;阿密南德占据的若干塞萨利西部城市允许其保留;帕罗岛、塞罗斯岛和茵布罗这三个岛屿赠予雅典,以补偿其战时所遭遇的艰难险阻,以及其多次致谢和种种殷勤谦恭。罗德岛人理所当然地保留了其迦利亚的属地,帕加马人保留了埃基那。其他同盟国只受到间接的奖赏,但各同盟都有新解放的城市加入。亚该亚人虽然最晚加入反对腓力的联盟,但却受到了最优渥的待遇,显然是由于亚该亚联盟在希腊各邦中最有组织,最受敬重。腓力在伯罗奔尼撒和地峡的领地,尤其是科林斯的领地,均被纳入亚该亚联盟。但另一方面,罗马人对埃托利亚人就不那么热心了。埃托利亚人被允许将福西斯和洛克利纳入其联盟，但当他们试图将阿加那尼亚与塞萨利纳入埃托利亚联盟时，罗马人一部分断然拒绝，一部分推迟决议，之后塞萨利各城组合成四个独立的小联盟。罗德岛城市联盟则获得了塔索斯、朗诺以及色雷斯与小亚细亚各城市的解放。

起兵对抗斯巴达纳比斯

希腊各邦的事务，无论是各邦之间的关系以及各邦内部情况，处理起来都十分棘手。其中最紧迫的是斯巴达与亚该亚自罗马纪元550年即公元前204年开始的战事，调停这场战争的责任理所当然地落在罗马人身上。阿尔哥斯城原属于亚该亚联盟，而腓力投降时将此城交给了纳比斯，但当罗马人费尽周折想诱使纳比斯投降，特别是希望他交出阿尔哥斯城时，纳比斯自恃众所周知的埃托利亚人对罗马人怀恨在心，而且安条克即将进入欧洲，断然拒绝交还阿尔哥斯城的要求，弗拉米尼努斯别无他法，只能对这位蛮横顽固的小酋长宣战。于是所有希腊国家在科林斯召开大会，向纳比斯宣战，弗拉米尼努斯率军进入伯罗奔尼撒，同行的还有罗马舰队以及罗马同盟国军队，其中包括腓力派来的分遣队，以及斯巴达正统国王阿吉西波里率领的一支由拉西第梦（即斯巴达）流民组成的队伍（罗马纪元559年即公元前195年）。

为了以绝对压倒性的兵力优势快速将敌军击溃，罗马盟军投入战场的士兵达五万人，而且弃纳比斯的其他城市于不顾，立刻包围其首都，但却并未达到预期的结果。纳比斯派出一支兵力达一万五千人的大军开赴战场，其中有五千雇佣军，而且他在国内大行恐怖政策以维护其统治，大肆杀害他所怀疑的军官和平民。甚至在罗马军及其舰队初战告捷后，纳比斯本人决定投降，接受弗拉米尼努斯提出的相对可取的条款，但"当地人民"，即所谓的纳比斯收容在斯巴达的匪党却不无理由地疑惧罗马盟军胜利后会施以报复，而且为关于和约性质以及埃托利亚人与亚细亚人进军云云诸如此类的流言所蒙蔽，便拒绝了罗马统帅弗拉米尼努斯提出的和约，于是双方重燃战火。两军在城下交战，罗马盟军对城墙发起进攻。罗马人登上城墙，守军纵火燃烧失陷的街道，盟军被迫后退。

平息斯巴达之乱

最后纳比斯放弃了顽强抵抗。斯巴达保持独立，不必接纳流民，也无需加入亚该亚同盟，甚至现有的君主政体以及纳比斯本人都一如从前，没有任何变动。但是纳比斯必须割让其海外领土，包括阿尔哥斯、梅森、克里特各城以及全部海岸，并令其承诺不得与他国结盟，不得发动战争，除两条轻舟外不得保留战船。最后，剥夺其劫掠的一切财产，向罗马人交付人质，并赔付战争费用。

拉科尼亚沿海城市交由斯巴达流民自行治理，这个新成立的公社自称"自由拉科尼亚人"，以区别君主专制下的斯巴达人，并奉命加入亚该亚同盟。斯巴达流民未能夺回其原始领土，分给他们的地方被认为算是对他们的补偿，而且按照规定，他们的妻子和孩子可以按自己的意愿选择是否留在斯巴达。虽然依据这种处理方式，独立的拉科尼亚以及阿尔哥斯加入了亚该亚同盟，但亚该亚人对此远不知足，他们原本期望可以废除可惧又可憎的纳比斯，迎回流亡海外的斯巴达正统王室，如此一来亚该亚人便可将其联盟扩展至伯罗奔尼撒全境。然而明达客观的人定然可以看出，斯巴达和亚该亚双方本来就站在有失公允的立场上，面对如此棘手的问题，弗拉米尼努斯已经尽可能公平公正地予以处理了。

斯巴达人与亚该亚人既有深仇旧怨，如果将斯巴达并入亚该亚同盟，就等同于将斯巴达置于亚该亚的束缚之下，这既有失公允又很不明智。如果令流亡在外的斯巴达王族重返故国，恢复已经废止二十年的政府，其结果不过是以暴易暴。弗拉米尼努斯所采取的权宜之计甚为高明，因为此举避免了其中任何一方走向极端。最终罗马人似乎想出了一个万全之策：斯巴达此前那种海陆劫掠的行径应该尽皆废止，其政府应该一如既往仅对本国臣民发号施令。弗拉米尼努斯甚至深谙纳比斯的为人，也意识到很多人都希望能将纳比斯废除，他之所以没有按照这一意愿行事，可能是因为他想从速了事，不希望纠纷事态升级，在多方斟酌考量下，损害其明辨是非、年轻有为的光辉形象；也可能是因为他希望保留斯巴达，使其在伯罗奔尼撒牵制亚该亚同盟的势力。但是前一种观点所说的其实无关紧要，而后一种见解，罗马人绝对不屑于对亚该亚人存有戒心。

希腊的最终调度

于是希腊各小国之间实现了和平，至少是表面上的和平。但是各希腊公社的内部情况仍需要罗马来仲裁。彼奥提亚人公然表示其有意亲附马其顿，即使在马其顿被迫撤出希腊之后依然这样表示。弗拉米尼努斯应他们的要求，允许他们腓力麾下的彼奥提亚人重返故国，但是最坚决支持马其顿的布拉奇拉斯却当选为彼奥提亚同盟的执政。还有很多其他事件令弗拉米尼努斯懊恼不已，他以无人能及的耐性将其一一容忍。但是与罗马人交好的彼奥提亚人知道脱离罗马后等待他们的是何种结局，于是决意处死布拉奇拉斯，他们认为有必要征得弗拉米尼努斯的首肯，而弗拉米尼努斯至少没有阻止他们，布拉奇拉斯因此丧命。彼奥提亚当局不但检举凶手，而且在罗马士兵单独或者小队经过其领地时设下埋伏，杀害大约五百名罗马人。此事事关重大，弗拉米尼努斯忍无可忍，他罚彼奥提亚人为每个遇害士兵支付一塔兰特罚款。然而，他们拒绝支付，弗拉米尼努斯便集结最近的部队围攻科罗尼亚（罗马纪元558年即公元前196年）。这样一来彼奥提亚人便恳求饶恕，又有亚该亚人以及雅典人从中斡旋，弗拉米尼努斯只好善罢甘休，仅向参与行凶者收取不算太高的罚款。虽然马其顿政党仍在彼奥提亚继续掌权，但罗马人对其无谓的抵抗仅以大邦上国的宽厚态度来应对。

对其他希腊邦国，弗拉米尼努斯仅止于以下政策：在无需诉诸武力的前提下，对其公社内政，尤其是新解放的公社的内政事务施加影响；将议会和朝廷交由富人掌管，使反马其顿派当权；每个公社按照戒严令应该归罗马所有的财产，一概加在相关公社的公共财产上，以使其城市共同体尽可能地依附罗马。这些工作于罗马纪元560年即公元前194年春季圆满完成；弗拉米尼努斯再次将希腊各公社的代表召集到科林斯，告诫各国合理适度使用被授予的自由，并要求各国三十天内将汉尼拔战争期间被卖到希腊的意大利俘虏交给他，作为罗马人所施恩德的唯一报偿。然后他从最后一批驻有罗马军队的要塞撤军，包括德摩特利亚斯、卡尔西斯以及其下属的犹比亚与阿克罗科林苏斯的小堡垒——从而使埃托利亚人所谓罗马继承了腓力对希腊的管束这一说法不攻自破——随后率领罗马全军以及被解放的俘虏踏上返程。

战局落幕

只有那些居心叵测、心术不正的人，才会意识不到罗马人希望希腊解放的满腔真诚。罗马人如此巧妙的安排，结果形成的结构却不尽人意，其原因仅仅是希腊的道德和政治已经走到了完全崩溃的边缘。罗马人习惯将希腊视为原始的家乡、精神圣地以及高雅艺术的天堂，凭借其强大的国力，罗马竟然出人意料地派出雄师劲旅，为希腊赢得了完全的自由，而且准许希腊各公社无需向外国纳税、无需接受他国驻兵，拥有至高无上的自治权。有人认为这些只不过是罗马的政治手段而已，这种看法未免太断章取义了。政治手段使罗马解放希腊成为可能，当时罗马人，尤其是弗拉米尼努斯，对希腊抱有十分强烈的同情心，所以这一可能转而成为现实。

如果罗马人应该受到责备，那么所有罗马人，尤其是打破元老院并非空穴来风的顾忌的弗拉米尼努斯难辞其咎，他们为希腊的名声魅力所吸引，因此看不到那个时候希腊各邦已经完全陷入可悲的境地。希腊公社的内部关系以及相互间的关系洋溢着某种强烈的厌恶感，希腊人不知道如何应对，也不知道如何保持现状，罗马人却听任其自由发展下去。就当时的形势来看，如果希腊一直在当地某个强国的管束之下，就能够为那种可悲且遗患无穷的自由无序状态画上句号。这种感情用事的软弱政策表面上充满人性，但实际上远比最严厉的占领更加残忍。比如在彼奥提亚，因为当时罗马人已经决定从希腊撤军，所以无法阻止亲附罗马的希腊人以旧有的方式自行补救，所以说罗马即使不曾主使，至少也允许了一场政治凶杀案。但这种优柔寡断的结果使罗马自身也深受其害。要不是因为在政治上犯了解放希腊的错误，罗马与安条克就不会引发战端；要不是在军事上犯了将戍守在欧洲边境上关键要塞的部队撤回的错误，这场战争也不会如此被动。历史对每一宗罪孽都有因果报应，对于无能为力而渴望自由如是，对于不明智的慷慨仁慈亦复如是。

注释

[1] 波斯是伊朗在欧洲的古希腊语和拉丁语的旧称译音,历史上在西亚、中亚、南亚地区曾建立过多个帝国,如阿契美尼德王朝、萨珊王朝、萨菲王朝等。极盛疆域东起印度河及葱岭,西临巴尔干半岛与地中海,南抵亚丁湾和红海,北达高加索山脉与咸海,波斯帝国是第一个地跨亚欧非三洲的大帝国。波斯兴起于伊朗高原的西南部,自从公元前600年开始,希腊人把这一地区叫做"波斯"。直到1935年,欧洲人一直使用波斯来称呼这个地区和位于这一地区的古代君主制国家。而波斯人则从依兰沙赫尔时期起开始称呼自己的古代君主制国家为埃兰沙赫尔,意为"中古雅利安人的帝国"。——译者注
[2] 塞浦路斯为地理上的亚洲岛国,圣经称之为"基提岛"(古代及亚述帝国时期),位于地中海东部,是地中海地区最热门的旅游地之一。主要城市有拉纳卡、利马索尔。——译者注
[3] 基克拉泽斯(意为"环状")是爱琴海南部的一个群岛,也是同名的行政大区所在地。它包括约二百二十个岛屿,其中三十多个有人居住。它的名字源于这些岛屿环绕着提洛岛排列的形状。——译者注
[4] 公元前271—前213年事。亚拉图,古希腊亚该亚同盟统帅。——译者注
[5] 菲洛佩门,公元前252—前183年,首次继位于公元前208年。——译者注
[6] 内美西斯,因果报应与复仇女神。——译者注
[7] 比雷埃夫斯,希腊东南部港市。——译者注
[8] 优比亚岛,位于希腊东部。——译者注
[9] 埃伊纳,希腊一小岛,位于萨罗尼科斯湾。出产海绵、鱼和橄榄等。——译者注
[10] 埃琉西斯,古希腊一城市,在雅典西北。——译者注
[11] 该城位于埃托利亚与塞萨利交界处,控制着裴桌河流域的平原。——译者注
[12] 希腊精神、希腊文化,古代希腊人以自由的求知精神为中心的人生观;与希伯来精神共同构成西欧文明的源流。——译者注

第九章

罗马与亚细亚王安条克之战

安条克大王

在亚细亚王国，自罗马纪元531年即公元前223年以来，塞琉古王朝始祖玄孙安条克三世便登上王位。他和腓力一样，都是在十九岁即位，而且表现出惊人的胆识和魄力，这一点尤其在他早年东征中表现得淋漓尽致，故而以一种宫廷式的口吻称呼安条克为"大王"，并不会有戏谑失礼之嫌。然而他成功收复塞琉古王朝的失地，首先收回东部的米底亚和帕廷两郡，而后将亚凯在小亚细亚的陶鲁斯山这边建立的独立城邦收归塞琉古王朝，一定程度上恢复了王朝的统一，这些成就更多的是出于其对手（尤其是埃及王菲洛帕特）

的疏忽，而非其自身谋略超群。

安条克对叙利亚沿海地区的沦陷深感痛心，并试图从埃及人手中夺回此地，特拉西美涅湖之战同年，安条克出师不利，在拉菲亚遭到菲洛帕特的迎头痛击。菲洛帕特虽然荒于国政，但只要他在位一日，安条克就一日极力避免再次与埃及争锋。但在菲洛帕特死后（罗马纪元549年即公元前205年），消灭埃及的时机似乎翩然而至。安条克以为时机已到，便与腓力商议共同进军埃及，腓力攻打小亚细亚各城，安条克自己则率军猛攻科勒叙利亚。当罗马人介入此地的时候，安条克似乎一度与腓力联手对抗他们——这不仅是时局所迫，也是双方盟约的要求。但是安条克的眼光不甚长远，没有立即全力抵抗罗马对东方事务的任何干涉，却认为上上之策是趁罗马人镇压腓力的时机（这也许是意料之中的）攻取埃及王国，他之前愿意与腓力共分埃及，这个时候他想自己将其独吞。

尽管罗马与亚历山大的朝廷以及受其监护的国王关系密切，但是罗马元老院只是菲洛帕特名义上的监护者，无意成为其事实上的监护者。所以元老院坚持不到万不得已，绝不插手亚细亚的事务，并且将罗马的势力范围限制在赫尔克力斯之柱与赫勒斯滂以内，允许亚细亚大王自由行动。征服埃及本土说起来容易做起来难，安条克本人可能并不热心于此，但是他打算将埃及的海外领土逐个吞并，并且很快对西里西亚以及叙利亚和巴勒斯坦的埃及属地发起了进攻。

罗马纪元556年即公元前198年，安条克在约旦河源头附近的巴宁山大败埃及统帅斯科巴，此战的结果不仅使安条克完全占据巴宁山周边地域，直抵埃及本土边境，而且埃及幼主监护人闻讯大惊失色，为防止安条克入侵埃及，他们委曲求全，并许诺埃及新主与安条克之女克利奥帕特拉订立婚约，因此双方达成和约。安条克因此达到了自己的第一个目标，并于次年，即奇诺斯法莱之战当年，率领由一百艘甲板船及一百艘轻舟组成的强大舰队抵达小亚细亚，占据小亚细亚南部及南部海岸原先属于埃及的地区——很可能按照和约，埃及政府已经将这些实际上在腓力掌控之下的地方割让给了安条克，而且将埃及的所有海外属地都交给了他——并意图让所有小亚细亚的希腊人重回亚细亚帝国的怀抱。与此同时，一支强大的叙利亚陆军在萨迪斯悄然集结。

与罗马的矛盾

这种举动是对罗马人的间接反抗。从一开始，罗马向腓力提出的和约条件，便是要求他将守军撤离亚细亚，全数归还罗德岛人和帕加马人的领土，让各自由城市完全恢复此前的政制。但这个时候安条克取代腓力将这些地方占为己有，罗马人却对此视而不见。阿塔鲁斯和罗德岛人此刻面临来自安条克的直接威胁，一如他们数年前被迫与腓力交战的危险。在之前已经结束的战争中他们争取到了罗马人的介入，这一次他们自然而然地希望罗马卷入这场战争。

罗马纪元555年至556年即公元前199年至前198年，阿塔鲁斯就已经向罗马请求援助，以抗击安条克，因为阿塔鲁斯的军队仍在与罗马军并肩作战时，安条克就占据了阿塔鲁斯的领地。罗德岛人表现较为强硬，罗马纪元557年即公元前197年春，当安条克的舰队出现在小亚细亚海岸时，他们甚至向安条克声明该舰队如果行驶到卡里多尼亚群岛（利西亚海岸外），他们会将此举当作宣战。但是安条克对这一警告不予理会，奇诺斯法莱战报一到，罗德岛人备受鼓舞，立即与安条克开战，出人意料地在安条克大军的攻势下，保全了迦利亚重城——考奴、哈利加纳萨斯、明都斯以及萨摩岛。大多数半自由的城市都归附于安条克，但是有一些城市，尤其是士麦拿、亚历山大利亚·特罗亚与朗萨科等重要城市闻知腓力战败的消息，便奋勇抵抗叙利亚人的攻击。他们急切请求与罗德岛人联合，共同抵御安条克。

毋庸置疑，只要安条克能够当机立断，并且坚持不懈，他早就坚定信心，不仅要将埃及在亚洲的领土纳入亚细亚帝国版图，而且要自行在欧洲开疆拓土，因此即使安条克不自己挑起与罗马的战端，也难免要冒与罗马交战的风险。如此一来罗马便义不容辞应该遵从盟国的请求，直接介入亚洲事务。但实际上罗马并无此意向，直到与马其顿的战争结束，罗马才干涉亚洲的局面，而且仅向阿塔鲁斯提供外交上的保护。不得不说，这在一开始是有效的。甚至在取胜之后，罗马人不容置疑地声称原先为托勒密和腓力掌控的城市不应该被安条克占据，而且罗马的文献明确规定，密林那、阿卑多斯、兰普萨库斯[1]以及契欧等亚洲城市是自由的，但罗马人却没有采取任何落实举措，让安条克有了可乘之机，在马其顿守军撤出之际，派遣军队将这些城市尽数占领。

实际上，罗马纪元558年即公元前196年春，安条克便登陆欧洲，入侵色雷斯的刻尔松尼斯，将当地的塞斯图斯和马第都占为己有，花费很长时间征讨色雷斯的蛮族并修复被摧毁的西里马乞亚，他选定此城作为主要驻军地，以及新设立的色雷斯郡的首府，但罗马人甚至对此都无动于衷。弗拉米尼努斯被委任处理这些事务，而他派使者到西里马乞亚见亚细亚王安条克，使者提出希望安条克归还侵占埃及的领土，尊重其领土完整，并提出所有希腊人都是自由的，希望安条克勿加侵扰。但是这些要求并未取得任何成果，安条克反过来说其先祖塞琉古曾征服古老的里西马库斯王国，因此他对此地理所当然具有法定的权利，并且解释说，他此举并非夺取领土，而仅仅是维护其继承领土的完整性。至于他与下属小亚细亚各城的争端，安条克谢绝罗马人的介入。他还义正词严地补充，已经与埃及缔结和约，因此罗马人没有任何理由再横加干涉[2]。因为谣传埃及幼主夭逝，安条克据此计划在塞浦路斯甚至亚历山大城登陆，匆匆踏上返回亚细亚的归程。所以会议戛然而止，既未达成任何定论，也未产生任何结果。

次年，即罗马纪元559年即公元前195年，安条克率领其得到休整补充的舰队和陆军部队重返西里马乞亚，亲自组建这个准备传给其子塞琉古的新郡。汉尼拔被迫逃离迦太基，前来以弗所投奔安条克。安条克大张旗鼓地迎接流亡至此的汉尼拔，实际上相当于对罗马宣战了。然而在罗马纪元560年即公元前194年春，弗拉米尼努斯却将所有罗马驻军撤出了希腊。在当时的情况下，即使这不是明知故犯的罪行，至少也是个令人咋舌的错误，因为我们不禁萌生这样的想法：弗拉米尼努斯为了能够戴着战胜马其顿以及解放希腊的荣誉光环返回罗马，所以止步于一时在表面掩盖叛乱和战争余烬未熄的事实。当弗拉米尼努斯宣称"任何让希腊直接服从罗马的意图，罗马人对亚洲事务的任何干涉，都是政治上的错误"时，他也许是对的。但是希腊萌动的反罗马力量，罗马的劲敌安条克骄狂无礼，已经在西方起兵欲与罗马争锋，如今驻守在叙利亚的大本营——所有这些都显而易见地预示着：希腊东方将会重燃战火，此战的目的不外乎让希腊从附庸罗马变成反对罗马的国家，即亚细亚的附庸，这一目标一旦达到，其势力范围将迅速扩展。

很明显，罗马并不愿意看到这样的结果。弗拉米尼努斯未能看到所有确切无疑的战争先兆，撤回希腊守军，却同时向亚细亚王安条克提出要求，而无意以武力加重要求的筹码，他未免言之过多而行之甚少，他怀着虚荣心，希望尽享给罗马带来和平、给两大洲的希腊人带去自由的荣誉，沉醉在个人的虚荣之中，却忘记了作为统帅、作为公民的责任。

安条克备战罗马

安条克出乎意料得到喘息的时间，在战前迅速巩固自己在国内的地位，改善与其邻国的关系，他已经决心一战，而且敌人越拖延，其心愈加坚决。罗马纪元561年即公元前193年，安条克按照此前的婚约，将女儿克利欧佩特拉嫁给了年轻的埃及国王。同时，安条克许诺归还夺自其女婿的疆域，之后从埃及方面得到确认，不过那似乎是无稽之谈。无论如何这些地方在事实上仍然受叙利亚王国的管辖[3]。罗马纪元557年即公元前197年，阿塔鲁斯逝世，其子犹美尼斯继任帕加马王位，安条克许诺，如果犹美尼斯放弃与罗马的盟约，他愿意将之前占据的帕加马城市尽数归还，并且也将自己的另一个女儿嫁给犹美尼斯。同样，他将自己的一个女儿嫁给卡帕多西亚王阿利亚拉底，用馈赠笼络伽拉提亚人，同时用武力平定了不断反抗的庇西底亚人以及其他小部落。

安条克给拜占庭广泛的权利。关于小亚细亚诸城，他宣称允许罗德岛和契欧等原先自由的城市独立，而其他地区只要正式承认安条克的主权便可，安条克甚至明确表示愿意接受罗德岛人的仲裁。在欧洲的希腊，安条克有埃托利亚人的帮助，可谓有恃无恐，而且他希望唆使腓力再度起兵。实际上汉尼拔的计策已经得到了安条克的首肯，汉尼拔因此从安条克处得到一支由一百条战船组成的舰队，以及一支由一万步兵、一千骑兵组成的陆军，并率领此军先在迦太基燃起第三次布匿战争的战火，而后在意大利发动第二次汉尼拔战争。推罗的间谍前往迦太基，为即将到来的战争做好准备。最后，西班牙内乱在汉尼拔离开迦太基时已经发展到了高潮，可望取得良好的结果。

埃托利亚人预谋背叛罗马

当反罗马的势力广泛地风起云涌之时,希腊人虽然言轻势微,但是向来行动最为急切,举措也最为有力,这次也毫不例外。骄纵虚狂的埃托利亚人渐而自夸打败腓力的不是罗马人,而是他们自己,迫不及待希望安条克尽早进军希腊。他们的政策,明确见之于埃托利亚都统在此后不久,弗拉米尼努斯向其索要一份对罗马的宣战书时给出的答复:埃托利亚军队在台伯河畔安营扎寨之时,都统本人将亲自奉上。

埃托利亚人充当着叙利亚王在希腊的代理人,但是他们却蒙骗了双方,对安条克表示所有的希腊人都将他当作他们的大救星,张开双臂等待迎接他的到来,对那些愿意相信他们的希腊人说安条克实际上会更早登陆希腊。如此一来,他们竟然成功唆使顽愚的纳比斯,在弗拉米尼努斯离开两年后的罗马纪元562年即公元前192年春,打破和平,在希腊重燃战火。但这带来的结果,是埃托利亚人他们自己的目的落空了。

拉科尼亚的吉庭是按照上次缔结条约并入亚该亚同盟的一个自由城市,纳比斯攻打并最终占据此城。但身经百战的亚该亚都统菲洛佩门在巴博斯替尼山将其击败,暴君纳比斯带领只剩不到四分之一的军队仓皇逃回其首都,菲洛波门追随而至,将其困在城内。开局如此,无法诱使安条克往赴欧洲,所以埃托利亚人决定自取斯巴达、卡尔西斯以及德摩特利亚斯等重要城市,以此说服亚细亚王登陆欧洲。

首先,他们设法让埃托利亚人阿勒扎美奴诈称依照盟约率领一千士兵前来助战,趁机铲除纳比斯,将斯巴达占为己有。此计水到渠成,纳比斯在检阅军队的时候被杀身亡。但是当埃托利亚人四散劫掠斯巴达之时,拉西第梦人却紧急纠集军队,将埃托利亚人杀得片甲不留。斯巴达城随后被菲洛佩门说服，加入了亚该亚联盟。因此埃托利亚人的精心策划不仅终告失败，而且适得其反：几乎整个伯罗奔尼撒都统一掌握在反对派手中。

在卡尔西斯，形势也并不乐观，因为尤比亚的厄瑞特里亚和伽利都斯的公民亲附罗马，卡尔西斯的罗马党请他们及时前来援助，共同对抗埃托利亚人和卡尔西斯的流民。另一方面，埃托利亚人成功占领了德摩特利亚斯，因为此城原先被分配给马格内西亚人，他们不无理由地忧惧罗马已经许诺将这座城市交给腓力，以报答他派兵援助抵御安条克；而且反罗马派领袖犹利洛库被召回城，几支埃托利亚骑兵分遣队托辞护送犹利洛库，设法潜入德摩特利亚斯。如此一来，马格内西亚人一半出于自愿，一半由于被胁迫，加入了埃托利亚阵营，埃托利亚人借此成功引起塞琉古王朝的注意。

安条克与罗马关系破裂

安条克已经下定决心。尽管安条克通过外交上派遣使臣试图缓和与罗马的关系，尽量拖延与罗马决裂，但是这已经无法避免了。弗拉米尼努斯在元老院仍然对东方事务有绝对发言权，早在罗马纪元 561 年即公元前 193 年春，他就向安条克的使臣梅尼普和海吉西那斯表明了罗马的最后条件，安条克有以下两种选择：其一，撤出欧洲，随意处置亚洲；其二，保留色雷斯，将士麦拿、朗萨古以及亚历山大利亚·特罗亚交出，成为受罗马保护的领土。

以弗所是安条克在小亚细亚的主要军事基地以及总部，罗马纪元 562 年即公元前 192 年春，安条克再次与罗马元老院的使者普布里乌斯·苏尔庇乌斯和普布里乌斯·维里乌斯于此讨论这些要求。双方谈判破裂，离席时都认定两国不可能和平解决争议。自此，罗马也决定开战。就在当年（罗马纪元562年即公元前192年）夏季，一支由三十只战舰、载着三千名士兵组成的罗马舰队，在奥鲁斯·阿提里乌斯·塞拉努斯的率领下抵达基廷海岸，他们的到来加速了亚该亚人和斯巴达人缔结盟约。西西里和意大利东海岸都有罗马重兵把守，以便防备任何登陆的企图。一支罗马陆军部队可望于同年秋季到达希腊。

罗马纪元562年即公元前192年春，弗拉米尼努斯受元老院指示往赴希腊，去挫败反对派的阴谋，尽量弥补之前不得其时撤离希腊产生的后果。埃托利亚人早就已经在公会中正式通过了对罗马宣战的决议。但弗拉米尼努斯派遣一支由五百名亚该亚人和五百名帕加马人组成的军队进驻卡尔西斯，为罗马人成功地保住了这座城市。他还尝试恢复德摩特利亚斯，马格内西亚人却动摇了。

虽然安条克本来打算在开战之前就征服小亚细亚的若干个城市，但到此时这些城市仍固守不屈，如果安条克不想让罗马人重新掌握主动权，弥补因两年前将守军撤出希腊而失去的所有有利条件，那么登陆欧洲就已经刻不容缓了。安条克纠集手头的战船和部队——只有四十艘甲板船以及步兵一万名，此外还有五百骑兵、战象六头——由色雷斯的刻尔松尼斯出发向希腊进发。罗马纪元562年即公元前192年秋季，安条克登陆帕伽赛湾的普台琉，并迅速占领与其毗邻的德摩特利亚斯。大概与此同时，罗马执政官马库斯·巴比乌斯率领一支兵力大约两万五千人的军队登陆阿波罗尼亚。战争一触即发。

小国立场——迦太基与汉尼拔

反罗马联合声势浩大，安条克挺身而出，成为这一联合的首领，但是一切都维系于该联合的实现程度。首先按照计划，鼓动罗马在迦太基和意大利的敌对势力。纵观汉尼拔的一生，他的不幸就在于迂腐且器量狭小，却思谋宏伟而高尚，在以弗所朝廷上也是如此。该计划的实施并未取得任何成果，还牵累了几位迦太基爱国人士，迦太基人别无选择，只能对罗马表示绝对服从。

迦太基当局对汉尼拔不再热心——此人太过胆大，朝中朋党无所适从。他们尝试使用了所有这些荒谬的计策，比如罗马人以汉尼拔的名字恐吓孩童，他们就诬陷汉尼拔与罗马使者串通。安条克大王与其他无足轻重的君主并无二致，投身于自我独立的事业，最易受被统治这一威胁的影响，安条克因此幡然醒悟：自己不应该允许这样一个赫赫有名的人凌驾于自己之上。因此，迦太基当局在大会上决定：今后仅允许这个腓尼基人参与次要事务以及建言献策——当然，保留条件是永不采用其建议。汉尼拔对这些乌合之众进行的报复，就是对所委任的差事来者不拒，而且还都能出色地完成。

小亚细亚诸国

在亚洲，卡帕多西亚附庸安条克大王。与之相反，比提尼亚王普卢沙一如既往站在势力较强的罗马阵营。犹美尼斯王仍然信守家族的古老政策，此时这种政策终于产生了预期的结果。他不仅严辞拒绝了安条克的提议，而且不断催促罗马尽快开战，犹美尼斯王期望战争可以扩大到他的王国。罗德岛人和拜占庭人仍站在旧盟友罗马阵营。埃及也归附罗马，提供给养和兵力支持，然而，罗马人并未接受。

马其顿

在欧洲，结果主要视马其顿王腓力的立场。如果抛却过去种种挫败和缺憾，与安条克联合也许是明智之举。但腓力向来容易被个人喜好所左右，而非基于这种考虑作出明智的决定。安条克这个言而无信的盟友，曾经任由腓力独自对抗双方共同的敌人，只想独吞战利品，并成为腓力在色雷斯屡屡生事的邻居，反观战胜国罗马却对他礼遇有加，因此腓力自然而然对安条克的仇恨更加强烈，对征服者罗马的仇恨反而更轻微。此外，安条克扶植觊觎马其顿王位的伪主，还大张旗鼓地掩埋暴露在奇诺斯法莱的马其顿人留下的白骨，因此深深地触怒了脾气暴躁的腓力。所以腓力诚心诚意，将他的全部兵力交由罗马人差遣。

希腊国力稍弱的城邦

希腊第二大国亚该亚联盟也坚决固守与罗马的盟约，其决心并不亚于第一大国马其顿。至于各小国，塞萨利人和雅典人依附罗马。雅典爱国党势力强大，弗拉米尼努斯调遣一支亚该亚守军进驻雅典的堡垒，爱国党才幡然醒悟。埃庇鲁人力求与双方保持和睦相处。因此，除了埃托利亚人，以及与邻近城市的一部分波西比人联合的马格内西亚人，支持安条克的仅有下列国家：阿达马尼，国王阿密南德庸弱昏聩，却妄想登上马其顿王位；伯罗奔尼撒的埃里人和梅森人，他们往往会和埃托利亚人共同攻打亚该亚人。这的确是个充满希望的开端。埃托利亚人又将权利至高无上的元帅头衔授予安条克大王，这无异于往伤口上撒盐。而且双方一如既往地钩心斗角：安条克并未率领亚洲的千军万马前来作战，其兵力不过是平常执政官兵力的一半；希腊人也并没有全体拱手欢迎这位前来帮助他们脱离罗马统治的救主，有的只是一两股希腊游兵散勇，以及几群风流放荡的市民，他们与安条克大王志同道合，并提供兵力支持。

安条克在希腊

在希腊本土，安条克确实抢在罗马人之前先发制人。卡尔西斯有罗马的希腊盟军驻守，安条克首次招降之时，卡尔西斯人不为所动，但是当安条克率领全军向其进发时，他们便投降了；一支前来据守这座城市的罗马军队姗姗来迟，在德琉被安条克歼灭。如此一来，罗马失去了对尤比亚的支配权。甚至到了冬季，安条克还打算与埃托利亚人以及阿迦那尼亚一起攻取塞萨利。他们占据了塞莫皮莱，菲雷以及其他城市也被攻陷，但亚庇乌斯·克劳狄乌斯率领两千士兵从阿波罗尼亚赶来，解了拉利萨之围，并在此据守。安条克对冬季作战感到厌倦，宁可回到卡尔西斯，在舒适的军营中行乐消遣。安条克大王虽然年已五十，而且生性好战，但却在卡尔西斯娶了一位当地的美貌女子。罗马纪元562年至563年即公元前192年至前191年的冬天就这样过去了，这期间安条克只在希腊各地传送檄文，没有任何其他行动。一位罗马军官如是说：安条克以笔墨作战。

罗马人登陆希腊

罗马纪元563年即公元前191年初春，罗马军队抵达阿波罗尼亚。军队元帅是曼尼乌斯·阿其里乌斯·格拉布略，他出身卑微，但却是一位令部下敬畏、让敌人闻风丧胆的良将；舰队司令是盖乌斯·李维；军团指挥官中有西班牙的征服者马库斯·波尔奇乌斯·加图以及路奇乌斯·瓦勒里乌斯·弗拉库斯，虽然他们都曾身任执政，但是他们遵守罗马旧习，不辞再入军队，充任一介战将。他们率领战船和士兵前来增援，包括马西尼萨派来的努米底亚骑兵和利比亚战象。并受元老院允许，他们可以从意大利境外的同盟国获得五千人的补充兵力，因此罗马兵力上升至大约四万人。

安条克在初春时期率军至埃托利亚，由此漫无目的地远征阿加那尼亚，闻知格拉布略率军登陆欧洲，便返回其总部，郑重其事与罗马军交战。但令人费解的是，由于他本人以及亚洲摄政的疏忽，增援部队根本不见踪迹，因此安条克手中只有前一年秋季登陆普台琉时率领的残军弱旅，而在荒颓的冬季驻营期，疾病和逃亡致使如今兵力已经锐减。埃托利亚人曾经承诺派遣大军前来赴战，但是当迫切需要他们援助时，他们却只给总司令安条克派去了不过四千人。罗马军队已经在塞萨利开始行动，罗马的先头部队与马其顿军队联合作战，将安条克戍守在塞萨利各城的军队尽皆逐出，并占据阿达马尼亚人的领土。罗马执政官率领军队主力随后而至，罗马全军集中于拉利萨。

塞莫皮莱之战　罗马人攻占希腊　埃托利亚人的反抗

面对各方面占尽优势的敌军，安条克并没有选择全速退回亚洲，撤出战场，而是决定在其占领的塞莫皮莱坚城自守，在此等待亚洲的救援大军到来。安条克亲自率军据守主隘道，并命令埃托利亚人据守那条之前薛西斯经过的包抄斯巴达人的山路。但是埃托利亚的部队中只有一半愿意听从总司令的派遣，其余两千人却进入邻城赫拉克利亚，除了在战争进行时试图突袭罗马的营寨外，他们没有任何作为。

驻守在高地上的埃托利亚人负有监察放哨的职责，甚至他们都玩忽职守。埃托利亚人在迦里兜穆山的据点遭到加图的突袭，亚细亚方阵受到执政官的正面攻击，当罗马军从侧面冲下来时，方阵一溃而散。安条克既没有事先做好任何防备，也不想撤退，他的军队一部分在战争中身亡，一部分在逃跑的途中惨遭杀戮；一小股兵力奋力杀出重围，抵达德摩特利亚斯，安条克率领五百名士兵仓皇逃回卡尔西斯。他匆忙登船逃往以弗所，除了色雷斯的属地外，安条克丧失了欧洲的所有领土，而且各个要塞也都无力防守：卡尔西斯向罗马人投降，德摩特利亚斯向腓力投降。腓力即将攻陷拉弥亚之际，罗马执政官令其放弃该城，作为补偿，罗马人允许腓力统治塞萨利本土所有曾经投降安条克的公社，甚至将与埃托利亚毗邻的多洛庇亚以及阿裴郎沙也交给腓力管理。

所有之前声明支持安条克的希腊人都急忙向罗马人求和：埃庇鲁人低三下四地恳求罗马人原谅其之前模棱两可的行径，彼奥提亚人斟酌再三后投降，埃里人与和梅森人都归顺了亚该亚人，不过后者在归顺前作了一些抵抗。汉尼拔曾向安条克预言：希腊人愿意向任何战胜者屈服，所以千万不可依赖他们。甚至当埃托利亚人的军队被围困在赫拉克莱亚，在顽强抵抗后被迫屈服时，也想与盛怒之下的罗马人缔结和约，但是罗马执政官提出的要求过于苛刻，安条克又及时送来钱款，埃托利亚人才敢再一次中断谈判，在受到围攻的情况之下，于瑙帕克图斯坚守了整整两个月。瑙帕克图斯已经陷入绝境，到底是城破人亡还是投降应该下个决断，已经不能再延缓了。弗拉米尼努斯一直努力挽救每一个误入歧途的希腊公社，避免产生最糟糕的后果或者受到更粗暴的同僚的严苛对待，先在可以接受的条件下予以调停，并商定停战协议。这至少暂时结束了希腊的武装反抗。

海上大战以及准备远渡亚洲 波里森尼达与鲍西斯塔图斯 阿斯本都海战 迈翁尼苏岬之战

在亚洲,一场大战迫在眉睫——这场战争似乎十分凶险,其原因不在于敌人声势浩大,而是由于距离遥远,而且与本国的交通充满艰难险阻,然而因安条克目光短浅、刚愎自用,除了在本国攻击敌军外,他没有任何结束战争的良策。罗马人的首要任务是确保海上安全。在征战希腊期间,罗马舰队的主要任务是切断希腊与小亚细亚之间的海上交通,大概在塞莫皮莱之战期间,罗马舰队在安德罗成功击败一支强大的亚细亚运输船队,之后,于次年承担运送罗马军队至亚洲的任务,并以将敌军舰队驱逐出爱琴海为首要任务。敌军舰队停泊在奇苏港,该港坐落于由爱奥尼亚伸向契欧的舌形地带。

盖乌斯·李维率领一支舰队,由七十五艘罗马甲板船、二十四艘帕加马甲板船以及六艘迦太基甲板船组成,到该处搜寻敌军舰队。叙利亚舰队司令波里森尼达是罗德岛的移民,只有七十艘甲板船与李维率领的舰队相抗衡,但是,由于罗德岛的战船还未前来与罗马舰队相会,而且波里森尼达自恃其战船,尤其是推罗和西顿的战船装备精良,所以敢即刻应战。双方交战之初,亚细亚人成功击沉一艘迦太基战船;但是当双方展开战斗时,罗马人以骁勇占上风,敌军仅仅是因为划船和行驶速度快,损失的战船不过二十三艘。在乘胜追击的过程中,罗德岛人的二十五艘战船与罗马舰队会合,因此罗马人在这些海域中的优势地位倍加确定。自此以后,敌军舰队便躲进了以弗所港,因为无法将其诱出,波里森尼达不敢冒险再战,罗马与盟国的联合舰队就解散过冬,罗马的战船驶入帕加马邻近的迦恩港。

冬季期间双方都忙于为下一次交战作准备。罗马人试图争取小亚细亚的希腊人站到自己这一边。亚细亚王曾多次试图占据士麦拿，士麦拿不屈不挠、抗争到底，现在却热情欢迎罗马人的到来，在萨摩斯、契欧、埃利特雷、克拉佐美尼、福西亚、库迈等地，罗马党也占优势。安条克决定，如果可能，必须阻止罗马渡过海域进入亚洲，因此他一心指挥海军备战，令波里森尼达整顿装备战船，并增加驻守以弗所的舰队，令汉尼拔在里西亚、叙利亚和腓尼基组建一支新舰队。此外，安条克还从其疆域辽阔的帝国各地征兵组成一支强大的陆军，纠集于小亚细亚。次年（罗马纪元564年即公元前190年）年初，罗马舰队再次行动。这次罗德岛人舰队的三十六艘战船来得很早，盖乌斯·李维令其留在以弗所海面监视敌军舰队的一举一动，按照李维的指令罗马和帕加马舰队的大多数战船开赴赫勒斯滂，旨在夺取该处的要塞，为陆军渡海开辟道路。塞斯都已经被占领，阿卑多斯也战况告急，这时罗德岛舰队战败的消息传来，李维不得不回兵。罗德岛舰队总司令鲍西斯塔图斯被其国人想要叛安条克的说辞所欺骗，疏于防范，在萨摩斯港遭到敌人偷袭；鲍西斯塔图斯本人战死，所率舰队除五艘罗德岛战船以及两艘科恩战船外，其余全被击毁。萨摩斯、福西亚以及库迈闻讯，便投奔塞琉古，塞琉古在上述地点代替其父充当陆军元帅。

但是当罗马舰队陆续从迦恩和赫勒斯滂赶来，并与随后而至的二十艘罗德岛新战船集结于萨摩斯，波里森尼达再次被迫退守以弗所港。由于波里森尼达拒绝与罗马在海上交战，而且罗马兵力不足，无法发动陆上进攻，罗马舰队只好照例退守萨摩斯。同时，罗马的一支分舰队驶往里西亚沿海的帕达拉，其目的一部分是援助罗德岛人抵御敌军的猛烈攻击，主要目的是拦截汉尼拔率领的即将到来的敌方舰队，不让其进入爱琴海。但是奉命派往帕达拉的分遣舰队未完成以上所述任务，彼时新上任的舰队司令路奇乌斯·埃米利乌斯·雷古鲁斯从罗马亲率二十艘战舰赶来，并于萨摩斯从盖乌斯·李维手中接任执政之位，闻讯勃然大怒，率领全部舰队开往帕达拉。途中，其部下军官苦苦劝谏，表明他们的首要目标不是占领帕达拉，而是掌控爱琴海的制海权。雷古鲁斯恍然大悟，听从部下的建议返回萨摩斯。同时，在小亚细亚大陆，塞琉古开始围攻帕加马，而安条克率领军队主力在帕加马领土以及米提利尼岛的大陆属地大肆掠夺，他们想在罗马援军到来之前，将他们恨之入骨的阿塔鲁斯王朝彻底摧毁。

罗马舰队开往埃勒亚和阿德拉米提乌姆港援助盟国，但是由于舰队司令兵力不足，并未取得任何成果。帕加马似乎已经无法挽救了，但由于敌军的包围并非水泄不通，趁敌人懈怠疏忽之际，犹美尼斯命令狄欧方尼率领亚该亚援军攻入城内，狄欧方尼大胆出击，所向披靡，高卢佣兵奉安条克之命前来攻城，这个时候不得不解围撤退。

在南部海域，安条克的计划也遭到挫败。汉尼拔所率舰队由于受到持续的西风干扰，耽搁了很长时间，最后尝试进入爱琴海。但是在尤里梅顿河口，潘菲里亚的阿斯本都海面，汉尼拔与犹达穆所率的一支罗德岛舰队不期而遇，双方随即交战。罗德岛人的战船装备精良，海军军官也有勇有谋，虽然汉尼拔能征善战，而且在数量上也占据优势，但胜利的天平最终倾向了罗德岛人这一方。这是迦太基勇士的首次海战，也是汉尼拔对罗马的最后一次战争。罗德岛舰队得胜之后驻守于帕达拉，在此挫败这两支亚细亚舰队会合的企图。

在爱琴海，帕加马战船被分遣到赫勒斯滂援助到达该地的陆军，因此驻守在萨摩斯的罗马、罗德岛舰队实力大减，结果比波里森尼达所率舰队还少九艘战船，反遭波里森尼达攻击。罗马纪元564年即公元前190年，按照未修订的历法是十二月二十三日，按照已修订的历法大概在八月底，双方交战于泰奥斯和科洛丰之间的迈翁尼苏海岬，罗马人突破敌军防线，将其左翼完全包围，俘获或击沉敌舰达四十二艘。为了纪念此次胜利，罗马人在玛尔提乌斯平原建起了一座海神庙宇，上面刻有一首萨突尼亚体诗，在此后数百年，该铭文总在向罗马人无声地宣示：亚细亚人的舰队以及全体陆军是如何在其国王安条克眼皮子底下被打败，罗马人如何因此"平息这次大争端，征服众君主"。自此以后，敌军战船再也不敢冒险在辽阔的大海上露面，也不敢试图阻挠罗马陆军渡海行军。

远征亚洲

扎玛的征服者普布里乌斯·西庇阿被选任指挥罗马军队在亚洲大陆上作战。其兄路奇乌斯·西庇阿名义上是最高统帅，但此人既非智力超群，亦无军事才能，所以实际上是普布里乌斯·西庇阿掌权。后备部队一直驻守在意大利南部，此时奉命前往希腊，格拉布略的军队被派往亚洲。元帅人选确定后，参加过汉尼拔战役的五千名老兵自愿入伍，希望在他们爱戴的首领麾下继续冲锋陷阵。在罗马旧历七月，即公历的三月，西庇阿兄弟来到军中，正式拉开亚洲战役的序幕，但一开始就陷入与孤注一掷的埃托利亚人无休无止的战斗中，这意料之外的冲击令他们内心郁悒不安。

元老院见弗拉米尼努斯对希腊人太过仁慈，便向埃托利亚人提出条件：要不就支付十分高额的战争赔款，要不就无条件投降，二者选其一，因此逼得埃托利亚人再动干戈，没有人知道这山中堡垒的战事什么时候才能结束。西庇阿与他们缔结六个月的停战协议，这才摆脱这个大麻烦，然后继续向亚洲进军。因为敌军只有一支舰队被封锁在爱琴海，而另一支舰队从南部赶来，虽然有罗马分舰队奉命拦截，但也不日就可到达爱琴海海域，因此西庇阿可取的做法似乎该是陆上行军，经由马其顿和色雷斯，然后渡过赫勒斯滂海峡。在陆上行军可以预想没有任何大的困难，因为马其顿王腓力可以完全信任，比提尼亚王普卢沙也与罗马结盟，罗马舰队可以毫不费力占据赫勒斯滂海峡。罗马军队沿着马其顿和色雷斯海岸长途劳苦进军，最终成功无虞抵达目的地。腓力一方面为罗马军提供物资援助，一方面设法让色雷斯的蛮族善意接待他们。然而罗马军队因此花费了很长时间，一方面是由于与埃托利亚人交战，一方面由于长途行军，大约在迈翁尼苏之战时，他们才到达色雷斯的刻尔松尼斯。但西庇阿在亚洲的运气出奇地好，正如之前在西班牙和非洲那样，一路逢凶化吉、顺利进军。

罗马人通过赫勒斯滂

收到迈翁尼苏的战报后，安条克惊慌失措，对战局完全失去了判断。在欧洲，里西马其亚守军实力强盛，而且城内粮草充足，城内居民对复兴此城的亚细亚王忠心耿耿，安条克却下令守军和居民撤出里西马其亚，然而埃奴和玛罗尼亚同样也有守军和府库，但是安条克却忘记将守军撤出、将府库焚毁。当罗马人即将于亚细亚海岸登陆时，安条克没有作任何防御准备，反而在敌军大肆登陆时，于萨底斯耗费时间抱怨命运不公。毫无疑问，如果他能筹备防守里西马其亚，直到距离当时已经不远的夏末，将大军移师驻守在赫勒斯滂，西庇阿将被迫在欧洲海岸驻营过冬，而无论是从军事还是政治的角度来看，这个位置都十分危险。

罗马人在亚洲海岸离船登陆后，就地停留数日，一方面为了稍作休整，一方面等待由于履行宗教义务而耽搁的首领西庇阿，安条克大王派遣使臣前来罗马军营议和。安条克表示愿意赔付一半战争费用，并愿意割让其欧洲属地以及所有小亚细亚已经投降罗马的希腊城市；但西庇阿要求赔偿全部战争费用，并交出整个小亚细亚。西庇阿表示，如果军队尚且还在里西马其亚城下，甚至还在赫勒斯滂海峡的欧洲一方，前一种条件可以接受；但现在战马已经识得衔辔，甚至已然识得乘坐它的士兵，这样的条件已经不足以心动了。安条克大王想按照东方的方法用一笔钱款同敌人媾和——交出半年财政收入——西庇阿断然拒绝。西庇阿的儿子被俘虏，安条克大王不提任何条件就将其送还，西庇阿以一种高傲的市民情怀，友好地建议可以接受任何条件的求和。这实际上完全没有必要，如果安条克抱有延长战事的决心，可以退回内地，诱使敌军来追，最后取得较好的结果也不是没有可能。但安条克认为西庇阿故作骄纵、目中无人，他怒从中来，又不愿同敌人打持久消耗战，于是将其麾下庞杂不堪、组织无纪的乌合之众迅速投入战场，抵御罗马兵团的突袭。

马格内西亚之战

罗马纪元 564 年即公元前 190 年晚秋，罗马军队在距士麦拿不远、马格内西亚附近，赫尔穆斯河谷的席庇鲁斯山麓与敌军不期而遇。安条克军队兵力将近八万人，其中一万二千骑兵；罗马军队——加上埃托利亚人、帕加马人以及马其顿志愿兵总共五千人——兵力几乎不及安条克的一半，但是他们怀有必胜的信念。罗马军元帅抱病留居埃拉亚，他们甚至等不了西庇阿康复，于是由格涅乌斯·多米提乌斯代其统领军队。安条克为了能够排兵列阵，甚至将其所率大军分为两部分：第一部分轻装兵占多数，还有轻盾队、弓手、轮索人、密塞人、达赫人和埃里迈人的骑射兵、骑单峰驼的阿拉伯人以及镰车；在第二部中，重装骑兵（一种披甲骑兵）列在军队两翼，靠近骑兵在中间的是高卢和卡帕多西亚步兵，正中心是仿照马其顿式装备的方阵，人数达一万六千人，是全军的精锐，然而在狭窄的空间内无用武之地，不得不列成纵深三十二层的双重队伍。在这两部之间列着五十四匹战象，分属于方阵和重装骑兵的中队。罗马人只将寥寥几队骑兵列在左翼，并以河流作为屏障，大部分骑兵以及所有轻装部队列于犹美尼斯所率的右翼，罗马兵团位于军队中心位置。

犹美尼斯命令弓手和轮索手攻打镰车、射击驮镰车的马，以此拉开战争序幕。顷刻之间，不仅这些受到攻击的镰车陷入一片混乱，而且驻守在其旁边的驼兵也被冲得七零八落，甚至在第二部，列于左翼后方的重装骑兵也陷入了混乱。犹美尼斯这时率领全部的三千名骑兵，猛攻位于第二部方阵和重装骑兵之间的雇佣兵，当其溃败退走之时，早已陷入紊乱的披甲骑兵也四处逃窜。方阵刚刚让轻装步兵穿过整列，准备进攻罗马兵团，侧翼又受到敌军骑兵的攻击，不得不停止进攻，在两侧排列成战线——其阵势纵深有利于这样调整。如果亚细亚的重装骑兵在附近，战局还有挽回的余地，但是左翼已经溃散，而安条克亲自率领的右翼，已经前去追击对面的小队罗马骑兵，直抵罗马营寨，罗马人奋力抵抗才挡住攻击。这样一来，在一决胜负的关键时刻，安条克的骑兵竟然不在决战的位置。

罗马人小心翼翼，不让兵团与敌军方阵正面交锋，而以弓手和轮索手去攻打，安条克的方阵士兵密密麻麻，拥挤不堪，成为众矢之的，而罗马士兵投射的武器几乎百发百中。然而方阵徐徐退去，井然有序，但在空隙处的战象似乎受到惊吓，冲破阵列，于是全军尽皆仓皇逃窜。守住营寨的尝试终告失败，徒增阵亡和俘虏的数量。安条克损失兵力预计有五万人，考虑到当时混乱不堪的情形，这个数字并非夸大其辞；罗马兵团并未参与战斗，经过此次胜利，罗马人拥有了第三个洲，代价仅为二十四名骑兵、三百名步兵。小亚细亚向罗马投降，甚至包括以弗所以及朝廷所在的萨迪斯在内，亚细亚舰队司令急忙将舰队撤离以弗所。

缔结和约　远征小亚细亚的凯尔特人　整顿小亚细亚事务

于是亚细亚王求和，并接受罗马人提出的条件，即罗马人战前提出的条件，因此包括割让小亚细亚这一项。在条约得到批复之前，军队继续驻守在小亚细亚，费用由安条克承担，这样一来他花费不少于三千塔兰特（折合七十三万英镑）。安条克心宽体胖，不久便将半数国土沦陷抛之脑后，他还明言感激罗马为其解决了治理庞大帝国的烦恼，这正是他性格的比照。但是在马格内西亚一战之后，亚细亚便被清出了强国之列，也许从来没有哪个强国，像安条克大王统治下的塞琉古王朝一样，衰落得如此之快、如此彻底且如此声名狼藉。不久之后（罗马纪元567年即公元前187年），他亲自到波斯湾海湾深处的埃里迈，掠夺该处一座贝尔庙，以填充其空虚的府库，激起当地居民的愤慨，安条克也因此丧命。

战争胜利后，罗马政府必须着手处理小亚细亚和希腊的事务。如果罗马要在这里建立牢固的统治基础，仅仅让安条克放弃对其控制权是远远不够的。此处的政治局面在前文已有叙述。爱奥尼亚和埃欧里亚沿海的希腊自由城市，以及帕加马王国，在本质上并无二致，它们毫无疑问是新罗马主权的天然支柱，而且罗马实际上在这里也挺身而出，作为同族希腊人的保护者。但是小亚细亚内陆以及黑海北部海岸的统治者们很早就已经不向亚细亚王俯首称臣了，仅与安条克签订了协议，罗马人无法获得小亚细亚腹地的统治权，因此将今后罗马实际的控制范围划分出来十分有必要。而最关键的是亚细亚希腊人与已在当地定居百年的凯尔特人之间的关系。凯尔特人已经正式将小亚细亚瓜分，三个州各自在占据的领土范围内征收固定的捐税。

帕加马统治者倾力领导，因此得以跻身世袭王位继承者，其市民已摆脱这种束手束脚的限制；而希腊艺术近年来重见天日的璀璨成就，正是源于最后由民族爱国情怀支撑的希腊战争。但这不过是一次强大的反击，而非决定性的胜利。帕加马要维护其城市的安宁，必须不断使用武力对抗东部山区野蛮游牧部落的袭击，其余大多数希腊城市也许仍保持着此前的依存状态。

如果罗马对希腊人的支配权在亚洲并非徒有虚名，那么其新的附庸地对凯尔特人的纳贡义务必须解除，因为根据罗马当时的政策，不允许在希腊、马其顿半岛，更不允许在亚洲自有领土以及与此有关的领土派兵长久驻扎，因此罗马人实际上别无他法，只能将罗马军队开赴罗马势力范围所及之处，迅速在整个小亚细亚，尤其是凯尔特人州郡，建立起新的主权。

格涅乌斯·曼利乌斯·弗尔索在小亚细亚接替路奇乌斯·西庇阿，成为罗马人的新元帅，而弗尔索要做的正是此事，他因此遭到严厉的指责。元老院中一些成员对政策上的新转变持反对意见，他们既未看到这场战争的目的，也没看到不得不发动战争的理由。第一种针对这场战争产生的反对意见实际上是目标不明确的结果。罗马政权再次干涉希腊事务之后，战争反而是干涉的必然结果。罗马对希腊整体行使支配权是否可取，毫无疑问是值得考量的，但是从弗拉米尼努斯及其领导的多数派当下的立场来看，推翻伽拉特政权，实际上不仅事关罗马名誉，而且是明智之举。更合情合理的反对观点是，当时没有对伽拉特人开战的正当理由，因为严格来说，他们并未与安条克结盟，而只是根据自己的惯例允许他在国内征集雇佣军。但是另一方面，具有决定性的考虑是：只有在十分紧急的情况下，才能向罗马公民要求派遣军队前往亚细亚，如果这种远征确有必要，提出的要求一概都会被赞同，并且即刻发动当时驻守在亚洲的得胜之师。

因此，罗马纪元565年即公元前189年春季，在弗拉米尼努斯以及赞成其观点的元老院成员影响之下，远征小亚细亚内陆的战争顺利进行。弗尔索从以弗所出发，在迈南德河上游以及潘菲里亚向当地城市和君主大肆征收战争费用，然后转而北上，攻打凯尔特人。凯尔特人西部的托里斯托包吉州人已经携带自己的财产撤退到奥林匹斯山，中部的特克托吉州人也撤退至马伽拔山，希望能在该地防御敌人，可以挨到冬天来临，届时罗马人会被迫撤军。但是罗马轮索手和弓手不断投射武器——罗马人因此屡屡扭转战局，凯尔特人对这种武器不甚了解，大概就像近代的枪炮火器将野蛮部落打得落花流水——猛烈攻打山头高地，凯尔特人战败投降，他们此前在波河以及此后在塞纳河上也屡次遭遇这样的溃败，但是这次在亚洲的战败，与这个北方民族出现在希腊和弗里吉亚等民族中的整个现象一样稀奇。在这两个地方惨遭杀戮的凯尔特人不计其数，被俘虏的更是数不胜数。幸存者渡过哈里河，逃往凯尔特人的第三个州特罗克密，罗马执政官没有对这个地方发动进攻，因为哈里河是当时罗马领导人商定必须停战的边界。弗里吉亚、俾斯尼亚以及帕菲拉格尼亚从此依附于罗马，位于这几个地方以东的地区仍然保持独立状态。

罗马人处理小亚细亚的事务，一部分通过与安条克缔结和约（罗马纪元565年即公元前189年）的方式完成，一部分通过罗马执政官弗尔索主持的委员会颁布法令的方式处理。安条克必须向罗马派送人质，其中包括与其同名的少子，而且要支付战争赔款——数额与亚细亚的财力成比例——一万五千尤比亚塔兰特（折合三百六十万英镑），先缴纳其中五分之一，其余分十二年付清。

此外，安条克还须割让全部欧洲属地，在小亚细亚，北至陶鲁斯山，西至位于帕姆菲利亚、阿斯彭都斯和裴伽之间的彻特鲁斯河口，这些地区也要求割让给罗马，因此安条克在小亚细亚仅拥有帕姆菲利亚东部以及西里西亚。安条克对小亚细亚各王国及封邑理所当然也失去了支配权。

亚细亚，或者按照塞琉古王国此后通常地，也更适当地称之为叙利亚，不再具有对西方国家发动扩张战争的权利，并且在防御战争中，不得在和约缔结时获取本来属于西方国家的领土；此外，除了运送使者、人质以及贡品外，其战船不得航行至西里西亚的迦里卡德奴河河口以西；除了防御战争的需要，不得保持超过十艘甲板船，不得训练战象；最后，不得在西方国家招募雇佣兵，也不得接纳西方国家的政治难民以及叛徒进入自己的朝廷。安条克将超过规定数额的战船、拥有的战象以及投靠他的政治难民尽皆遣散。作为补偿，安条克大王被授予"罗马共和国之友"的称号。如此一来，无论是在陆地上还是在海上，叙利亚都永远被完全驱逐出西方。在所有被罗马征服的大国中，只有塞琉古王国在第一次战败后再也没有兴兵再战，这足以见得这个王国的衰落和散漫。

亚美尼亚

亚美尼亚的两部分，这个时候至少仍然在名义上是亚细亚管辖的领土，如果的确不是按照罗马的和约，那么也是受其影响，转化成了独立的王国。它们的统治者，阿尔塔西阿斯和扎里阿德里斯，成为新王朝的缔造者。

卡帕多西亚

阿利亚拉底是卡帕多西亚国王,其领土在罗马人划定的管辖范围之外,以赎金六百塔兰特(折合十四万六千英镑)重获自由。之后在其女婿犹美尼斯的周旋下,赎金减半。

比提尼亚

比提尼亚国王普卢沙保留原来的领土,凯尔特人的领土也得以保留,但是他们被迫承诺不再将武装部队派遣到境外,小亚细亚城市向其纳贡的丑事也自此终了。亚细亚希腊人对罗马人感恩戴德,并以金冠和非凡的颂词铭记罗马人给予他们的帮助。

希腊自由城邦

在小亚细亚的西部,领土调整面临着重重困难,尤其是犹美尼斯在当地奉行的政策与希腊城市同盟政策相冲突,领土问题更为棘手。最后,双方达成以下谅解:所有原先自由的希腊城市,在马格内西亚之战当日与罗马人并肩作战的,其自由均受承认,这些城市除此前就向犹美尼斯纳贡的外,今后不必向各诸侯纳贡。这样一来,达尔达奴城以及上溯到埃涅阿斯时期就与罗马建立密切关系的伊里翁城,还有奇密、士麦拿、克拉松美尼、埃利德雷、契欧、科罗丰、米都利以及其他著名的古城,都重新获得了自由。福西亚在投降后遭到罗马舰队士兵的劫掠,虽然并不在缔结和约的规定范围中,但作为补偿,他们重获领土与自由。大多数希腊、亚细亚城市同盟都得到了额外的领地以及其他利益。罗德岛人得到的报酬自然最多，他们获得了特尔密苏以外的里西亚以及迈南德河以南迦利亚大部，此外，安条克保证罗德岛人在王国内的财产和权利，以及他们一直享有的免税权。

帕加马王朝的扩张

其余所有希腊国家中，阿塔鲁斯王朝占据战利品的绝对多数，阿塔鲁斯自古以来就对罗马尽忠尽职，而且犹美尼斯在这场战争中饱尝艰辛，他个人又在决战中立下汗马功劳，所以他受到比其他罗马同盟国更丰厚的奖赏。犹美尼斯在欧洲得到包括里西马其亚在内的刻尔松尼斯；在亚洲，除了本来就属于他的密西亚外，赫勒斯滂海峡上的弗里吉亚、包括以弗所和萨底斯在内的吕底亚、包括特拉勒和马格内西亚在内直抵南德河的迦利亚北部地区、大弗里吉亚和连同西里西亚一部分的里考尼亚、位于弗里吉亚和里西亚之间的密里亚地区，以及作为南部海域港口的里西亚境内城市特尔密苏，都划属犹美尼斯的势力范围。

关于潘菲里亚的归属权，之后犹美尼斯和安条克为此引发争端，最后只好根据规定边境内外以及距离来规划边界，将争议地区划分给前者或后者。此外，犹美尼斯还取得对希腊未完全独立城市的管辖权以及征税权，但是按照规定这些城市可以保留特许状，纳贡的数额不允许提高。再者，安条克必须承诺支付欠下犹美尼斯父亲阿塔鲁斯三百五十塔兰特（折合八万五千英镑）的债款，并支付一百二十七塔兰特（折合三万一千英镑）以补偿粮食供应欠款。最后，犹美尼斯还得到安条克交出的王室森林以及战象，但是安条克交出的战船则尽皆焚毁，因为罗马不容许能与之抗衡的海上强权国家的存在。

这样一来，阿塔鲁斯王国成就了在东欧以及亚洲的地位，正如努米底亚在非洲的地位，成为实行专制政体但附属于罗马的强国，控制着叙利亚和马其顿，并且除了十分特殊的情况外，不需要罗马的帮助就可以达成自己的目标。权谋所要求的是创造这种势力，对共和政治和对希腊民族的同情心以及虚荣所要求的是解放亚细亚希腊人，罗马人已经尽可能地将二者联系起来。至于陶鲁斯山和哈里斯河以东地区的事务，他们全然置之度外，这在与安条克签订的和约中有明确的表现。从罗德岛人为西里西亚的梭里城请求罗马保证其自由时，遭到元老院严词拒绝中，这一点表现得更加明显。他们也忠诚地坚持不保有直接海外属地的原则。

罗马纪元566年即公元前188年夏末，罗马舰队远征克里特，将被贩卖至此沦为奴隶的罗马人释放后，罗马海军与陆军便撤离亚洲。此次行军罗马陆军再次经过色雷斯，由于将军的疏忽，在途中遭到当地野蛮人的攻击，损失惨重。罗马人只载着荣誉和黄金归来，当时人们习惯将荣誉和黄金合二为一，致谢辞化为实质的形式，即金冠。

希腊纷争妥善解决　与埃托利亚人和解

欧洲希腊也受到这场亚洲战争的影响，需要调整重组。埃托利亚人没有自知之明，不安于无足轻重的状态，于罗马纪元564年即公元前190年春季与西庇阿缔结和约后，不仅通过他们在塞法伦尼亚的海盗船给希腊和意大利之间的交通充满困难和风险，而且在停战协议可能还未到期的时候，就被谣传的亚洲事态所蒙蔽，愚蠢地再次扶持阿密南德登上阿达马尼王位，腓力占据着埃托利亚与塞萨利之间的地区，埃托利亚人断断续续向腓力发动多次战争，其间腓力屡遭挫败。在此之后，罗马对其求和以执政官马库斯·福尔维乌斯·诺比洛率军登陆回应。

罗马纪元565年即公元前189年春季，诺比洛来到军中，在围攻十五天之后，以对守军而言光荣的投降条件，占据安伯拉西亚；同时马其顿人、伊利里亚人、埃庇鲁人、阿加那尼亚人以及亚该亚人都对埃托利亚人发动了猛烈攻击。埃托利亚人并未进行严格意义上的反抗，他们再三求和，最后罗马人停战，并且同意接受敌人给出的条件。鉴于埃托利亚人的可鄙和恶毒，这些条件可以说合情合理。埃托利亚人失去了本来属于敌人的所有城池和领土，尤其是安伯拉西亚，该城之后由于罗马策划反对马库斯·福尔维乌斯的阴谋，成为独立自由的城市，而厄尼底亚则割让给了阿加那尼亚人，同样他们还割让了塞法伦尼亚。埃托利亚人自此丧失了发动战争与谈判求和的权利，在那些方面按照罗马的外交关系周转。

最后，埃托利亚人还支付了一笔高额赔款。塞法伦尼亚人依靠自己的力量反对该条约，但是当马库斯·福尔维乌斯率军登陆，便立刻屈服了。实际上，萨美的居民担忧他们地理位置优良的城市会被罗马殖民者剥夺，在首次投降后又起兵反叛，足足被围攻了四个月。然而在城池最终陷落后，其全部居民被卖作奴隶。

马其顿

在这件事情上，罗马坚持将其自身限制在意大利以及意大利岛屿范围内的原则。除了罗马人想要获取的塞法伦尼亚和查金都这两座岛屿，用以为科西拉属地以及亚得里亚海其他海军基站提供物资供应，罗马人没有获取任何战利品，其他战争所得的领土都分配给了罗马的盟国。但是其中最为举足轻重的两个盟友——腓力和亚该亚人——对所得战利品十分不满。腓力心有不平也情有可原，他大可无虞地声明，此前战争的主要障碍并非在于敌人的性质，而是因为距离遥远，行军安全无法得到确保，而这些障碍正是腓力忠实协助才得以扫清的。

元老院也承认这一点，免除了腓力欠下的债款，送还了他上交的人质，但是腓力并未得到自己期盼的领土增加。他得到了马格内西亚人的领土，以及从埃托利亚人手中夺取的德摩特利亚斯；此外多洛庇亚、阿达马尼亚以及色雷斯部分地区曾经属于埃托利亚人，腓力将埃托利亚人逐出，因此这些地方也受到他的实际控制。在色雷斯，内陆地区仍在马其顿的控制范围内，但是沿海城市以及实质上受到腓力掌控的塔索斯岛和雷蒙诺岛充满着变数，而刻尔松尼斯甚至明文规定交给犹美尼斯。不难理解犹美尼斯之所以千方百计获取欧洲属地，是为了在必要时既能控制亚洲，亦能控制马其顿，这位自傲而且在诸多方面表现得侠骨柔肠的君主此时懊恼不堪，其实情有可原。然而罗马此举并非有意欺骗，而是在政治上无法避免的必然选择。马其顿曾经是一等一的强国，而且曾经对罗马发动战争，双方一度势均力敌，如今却饱受罗马的牵制。罗马人提防马其顿再次跻身强国行列，比提防迦太基更具有正当理由。

亚该亚人

亚该亚人就另当别论了。他们早就有将整个伯罗奔尼撒纳入亚该亚同盟的意愿，而这一意愿在与安条克的战争中得到了圆满。首先是斯巴达，之后在亚细亚人被驱出希腊后，埃里和梅森或多或少有些不情愿地加入了亚该亚同盟。罗马人允许亚该亚人的这些举动，甚至容忍其在过程中有意对罗马视而不见。当梅森人声明愿意向罗马人屈服,而非加入亚该亚同盟,亚该亚人竟然诉诸武力,当时弗拉米尼努斯还提醒亚该亚人,在处置战利品的一部分时,不宜单独行动,因为其本身就有失公允,而且就亚该亚人与罗马人的关系而言,这种做法有失稳妥。然而他对希腊人一味姑息,实质上仍然任由亚该亚人为所欲为。但是问题到这里还未结束。亚该亚人的领土地域狭小,一直渴望开疆拓土,他们在战争时期占据了埃托利亚的普勒隆,之后便紧抓这个城市不放,反而强行将其纳入亚该亚同盟;他们趁故主阿密南德摄政之际收买查金都岛,并欣然获取埃吉那。亚该亚人很不情愿地将查金都岛归还罗马,弗拉米尼努斯好言相劝,望他们满足于伯罗奔尼撒,他们听后十分不悦。

亚该亚爱国分子

亚该亚人的国家独立越子虚乌有,他们越自以为有责任展现自己国家的独立。他们谈论战争权利,谈论罗马战争中亚该亚人的忠诚援助。在亚该亚公会中,他们质问罗马使者,亚该亚不过问卡普亚的事务,罗马又为何要干涉梅森的事务?说这话的激进爱国者因此博得掌声,而且在选举中很容易获得选票。如果这一切并非徒增笑点,那绝对是义正词严、高智巧妙。罗马虽然竭力为希腊人争取自由,希望得到他们的感激,但他们所给的却是混乱无序,罗马人得到的无非是他们的忘恩负义,其间蕴含着深奥的道理,更匿藏着深沉之悲切。希腊人对保护他们的强国罗马怀有一种反感的情绪,但这种情感在根本上正大光明且无可厚非,而且这场运动的几位领导者,他们的个人行为率真磊落。但是亚该亚人的这种爱国行为仍然不失为一幅愚妄而真实的历史滑稽画。尽管心怀这样的雄心壮志,以及深厚的民族情感，但整个亚该亚民族，居庙堂之高者然，处江湖之远者亦然，无不心头萦绕着坠入谷底的无助。

每个人都在无时无刻不聆听罗马的教诲，自由人与奴隶无异。他们畏惧的法令没有颁布，便感谢上苍的眷顾。元老院告知他们最好主动归顺，以免被胁迫压制，他们便愤愤不平。他们不得不做的事，如果有可能，就以罗马人不喜欢的方式去完成，"以保留脸面"。他们传达、推诿、拖延、回避，当这些都派不上用场的时候，便感叹国弱时衰，只好服从命运的安排。如果他们的领导人决心一战，如果宁愿民族毁灭也不愿被奴役，他们的做法即使得不到肯定，至少也能赢得宽容。但是菲洛佩门和李柯达都不想做这种政治上的自取灭亡——如果可能的话，他们也希望获取自由，但他们的首要愿望是活下来。

除此之外，罗马对希腊内政的干涉，他们心有余悸，但罗马人并非不请自来、恣意妄为，而是希腊人自己请求帮助，他们像孩童一般，给自己招致恐惧的鞭绳，引火上身。希腊以及后希腊时代的博学之士不厌其烦地指责罗马人竭力鼓动希腊人内讧，研究政治学的学者经常虚构一些十分荒诞可笑的论调，这也算是其中之一。其实并不是罗马将纷争带到了希腊——如果是的话，实际上相当于"将枭鸟带到了雅典"——而是希腊将其纠纷带给了罗马。

亚该亚与斯巴达的纠纷

尤其是一心想扩大领土范围的亚该亚人，他们完全没有看到弗拉米尼努斯不将亲附埃托利亚的城市纳入亚该亚联盟带来的好处，而占据拉西第梦和梅森，只给他们带来无休无止的内部纠纷。这些公社的成员不断造访罗马，恳求解除这种令他们备受煎熬的关系。

令人瞠目结舌的是，其中甚至有人得到亚该亚人的赏赐重归故土。在斯巴达和梅森，亚该亚人为改革和复辟忙得焦头烂额，这些地方狂野的流民操纵着公会事宜。

斯巴达名义上加入亚该亚联盟四年后，事态竟然发展到公然开战以及毫无理智彻底倒行逆施的地步，所有被纳比斯授予公民身份的人再一次被卖作奴隶，并用这一款项于亚该亚的梅伽洛波里建造了一座柱廊；斯巴达重新获得了原来的财产权，亚该亚的法律取代了莱库古的法律，城墙也尽行拆毁（罗马纪元566年即公元前188年）。最后，各方都请求罗马元老院予以裁决——元老院之前的政策过于感情用事，这项苦恼的任务算是其应受的惩罚。罗马元老院没对这些事务作过多的干预，不但以出奇的镇定自若忍受亚该亚人的冷眼和讽刺，甚至对其罪不可恕的暴行都放任自流、漠不关心。

亚该亚恢复旧制以后，罗马元老院予以指责，但并未将其取缔，亚该亚人闻讯举国欢腾。罗马并未对拉西第梦采取任何措施，元老院对亚该亚人不公正地判处六十至八十名斯巴达人死刑心有余悸，便剥夺了公会对斯巴达人的刑事审判权——真可谓是对一个独立国家内政的恶性干涉！罗马政治家尽量对这些叫嚣置之不理，这一点明确表现为怨声载道，批判元老院所作的决断肤浅、自相矛盾且模棱两可。实际上，斯巴达的四个派别同时在元老院前互相攻讦，如何还期望它作出明晰的裁决呢？

此外，大多数伯罗奔尼撒政客都给罗马留下了不佳的个人印象。一日，某位伯罗奔尼撒政治家指点弗拉米尼努斯跳某种舞蹈的技巧，次日又与他就国家事务娓娓而谈，弗拉米尼努斯对此不以为然。事态愈演愈烈，最后元老院失去了耐心并告知伯罗奔尼撒人不会再听其辩解，他们可以自由选择、任意而为（罗马纪元572年即公元前182年）。这一做法固然合乎常理，但是不合情理。由于罗马人所处的地位，他们在道德和政治上有义务一如既往地认真挽救这种悲哀的形势。亚该亚人迦里克拉底于罗马纪元575年即公元前179年前往元老院，说明伯罗奔尼撒的形势，请求元老院持之以恒对此予以干涉，也许迦里克拉底与其同胞菲洛波门，即该爱国政策的创立者相比显得无足轻重，但迦里克拉底的主张是正确的。

汉尼拔之死

如此一来，这时罗马公社的势力范围包括了自地中海东端至西端的所有国家。任何地方都不存在值得罗马人忧惧的国家。但是还有一个人享有此项殊荣——国破家亡的迦太基人汉尼拔，他首先唆使整个西方之后又鼓动整个东方起兵对抗罗马，也许是因为西方声名狼藉的贵族政治，以及东方愚不可及的宫廷政治，他的计划双双落空。

安条克之前被迫在和约中承诺交出汉尼拔，但是汉尼拔悄然出逃，先前往克里特，之后又到了比提尼亚[4]，此时居于比提尼亚王普卢沙的朝廷之中，为普卢沙对犹美尼斯的作战事宜提供援助，依旧是海陆报捷频频。据说安条克也有意鼓动普卢沙向罗马开战，这种痴心妄想，听起来十分不可信。但更加确定的是，罗马元老院认为将已经年老的汉尼拔驱逐出其最后的避难所未免有失体统——传说归罪于元老院，似乎并不足信——弗拉米尼努斯的虚荣心不肯将息，时时在寻找建立丰功伟业的新机会，他此前清除了希腊人受到的羁绊，此时又想自己承担起解救罗马不受汉尼拔威胁这一责任，即使不做违背外交法令的事，亲自手刃这位当时最伟大的豪杰，至少磨刀霍霍，剑锋所指。

普卢沙是亚洲最为可怜的君主，罗马使者含糊其辞地对他施以小恩小惠，他便自得其乐地给予；汉尼拔见其房屋被刺客包围，便服毒自尽。某位罗马人士说，汉尼拔早就做了这样的打算，因为他了解罗马人，也深知君主的信义。汉尼拔卒年不详，据推测可能是在罗马纪元571年即公元前183年下半年，享年六十七岁。他呱呱坠地之时，罗马正在争夺西西里的所有权，成败尚未可知。汉尼拔的生命线见证了西方完全被征服，他的母城也成了罗马的领地，他与罗马人的最后一战，竟然是与自己母城的战舰交锋。最后他不得不袖手旁观，看罗马人压倒东方，恰如暴风雨压倒一艘无人掌舵的船，深觉自己才是有能力征服风暴的领航者。垂死之际，他已不再怀有渡尽余波的希望，但是，经过五十年风风雨雨，他却仍诚挚地保留着幼年时期许下的誓言。

西庇阿之死

大概在同一时间，也许是同一年，罗马人习惯称之为"汉尼拔征服者"的普布利乌斯·西庇阿也魂归九天了。命运使他的敌人屡遭挫败，却不吝赠予他所有成功的光环——虽然有些成功他实至名归，而有些成功他受之有愧。西庇阿将西班牙、非洲以及亚细亚纳入罗马帝国的版图。他所知晓的罗马曾经只是意大利的头号公社，到他去世时，罗马已经成为文明世界的霸主。

西庇阿本人拥有很多胜利头衔，有些转移到他兄弟或堂兄弟的名下。然而他晚年时期却不堪烦忧，自请外放，不到五十岁便客死他乡，垂死之际他给亲属留下命令，不要将其遗体葬在他竭诚服务的城市，也不要将其葬入祖墓。到底是什么原因，西庇阿要背井离乡，我们无法断言。他被指控贪污和挪用公款，其兄路西斯受到的指控更甚，这无疑是空穴来风、诽谤中伤，完全无法解释这种盛怒激愤的缘由，但是这足以洞见他的性格。他不直接对簿公堂为自己辩护，却在人们和指控者面前将账簿撕得粉碎，召集罗马人同他一起前往朱庇特神庙，庆祝他在扎玛战争胜利的周年纪念日。人们让控诉者留在原地，跟随着西庇阿前往卡庇托尔，这一天成为他人生最后的光荣时日。他的傲气，他自以为与众不同且高人一等，他严格的家风，尤其是将他一无是处的兄长路西斯一步步栽培成为居高临下的英雄，凡此种种，不无理由地触犯了很多人。实至名归的傲慢能使人心神泰然，妄自尊大却会让自尊暴露在一切攻击和讥讽之下，甚至会使原本高尚的灵魂饱受侵蚀。此外，像西庇阿这样真金与耀眼金箔相互掺杂、性情奇异、特立独行的人，他们需要天助神佑，青春年华才能尽显风采；而当风华如潮水般退去，最终最沉痛品尝这种变迁的往往是他们自身。

注释

[1] 根据对兰普萨库斯城市法令的最新发现，在腓力战败之后，兰普萨库斯人曾派遣使团访问罗马元老院，请求将兰普萨库斯纳入罗马和腓力签订的和约之中，对此元老院，至少在请愿者看来，已经予以准许，至于其他事情，可以咨询弗拉米尼努斯和十人使团。之后，他们在科林斯从后者手中获得宪法保证以及"致腓力大王书"，弗拉米尼努斯也给他们类似的书信，从这些书信我们能得到的最确切的信息，是在法令中称赞兰普萨库斯使团的成功。但是，如果元老院和弗拉米尼努斯已经公开正式保证兰普萨库斯人的独立和民主，该法令最终就不会在他们请求元老院干预的时候，讲述罗马领导人彬彬有礼的回复。

在这份文件中，其他值得一提的还有兰普萨库斯人和罗马人的"情谊"，可以确切追溯到特洛伊传说，以及前者请求罗马联盟和友邦马西利奥人的调停，马西利奥人和兰普萨库斯人的母城都是福西亚。

[2] 希罗马穆表示叙利亚公主克利欧佩特拉于罗马纪元556年即公元前198年与

托勒密·埃庇芳尼订婚，他的证据再次明确指向李维和阿庇安书中的暗示，而且有罗马纪元561年即公元前193年完婚的事实，因此罗马再干涉埃及事务，在形式上毫无必要，这一点毋庸置疑。

[3] 对此我们可以引证波利比乌斯的话，他的话又可以用犹太史续证实，尤西比乌斯误以为菲洛梅特是叙利亚统治者。当然，我们都知道叙利亚的包税商于罗马纪元556年即公元前198年在亚历山大城缴款，但这对主权并无弊害，只因为克利欧佩特拉的嫁妆由这些岁入充当，之后的争执可能就肇事于此。

[4] 有故事说汉尼拔应亚美尼亚王阿克其亚之请前往亚美尼亚，在阿大克西河上建立阿大克沙达城，这当然认为是被捏造的，但是汉尼拔几乎和亚历山大一样，在东方故事中处处可见，实在匪夷所思。

第十章

第三次马其顿战争

腓力对罗马心生不满

罗马人与安条克缔结和约之后，腓力对自己受到的待遇十分不满，随着时间推移和事态发展，他内心依旧是愤愤不平。腓力在希腊和色雷斯的邻国，大多数公社曾经一度谈及马其顿的名头就心有余悸，而如今却是闻罗马之名即色变。他们自从腓力二世以来便饱受马其顿的侵害，如今这个强国势力衰微，自然趁机对其进行报复。当时希腊人虚狂、妄自尊大，满怀反抗马其顿的廉价爱国心，都在各同盟公会以及向罗马元老院投送的诉状中寻找突破口。腓力曾经得到罗马的允许，可以保留从埃托利亚人手中夺取的领土，但是在塞萨利，只有马格内西亚同盟曾经正式与埃托利亚人联合，塞萨利的另外两个同盟——一个是狭义的塞萨利同盟，一个是波希比亚同盟——腓力曾经从埃托利亚人手中夺取了这两个同盟的数座城池，他们要求腓力归还这些城市，原因是腓力只是将这些城市解放了，而非征服。

阿达马尼人也认为自己应该重获自由，犹美尼斯要求腓力交出之前属于安条克、位于色雷斯本部的沿海城市，尤其是埃奴斯和马罗尼亚，但是在与安条克的和约中，明确规定划分给犹美尼斯的只有色雷斯的刻尔松尼斯。所有这些来自腓力邻国的控诉和牢骚——腓力曾支持普卢沙攻打犹美尼斯，商业上的竞争，违反和约条款以及抢夺牲畜——诸如此类控诉源源不断涌向罗马。马其顿国王不得不在罗马元老院面前受这些宵小之徒的控告，并接受元老院下达的判决。无论公正与否，腓力被迫亲眼见证对他不利的判决层出不穷，被迫懊恼不堪地将守军撤离色雷斯沿海以及塞萨利和波希比亚的城市。

罗马委员前来视察一切要求是否遵照指示得以落实，腓力还得毕恭毕敬地迎接。罗马人对腓力不像对迦太基人那样苛刻，实际上在很多方面他们甚至对这位马其顿统治者怀有好意。罗马人对马其顿并不像对利比亚那样全然不顾体面，但马其顿的处境在实质上和迦太基毫无二致。然而腓力不具备腓尼基人承受这种折磨的耐性，他性如烈火，自从战败之后，他对那可敬的敌人倒不会心生怨恨，但对那些背信弃义的盟友怀恨在心。腓力长久习惯于施行个人政策而非马其顿的政策，安条克之前遗弃并背叛他，所以他只是将联合罗马攻打安条克当作是即刻报复这个无耻盟友的良机。腓力达到了自己的目的，但是罗马人很清楚马其顿的动机并非与罗马的情谊，而是对安条克的仇恨，而且罗马人一向不会根据自己的喜好决定政策，所以有所顾忌，不会将太大的利益交予腓力，而更愿意支持阿塔鲁斯王朝。

自从崛起以来，阿塔鲁斯王朝便与马其顿展开激烈的斗争，无论是政治上还是从个人角度，腓力都对其深恶痛绝。挫败马其顿和叙利亚，将罗马的势力范围扩展到东方，在东方各国中阿塔鲁斯王朝当居首功，在与安条克的战争中，腓力主动真诚地拥护罗马，他们却是为了生存不得不与罗马联合。罗马人利用阿塔鲁斯王朝全方位重建了利西马卡斯王国——其覆灭曾经是亚历山大之后马其顿统治者的最突出成就——这就相当于在马其顿旁边建立起一个与马其顿势均力敌的国家，而且其同时也受到罗马的保护。在这种特殊情况下，明智的君主，为了人民的利益，肯定不会在实力悬殊的条件下妄图与罗马抗衡，但是在腓力的性格中，在一切高贵中荣誉感最为强大，在一切卑鄙中复仇的欲望最为势不可挡，他拒绝怯懦和顺从的论调，在内心深处，酝酿着再决雌雄的定策。塞萨利各公会常常对马其顿恶言相向，当他再一次收到这样的报告时，腓力以狄奥克里塔的一行诗予以回复："末日的太阳尚未落下。"

腓力的后半生

腓力在准备和隐藏其谋划上显得沉着、认真和坚忍，如果他早年如此，也许世界的格局该会是另一番景象。尤其是对罗马毕恭毕敬，因此为实现目标争取到了必不可少的时间，对他这么一个又粗暴又自命不凡的人来说，是一项严格的考验；然而他却能够坚毅地承受这一切，但他的臣民，以及无辜的争执焦点之地，比如不幸的马罗尼亚，都深受其积郁心中不得宣泄的愤懑之苦。似乎早在罗马纪元571年即公元前183年，战争已经无法避免了，但是其少子德摩特里乌斯在罗马当人质已经数年，在罗马深得恩宠，按照腓力的指示，竟然成功使其父与罗马达成和解。

对腓力暗中卧薪尝胆，罗马人自然不得而知，罗马元老院，尤其是掌握希腊事务的弗拉米尼努斯，希望在马其顿组织一个罗马党，以此牵制腓力可能的努力，于是便选定这位对罗马充满热忱的少年王子，即德摩特里乌斯担任党魁，或许也有意让他担任未来的马其顿国王。抱着这样的意图，他们明确表示，元老院之所以宽恕腓力，是因为其子德摩特里乌斯，这带来的直接后果，便是马其顿王室发生内讧。马其顿王长子柏修斯，虽然是非婚生，但被其父指定为王位继承人。柏修斯意图杀害其弟德摩特里乌斯，以免将来同他争夺王位。德摩特里乌斯似乎并不知晓罗马人的阴谋，但当其无辜遭到怀疑，才开始被迫背家叛国，但即使到了这个时候，他所做的无非就是逃往罗马。但柏修斯故意引起其父的注意，让腓力知晓德摩特里乌斯的计划，再加上弗拉米尼努斯写给德摩特里乌斯的一封信被他截获，柏修斯便唆使其父下令处死德摩特里乌斯。

腓力知晓这都是柏修斯一手策划的阴谋，却已为时太晚，而正当腓力思虑如何处置这弑弟之人，让他不能登上王位时，便溘然长逝。罗马纪元575年即公元前179年，腓力二世于德摩特利亚斯去世，终年五十九岁。留在他身后的是一个风雨飘摇的王国，一个支离破碎的家庭，和锥心刺骨的沉痛。腓力应该自叹：所有的艰辛和罪恶终究化为尘世的云烟，尽皆散去。

柏修斯国王

腓力之子柏修斯掌握政权，无论是在马其顿还是在罗马元老院都未遭到阻碍。柏修斯仪表堂堂，擅长各种运动，他成长于军营之中，统兵作战不在话下，盛气凌人有如其父，而且为达目的不择手段。

腓力时常沉迷于酒色，对朝政国事不闻不问，但柏修斯却不受其诱惑；他的父亲心浮气躁、感情用事，柏修斯却冷静沉着、不屈不挠。腓力年幼时便登上王位，仰赖命运垂青，在位的前二十年间无往不利，但正因如此，他玩物丧志，反受其害。柏修斯三十一岁登上王位，童年时期适逢马其顿在与罗马的战争中失利，成长过程中饱受屈辱，时时刻刻都不忘国家复兴的使命，所以柏修斯从父亲手中继承王位的同时，也将父亲的忧患、仇恨和希冀传承了下来。实际上，他坚决延续父亲未竟的功业，比以往更加积极地准备对罗马发动战争。此外柏修斯头上的马其顿王冠并非拜罗马人所赐，这种想法也在心中鞭策着他。

自命不凡的马其顿民族认为国王率领他们的青壮之士征战四方是天经地义，并引以为豪。柏修斯的国人以及许多希腊族系，都认为他是这场即将到来的解放战争的统帅人选。但是他并不像人们看到的那样，他并不具备腓力身上的仁者之风与能屈能伸——二者是君主必不可少的品性，在顺境中黯淡失色，但在逆境的磨砺下又重焕光彩。腓力纵情自恣，对一切都放任自流，但是在特定情况下，他又能在心底唤起迅速采取行动、认真应对的力量。柏修斯制订了宏伟而详细的计划，并孜孜不倦、坚韧不拔地执行，但是当这一刻最终来临，他苦心营造的一切活生生展现在他面前时，柏修斯对自己要做的事又深感惶恐。器量狭小的人往往以玩弄手段作为目的，柏修斯便是如此。他为了应对与罗马的战争，处心积虑积财敛富，但是罗马人策马入侵之时，他却吝惜钱财。从以下一点可以明显看出人的性格：父亲腓力战败后首先迅速将藏于密室中、可能连累自己的文件尽皆焚毁，而其子柏修斯战败后却急忙带上财宝箱登船弃岸。在风平浪静时他大概是个平凡的君主，和其他平凡的君主并无二致或者略胜一筹；但是要他担负风险、锐意进取，这在一开始便属无望，除非才能超群之士襄助，否则不适合担此重任。

马其顿的资源

马其顿的实力不容小觑。举国上下对安提哥尼德王室仍然忠心耿耿。只有在马其顿,民族感情仍未因政党交伐而沉寂或消殒。君主政体的突出优点,在于君主的变更可以平息旧怨和争端,代之以另一班人的新时代以及新的希望。新君充分利用这一优势,刚登上王位,便行大赦,召回因破产逃亡在外的人,并豁免积欠的赋税。如此一来,其父腓力怨声载道的暴政不仅反受其用,而且因此受到臣民的拥护。马其顿的人口流失成为这个国家的创伤,经过二十六年的休养生息,其人口缺额一部分自然补充,一部分由政府采取严格措施予以补救。腓力鼓励马其顿人结婚生育,他将沿海城市的居民迁移到内地,并派遣忠勇可靠的色雷斯人驻守这些城市。为了一劳永逸地防止达尔达尼人的劫掠和侵犯,腓力在北边筑起一道壁垒,将马其顿边境以及蛮族领地化为一片荒漠,并且在北部州郡建起许多新城。简而言之,后来奥古斯都重新奠定罗马帝国基础的方法,腓力那时就已逐步行之于马其顿。马其顿军队员额庞大——不计助战兵和雇佣兵尚有三万人——还有在与色雷斯蛮族长期征战中训练有素的青年新兵。

令人匪夷所思的是腓力没有像汉尼拔那般仿照罗马的形式编制军队,但是当我们想到马其顿人如此看重他们的方阵队,虽然屡遭挫败,但仍然被认为所向无敌,就不难理解了。腓力通过矿产、关税以及十一税开辟了新的财政来源,而且农业和商业发展繁荣,竟然逐渐充盈了国库、粮仓以及军火库。后来开战之际,马其顿的国库能够承担现有军队以及一万名雇佣军十年的军饷,在公共仓库中储存着十年的积谷(即两千七百万蒲式耳,折合九亿四千五百万公斤)以及足足三倍于现存军队使用的武器。事实上,此时马其顿已经焕然一新,与第二次同罗马开战时的措手不及截然不同。马其顿王国的整体实力至少增加了一倍：彼时汉尼拔以各个方面都远逊于此的实力，便使罗马国基动摇。

企图联合他国对抗罗马

但是马其顿的对外关系并非这般顺利。按照常理，马其顿应该重拾汉尼拔和安条克的计划，试图将所有受到罗马压迫的国家联合起来，率领联合军队挑战罗马的霸权地位。皮德那的朝廷诚然与各路势力有纵横交错的联系，但是争取的结果终究收效甚微；虽然据称对意大利人的忠贞有所动摇，但是无论敌友，都不难明白萨莫奈的战火不可能即刻重燃；马西尼萨于罗马告发马其顿代表与迦太基元老院深夜会谈，即使他很可能所言非虚，沉着明智之士也不会如闻惊雷；马其顿朝廷意图以通婚的方式笼络叙利亚王以及比提尼亚王，但毫无成果。意图通过联姻的方式达成政治目的，只能暴露其外交上亘古不变的痴蠢，供世人耻笑而已。如果马其顿想要笼络犹美尼斯，这可能又会授人笑柄，柏修斯的使臣很乐于将其铲除：犹美尼斯在罗马积极筹划对抗马其顿，他们意图在其归国途经德尔斐时杀害他，但是这个精心安排的计策竟告失败。

巴斯登人甘提乌斯

更为重要的是鼓动北部蛮族以及希腊人背叛罗马。马其顿的旧敌达尔达尼人居于现在塞尔维亚，多瑙河左岸居住着一支比达尔达尼更为野蛮的日耳曼种族部落巴斯登人，腓力已经谋划好了计策，意图假借巴斯登人之手剿灭达尔达尼人，而后亲率这些部族以及所有因此牵动如雪崩一样纷纷融入的民族，经由陆路进军至意大利，并侵入伦巴底，此前他已经派遣间谍勘察通往该地的阿尔卑斯山路——这个宏伟计划不愧是汉尼拔思谋出来的，并且毫无疑问受到汉尼拔通过阿尔卑斯山的直接启示。很可能是因为罗马在腓力晚年（罗马纪元573年即公元前181年）建立起阿奎莱亚堡垒，而且与罗马在意大利其他地方建筑堡垒遵循的规则不相符合。然而这一计划在达尔达尼人和邻近有关部落的顽强抵抗下毫无进展。巴斯登人被迫撤退，经由多瑙河上的冰层回国，冰层突破破裂，全军尽皆溺死河中。之后马其顿国王意图将其势力范围至少扩展到伊利里亚的酋长国，即如今的达尔马提亚以及北阿尔巴尼亚。其中阿迭陶鲁忠实地庸附罗马，他死于刺客之手，对此柏修斯并非不知情。势力最强的酋长是普洛拉都的指定继承人甘提乌斯，他在名义上同其父一样与罗马结盟，但是达尔马提亚一座岛上的希腊城市伊萨的使者向元老院告发，声称柏修斯和这位年轻体弱的嗜酒君主私下串通勾结，而且甘提乌斯的使者在罗马充当柏修斯的间谍。

寇提斯

马其顿东面朝向多瑙河下游的地区坐落着色雷斯最强盛的酋长国，奥德利西亚血统的君主寇提斯，他有勇有谋，统治着色雷斯东部全境，领土范围起自马其顿在黑勃鲁河（即马里查河）的边界，直抵希腊城市星罗棋布的海岸边缘，寇提斯是柏修斯最紧密的盟友。该地区与罗马结盟的其他小首领中，萨伽人的统治者阿布鲁波里，由于远征侵略斯特利河上的安菲波里，遭到柏修斯的挫败，并被驱逐出国。腓力从这些地区获得了为数众多的移民，可以随时于此招募雇佣兵，且数量不限。

希腊民族党派

对罗马宣战之前，腓力和柏修斯早就已经在怨声载道的希腊民族中积极施行双管齐下的政策，一方面意图劝诱民族党，另一方面又想劝诱——如果我们可以大可无碍地使用这一名词——共产党，站到马其顿这一阵营中来。实际上，无论是亚洲还是欧洲的希腊人，其民族党如今都心向着马其顿，这并不是因为他们的救赎者罗马人偶尔也会有失公允，而是由于希腊民族是依靠他国才得以复兴。听起来似乎自相矛盾，显而易见已经为时过晚，始无人不知马其顿最令人憎恶的统治，也不及受到尊崇、居心良善的外国人建立的自由政体对希腊荼毒之深。整个希腊的贤能正直之士都起来反对罗马，这本来就在意料之中。支持罗马的只有贪污腐败的贵族，以及分散各地、独不以国家现状和未来民族命运而自欺的老实人。

帕加马的犹美尼斯对此倍感痛心疾首，他是希腊人中主张借助国外力量获得自由的主要人物。犹美尼斯无微不至地对待附属于他的城市，但徒劳无获。他想以柔声细语和金银财宝赢得各公社和公会的支持，结果未能如意。犹美尼斯得知他送的礼物被谢绝，伯罗奔尼撒境内按照公会颁布的法令，将之前为他而建的石像尽皆毁坏，记载其辉煌荣誉的铜表也一概被熔毁（罗马纪元584年即公元前170年）。

柏修斯声名远播，被广为传颂，甚至以前对马其顿恨之入骨的国家，比如亚该亚人，现在也考虑废除反对马其顿的法律；拜占庭虽然位于帕加马境内，但却向柏修斯而非犹美尼斯寻求保护和戍军以抗击色雷斯人；同样，赫勒斯滂的朗萨古也投归马其顿；精明强干的罗德岛人的庞大舰队——因为叙利亚战船不允许进入爱琴海——护送柏修斯的叙利亚新娘，载着大量的赐物，尤其是造船的木料，光荣归国；亚细亚各城市委员因此都是犹美尼斯的臣民，在萨摩色雷斯和马其顿代表举行秘密会谈。派遣罗德岛舰队或多或少都有些耀武扬威的意味，正是出于这个目的，柏修斯以在德尔斐举行宗教典礼为托辞，在希腊人面前展示自己和军队。柏修斯希望在即将到来的战争中得到民族党派的支持，这本来也无可厚非。但是他利用希腊正陷于严重经济紊乱，意图将所有希望改革产权和债务的人吸收到马其顿，却有违常理。欧洲希腊人以及欧洲希腊各共同体——伯罗奔尼撒除外，在这方面其状况略佳——如何史无前例地债台高筑，我们很难有确切的认识。

一个城市仅为了掠取钱财而侵略另一个城市，这样的例子屡见不鲜——比如雅典人攻打奥罗普——而且在埃托利亚人、波希比亚人和塞萨利人中财产所有者和无产者之间也屡屡引发正式战争。在这种情况下，穷凶极恶已经大行其道，例如埃托利亚人宣告大赦，并且制定一项新的公安法，专门为了诱捕一些移民，并将其处死。罗马人意图从中斡旋，但是罗马使者无功而返，并宣称双方罪恶均等，双方的仇恨也不受约束。对于这一事件，除了严刑峻法、雷厉风行外实在没有其他出路。感性的希腊主义从初始的荒谬可笑，演化到了人神共愤的地步。这一党派（如果可以称其为党派）的人民没有什么可以失去，而且早就没有名誉可言，然而马其顿王柏修斯却希望获得他们的支持，他不仅颁布有利于马其顿破产者的法令，而且派人在拉利萨、德尔斐以及德洛等地张贴告示，号召所有由于政治罪、其他罪行或者债务流放在外的希腊人到马其顿，并保证恢复他们此前的爵位和财产。不难想象，这些人群起响应、纷至沓来。此前希腊北境处处酝酿着的社会革命这时燃烧起熊熊火焰，那里的民族社会党派人请求柏修斯施以援手。如果仅通过这些手段，希腊民族就可以绝地重生，带着对索福克利斯和菲狄亚斯的崇敬，我们不禁要问，为了这一目标，是否值得付出这样的代价？

与柏修斯关系破裂

罗马元老院对这些情况迟迟未予干涉，现在应该制止事态的继续发展了。与罗马结盟的色雷斯首领阿布鲁波里被驱逐，马其顿与拜占庭人、埃托利亚人以及彼奥提亚部分城市结盟，这些行为都违反了罗马纪元 557 年即公元前 197 年罗马与马其顿签订的和约，已经足以构成正式的开战宣言：战争真正的原因是马其顿企图改变其主权名存实亡的状态，真正掌握国家主权，取罗马而代之成为希腊人的保护国。早在罗马纪元 581 年即公元前 173 年，罗马使者便在亚该亚公会中袒露：与柏修斯结盟者等同于背弃与罗马的盟约。罗马纪元 582 年即公元前 172 年，犹美尼斯亲赴罗马，带着一肚子苦水，向元老院陈明整个时局状况。随后元老院召开秘密会议，出人意料地决定即刻宣战，并陈兵驻守埃庇鲁各港口。出于形式上的考虑，罗马派遣使者到马其顿，但是其所奉使命的性质，让柏修斯自知不能退让，他回复说自己愿意和罗马重新签订真正平等的盟约，但是他认定罗马纪元 557 年即公元前 197 年的和约已经作废，而且他命令使者三天内离开马其顿王国。如此一来，双方在实际上已经宣战。

这是罗马纪元 582 年即公元前 172 年秋季。如果他决心背水一战，柏修斯也许可以占领希腊全境，让马其顿党掌握各地政权，他也许能够击溃由格涅乌斯·西锡尼乌斯率领、驻扎在阿波罗尼亚的五千人组成的罗马军队分支，并于罗马争夺登陆的先机。但是马其顿王见事态发展非同小可，不由心生战栗，便与其奉为上宾的执政官昆图斯·马尔奇乌斯·菲力普斯商议，认为罗马宣战实属轻举妄动，因而决定推迟进攻，再一次尝试与罗马讲和。不难预料，元老院的唯一答复是要求所有马其顿人撤出意大利，遣兵船离岸返还。毫无疑问，守旧派元老指责元老中的"新智囊团"幕僚，以及非罗马所行的诡计，但他们的目的已经达到了，冬天风平浪静地过去，柏修斯方面也没有任何举动。

罗马外交官充分利用这一间歇，剥夺支持柏修斯的希腊势力。他们争取到了亚该亚人，甚至亚该亚的爱国党——他们既不赞成开展社会运动，其愿望也不过是审慎地保持中立——也没有投入柏修斯阵营的意向。此外，这时反对党借助罗马的势力掌握了政权，于是更加全心全意归附罗马。埃托利亚联盟在内乱时期曾请求柏修斯援助，这是众所周知的，但是新的埃托利亚领袖莱西斯古是在罗马的监督下选任的，所以他甚至比罗马人还热心拥护罗马。在塞萨利，罗马党也保持着优势。甚至此前就强烈支持马其顿的彼奥提亚人，其财政陷入极端紊乱，也并没有全体公然宣布拥护柏修斯。然而至少有三个彼奥提亚城市，即狄斯贝、哈里亚都和科罗尼亚，自行加入柏修斯阵营。罗马使者对此提出控诉，彼奥提亚同盟政府将事态告知柏修斯，他声言如果让各城市分别在他面前宣布他们的决定，哪些城市依附罗马，哪些城市依附马其顿，自会水落石出。如此一来，彼奥提亚同盟随之土崩瓦解。所谓伊巴敏诺达的宏伟体系是被罗马人破坏的，并不足信，实际上在罗马人触及之前，该体系已然崩溃了，而其他更加团结巩固的希腊城市联盟的瓦解，确实是以彼奥提亚同盟的溃散为序幕的[1]。甚至在罗马舰队到达爱琴海之前，罗马使臣普布里乌斯·伦图鲁斯，便率领亲附罗马的彼奥提亚军队围攻了哈里亚都。

战争准备

卡尔西斯驻守着亚该亚人的军队，奥列斯提斯驻守着埃庇鲁斯人的军队，马其顿西部边界上达萨雷泰和伊利里亚的堡垒被格涅乌斯·西锡尼乌斯所率军队占据。军队扬帆起航之际，拉利萨也屯驻了一支两千人的守备部队。在此期间柏修斯一直岿然不动，未在本国领土外占据一寸土地。时间进入春季，或者按照罗马官历的六月，罗马兵团在西部海岸登陆。即使柏修斯在无所作为的同时勤勉政事，他是否能够争取到举足轻重的盟友，依然无法确定；但是在这样的情况下，他仍旧陷于彻底的孤立状态，而且至少在当时，其长时间的宣传并未收到任何成效。迦太基、伊利里亚的甘提乌斯、罗德岛以及小亚细亚的自由城市，甚至此时还和柏修斯十分友好的拜占庭，都为罗马人提供战舰，然而罗马人一一谢绝了。犹美尼斯在战争中出动了陆军和战舰，卡帕多西亚王阿利亚拉底主动向罗马提供人质，柏修斯的姐夫比提尼亚王普卢沙二世宣布保持中立。全希腊依然一片平静。叙利亚王安条克四世，按照朝廷体制获称"神圣光武"的尊号，以区别于其父"大王"的称号，安条克四世发愤图强，但在这场战争期间，仅从孱弱无能、任人宰割的埃及人手中夺取了叙利亚沿海地区。

战争序幕徐徐展开

在这样的情况下，虽然柏修斯几乎是处于孤立的状态，但他仍然是不容小觑的对手。其陆军总计兵力达四万三千人，其中方阵队达两万一千人，马其顿与色雷斯骑兵四千人，其余大部分是雇佣兵。罗马在希腊的总兵力总计三万到四万名意大利人，此外还有努米底亚、利古里亚、希腊、克里特的军队，尤其是帕加马的助战军队，兵力超过一万人；另外还要加上舰队，因为敌军没有舰队与之抗衡——根据此前与罗马签订的条约，柏修斯被禁止建造战船，此时他在德萨洛尼迦建立船坞——所以仅拥有四十艘甲板船，但是船上兵力达一万人，其主要任务是在围攻时提供援助。盖乌斯·卢克雷提乌斯担任舰队统帅，执政官普布利乌斯·李锡尼·克拉苏担任陆军主帅。

罗马人入侵塞萨利

罗马执政官克拉苏将一支劲旅留在伊利里亚，在西面侵扰马其顿军队，而亲率主力照例由阿波罗尼亚向塞萨利进发。罗马军队艰苦行军，柏修斯不趁机攻打，却自安于进驻波希比亚，并占据邻近区域的要塞。他在欧萨守株待兔，等候敌军到来，在距离拉利萨不远处，双方骑兵和轻装部队第一次交锋。首战罗马人遭到惨败。寇提斯率领色雷斯骑兵重创意大利骑兵，柏修斯率领马其顿骑兵重创希腊骑兵。此战罗马人阵亡两千名步兵、两百名骑兵，并且六百名骑兵沦为俘虏，但他们十分幸运，未遭到阻碍顺利渡过了裴涅河。柏修斯利用这场胜利，向罗马人请求以与此前腓力同样的条件缔结和约，甚至愿意支付同样数额的赔款。但是罗马人拒绝了他的请求：他们从不在战败后缔结和约，而且在这种情况下停战求和必然会导致失去希腊。

应战的疏忽和败笔

然而可怜的罗马统帅并不知道如何进攻，也不知道从何处发动进攻。军队往返塞萨利数次，但没有取得任何重大成果。柏修斯见罗马人指挥混乱，行动迟缓，本来可以发动攻势。希腊军队首战大胜的捷报像野火一样燃遍了整个希腊，如果再有一次胜仗，爱国党便会闻风而起，发动游击战，也许会产生不可估量的结果。但柏修斯虽然能征善战，但不像其父腓力那样善于用兵，他之前准备打防御战，如今形势变化，他就茫然失措，不知该何去何从。第二次双方骑兵交战于法拉那附近，罗马人小胜，柏修斯以此为由，显露出心胸狭窄、固执己见的本色，恢复此前的计划，退出塞萨利，当然，这相当于放弃在希腊全境起兵的念头。尽管如此，埃庇鲁人还是背叛了罗马，而从这一事件看来，如果柏修斯不改变主意，又会是一番怎样的景象。

自此以后，双方均未取得任何重大进展。柏修斯征服了甘提乌斯王，讨伐了达尔达尼人，并且借助寇提斯之力，将亲附罗马的色雷斯人以及帕加马军队逐出了色雷斯。另一方面，罗马军在西边夺取了数座伊利里亚城池，罗马执政官忙于肃清塞萨利的马其顿守军，并且占据了安伯拉其亚，以防范见风使舵的埃托利亚人和阿加那尼亚人。但是英勇奋进的罗马人对亲附柏修斯的彼奥提亚城市荼毒至深。狄斯贝人见罗马舰队统帅盖乌斯·卢克雷提乌斯兵临城下，即刻不战自降，哈里亚都人则闭门拒敌，卢克雷提乌斯对其发起猛烈攻击并占据之，两地居民皆被卖作奴隶。科罗尼亚虽然立约投降，但罗马执政官克拉苏却同样将其居民卖作奴隶。罗马军队从未像这两位统帅麾下的部队那样目无法纪、纲常丧乱。在他们的领导下，罗马军队杂乱无章，甚至到次年（罗马纪元584年即公元前170年）的战争中，新任罗马执政奥鲁斯·何斯提里乌斯无法着手任何事关重大的行动，尤其是新任舰队统帅路奇乌斯·霍滕修，显得和他的前任一样无能，一样肆无忌惮。他率领罗马舰队造访色雷斯沿海城市，无功而返。西面军队由阿庇乌斯·克劳迪乌斯率领，其总部位于达萨雷泰境内的莱契尼都。阿庇乌斯也是屡战屡败：他远征马其顿遭到彻底挫败，马其顿王柏修斯抽调南部边境赋闲之师，于初冬深雪封堵所有山路之际，向其发动进攻，从阿庇乌斯手中夺取大量城池和俘虏，并与甘提乌斯建立联系。阿庇乌斯意图入侵埃托利亚，同时他围攻一座埃庇鲁斯城堡未果，反而被城内守军击败。罗马军主力两次发动进入马其顿的尝试：第一次是翻过坎布尼山脉，第二次是穿过塞萨利各处的隘口。但是他们的计策漏洞百出，两次出兵均被柏修斯击退。

罗马军队的弊端

这任执政官的主要任务是整顿军队——这无疑是当务之急，但这需要有一位更严厉、更有威望的军官。退伍和休假可以用金钱贿买，这样一来军队的数量从未满额。士兵夏季在军营中度过，军官大规模抢掠，士兵则小规模搜刮。友邦人民遭到最为羞耻的猜疑，例如在拉利萨遭到挫败，颜面尽失，据说是埃托利亚骑兵临阵倒戈，罗马人将其归罪于埃托利亚人，并将他们的骑兵军官押解到罗马接受刑事审判，此案史无前例；埃庇鲁的摩洛西亚人遭到无端的猜忌，不得不索性叛变。同盟国似乎就是罗马征服的国家，需要缴纳战争费用，如果他们向罗马元老院申诉，他们的公民便会被处死或者卖作奴隶，例如阿布德拉便遭此劫难，卡尔西斯也曾受此虐待。罗马元老院对此提出严正干涉[2]：下令释放遭此劫难的科罗尼亚人和阿布德拉人，并且禁止罗马官吏未得到元老院允许擅自向盟国征收战争费用。

盖乌斯·卢克雷提乌斯受到罗马公民一致谴责。但是这些小修小补改变不了事实。罗马军队两次出征在军事上未取得任何成果，在政治上更是成为罗马人的污点。与希腊政府声名狼藉相比，罗马人素以崇德团结闻名于世，他们在东方取得非凡卓越的成就，很大程度上得利于这一名声。如果统军作战的是腓力而非柏修斯，战争一开始，罗马军队可能就毁灭殆尽了，而大多数希腊人会改旗易帜。

但罗马人十分幸运,他们的对手不断犯错并且还更胜一筹。柏修斯满足于深沟高垒在马其顿自保——马其顿向南和向西两面实则固若金汤——无异于一座围城。

马尔奇乌斯通过唐培关隘进入马其顿——埃尔庇河上的军队

罗马纪元585年即公元前169年,罗马派遣至马其顿的第三位统帅是昆图斯·马尔奇乌斯·菲力普斯,前文已经提及,他被马其顿王柏修斯奉为上宾,远远无法胜任这一重任。此人志向远大,富于进取心,但却并不擅长统兵作战。他冒险通过唐培西部的拉波图隘口,翻过奥林匹斯山,在隘口处留下一支部队防守,而后率领主力取道难以通行的峡路前往赫拉克隆。这一计划的成功也不能证明其能力。柏修斯只需要一支敢死队就可以封堵其路线,这样一来连撤退都没有可能。而且即使通过了隘口,前有马其顿主力,后有唐培和拉波图这两座牢不可破的山城,被夹围在海岸的狭窄平原上进退维谷,既没有供给,也没有掠得粮草的可能。他的处境不亚于首次担任执政时的情形,其时他同样被围在利古里山峡中——该地此后以他的名字命名。但是那一次因为一偶发事件破除了困局,而这一次柏修斯的无能让他幸得逃脱。

柏修斯似乎除了封堵隘口外没有任何防御罗马人的策略,他一见到罗马军队到了隘口的马其顿这面,便莫名其妙认定自己必败无疑,仓皇逃往皮德那,并下令将战船焚毁,将他积敛的财宝沉入水底。即使如此,马其顿军队主动撤退,也未能将罗马执政从困境中解救出来。其行军之路的确畅通无阻,但是由于给养不足,在前行四日之后,不得不原路退回。之后柏修斯幡然醒悟,迅速返回重新占据弃守的城市，若非恰逢坚不可摧的唐培请求投降，并将丰厚的库藏拱手相让，罗马军队就危在旦夕了。这样一来，罗马军队与南方的交通便得到了保障，但是柏修斯此前在埃尔庇小河河畔选定的营地位置优良，这里防守严密，罗马人无法再往前进军。所以在其余的夏日以及冬季里，罗马军队始终停留在塞萨利的边缘角落。顺利穿过隘口确实是一项成果，而且是这场战争中罗马取得的首次重大胜利，但这并不是罗马将军贤明的结果，而是由于马其顿王柏修斯失策所致。罗马舰队企图占据德摩特利亚斯，但计划落空，没有取得任何成果。柏修斯的轻艇明目张胆地游弋于希克拉底群岛之间，保护驶向马其顿的运粮船，攻打敌人的运输船。

西面军队的情形愈加糟糕，阿皮乌斯·克劳狄乌斯所率的部队兵力衰减，无所作为，而他向亚该亚人请求援助，分拨给他的援军却被醋意发酵的执政官马尔奇乌斯拦阻了。此外，柏修斯以大笔钱财贿赂马尔奇乌斯，令其与罗马决裂，并将罗马使臣投入监牢。然而之后这位一毛不拔的国王又认为没有必要支付承诺的钱款，因为即使没有金钱的诱惑，甘提乌斯也不得不一改此前模棱两可的望风态度，断然与罗马结仇。因此在这场已经延续三年的大战的同时，还发动了一场小规模的战役。实际上，如果柏修斯能够不吝钱财，他也许可以轻而易举唤起比甘提乌斯势力更强、对罗马产生更大威胁的敌手。克隆迪库斯麾下的一股凯尔特人——一万骑兵以及等量步兵——主动请缨在马其顿为柏修斯效力，但是在军饷问题上双方未能达成一致。同时希腊也一片沸腾，如果施以妙策加上充足的财源，便可以轻易引发游击战，但是柏修斯视财如命，希腊人也不会无端发动战事，所以希腊大地上偃旗息鼓。

路奇乌斯·埃米利乌斯·保卢斯

罗马最终决定指派合适的人选前往希腊，这便是路奇乌斯·埃米利乌斯·保卢斯。其父与之同名，曾经也担任执政官，在坎尼之战中丧生。保卢斯出身旧贵族，但是家境贫寒，因此在公民会议中不像在战场上那样出类拔萃——他在西班牙战场上功勋卓著，在利古里亚战场上更可谓是彪炳千秋。因为保卢斯战绩显赫，人们于罗马纪元 586 年即公元前 168 年再度选举他为执政官——这在当时是罕见的特例。从各方面看来，他都可堪重任：他是旧派的优秀将领，对部下很严格，并以身作则，虽然已经到了花甲之年，但仍老当益壮、精神矍铄；他是一位清正廉洁的父母官，正如一位当代人士所说："保卢斯是当时在金钱面前不动摇的少数罗马人之一"；他也是一位具有希腊文化修养的人，甚至在担任统帅期间，趁机游遍希腊观览当地的艺术品。

柏修斯退守皮德那并于皮德那之战中被俘

罗马新统帅保卢斯一到位于赫拉克隆的军营，便在埃尔庇河河床的前哨发动小规模战斗，以吸引马其顿军队的注意。保卢斯下令普布里乌斯·那西迦突袭防御薄弱的庇修隘口，罗马人因此迂回到敌人后方，马其顿军被迫撤退至皮德那。罗马纪元 586 年即公元前 168 年九月四日，即朱利乌斯历法六月二十二日——当日有月食，一位知晓天文的军官提前向部队声明，不可以将这认定是凶兆，以此断定决战时日——他们午后饮马时在前哨意外地与敌军发生冲突，双方本来将决战拖延至次日，如此一来，便决定即刻开战。罗马统帅保卢斯头发斑白，他未戴头盔，不持盾牌，亲自出入于行伍之间，排兵备战。罗马军刚列好阵势，盛气凌人的马其顿方阵队便向他们发起进攻，这位久经沙场的罗马将军此后承认当时也胆战心惊。罗马的先锋队被冲击溃散，一支裴里吉尼人的中队遭到挫败，几乎全军覆没。罗马兵团也急忙回军退却，一直退至距罗马军营不远的小山上。战局由此发生了变化。由于地面崎岖不平，追赶速度太快，导致马其顿方阵队列混乱不堪，罗马军各中队见缝插针，突入方阵队之间的空隙，从两侧和背面对其发动攻击。这时候只有马其顿骑兵可以施以援手，但他们却泰然自若地袖手旁观，很快在国王柏修斯的带领下整体弃战逃窜。因此马其顿在不到一个小时就吃定了败局，方阵队的三千精锐被敌军全数歼灭。皮德那之战是马其顿方阵队最后一次在大战中派上用场，似乎也甘愿从此淡出历史的视线。

此次战败，马其顿损失惨重，两万马其顿人陈尸沙场，一万一千人被俘虏。自保卢斯就任统帅第十五日后，战争便落下帷幕，马其顿两日后全体投降。国王柏修斯带着金银财宝——他的财宝箱中仍有超过六千塔兰特（折合一百四十六万英镑）——逃到萨摩色雷斯，少数忠诚的侍从随行。同行中有一人来自克里特，名为伊凡德尔，柏修斯以主谋意图刺杀犹美尼斯的罪名，传讯并亲手将其杀死，随后国王的随从和其余的属下尽皆弃他而去。有一段时间，他希望避难权可以成为他的护身符，但自知不过是抓住一根救命稻草。柏修斯尝试逃往寇提斯处，寻求他的庇护，但未成功。所以他写信给罗马执政官，但是保卢斯拒不接受，因为柏修斯在信中还称自己为王。柏修斯只能向命运低头，带着儿女和财宝向罗马人无条件投降，他唯唯诺诺，哭哭啼啼，甚至引起征服者的一丝反感。罗马执政官保卢斯心中满意而沉重，思绪中翻腾着更多的是对命运无常的感怀，而非对自己当下成就的欣喜。他将柏修斯带回罗马，这是罗马将军带回国、声名最为显赫的俘虏。柏修斯成了罗马的俘虏，数年后死于福西奴湖上的阿尔巴，其子此后也在这个意大利乡镇以担任文书谋生。

亚历山大大帝曾征服东方,并将其希腊化,但是他死后一百四十四年,帝国便这样消亡了。

甘提乌斯战败被俘

此外,这场悲剧也并不缺乏闹剧的陪衬,与之同时罗马将军路奇乌斯·阿尼奇乌斯也对伊利里亚"王"甘提乌斯展开了进攻,战争从始至终不过三十天。甘提乌斯派出去的侵盗劫掠的舰队被击败,首府斯科德拉被攻陷,两位国王,一位是亚历山大大帝的后嗣,一位是普勒拉都的后嗣,双双被俘带入罗马。

马其顿的瓦解

罗马元老院认为弗拉米尼努斯不合时宜的宽和态度已经给罗马带来威胁,不可重蹈覆辙,于是马其顿遭到灭顶之灾。马其顿是彻底的君主制统一国家,在斯退蒙河上安菲波利斯召开的会议中,罗马委员会下令按照希腊的同盟体系,将其分为四个共和联邦制同盟,即东部各州联合的安菲波利斯同盟、卡尔西斯半岛的德萨洛尼迦同盟、塞萨利边境上的佩拉同盟以及内陆的佩拉戈尼亚同盟。分属不同联盟的人,其通婚无法律效力,任何人都不允许在不同联盟同时拥有财产。所有曾在马其顿王室统治下担任官员者,以及其成长成人的子嗣,在离国之前必须前往意大利,违者处以死刑。罗马人仍担心旧日的忠君报国之心死灰复燃,这确实情有可原。

马其顿的法律以及旧制在其他方面依然行之有效,官吏按照常理由每个公社选举提名，公社以及同盟的政权掌握在上流阶层手中。马其顿王室的领土和特权并未授之与各同盟，而且禁止开采作为国家主要财富来源的金银矿，但是到了罗马纪元596年即公元前158年，他们又得到许可，至少可以开采银矿[3]。食盐的输入、造船木料的输出均被禁止。停止征收此前上缴国王的土地税，各同盟和公社可以自行征税，但是他们需将以前土地税的一半上缴罗马，按照固定的税额，每年总计一百塔兰特（折合两万四千英镑）[4]。马其顿全境永久解除武装，德摩特利亚斯的堡垒被夷为平地，只在北部边境上留有一连串防御蛮族入侵的据点。至于收缴上来的武器，铜盾被运往罗马，其余均被焚毁。

罗马人达到了他们的目的。在马其顿，此后两次响应旧王朝遗嗣号召重起战端，但除此之外，时至今日，马其顿再无任何历史。

伊利里亚的瓦解

伊利里亚也受到类似的待遇。甘提乌斯王国分裂成三个独立的小国。在这里，自由财产所有者同样需要向其新主罗马上缴此前一半的土地税，归附罗马的城市除外。作为回报，罗马免除其土地税，但在马其顿不存在这种例外的可能。伊利里亚的海盗船队被没收，并赠送给了沿海名声较佳的国家。伊利里亚屡屡凭借其海盗船侵扰他国，这样一来，至少在很长一段时间内，这一祸患得以消除。

寇提斯

寇提斯身处色雷斯，罗马人鞭长莫及，而且恰好可以利用他防御犹美尼斯，所以得到了罗马人的赦宥，他沦为俘虏的儿子也被释放归国。

如此一来，希腊北部事务得以解决，马其顿也最终脱离了君主制的羁绊——希腊在事实上比以前自由，境内不再存在国王。

希腊人争取帕加马大计蒙羞

但是罗马人并不满足于切断马其顿的神经和筋肉。元老院决议即刻采取措施让所有希腊国家，不分敌友，永远不能对罗马产生威胁，于是将他们一概降为同等卑微的属国地位。罗马人所行政策本身就值得商榷，但是对于较为强大的希腊属国施行这种政策的方式却有失大国体统，由此也可以看出法比乌斯与西庇阿的时代已然终结。

交战国地位的这种变化，阿塔鲁斯王国受到的影响最为深刻。罗马之所以创建并扶植这一王国，是为了牵制马其顿，如今马其顿不复存在，阿塔鲁斯也就没有存在的意义。犹美尼斯谨小慎微，很难找到尚能接受的托辞剥夺他的特权地位，同时避免给他蒙羞。大约在罗马人驻扎赫拉克隆的同时，突然之间许多关于犹美尼斯的奇谈怪论铺天盖地而来——传闻他曾秘密与柏修斯串通，据说他的舰队似乎忽然不见踪影，又传说柏修斯曾以五百塔兰特收买犹美尼斯不参与战争，以一千五百塔兰特贿其居间调停，但是因为柏修斯吝惜钱财，才未能达成协议。至于帕加马的舰队，犹美尼斯拜谒罗马执政官之后，便在罗马舰队往赴驻冬之际，率领舰队返回本国。

至于犹美尼斯贪污受贿一事，完全和当今报纸上的谣言一样子虚乌有。犹美尼斯家底雄厚、足智多谋且持节守恒，早在罗马纪元582年即公元前172年的一次旅行，就导致马其顿和罗马的关系破裂，因此几乎遭到柏修斯派人刺杀，此刻已经度过了战争的胶着状态——而且犹美尼斯对最后的结局没有深刻的怀疑——怎么会为了区区几个塔兰特把他那份战利品拱手让给蓄意谋杀他的人？多年励精图治怎么可能会冒险行如此欠缺考虑的下下策？这不仅仅是个曲意捏造的谎言，而且还是个蹩脚的谎言。无论在柏修斯留下的文件中抑或是其他地方，都未发现该传言的证据，这更加确信无疑，因为罗马人甚至都不敢将这些疑虑公之于众，但他们的目的已经达到了。他们的意图见之于罗马贵族对犹美尼斯之弟阿塔鲁斯的所作所为，阿塔鲁斯曾在希腊统率帕加马助战军队援助罗马。这位英勇忠实的战友受到罗马的热烈欢迎，罗马人请他为自己、而非其兄邀赏——元老院将会欣然允诺赐予一个属于他自己的王国。阿塔鲁斯仅提请了埃奴斯和马罗尼亚。

罗马元老院认为这只是初步的要求，便十分客气地答应了。但是阿塔鲁斯没有提出任何进一步的条件便班师离去，元老院才明白帕加马王室家族中的相互关系，与其他王室家族中惯有的关系不同，于是宣布埃奴斯和马罗尼亚为自由城市。帕加马人未能从马其顿的战利品中得到一寸领土，如果说在战胜安条克之后，罗马人对腓力尚存体面，但现在却是随心所欲地中伤和侮辱了。犹美尼斯和安条克此前一直在争夺潘菲里亚的所有权，而罗马元老院似乎就在此时，宣布潘菲里亚独立。更重要的是，自从犹美尼斯使用武力将蓬塔斯王逐出伽拉提亚，蓬塔斯王在缔结和约之时也承诺不会再与伽拉提亚各君主串通，伽拉提亚人在实质上受犹美尼斯的管辖，现在即使没有收到罗马的直接唆使，无疑也是趁着犹美尼斯与罗马人失和，起兵攻打犹美尼斯，蹂躏其王国，犹美尼斯因此陷入十分危险的境地。犹美尼斯请求罗马人调停，罗马使者声明愿意介入调停，但是认为统领帕加马军队的阿塔鲁斯最好不要随他前往谈判，以免引起伽拉提亚蛮族的敌意。

匪夷所思的是，罗马使者并未取得任何成果，他返程告知犹美尼斯，其调停反而激起了蛮族的愤怒。过了不久，伽拉提亚人的独立得到了元老院的认可和肯定。犹美尼斯决定亲自前往罗马，向元老院辩解此事缘由。但是罗马元老院似乎良心作祟，突然发布一道法令，规定今后各国君主不允许往赴罗马，并派遣刑事推事到布林迪西迎接犹美尼斯，当面向他宣告元老院的法令，询问他有何贵干，并暗示他最好速速离开。犹美尼斯沉吟良久，最后说已别无所求，复登舟返国。他明了当时的局势：半强制半自由的联盟时代已经结束，弱国附属的时代已然开启。

挫败罗德岛人

罗德岛人也遭受了类似的待遇。他们曾经颇受优遇：罗德岛人与罗马之间确切来说并非所谓的联盟关系，而是友好的平等关系。罗德岛人因此并不会被禁止缔结何种盟约，他们也无需被迫响应罗马人的命令出兵助战。大概正是由于这一情形，罗德岛人与罗马人之间的和气见损。罗德岛人首次与罗马人产生分歧是因为里西亚人起兵反抗镇压。安条克战败后，里西亚人交由罗德岛人管辖，罗德岛人将其当作叛臣贼子，残忍地将里西亚人贬为奴隶（罗马纪元576年即公元前178年）。然而里西亚人声称他们不是罗德岛人的臣民，而是其同盟，里西亚人请求罗马元老院决定和约存在的歧义，以此说服罗德岛人。里西亚人遭到了残酷的镇压，罗马人理所当然寄予同情，而同情心大概是仲裁结果的主要因素，至少罗马人不再作进一步的干涉，并且任由他们以及其他希腊人自行解决争端。与柏修斯战争的打响，和其他通情达理的希腊人一样，罗德岛人也引以为憾事，并严厉指责挑起战端的犹美尼斯，甚至在罗德岛举行太阳神节庆盛典时，不允许他派来参加庆祝的使者出席。但是这并不能阻止他们依附罗马，亦无法让无处不在的马其顿党在罗德岛掌握政权。

罗马纪元585年即公元前169年，罗马允许罗德岛从西西里输出谷物，可见双方的友好关系并未断绝。在皮德那之战前夕，罗德岛使者的身影突然出现在罗马总部和罗马元老院，声言这场战争对其在马其顿的交通以及港口收入带来损害，罗德岛人已经忍无可忍，他们有意愿向拒绝讲和的一方宣战，而且出于这一观念，他们已经和克里特以及亚细亚诸城结成同盟。一个由公民大会主政的共和国很可能不断上演反复无常，但是这么一个商业城市竟敢作出如此不理智的干涉——罗德岛人在得知唐培隘口陷落才敢下此决定——这必须特别说明。其答案见之于一份证据确凿的报告：罗马执政官昆图斯·马尔奇乌斯是"新式外交"开创者，据说他曾于赫拉克隆的军营中（因此是在占据唐培隘口之后）礼遇罗德岛使者阿吉波里斯，并私下请求他居间斡旋，安排双方缔结和约。共和国的愚妄和虚荣又添油加醋，罗德岛人以为罗马人已然自暴自弃、必败无疑，渴望能即刻在四个大国中充当调停的角色，便与柏修斯联系。罗德岛人的使者对马其顿表示了深切的同情，且口不择言，于是落入了圈套。

罗马元老院大多数人自然对此毫不知情，莫名其妙地收到宣言，必定怒不可遏，下决心趁机挫败这个飞扬跋扈的商业城市。一位好战的将领甚至向人们提请对罗德岛宣战。罗德岛使者再三下跪，恳求元老院念在双方一百四十年的情谊，饶恕其冒犯。罗德岛人将马其顿党的首领送上断头台或送往罗马，又送来一个价值不菲的金花环以感激罗马人不对其宣战，但是都未见成效。受人敬仰的加图表明，严格意义上罗德岛人并未犯罪，并且质问罗马人是否会对意愿和想法判罚，如果不再有令其畏惧的力量存在，罗马可能会肆无忌惮、恣意妄为，罗马人是否会因此归罪于各国。但是罗马人对此言语劝谏无动于衷。

罗马元老院剥夺罗德岛人在大陆的属地，该属地年产出价值一百二十塔兰特（折合两万九千英镑）。更严厉的打击是针对罗德岛人的商业。禁止向马其顿输入食盐，禁止从马其顿输出造船的木料，这似乎是刻意针对罗德岛人的。罗马在德洛建设自由港，更加直接影响罗德岛的商业：罗德岛的关税收入此前每年可达一百万德拉克玛（折合四万一千英镑），短时期内迅速降到十五万德拉克玛（折合六千一百八十英镑）。总的来说，罗德岛人的自由遭到了限制，其开明进取的商业政策因此废止，其国力开始走向凋敝。罗德岛人结盟的请求也遭到拒绝，直到罗马纪元590年即公元前164年，经过反复央求，罗马才与其重新缔结盟约。克里特人同犯此罪，但是国力弱小，仅受到严厉谴责便了事。

罗马介入叙利亚-埃及战争

对于叙利亚和埃及，罗马人可以即刻了事。两国已经发动了战事，科勒叙利亚和巴利斯坦是争端的焦点。据埃及方面声称，叙利亚的克利奥帕特拉成婚之际，这两个地方就割让给了埃及，然而实际控制科勒叙利亚和巴利斯坦的巴比伦朝廷却对此矢口否认。显然双方之所以会产生争执，是因为以科勒叙利亚城市税收负担克利奥帕特拉的嫁妆，在此事上叙利亚并不理亏。罗马纪元581年即公元前173年，克利奥帕特拉去世，支付税款也在此时终止，战争一触即发。战争似乎是由埃及挑起，但是马其顿王安条克·埃庇芳尼欣然再一次——也是最后一次——趁罗马人受邀身赴马其顿，尝试达成塞琉古王朝传统的政治目标——占据埃及。安条克似乎十分幸运，彼时埃及在位国王是克利奥帕特拉之子托勒密四世菲洛梅托，尚且年幼，其帐下谋臣亦居心不良。安条克在叙利亚-埃及边境上大获全胜，而后于罗马兵团登陆希腊同年（罗马纪元583年即公元前171年），率军挺进其外甥的领土范围，并在不久后控制住了埃及国王。

根据事态发展情况，安条克似乎意图假借菲洛梅托的名义将埃及全境置于自己的掌控之下，因此亚历山大城关门据守，废除菲洛梅托，拥立其弟犹尔提斯二世（亦称"肥王"）取而代之。届时其本国发生变乱，叙利亚王应召离开埃及，返回国内。当安条克返回埃及，菲洛梅托与其弟已经达成谅解，于是叙利亚继续对二者发动战争。正当安条克陈兵亚历山大城之际，也就是皮德那之战（罗马纪元586年即公元前18年）不久后，罗马使臣盖乌斯·波庇里乌斯来到亚历山大。此人生性粗暴，向安条克宣读元老院的命令：归还所有侵占的领土，并在规定时间内撤离埃及。安条克请求给他时间稍加斟酌，但是这位前执政官用手杖在安条克周围画了个圈，命其在迈出这个圈之前表明自己的意愿。安条克答复愿意谨遵罗马之命，便率军离开，回到其首都。他按照罗马人的形式，以其"神圣光武王"的名义举行庆祝征服埃及的盛典，并以可笑的方式模仿保卢斯的凯旋典礼。

确保希腊无虞的措施

埃及主动提请罗马的保护，因此巴比伦各君主也放弃了争取独立的最后努力，归顺罗马。马其顿在柏修斯的领导下发动战争，这与塞琉古王朝为了争夺科勒叙利亚而卷入战乱异曲同工，而且这两个王国都尽最后的努力以恢复国力。但是两者有一个显著的不同：前者危机解除依靠的是罗马兵团的介入，后者则是一位外交家的粗鲁辞令。

在希腊本土，彼奥提亚的两座城市已经受到了过多的惩罚，柏修斯的同盟中仅有摩洛提亚人未受到征讨。保卢斯依照元老院的密令，纵兵劫掠埃庇鲁，一日之内遭到洗劫的达七十座城市，并将其居民贩卖，总计达十五万人沦为奴隶。由于态度不甚明确，埃托利亚人丧失了安菲波利斯，阿加那尼亚人丧失了勒迦。雅典人却继续扮演阿里斯托芬行乞诗人的角色，不但获赠提洛和莱蒙洛斯，甚至不耻地请求哈里亚都已然荒废的遗址，并如愿以偿得到了该遗址。如此一来，罗马人为缪斯做了些事，为公道做得更多。每一座城市都存在马其顿党，因此希腊到处都在举行叛逆罪的审判。凡是曾在柏修斯麾下服役的人均被即刻正法，凡是受到柏修斯遗留文件或受前来告密的政敌牵连的人均被押解至罗马，亚该亚人迦里克拉底和埃托利亚人里西斯古以操持告密为业，并且远近闻名。如此一来，塞萨利、埃托利亚、阿加那尼亚以及勒斯博等地引人注目的爱国志士均被迁离各自的祖国，特别是一千名亚该亚人也受到这样的处置——之所以走这一步，不是为了起诉这些被带走的人，而是为了平息希腊人顽固的反抗。

亚该亚人未得到预期的答复，仍然心怀不满，一直要求元老院着手调查，罗马元老院不厌其烦，最终郑重声明：有关人士留在意大利境内，以待后命。他们被安置在意大利内地的乡镇，因此待遇尚且可以接受，但是如果企图逃跑则会被判处死刑。被带到意大利的马其顿前朝官员，其境遇大抵也是如此。这一权宜之计虽然粗暴，但在当时的情形之下，已经算是仁至义尽了。希腊人中的罗马党人认为被处死的人数太少，对此十分不满。因此，李西斯古认为，在初步审查之后，可以在公会上就埃托利亚爱国党的五百名领袖人物执行死刑。罗马元老院用人之际，还需要李西斯古，所以任凭此事过去，不加惩戒，仅谴责他不应该动用罗马士兵处理希腊事务。

然而我们可以猜测，罗马人之所以开创这一制度，将存疑之人拘禁于意大利，部分原因是防止这样残忍的事情发生。因为在希腊本土甚至已经不存在像罗德岛或帕加马这样有影响力的国家，所以没有如此削减其力量的必要，其所作所为仅仅是为了捍卫公道——当然是罗马人所谓的公道——其目的是防止爆发最为臭名昭著的党锢之争。

罗马及其附属国

因此所有希腊化的国家都完全受罗马的保护，亚历山大大帝创立的帝国完全落入罗马共和国的版图，似乎是罗马从亚历山大后裔手中将此城继承下来的一样。四面八方的君主和使臣潮水般涌来，向罗马表示祝贺，阿谀奉承表现出来的卑屈下贱，莫过于各位君主在前厅时的情景。马西尼萨王由于被明令禁止前往罗马，才未出席，并且命其子代为传达：他认为自己只是其王国的受益人，而罗马是其国的真正所有者，不管罗马人愿意留下什么，他永远对此感到满足。这话至少含有真情。但比提尼亚王普卢沙必须为其此前保持中立赎罪，他在这献媚竞技中拔得头筹。他被引导进入元老院时，匍匐在地，向那些"救苦救难的神"行礼致敬。他既如此卑劣不堪，波利比乌斯（约公元前205—前125年，希腊历史学家）却记述道：罗马人客气地回复了普卢沙的请求，并将柏修斯的舰队赠送给他。

至少在此刻臣服致敬是最好的选择。波利比乌斯叙述了自从皮德那之战，罗马作为世界性帝国建立起来的全过程。实际上那是最后一次一个文明国家以平等大国的姿态与罗马在战场上交锋。此后的任何战斗都是叛乱，或是对罗马-希腊文明范围之外的民族进行的战争——所谓与蛮族的战争。自此以后，整个文明世界都承认罗马元老院为最高法庭，各君主和各民族之间如果发生争端，最后由元老院委员会进行决断，为了学习罗马的语言风俗，各国王子和贵族青年都到罗马定居。此后明目张胆意图推翻罗马统治的事件事实上仅有一例，即本都大王米特拉达特斯。

此外，皮德那之战也是罗马元老院最后一次坚守——如果可能的话，在意大利海外不占据领土，也不屯兵海外，而仅仅依靠政治主权让各国服从他们的命令——这一旧国策。罗马施行这一政策，是为了让诸国不至于陷入彻底的怠惰或无政府状态，例如希腊的情形，也不至于跳出半自由的状态，跻身独立国家的行列，例如马其顿遭到挫败的尝试。任何国家都不允许就此凋亡，但是也不允许某一国家独立自主。因此在罗马的外交关系上，被征服的敌国往往占据着比忠诚的盟国更有利的地位，或者至少与之平等。罗马人会帮助战败的对手恢复国力，但如果战败者企图自行复国，则会遭到贬黜和打压——埃托利亚人、亚洲战争后的马其顿、罗德岛以及帕加马已经得出的血的教训。但是罗马作为保护国不仅像主人之于奴仆那般很快产生厌烦感，而且其努力宛如西西弗斯日复一日徒劳无功地受累，显而易见在本质上已经行不通了。皮德那之战后，马其顿君主制随之瓦解，预示着制度的转变，而且罗马也越来越无法容忍有可能独立的中等国家与之平起平坐。希腊的小国治国无方，政治和社会都陷入混乱，罗马无法避免地频频干预其内政。马其顿的武装已经遭到解除，其北部边境需要远远不止哨兵站来防御。最后，罗马开始于马其顿和伊利里亚征收土地税——以上种种迹象表明：罗马的附庸国正日益沦为其臣属。

罗马的意大利内外政策

总的来说，如果我们回顾罗马自统一意大利到分解马其顿的历程，罗马帝国似乎并没有策划实行任何领土扩张之类贪得无厌的宏伟方案，这一结果似乎并非出自罗马政府自身的意愿，甚至是违背其意愿被迫接受的结果。当然前一种观点是自然而然产生的——塞勒斯特（公元前86—前34年，罗马历史家）假借米特拉达特斯之口说明：罗马与各部族、城市以及各君主之间的战争起源于同一个主要因素，即对领土和财富的贪欲，其见解实属不谬；但是这只是情绪和争执影响下形成的判断，如果将其引证为史实，又不免滑天下之大稽了。

显而易见，每一位观察入微者均可洞见，在此期间罗马政府始终只对意大利的主权念念不忘，且别无所求，他们仅仅希望周边区域不存在太过强大的邻国。罗马人并非出于对被征服国家的人道主义情感，而是本着十分公道的态度，拒绝让帝国的核心受到外界的负累——依次对把非洲、希腊和亚洲纳入罗马的保护范围表达强烈的反对意见，直到每次形势所迫，或者至少是不可抗力的影响，才导致罗马帝国的领域进一步延展。罗马人一直极力宣称他们不施行扩张政策，而且他们总是被动攻击的一方，这番话至少所言非虚。除了对西西里的战争外，罗马人经历的大战——对汉尼拔和安条克的战争，对腓力和柏修斯的战争亦不差分毫——实际上都是被迫拿起武器，或者直接受到侵略，抑或是迫于现存政治关系的空前变动，因此在战争之初，罗马人往往会被打得措手不及。战争胜利之后，他们应该特别关注意大利自身的利益，但是并未适可而止，例如保留对西班牙和非洲的监护权，尤其是不切实际地计划将自由带给全希腊。从意大利政策的角度上看，都属于战略上的重大失误，这一点十分明朗。但是这些失误的原因，一方面是盲目地畏惧迦太基人，另一方面是更加盲目地醉心于希腊的自由，所以在此期间罗马人并未表现出征服的欲望，反而对其保持着戒心，这一点十分明智。

　　罗马的政策自始至终都不是由某一位才干超群的智者制定而一代代流传下来，而是由一个能力非常、但不甚包容的审议大会制定的，该议会匮乏规划宏伟框架的能力，并有急切渴求保全其共和国的本能，故而无法以恺撒或拿破仑那般魄力拟定规划。归根结底，罗马帝国总体奠基于古代政治的发展之上。古代世界对国家间权力制衡一无所知，因此每个国家在国内统一之后，或致力于征服邻国，如希腊诸国，或者至少不让自身受到威胁，如罗马——当然，这同样以征服为最终结果。在古代，也许只有埃及这一大国严格施行过制衡之策，而塞琉古与安替哥奴，汉尼拔与西庇阿因施行与之相反的政策，陷入碰撞冲突之中。但似乎很可悲，古代其他得天独厚、高度发达的民族只能走向衰微，以此成全某一国家从总体中脱颖而出，仿佛它们存在的意义仅在于促成意大利的宏伟以及与之相伴而生的凋亡。然而历史的公道必须承认：这一结果并非因为罗马兵团比方阵队更具军事优势，而是古代国际关系的普遍发展结果，因此结局并非出乎偶然，而是一种永不动摇的坚忍的宿命。

注释

[1] 然而彼奥提亚同盟并不是在这个时候依法解散的，而是在科林斯灭亡之后。
[2] 有个故事说，罗马一方面要信守保安条克性命的誓言，一方面又要向他报仇，只好以剥夺其睡眠的方式置他于死地，这当然不足为信。
[3] 加西道拉斯说，马其顿各矿于罗马纪元 596 年即公元前 158 年重新开采，通过对钱币的研究，我们可以找到这种说法更为准确的阐释。马其顿四国的金

币都已经消失殆尽,因此不是金矿已然封闭,就是开采的金矿石锻造成了金条。另一方面第一马其顿国——安菲波利斯——的确存在银币,安菲波利斯就是银矿所在地。在铸造银币的短期内(罗马纪元596—608年即公元前158—前146年),银币数量非常之多,这证明银矿的运转十分努力,或者旧王室的货币大量重铸。

[4] 波利比乌斯说,罗马人"免去了马其顿共和国的封主捐税",我们没必要因此假定这些赋税伺候得到了豁免,要理解波利比乌斯的话,只要假定以往的封主税现在变成国税就够了。保卢斯允许马其顿继续实行旧制,至少直到奥古斯都时代,必然也和免税相结合。

第十一章

政府与被统治者

新党派的形成

贵族阶层的衰亡并未改变罗马共和国的贵族统治性质。我们已经在上文有所表述，平民党本身从一开始就具有这一性质，而且在某种意义上表现得比贵族更加明显。因为在旧有公民群体中，权利绝对平等，新宪政一出台便将享有特殊公民权和使用权的元老家族与其他公民大众区分开来。因此贵族一经废除，公民平等得以正式建立，新的贵族以及相应的平民阶层也随之形成。

我们此前也叙述过前者如何在衰落的贵族阶层中成长起来，以及新的进步党如何完成早期运动与旧有平民反对党后期运动的混合与承接。这两个新政党最初形成于五世纪，但直到之后的六世纪才有相当的规模。这种内在的发展变迁似乎被大战和胜利的喧嚣淹没，因而与罗马历史上其他事物的形成相比，显得隐逸缥缈。恰如一层寒冰悄无声息地凝结在河流表面，并且不知不觉地愈冻愈紧，新的罗马贵族就这样悄悄地登上历史舞台。同样，正如在冰面下缓缓增涨的水流，与新贵族对立的新进步党也开始崭露头角。两者相互对立的运动单独来说均影响甚微，并未在此时产生任何明显的实际灾祸，很难从综合的历史角度去概括。但正是在此期间，共和国享有的自由逐渐受到侵蚀，为将来的革命埋下了伏笔。如果我们不稍微表露该层冰壳的强弱，不略加表述冰层下水流的急缓，不大致描述预示大爆发临近的怒号和霹雳，那么对二者的描写以及罗马总体发展的叙述都有所欠缺。

贵族阶层优越性的根源

在形式上，罗马贵族固守贵族统治时期的旧有制度。曾经担任过国家平时最高官职者，不但在一开始就理所当然享有较高的荣誉，而且在早年便可获得与其地位相关的某些荣誉特权。最初始的特权毫无疑问是允许这些官员的子孙，在他们功勋卓著的祖先谢世之后，于家堂之上供奉其蜡像，沿着绘有家谱的墙壁陈设，在家人去世出殡时，也可以带着蜡像行进在葬礼队列中。要想领略这种荣誉的重要性，我们需要回顾一下，在意大利－希腊的观念中，个人崇拜与共和政体不相符合，因此罗马国家警察绝不容许发生展示在世者雕像的情况，并严格监督逝者雕像的陈列。与这一特权外在标识不一而足，由法律或者习俗传承给这些官员及其后代：男子的金戒指、年少者的镀银配饰、托加袍[1]华丽的垂边以及童子存放护身符的金盒子[2]——这些东西固然不足挂齿，但是在一个表面上严格遵守公民平等的公社中，这仍是很有必要的。甚至在第二次布匿战争中，一位公民因为在公共场所，未经法律允许，将一只花环戴在自己头上而被捕入狱，并在牢中囚禁数年[3]。

平民贵族的特权

在贵族统治时期，这些荣誉很可能大部分已经存在，而且只要贵族内部家庭仍然存在门第高下之分，这些荣誉便被当作名门望族的外在标志。但只是在罗马纪元387年即公元前367年宪法改革之后，它们在政治上的重要意义才得到承认，由此，平民出身的执政官，其家庭和贵族家庭享有平等特权地位，这些贵族家庭如今大概都可以运着祖先的雕像办理丧事。此外，根据当下的规定，拥有这些世袭特权的国家官职，不包括低级或特派官员，也不包括平民护民官，而只包括执政官、与执政官平起平坐的军事执政官以及市政要职官员（市政官参与管理公共司法行政，因此也参与行使国家主权）[4]。

虽然平民贵族从严格意义上来说，只有在高级官职向平民开放后才有可能形成，但是即使不是一开始，在不久之后也表现出组织上的某种严密了——无疑因为这种贵族特权早已在现有的平民元老家庭萌芽了。因此，李锡尼的法律所带来的结果实际上和我们当今所谓的册封一批贵族有异曲同工之妙。仰赖在政府担任高官的祖先而跻身贵族的平民家庭，与原属贵族的家庭合为一体，并且在罗马共和国中占据特殊地位、拥有特权，所以罗马人再一次回到了原来的出发点，不仅再一次同时具有掌握政权的贵族阶层以及世袭贵族——二者实际上从未淡出历史——而且还存在掌握政权的世袭贵族，因此掌握政权的氏族和起义反抗他们的平民势必会重起争端。

事态很快就朝这个方向发展了。贵族阶层不再满足于相对无关紧要的荣誉特权，力图独揽政权，将国家至关重要的制度——元老院和骑士阶级——由共和国的政府机关变成平民、贵族共存的贵族政治机关。

元老院的特权

共和政体下的罗马元老院，尤其是贵族-平民组成的规模较大的元老院，在法律上依附于行政长官，但这种关系迅速走向瓦解，二者实际上已经相互独立。在罗马纪元244年即公元前510年政治革命之后，公共官吏开始从属于国务议会，召集人们进入元老院的权力由执政官转移到监察官手中。最后，也是最重要的一点，法律承认曾经担任最高官职的人在元老院中有出席权和表决权。元老院本来是高级行政官员召集的议会，它在很多方面都依附于高级行政官员，这样一来就变成了实际上独立的统治团体，而且在某种意义上，可以自行增补人员。因为进入元老院的两种方式——一是通过被选举担任高级官职，二是得到监察官征召——都在实际上受到统治团体本身的掌控。毋庸置疑，这个时期的公民依旧饱含独立精神，不允许出现非贵族完全被排斥在元老院外的现象，而其贵族阶层也许谨小慎微，也不愿意在元老院中形成垄断、一家独大，但由于元老院本身等级森严——其中担任过高级官职者，按照执政官、军事执政官以及市政官等级，成为元老院成员，和那些未担任要职因此无权参与辩论的元老具有明显的区别——所以出席元老院会议的非贵族可能人数众多，但他们在元老院中的地位无足轻重，相对势单力薄，元老院在实际上是贵族势力的支柱。

骑士百夫队的特权

骑士制度逐渐发展成为贵族阶级的第二个机关，其重要性次于元老院，但是绝非无关紧要。新的世袭贵族无法将公民大会的权力完全占为己有，他们必然极度渴望至少在代表公社的公民大会中占据一席之地。在部族大会中，新的世袭贵族无法做到这一点，而塞尔维乌斯政制下的骑兵百夫队似乎正是为此创建的。公社提供的一千八百匹战马按照宪法也由监察官支配[5]。毫无疑问，监察官在军事背景下检阅军队，履行职责挑选骑士之时，若骑士因年老或者其他原因未达能力标准或者完全不堪重用，监察官须坚持令其交出公有的战马。但是这一制度的本质就暗含骑士的战马应该专门分配给富人的意味，而且要使监察官看重能力而非出身，不允许一度入选的显贵，尤其是元老长时间将马匹据为己有，这绝非易事。也许法律也有规定，元老可以按照自己的意愿保留多长时间都无可厚非。

如此一来，元老在十八个骑士百夫队中享有表决权，而其他领域的表决权主要分属贵族青年，这在实际上成为常规。军事制度不可避免受到冲击，原因并不全然在于兵团骑兵队伍中不适合服役的人数颇多，而在于这种改革破坏了军队中的平等，更是因为贵族青年越来越多地从陆军中退役。封闭的贵族骑兵部队为整个兵团骑兵队奠定了基调，从家世和财富地位更高的公民中选任。这让我们稍可领悟为何在西西里战争期间，执政官盖乌斯·奥列里乌斯·科达下令他们和兵团士兵一起挖掘战壕时，骑兵竟然拒不服从（罗马纪元502年即公元前252年）；而加图在西班牙担任统帅之时，倍感有必要对麾下的骑兵严加训斥。但是这种将公民骑兵队转化为贵族骑兵卫队的做法，必然对贵族利益带来危害，更给罗马共和国带来威胁。贵族阶层在十八个骑兵百夫队中不仅享有特别选举权，而且是其他人的表率。

剧院中的场所分离

与上述性质相似的,还有在国家节庆日将元老阶层和其他民众出席观看的场所正式分离开来。这是罗马纪元560年即公元前194年,西庇阿第二次担任执政官时实行的改革。国家节庆和为了表决而召集起来的百夫队一样,都是人民大会,但是那次国家节庆日并未通过任何决议,便宣告统治阶级和臣民群体的种种区别——暗含出席会议二者分区而坐——更加意义非凡。因此这项改革甚至在统治阶级内部都遭到了反对,因为这给他们徒招怨愤,无所裨益,而且贵族中的明达志士竭力以公民平等的形式掩饰他们在政府中的独断专制,这一改革与他们所做的努力显然南辕北辙。

监察官——贵族的支柱

这些情况可以说明许多事实:监察官一职为何成为共和国晚期的枢纽。原先无足轻重的某个官职,为何逐渐拥有根本不属于它的官阶,享有贵族共和国无与伦比的光荣,并被认为宦途亨达、登峰造极的职位。反对党屡屡尝试将自己的人推上监察官一职,甚至企图让监察官在任期内以及卸任后对人民负责。为何政府认为这是对其统治的攻讦,并联合起来抵制这种企图?在这方面,我们只需要提及一事便一目了然:罗马纪元550年即公元前204年,加图成为监察官候选人,当年的两位监察官不得人心,反对党意图对他们进行法律诉讼,但元老院非常蛮横、不择手段加以阻止,此事引起轩然大波。监察官是政府最重要,因此也是最危险的工具,政府一方面赋予这一职位无限光荣,一方面又对其心怀芥蒂。将元老院和骑士阶层的人员组成置于监察官的绝对支配下,是完全有必要的。因为排斥权不可能和征召权分离,而且排斥权必然需要保留下来,其目的不完全是铲除元老院中反对党的才干志士——这是当时任何圆滑的政府都会谨慎规避的——而是保留贵族政治的道德光辉。一旦这种道德光辉不复存在,反对党势必会迅速反扑。拒绝权也得以保留,但他们需要的主要是这柄白刃的璀璨光华——他们惧怕白刃的锋芒,并想方设法使之变钝。此外监察官一职受到天然的约束——贵族阶级的名录以前可以随时更改,在监察官的管理下,只能每隔五年修订一次——而且政府赋予监察官的同僚否决权,赋予其继任者撤销权,以此限制他的影响。此外还有一种十分有效的限制措施:存在着这样一种习俗,其作用相当于法律,监察官将元老或者骑士除名时,必须以书面形式出具做出这一决定的缘由,于是通常采取司法程序。

贵族认为高级官员员额不足发动政制改革

贵族阶级享有这样的政治地位——主要基于元老院、骑士阶级监察官一职——不仅实质上将政府置于股掌之间,而且贵族阶级可以按照自己的意愿改革政制。为了维持公共官职的重要地位,贵族阶级尽可能少地增加官职的数额,随着领土扩张以及事务逐渐烦琐,将官员数额控制在远远低于所需要的数额,这是他们政策的一部分。为了应对紧急事件,他们于罗马纪元511年即公元前243年将此前一位执政官担任的司法职务分给两位法官——一位负责审判罗马公民之间的诉讼案件,一位负责处理非公民之间或公民与非公民之间的诉讼案件——并任命四位助理执政官管理四个海外属地,即西西里(罗马纪元527年即公元前227年)、包括科西嘉在内的撒丁(罗马纪元527年即公元前227年)、近西班牙以及远西班牙(罗马纪元557年即公元前197年）。罗马提起诉讼的方式十分简单，而且官员的势力与日俱增，无疑与罗马官职数额低于实际需要有很大关系。

罗马公民会议中的官员选举

政府发起的改革——虽然不改变现行宪法的条文，而仅仅改变其实施，但是仍不失为改革——最为显著的是军官和文职官员的任用，不再按照宪法条文许可以及宪法精神要求，不再仅仅是选贤任能，而越来越多地重视门第和资质。至于军官的选任，在形式上并非如此，但在实际上却变本加厉。在前期，军官的任命权已经很大程度上由将军转移到公民的手上，而这时每年固定负责征兵的全体军官——四个常备兵团的二十四名军队指挥官——都是在公民大会中直接任命的。因此，下级军官和官员之间逐渐形成一条不可逾越的界限，下级军官可以通过严谨勇武得到将领的提拔，官员却只能通过游说公民才能平步青云。为了杜绝由此引发的恶意渎职滥权行为，防止没有经验的年轻人被选任这些重要职位，一定年限的在职证明成为授予官职的必备条件。然而军队指挥官是罗马军队制度事实上的支柱，这一职位一旦成为年轻贵族步入政界的阶梯，服兵役的义务便难免被规避，于是既存在民主政体的竞选运动，又有贵族政治的独断专权，军官选举因此不免流弊丛生。在发生重大战争之时（如罗马纪元583年即公元前171年的战争），暂时中止军官民主选举的方式，将军官任命权归还将领被认为是十分必要的，这是对新制度的强烈抨击。

执政官和监察官选举限制

至于文官，改革的首要目的是限制再次参选最高官员。如果每年一任的君主政制并非浪得虚名，这种限制就不可或缺。即使在前期，某个人卸任执政官未逾十年，也不允许再次当选执政官，而监察官一职则明确禁止重新参选。至今没有通过其他法律，但是法律的落实越来越严格。在意大利战争延续期间，十年间隔法虽然于罗马纪元537年即公元前217年一度中止，但在之后却未予以再次实施，而且直到这段时期结束，重新当选的例子也极为罕见，这是法律实施严格的明证。此外，这段时期末（罗马纪元574年即公元前180年）颁布了一项人民法令，规定公共官职的候选人按固定顺序依次申请，并遵守任职间隔年限和年龄限制。

当然在习俗上对二者早就有规定，但是将习惯上的条件升格为法律要求的资格，显然是对选举的自由设限，因此选举主体也不再具有于非常时期忽视这些要求的权利。一般情况下，统治阶级家族内部的人，无论其能力大小，元老院都开门请入，贫贱卑微者完全被排除在政府官职之外，而且不属于世袭贵族的全体罗马公民也一律排除在外，他们或许可以进入元老院，但没有资格充任两个最高官职，即执政官和监察官。除了曼尼乌斯·库里乌斯和盖乌斯·法比里乌斯之外，没有其他出身非社会贵族的人担任执政官，很可能从来没有这样的例子。从汉尼拔战争开始到柏修斯之战结束的半个世纪，首次出现于执政官和监察官名录的氏族数量十分有限，其中绝大多数，例如弗拉米尼氏、特伦提氏、波尔奇氏、阿西里氏和莱利氏，他们身居执政要不就是因为反对党的选举，要不就是由于和贵族阶级有特殊联系。例如罗马纪元564年即公元前190年，盖乌斯·莱利乌斯当选罗马执政官，显然是因为他是西庇阿的兄弟。当然，将弱势阶层排除于政府之外，是出于形势变幻莫测的考虑。

如今罗马已经不再是纯粹的意大利国家，已经吸收了希腊文化的成分，不可能再从耒耜之间寻一介农夫，就将其奉为公社的领袖。但如果将当选者完全限制在贵族家族这一狭隘的范围内，"新人"想要挤进这个圈子必须采取某种篡夺的方式，既没有必要，也无甚裨益[6]。元老院制度从一开始就以代表氏族为基础，具有某种世袭属性，而且一般来说，从政智慧和从政经验可以由父亲传给儿子，虎父无犬子，功勋卓著的祖先，其精神感召力也能激起人内心所有高尚的闪光点，使之迅速散发出更加璀璨的光芒，因此贵族自然而然也具有其固有世袭性质。从这种意义上来说，罗马贵族从来都是世袭贵族，其世袭性质可以从传统习俗中一探究竟：元老携其子同赴元老院，公职高官以所谓好征兆的方式，将最高官爵的荣誉标志——前任执政官华美的服饰衣摆和凯旋的符箓金盒——赠予其子。但是在较早时期内，世袭的表面尊严在某种程度上有内在的道德为其佐证，元老贵族治理国家，凭借的并非世袭的权力，而是最高代表权——杰出人士和常人的持有权力的差异——这时贵族由原来高人一等、公社中最富于策划和行事经验的团体地位，沦落为世代沿袭补充官员，实行朋党相争暴政的贵人阶级，自汉尼拔战争之后其降格速度尤为迅速。

家族擅权

这一时期事态发展到了一个新的高度，在寡头政治的荼毒中演化出毒害更甚的特殊家族擅权。征服者扎玛霸道的家族政策，及其努力凭借自己的名望成功掩饰其弟之无能卑劣的行为，令人不禁摇头叹息，上文对此已有所叙述。弗拉米尼努斯任人唯亲，可能比西庇阿更加寡廉鲜耻、伤风败俗。选举的绝对自由实际上为朋党衍生出更多的可乘之机，而选民真正可以把握的机遇少之又少。马库斯·瓦勒里乌斯·科尔孚斯二十三岁便当选执政官，无疑是出于国家利益做出的决定，但是此时西庇阿于二十三岁当选市政官，三十岁成为执政官，而弗拉米尼努斯不到三十岁就从刑事推事升格为执政官，这种提升方式给共和国带来严重威胁。事态已经发展到这样的地步，要想制止一家专政及其带来的后果，只能从严格的寡头政治中寻求有效的防范措施。正是出于这一原因，甚至在其他方面反对寡头政治的一方也同意限制绝对自由的选举。

贵族政治的内部管理

统治阶级的精神存在于逐渐演化的过程，政府自然而然也带有这种改变的形迹。这一时期，内对外事务的管理仍然采取一贯强有力的政策，正是依据这一政策精神，昔日罗马公社确立起对意大利的统治地位。在西西里战争那段备受摧残的艰难时期，罗马贵族逐渐登上其新地位的顶峰，如果贵族违反宪法，篡夺高级官员和公民大会共同拥有的政权，并交由元老院执掌，他们的理由是：在汉尼拔战争风波以及由此而起的纷扰中，贵族固然不甚辉煌，但以坚定而审慎的方式为国家掌舵，并向世界证明，在很多方面，只有罗马元老院有资格统治意大利 – 希腊各国这一广泛区域。必须承认，掌握政权的罗马元老院在抵御外敌方面态度令人敬佩，因而结果也不负众望，但是我们不能忽视这样一个事实——管理国家内政（虽然）不那么令人瞩目。然而十分重要也十分棘手，元老院应对现存制度和新制度的表现令人唏嘘不已，更确切地说，元老院在内政处理上与人们的期许背道而驰。

政权的衰颓

首先，政府与公民个人的关系已经发生改变。"长官"一词原意为"出类拔萃的人"，如果说他是公社的奴仆，那么他就是所有公民的主人。但是这种严格的管制已经明显松弛。任何朋党和游说盛行的地方，如当时的罗马，人们都谨言慎行，不会言辞激进或恣意妄为，以免丧失同仁的情谊和群众的支持。一般来说，只有科达（罗马纪元502年即公元前252年）和加图之类的新式人物，并非出身于统治阶级，才会不时表现出传统长官的庄重和严肃。保卢斯被推举为讨伐柏修斯的统帅，并未按照常例向公民致谢，反而向他们声明：相信人们之所以选他担任主帅，是由于他最善统兵作战，因此要求他们不要干预战事，默默服从就好。人们对此已经感到莫名其妙。

军纪和司法

罗马在地中海区域确立霸权地位很大程度上得益于其严格的军纪和司法。当时希腊、腓尼基和东方各国在军事和行政方面无不陷于彻底混乱的状态，而罗马无疑在这两个方面遥遥领先，然而罗马本身亦已积弊甚多。我们此前指出，在第三次马其顿战争期间，罗马统帅的拙劣无能给国家带来多大的危害，不仅仅是由反对党选出的民众领袖，如盖乌斯·弗拉米尼努斯以及盖乌斯·瓦罗，就连出身贵族的人也未能避免。司法方面情况如何，可以从执政官路奇乌斯·昆克提乌斯·弗拉米尼努斯于普拉森提亚军营中的一件小事略见分晓（罗马纪元562年即公元前192年）。一位受其宠溺的少年因为随侍执政官，错过了前往首都观看决斗比赛，为了补偿其损失，这位执政官命人将一位投奔罗马营中的鲍埃部贵族召来，在筵席上亲手将其杀死。类似的例子不胜枚举，更加匪夷所思的是，凶犯不但没有受到应有的审判，而且监察官加图因此将其在元老名籍除名时，元老院同侪却又在剧场中请这位被革职者重新坐在元老的座位上——毫无疑问，得以享此殊荣，只因为他是希腊解放者的兄弟，也是元老院中最有权势的党魁之一。

财政管理

这段时期内罗马公社的财政系统取得长足进步。罗马的财政收入明显呈上升态势。间接税收——罗马不存在直接税收——因罗马疆域扩大而增加，例如在罗马纪元555年和575年即公元前199年和前179年，由于税务不断增加，不得不在坎帕尼亚和布鲁提亚沿海普特奥里、迦斯特拉(即斯奎拉斯)以及其他地方设立新的税务局。正是出于这一原因，罗马纪元550年即公元前204年新的盐税法规定了意大利各区域的食盐售价表，因为这时罗马公民散居各地，不可能再以相同价格为他们供应食盐。如果罗马政府不减价，大致按照原价为公民供应食盐，这种财政措施就不能为国家衍生利益。公地收入的增加更可观，当然，得到允许占用意大利的公地应该向国库缴纳赋税，但大多数情况都是无人征收，故而无人交付。另一方面牧场费得以保留，不仅如此，后期于第二次布匿战争所得的公地，尤其是卡普亚和里昂提尼领土的大部分，罗马政府不允许人们占用，而将其分割成小块，租给短期佃户，政府对企图违规占用土地的行为予以严肃处理，因此罗马获得安全、可观的财政来源。此外，国家的矿产，尤其是重要的西班牙矿产，都是通过出租获取利益。最后，海外附属国的贡物也增加了财政收入。这个时期数额巨大的额外财源不断涌入国库，特别是安条克之战胜利后，战利品累计达两亿塞斯特斯（折合两百万英镑），柏修斯一战，战利品累计达两亿一千万塞斯特斯（折合二百一十万英镑）——后者一次交付罗马国库的现金为史上最大的数额。

但是这些财政收入的增加，大部分为不断上升的财政支出抵消。各行政区域，西西里可能例外，经费可能和收入所差无几，领土越广泛，公路和其他设施建设的费用也越高，而且在苦战时期罗马政府向拥有财产的公民所征收的贷款，这个时候需要偿付，给罗马国库带来数年沉重的负担。此外，由于最高长官管理不善、玩忽职守或者明知故纵，给财政收入带来重大损失。地方官员的行为，他们花费公款骄奢淫逸，挪用公款尤其是战利品，以及初见端倪的行贿和敲诈手段，我们将在下文叙述。国家招录第三方征收捐税，并与其订立供应和建筑契约，其一般运行状况可以根据以下事件进行判断：罗马纪元587年即公元前167年，由于矿区的承租人不是劫掠百姓就是欺诈国库，元老院决定停止开采划属罗马的马其顿矿区——理事会坦白自认其无能，并对外忏悔其过错。

他们不仅如前文所述，自觉允许废止占用公地的赋税，而且任凭首都和其他地方的私有建筑侵占公有地产，公共水渠的水资源也被转供私有用途。有一次监察官对这些侵犯公共利益的人采取严厉的打击措施，迫使其停止霸占公共财产，或者按照法定价格购买土地和用水，激起社会上强烈的不满。在其他与经济有关的事情上，罗马人道义在怀，处处谨小慎微，但是一旦与国家有所牵连，便显得十分懈怠。加图说："行窃于人者，终其生于镣铐枷锁；行窃于公社者，享尽荣华富贵。"（与"窃钩者诛，窃国者诸侯"如出一辙。）

罗马官吏和投机倒把者肆无忌惮侵盗罗马公社的公共财产，且逍遥法外，波利比乌斯却仍然强调在罗马少有盗用公款的情况，而希腊的官员则无不同流合污，尽皆染指公共财产。他还明言罗马的委员或高级官员管理巨额款项，只要一句承诺，便无任何欺瞒；而在希腊，即使是一笔微不足道的款项，也需要封缄公文十件，二十个人作为见证，但仍然避免不了人人遭受欺诈。波利比乌斯言外之意只是希腊的社会和经济乱象远远甚罗马，希腊明目张胆地直接侵吞公款的情况较之罗马更加恣意猖獗。通过了解公共建筑和国库金额现状，罗马财政的一般状况可见一斑。我们知道，公共建筑支出在和平时期占财政收入的五分之一，战争时期占财政收入的十分之一，在当时的情况下，这一经费似乎并非天文数字。

上述款项以及间接缴入国库的罚金，应用于修整首都内部及周边的公路，修建意大利的主干道[7]，营建公共建筑，必然会取得不少成就。这段时期内已知最重要的建筑工程，大概当属整个罗马城下水道网络的大整修和扩展，大致在罗马纪元570年即公元前184年，订立了该工程的合同，为此即刻预留出两千四百万塞斯特斯（折合二十四万英镑）专款。我们可以推测，至今仍然残存的罗马城下水道至少大部分是该工程的建设成果。然而即使暂且不论战争带来的强烈冲击，这段时期在公共建筑方面似乎远落后于前期末，罗马纪元482年至607年，即公元前272年至前147年，罗马没有建造任何新的输水沟渠。国库自然也日渐充盈。罗马纪元545年即公元前209年，罗马被迫动用最后的储备时，国库存款总计仅十六万四千英镑（四千磅黄金），但在本时期结束（罗马纪元597年即公元前157年）之后不久，国库所存金银接近八十六万英镑。然而在汉尼拔战争结束后三十余年间，巨额额外收入涌入罗马国库，如果将这笔巨资计入财政收入，让我们惊讶的不是这笔巨款之大，而是国库存款之少。此前的记载极度缺乏，但是根据目前掌握的数据而言，罗马国家财政收入大于财政支出，存在财政结余，这一点毋庸置疑，可总体来说，这样的数据并不算辉煌。

意大利臣民——被动公民

罗马公社对待意大利内外臣民的方式最能明显表现政府精神的改变。此前意大利臣民分为以下四种：普通同盟公社、拉丁同盟公社、无选举权的罗马市民以及具有正式公民权的市民。在该时期内，这四种臣民中的第三种几乎完全不存在了，因为拉丁姆和萨宾纳的被动公民组成的公社，如今也应用于以前佛尔西人的领土，这些公社都逐渐——最晚的应该是罗马纪元566年即公元前188年的阿尔庇努姆、方迪以及佛密埃——获得了正式公民权。坎帕尼亚[8]的卡普亚周遭的一些小公社由于在汉尼拔战争期间背叛罗马，所以完全丧失了公民权。虽然少数公社，例如佛尔西人疆域内的维利特勒以及坎帕尼亚的提拉姆和库迈[9]，依然保持着此前的法律地位，但是总体看来，被动公民权已经不复存在。

公共奴隶

另一方面，意大利又兴起一种地位特别低下的新阶层，他们不具有公共自由和携带武器的权利，其待遇几乎和公共奴隶无异，尤其是昔日的坎帕尼亚、庇森弄廷南部以及布鲁提亚中与汉尼拔结盟的公社，都属于这一类。此外还有被容许留在阿尔卑斯山南部的凯尔特人部族，他们相对意大利同盟的地位固然无从详知，但是他们与罗马签订的盟约中附带着足够明示其低劣地位的条款，即这些公社的成员永远不允许获得罗马的公民资格。

非拉丁同盟国

如前文所述，由于汉尼拔战争，非拉丁同盟国的地位受到了十分不利的影响。非拉丁同盟公社中仅有少数，例如拿波里、诺拉、瑞吉阿姆以及赫拉克利亚[10]，在那场起伏不定的战争中始终坚定地站在罗马这边，所以他们昔日同盟的权利未被剥夺。非拉丁同盟国中的大部分曾投归敌方，罗马人据此修订盟约，条款对非拉丁同盟国不利，但他们不得不服从。非拉丁同盟国衰微的状况可以从其公社迁往拉丁公社得到例证：罗马纪元577年即公元前177年，萨莫奈人和佩里格人向元老院申请削减其助战兵额，他们之所以提出这一请求，是因为在近几年中，先后有四千户萨莫奈人和佩里格人迁居拉丁殖民地弗雷吉莱。

拉丁人

"拉丁人"这一名词表示不包括罗马公民联合在内的旧时拉丁姆少数城市居民，例如提布尔和普雷内斯特，与之在法律上平等的同盟城市还有赫尔尼基人的几座城市，以及散布于意大利各地的拉丁殖民地。此时拉丁人还处在相对优势的地位，其名称中便蕴含了这种意味，但是相比较而言，他们遭受的摧残并不亚于其他人。拉丁人背负的重担不合情理地累积，服兵役的义务也从公民转移到了他们以及其他意大利同盟身上。例如在罗马纪元536年即公元前218年，拉丁同盟征发的兵额几乎是公民的两倍。汉尼拔战争结束后，所有公民士兵一律准予退伍，但是同盟士兵却不尽然。同盟士兵主要被派遣执行戍守任务，以及在西班牙执行令人深恶痛绝的兵役。罗马纪元577年即公元前177年凯旋，在犒劳军队时，同盟士兵并未像往常一样得到与公民士兵等额的战利品，而是仅有其一半，因此在士兵庆功宴上，周遭一片喧嚣至死的欢腾，受到轻视的拉丁同盟军却怏怏不乐，他们悄无声息地跟随在双轮战车后面。至于分配意大利北部的土地，每位公民分得十尤格拉耕地，而非公民每人只分得三尤格拉。

拉丁公社在稍早一段时期就被剥夺了自由移民权利，只有在放弃原来公社里自己的孩子和一部分地产的条件下，才能得到允许迁入罗马。但那时这些不厌其烦的要求被千方百计规避或逾越，拉丁公民群体大肆迁入罗马，当地的官员抱怨各城人口日益减少，这样一来无法提供规定数额的助战兵，因此罗马政府派遣警察在首都大举驱逐移民（罗马纪元567—577年即公元前187—前177年）。这种举措或许无法避免，但是自由移居权是罗马与同盟城市签订契约赋予的权利，此举不免让人感觉是对自由移民权的极大限制。再者，这一时期末端，罗马在意大利内地创建的城市开始获得正式公民权，而非拉丁权利，此前只有沿海殖民地才能获得正式公民权。通过并入新的公社，拉丁群体不断扩大，至此这种扩张太过频繁，于是将其终止。阿奎莱亚创建于罗马纪元571年，即公元前183年，该城是罗马最后得到拉丁权利的意大利殖民地，几乎同时被派往波滕提亚、庇萨鲁姆、马提拉、巴马[11]以及卢那等地的殖民团，他们都获得正式公民权（罗马纪元570—577年即公元前184—前177年）。这一现象显然是因为拉丁公民权日渐式微，而罗马公民权日益兴盛。在派往新开拓殖民地的人当中，选派的大多数都是罗马市民，比以前任何时候都多，罗马市民中相对穷困的一部分人，即使面对获得巨大物质利益的机会，也不会有人愿意以自己的市民权利换取拉丁公民权。

罗马公民权愈加难以获取

最后,至于非公民——无论是公社还是个人——他们取得公民权的门路几乎完全被杜绝。大约在罗马纪元400年即公元前354年,罗马人就废除了前期将附属公社并入罗马公社的方法,防止罗马公民群体因过度扩大而太过分散,因此设立了半公民的公社。如今,公社集中的方法也被废止,一方面允许半公民的公社享有公民权利,一方面允许大量边远公民殖民地加入半公民公社行列,但是联盟公社不采用原先合并的方法。意大利完全被征服之后,甚至找不到一个由同盟变成具有罗马公民权的公社,可能在该段时间之后,确实没有任何公社获得公民权。甚至意大利的个人要获得罗马公民权也受到严格限制,只有在担任拉丁公社高级官职的情况下才有资格,另外在公民殖民地创立之初,非公民以个人身份优先享有公民权[12]。

毋庸置疑,意大利臣民关系在事实上和法律上的种种改变,至少表现出密切的关联性和一致性。各级臣民的处境不断恶化,此前等级中地位越低,其恶化程度愈甚,政府曾经努力缩小不同等级之间的差距,并规定了从某一等级过渡到另一等级的方式,如今相互之间的联系均被斩断,连接各方的桥梁亦被拆毁。在罗马公民团内部,统治阶级自身和人民相分离,一律无需承担公共责任,以荣华富贵装裱自身,所以公民也极力声明他们与意大利同盟之间的差别,日益排斥同盟成员,使之不得共同享有政权,同时让他们承担两倍甚至三倍的公共义务。贵族和平民的关系又恢复到了衰落的贵族阶级专权排外的状态,公民与非公民的关系亦复如是。

平民阶级受其开明政策的滋养已经发展壮大,如今却受制于贵族阶级的繁文缛节。取消被动公民,此举本身无可厚非,就引发此举的动机而言,也许和下文即将提到的殊途同归,但是由于被动公民的取消,一种联系介质化为乌有。然而更加令人生畏的,是拉丁公社和其他意大利公社之间的差异也不复存在。拉丁民族在意大利的特权地位是罗马政权的基础,拉丁城市一旦知觉他们在同样强大的公社中不再享有特权,在实质上和其他城市无异,属于罗马的臣民,而且所有意大利人都处于这种备受煎熬的处境,这一基础随之土崩瓦解。当然差别还是存在的:布鲁提亚人及其处于水深火热的同盟,正遭受奴隶一般的待遇,因此也像奴隶一样行事,例如在舰队中充当划桨奴隶时,他们想方设法趁机逃脱,并欣然为敌军服役对抗罗马;凯尔特臣民,尤其是海外臣民,他们比意大利人遭受更加残酷的压迫——政府故意将这类人抛弃给意大利人,使之遭受轻视和虐待。但是这种区别虽然含有划分臣民等级的意味,但是远远无法弥补此前同族意大利人和异族意大利人的差异。整个意大利同盟弥漫着一种气势如虹的愤懑,只是因为恐惧使之还未宣泄出来。坎尼之战结束后,有人建议在每个拉丁公社中,赋予两个人以罗马公民权及元老院席位,但是这个建议提出得不合时宜,所以理所当然遭到了拒绝,不过由此可以看出,统治阶级的人甚至在那个时候就开始忧虑拉丁姆和罗马之间的关系了。如果现在再有一个汉尼拔对意大利发动战争,是否还会遇到意大利人以拉丁名义对外人统治的坚决抵抗,也许会是个疑问。

行省制度

罗马共和国这段时期最重要的创制是新设置省长一职,这同时也是最为决绝和离经叛道的制度。罗马的早期国家法中找不见纳贡臣民的踪迹——被征服的公社成员或被卖作奴隶,或者并入罗马共和国,或者与罗马缔结盟约,这至少可以确保其公社的独立并免于纳税。但是迦太基在西西里、撒丁和西班牙的属地，以及希罗王国，需要向其旧主纳贡并缴纳什一税，如果罗马意欲保留这些领土，从目光短浅者看来，最明智也最方便的办法是遵循一贯的规矩治理新的疆土。因此罗马人只保留了迦太基-希罗的行省建制，并按照这种行省制度治理从蛮族手中夺来的领土，例如近西班牙行省。他们从敌人继承下来的制度遗患无穷。毋庸置疑，罗马政府起初向其臣民征税，本意不完全是积累国家财富，而是为了抵付行政和国防的经费，但是罗马政府令马其顿和伊利里亚纳贡，却不着手当地政务，不承担边防责任，他们已然偏离了正轨。然而实际上，罗马人在课税上仍不失节制，但是与将主权转变为谋取利益的特权相比，显得无关紧要。不管是窃取一个苹果还是整棵苹果树，其性质都同样是堕落。

行省长官的地位

有失必有罚。既然开创了新的行省制度，那么必须选任省长，省长的地位不仅和行省本身的福祉水火不容，而且与罗马政制互相矛盾。由于罗马公社代替了各省此前统治者的地位，所以罗马政府指派的省长在当地俨然国王的替身，例如，西西里的将军居住在位于西那库斯[13]的希耶罗宫殿中。省长自然仍受到法律的约束，需要按照共和国的规定忠实勤勉政务。加图担任撒丁省长之时，徒步行走到他治下的城市，只有一位仆人拿着他的外套和祭勺随侍，当他卸任西班牙省长返回罗马时，加图将自己的战马卖掉，因为他认为自己没有权利让国家负担运送战马的费用。当然罗马的省长中，像加图这样廉洁到了吝啬可笑地步的人虽然算是凤毛麟角，但大多数因具有虔诚的上古遗风，在宴会上谦恭肃穆的态度，相对正直地管理政务和司法,并严厉地打击残酷剥削人民的人——罗马的包税商和银行家——一般说来,罗马省长以其凝重庄严的举止,受到臣民的尊敬,尤其受到轻浮善变的希腊人的由衷赞叹。

行省臣民感觉他们的政府差强人意。他们未尝受到迦太基执事和西那库斯王室的纵容,他们不久后回忆起当时的鞭笞与之后的暴虐怖政相比,已经心生谢意了。后世将罗马六世纪看作是行省政制的黄金时代,如此看来也不难理解。但是无论时间长短,都不能在实行共和政体的同时,又存在着君主。罗马统治阶级充当省长的角色,致使他们的品行以惊人的速度沦丧。在这种情况下,省长对治下的人民桀骜不驯、骄横无礼已经习以为常,所以不足以成为某位省长的罪责。但是一位省长两袖清风地从自己管辖的行省归来已经算是罕见,又因为罗马严格遵守旧制——公共官吏没有俸禄——不由让人感觉太难能可贵了。

皮德那的征服者保卢斯不收受钱财,论述者引以为怪事。以"荣誉酒"和"自愿礼物"馈赠省长这种恶习,似乎在行省制度之初就已发端,这或许是迦太基人的遗风。罗马纪元556年即公元前198年,加图就任撒丁省长,也只能节制和减少这种例钱。行政长官和一般因公出差者,有权免费住宿以及免费搭车乘船,而这也已经成为为官者中饱私囊的借口。省长还拥有一项更重要的权力:在其管辖范围内平价征收谷物——一方面是为了维持自己以及扈从的生计,一方面是为了备战或者在特殊情况下补给军需——这种权力已然滥用,使得怨声载道,以至于罗马纪元583年即公元前171年,西班牙人提出申诉,元老院不得不撤销省长出于上述原因控制粮价的权力。自此以后,甚至在罗马举行公众节庆,也要向臣民征收物品,如市政官提比略·森普罗尼乌斯·格拉古需要筹办庆典,于是向意大利内外提出严苛无度的要求,引起元老院的官方介入(罗马纪元572年即公元前182年)。到本段时期末端,罗马的官员不仅对水深火热中的臣民恣意妄为，而且对附属罗马的独立国家和王国也是这样，盖乌斯·弗尔索在小亚细亚的侵掠，尤其是在柏修斯战争期间在希腊臭名昭著的行径，都可以证明这一点。

罗马元老院对行省及省长的监管

　　罗马政府对这些我行我素的军事管理没有进行严格的监管和干涉，所以这些现象不足为奇。当然司法管制不完全必要。存在这样一项普遍存疑的规则：不允许控告任期内的统帅，按照这一原则，罗马的省长在平时只能在恶行已然昭著的情况下被传讯，他可以受到刑事或民事诉讼的制裁。为了提起刑事诉讼，具有刑事审判权的罗马官员应该受理此案，然后将其提交公民法庭。至于民事诉讼，主管这一将军职务的元老将案件提交陪审团，陪审团成员按照当时法庭的组织法，由从元老院中选派的元老组成。因此在两种情况下，主导权都掌控在统治阶级手中。统治阶级仍然十分正直廉洁，不会对证据确凿的申诉完全弃之不顾，而且在很多案例中，罗马元老院甚至响应受迫害者的呼声，屈身俯就，下令提起民事诉讼。然而贫穷者和外国人如果控诉贵族统治阶级的强势成员，由于审判官和陪审团距离事出地点遥远，如果没有涉及犯同罪的嫌疑，至少应该与被告属于同一阶级，所以他们将诉状提交审判官和陪审团，从一开始就应该按其罪过确凿与否论断成败。如果申诉失败，结果几乎是自取灭亡。附属城市和行省与其征服者，以及与之有密切关联的其他罗马人建立世袭的门下关系，这种关系无疑能够给受压迫者带来一些扶助。

　　西班牙行省省长自知无人能虐待加图的门下而逍遥法外，西班牙人、利古里亚人以及马其顿人均为保卢斯所征服，保卢斯谢世之后，这三个民族的代表都不愿放弃将他的灵柩抬到火葬堆的权利，这一情形是对这位伟大人物最崇高的致敬。但是这种特殊保护不仅给希腊人可乘之机，在罗马的统治者面前极力展现他们奴颜婢膝的全副本领，而且以其信手拈来的奴性败坏统治者的品性——马塞鲁斯在征服并劫掠西那库斯之后，西那库斯人曾经向罗马元老院控诉他的行为，但是没有任何成效，元老院还在之后颁布尊崇马塞鲁斯的法令。西那库斯的历史本来就不甚光彩，此事又为其添上最为臭名昭著的一笔——而且还与已然危机重重的家族政治相关联，这种保护制度对名门望族也会产生政治上的威胁。如此一来，罗马官员一定程度上忌惮神灵和元老院，大多数不会再肆无忌惮鱼肉百姓，虽然他们依然会剥削民众，但如果他们稍加节制，便可逍遥法外。于是形成了这样一条潜规则：罗马官员在其管辖范围内如果只是搜刮民脂民膏，或者只行有度的暴政，在法律上可以不受惩戒，所有受压迫者只能忍气吞声，这一规矩对后世必然遗患无穷。

然而，即使法庭一反此前的宽松，已经严刑峻法，但是只在有人触犯法律底线时，才会对其进行制裁。良政的可靠保证在于最高行政当局施行一贯严格的监管，但是罗马元老院完全没有给予这种监管。在这一方面，同僚政治的废弛和无助最早浮现在世人面前。按照常理，省长受到的监督应该较之意大利市政府更加严格，也更具针对性。而这个时候罗马帝国拥有大量海外领土，政府监管全境的制度需要进行相应的扩充。但是这两个方面都适得其反，省长的地位在实际上俨然是君主。负责监管全境最重要的机构，即罗马帝国的监察官，其权力范围仅延伸到西西里，而后来获取的行省却仍然不受监管。最高行政长官脱离中央政权的束缚，这是十分危险的。

罗马的省长统领国家军队，并掌握大量国家财政来源，但是仅受到松懈的司法约束，这势必会将其及其治下人民的利益与罗马公社的利益相剥离，并引起二者的矛盾冲突，所以省长这一身份更像是波斯总督,而非萨莫奈战争时期的罗马委员。此外,省长在境外施行法律认可的军事暴政,很难回复到普通市民的平等地位,而区分这一地位的是发号施令者与服从者,而非主人与奴隶。因此,甚至政府都察觉出他们的两条基本原则——贵族阶级内部平等,官员的权力隶属于元老院团体之下——在他们手中开始发生动摇。政府对设置新的行省以及整个行省制度心有余悸,而设立行省刑事推事,至少剥夺了省长的财政权。延长这一官职的任期本来是十分明智的做法,但是遭到了政府的取缔,凡此种种,皆明确表现出深谋远虑的罗马政治家对所有这些努力最后的收获倍感担忧。但是诊断不是治疗,知而不为并不能改变现状。贵族阶级的国内政府仍然延续此前的方向,于是行政和财政上的腐败——为将来的革命和倾覆埋下了伏笔——势不可挡地大行其道,虽然并非无人知晓,但却无人扭转乾坤。

反对党

新贵族虽然不似旧氏族阶级那般等级森严,而且关于共同享有政治权利,一方面在法律上对其他公民产生侵害,另一方面在事实上就是如此,但正是出于这一原因,后者的卑如尘芥比前者更加难以忍受,也更加不易摆脱。人们理所当然不乏摆脱这种等级束缚的意图。反对党倚赖公民大会的支持,一如贵族阶级有元老院作为支撑,要想了解反对派,我们必须首先了解这一时期公民大会的精神及其在罗马共和国中的地位。

罗马公民大会的性质

罗马的公民大会不是整个国家机构的动力,而是其牢固的基础,对于这样一个大会,它必须具备以下性质——对公众利益具有明确的感知,对名副其实的领袖有明智的崇敬,无论处在顺境抑或是逆境,都具有坚定不移的精神,更重要的是能够为了集体的福祉牺牲个人,为了将来的利益放弃当下的安乐——所有这些品质在罗马公社都发挥得淋漓尽致,纵览其发展过程,一切指摘尽皆淹没在敬佩之中。即使到现在,罗马公社留给世人的印象仍是开诚布公和随机应变完全占据主导。公民对政府和反对派的一切行为,毫无保留地表现了气势恢宏的爱国精神,迫使素称雄才大略的汉尼拔止戈息兵,这种精神仍盛行于罗马的公民大会。当然他们也会经常犯错,但是他们之所以犯错,不是一群乌合之众因为冲动而胡作非为,而是源于公民和农民褊狭局促的思想。

但在另一方面,公民参与公共事务管理的机制必然越来越积重难返,但是他们铸就丰功伟业的形势已经远远超出了力所能及的范围。我们在上文已有叙述,在本段时期,大多数旧日的被动公民公社以及许多新建立的殖民地都得到了正式的罗马公民权。到本时期末端,罗马公民群体已经十分紧密,遍及广义上的拉丁姆、萨宾以及坎帕尼亚的一部分,因此已经扩展到西部海岸,北抵凯里,南抵库迈。在这一区域内,只有少数城市未纳入罗马公民群体,例如布提尔、普雷内斯特、西格尼亚、阿尔巴以及弗伦提农。此外还要加上意大利沿岸一律具有正式罗马公民权的沿海殖民地,设立必须承认其公民权的皮塞努姆以及亚平宁山以外各殖民地,还有严格意义上并未形成独立公社、散居在意大利各地的集市和乡村里的为数众多的罗马公民。以这种方式组织起来的公民公社庞杂臃肿,在司法和行政方面,此前提及的代理裁判可一定程度上施以补救[14],此后规模相对较小的城市公社，在庞大的罗马城共和国范围内的组织体系，此时或许至少已经在沿海以及庇森农和亚平宁山以外的殖民地初见端倪。但是在所有的政治问题当中，只有在罗马广场举行的大会具有行动权利，此前所有享有投票权的人可以在早晨离开田舍，并在当天晚上回到家中，对此我们可以一目了然。现在无论就其组织还是集体行动而言，公民大会已经发生了显著改变。

再者，罗马政府——到底是缺乏见识，疏忽大意，还是恶意串通，我们无从得知——不再按照旧例将罗马纪元513年即公元前241年之后获取公民权的公社纳入新创建的选区内，而将他们整合纳入旧选区，因此每一个部族都渐渐成为由散落在罗马全境的不同城市组成。像这些选区，平均各八千人享有投票权——城市部族所占人数自然而然比乡村部族多——没有地域关联，也没有内部的团结，所以不再受任何明确的指导，也不能事先皆大欢喜地商议。由于在投票前没有开放式讨论，人们必然会感觉到诸多不便。此外，公民完全能够洞察所属城市的公共利益，但如果将一个统治世界的大国关乎存亡的难题交给一群心存善良却萍水相逢的意大利农夫，让那些对法令的前因后果一无所知的人最后决断将领的任命以及国家条约的缔结，实在是愚不可及、滑天下之大稽了。因此在所有超越一般市政的事务中，罗马公社都扮演着幼稚，甚至愚蠢的角色。按照规定，人们会站在会场，对一切议案都予以通过，但是在例外的情况下，他们会情不自禁发表反对意见，比如罗马纪元554年即公元前200年对马其顿宣战之际，集市公民的决策对国家政策作出了一番顽强的抵抗，但最终的结果令人不堪回首。

城市下层民众的崛起

客民群体最终取得了和独立的公民阶层在形式上平等,并且在实际上往往更加优越的地位。客民起源于十分远古的制度。自无文字记录的太古时代以来,罗马贵族就对被解放的奴隶和客民行使某种管理权,这两类人在一切相对重要的事务上都需要向贵族请示,例如,客民不允许在未得到保护人的同意的情况下擅自为子女婚配,而通常由保护人直接安排客民子女的婚姻。但是由于贵族成为拥有特权的统治阶级,不仅集中掌握了权力,而且财富也聚敛在其手中,客民则沦为寄生虫和乞丐,富人门下的追随者无论在内还是在外都成为蚕食市民阶级的蛀虫。贵族不仅容许这种客民制度的存在,而且利用他们在政治上和经济上谋取利益。例如旧时的集资活动,此举往往主要出于宗教目的或者为功勋卓著者举行葬礼的情况,现在被达官显贵利用——先是罗马纪元568年即公元前186年,路奇乌斯·西庇阿为了计划举行公众庆典,意欲额外向公众征收一笔款项——收受礼物被特别列为法律禁止事项(罗马纪元550年即公元前204年),因为元老开始以这一名义频繁向客民征收贡物。但是对于统治阶级,客民的随行人员却可以成为贵族控制公民大会的工具。从选举一事可以明显看出,在这一时期依附贵族的下层民众已经有力地与中等阶层分庭抗礼。

从以上种种事实可以看出,首都的下层民众增长速度十分迅速,从其他方面也可见一斑。被释奴的人数和重要性与日俱增,可以在下列事件中得到佐证:关于他们在公民大会中的投票权,前一个世纪已经引起了十分郑重的讨论,本世纪仍然在继续商议。在汉尼拔战争期间,元老院通过了一项备受瞩目的决议,允许有身份的被释女性奴隶参与公共募捐活动,并允许被释男性奴隶合法所生的子女使用此前自由人子女专用的服饰。大多数定居罗马的希腊人和东方人所受到的待遇可能不及被释奴，前者带有民族上的奴隶性质，后者带有法律上的奴隶性质，两者同样无法消除。

群众粮食分配的系统腐败

但是这些天然因素共同造就了首都下层民众人满为患，此外，有意培养下层民众群体使之发展壮大，以谄媚恭维人民或者更甚的行为破坏他们旧日构建的公德心，贵族阶级和民众领袖都难辞其咎。就其整体而言，选举人仍然值得尊敬，没有出现大规模贿选的情况，但是间接向具有选举权的人献媚取宠的方法也不免令人咂舌。高级官员，尤其是市政官历来就有保证谷物价格平稳以及督办赛事的义务，但是形势每况愈下，最终引起帝国平民大众骇人听闻的呐喊——"面包有何用，赛事永不朽"。源源不断的谷物供应，或被行省省长交由罗马市场官员随意处置，或各省分文不取将其自行送到罗马，以巴结一些罗马高官的欢心，所以从罗马纪元六世纪开始，市政官能够以十分低廉的价格为首都人民供应粮食。加图认为"公民不再察纳雅言——肚子上没长耳朵——这也不足为奇了"。

罗马节庆

大众娱乐以惊人的速度增长。五百年来，罗马公社每年只有一次节庆，以及一处竞技场。罗马第一位严格意义上的人民领袖盖乌斯·弗拉米尼乌斯增设了第二个节庆以及第二座竞技场（罗马纪元534年即公元前220年）[15]，也许通过这些建设——新节庆命名为"平民赛会"，这就足以明示其旨趣——他才赢得在特拉西美涅湖作战的许可。这种先例一开,其弊害接踵而至。丰收女神是平民阶级的保护神,纪念丰收女神的节庆纵使果真晚于平民赛会,定然也相差无几。此外,按照西比林和玛尔斯预言的指示,罗马纪元543年即公元前211年增设第四个节庆以纪念阿波罗,罗马纪元550年即公元前204年为纪念"神母"新从弗里吉亚移至罗马,又增设第五个节庆。此时正值汉尼拔战争进入白热化阶段——首次举行阿波罗赛会时,公民在竞技场就被召入军队,意大利独有的迷信狂潮风生水起,趁机散播西比林和先知的神谕,借着神谕的内容和主张四处招摇撞骗者不乏其人,政府不得不要求公民作出如此巨大的牺牲,我们不能以政府对此事放任让步便对其口诛笔伐、声讨炮轰。但是一次让步之后只能继续让步,果不其然,甚至在相对太平的年代(罗马纪元581年即公元前173年)又增加了一个节庆,虽然只是个不甚重要的纪念花神芙罗拉的节庆。这些新节庆娱乐的经费分别由承办各种节庆表演的官员个人承担,如此一来,高级市政官除了要负责原有的民族节庆,还需要举办神母节庆以及芙罗拉节庆,平民市政官负责平民赛会以及丰收女神节庆,城市执政官负责阿波罗赛会。

那些认可此等新节庆的人或许有自己的考量,认为这些活动不可能会给国家财政带来负担。但是在实际上,让国家预算负担一些无益的花费,虽然带来的危害微不足道,但是允许为人民提供娱乐事实上成为攀上国家最高官职的条件,这带来的后果就无法预计了。随之而来的,是执政官一职的候补人选开始在这些赛会上竞相增加开支,导致费用以惊人的速度增长。如果有望当选执政官的人除了这种似乎是法定的贡献外,还提供一场自愿"表演",自掏腰包为公众举行一场角斗戏,就更加锦上添花了。选举人渐渐以赛会壮观与否为标准,衡量执政官候补人能否胜任。贵族实际上需要高价购买爵位——一场相当规模的角斗戏须花费高达七十二万塞斯特斯

（折合七千二百英镑）——但是他们愿意偿付，因为他们可以因此将不富裕的人完全排挤出政界。

战利品的挥霍

然而腐败并非仅仅局限于罗马广场，甚至已经渗透到了军营。旧日的公民士兵，如果能获得一些行军打仗的补偿，在战争胜利时带着为数不多的战利品凯旋，就已经感觉很幸运了。以西庇阿·阿弗雷卡鲁斯为首的新式将领，大肆将罗马的钱财以及战争所得钱款分发给麾下的军队，在非洲与汉尼拔作战期间，加图正是因为此事与西庇阿发生争执。那些经历过第二次马其顿战争和亚细亚战争的老兵俨然成为富人，只有一位将军未将行省人民的馈赠以及战利品据为己有或者赠予亲信，而其麾下许多人却已携金带银归国，还受到上流阶层的称赞，人们已然忘记属于动产的战利品是国家的财产。路奇乌斯·保卢斯按照传统方式处置战利品，他麾下的士兵，尤其是大量受丰厚劫掠物资诱惑而应征入伍的志愿兵，几乎不愿意接受皮德那战胜者只得到一个凯旋荣典的法令——任何征服力久利亚三个村落的人都可享此荣典，但此时已经泛滥成灾了。

尚武精神的消颓

战争成为抢掠的行当，公民的军队纪律和尚武精神受到多大的影响，在柏修斯战争中可见一斑。贪生怕死之风盛行，在伊斯特里亚那场微不足道的战争中（罗马纪元579年即公元前175年），罗马军队的行为让人不觉扼腕叹息。有一次发生了微不足道的小冲突，在谣言的作用下愈演愈烈，罗马的海陆军，甚至国内意大利人都闻风逃窜，加图不得已专门发表训诫，斥责他们的捕风捉影、懦弱不堪。在这方面贵族青年也开了先河。早在汉尼拔战争期间（罗马纪元545年即公元前209年），应该在骑士队中服兵役的人怠于从军，监察官已经感觉有加以严惩的必要了。本时期末端（罗马纪元574年即公元前180年），一项人民法令规定一个人必须拥有服兵役十年的证明，才具有担任高级官职的资格，这一举措旨在迫使贵族子弟从军。

头衔的角逐

上层贵族和下层民众原始的自尊心和荣誉感每况愈下，这在人们对官阶和头衔的角逐中体现得最为明显，所有阶层都无一幸免，其表现形式虽然不一而足，但内在性质大体相同。按照旧制，普通高级官员只有在公开战争中发扬国威，才能获得举行凯旋仪式的荣誉，这样一来许多取得突出成就的人也经常无法享此荣典。但是国家对凯旋仪式荣誉的要求又十分急迫，以至于旧制难以为继。将领向元老院或公民请求举办凯旋仪式，但是没有得到批示，或者不可能得到允许，便自行凯歌而还，一路直到阿尔巴山（首次是在罗马纪元523年即公元前231年），这样一来，元老院和公民只能默许了。与力久利亚或科西嘉部落的战争都是小打小闹，但是全都成为要求举办凯旋仪式的借口。为了制止像罗马纪元573年即公元前181年的执政官兵不血刃还请求举办凯旋仪式的行径，政府规定凯旋仪式的标准是在对阵战中至少斩获敌军五千人，能给出这样的证据，才能举行凯旋仪式。但是有人会制造虚假的战报予以规避——贵族府邸中不难看到敌人的盔甲璀璨夺目，但是绝非从战场上获取的。旧日里一年一任的统帅,以次年卸任之后成为继任者的幕僚为荣,然而前任执政官加图在提比略·森普罗尼乌斯·朗古斯(罗马纪元560年即公元前194年)和曼尼乌斯·格拉布里奥(罗马纪元563年即公元前191年)麾下担任军团指挥官,却被认为是对新式的妄自尊大表示反抗。从前人们为国家效力,得到的只不过是公社的一声感谢就已经心满意足,如今人们立一份功劳,就期许获得永久的优待。密勒之战(罗马纪元494年即公元前259年)的战胜者盖乌斯·杜伊里乌斯已蒙特许,可以在晚间穿过首都的街衢时,前有一人手秉火炬、一人鸣笛引路。

雕像和纪念碑通常由载誉者自己出资建造,这种现象泛滥成灾,有人嘲讽说只是和普通人有一丝区别。但是这种仅仅属于个人的荣耀无法使人长久心安理得。一种风俗开始变得时髦起来:战胜者及其后代皆由其取得的胜利获得一个永久的称呼——该风俗大概起源于扎玛战胜者,他自称非洲英雄,其胞弟被称为亚洲英雄,其堂弟被称为西班牙英雄[16]。上层人士作出了表率,下层阶层纷纷仿效。既然统治阶级不辞为不同阶层的人筹备葬礼,并敕令曾经赠予担任过监察官的人一块紫色的裹尸布,被释奴申诉要求至少其子应该以这令人妒羡的紫色镶边装饰,也合乎情理。长袍、戒指和符箓不仅将公民夫妇和异国人与奴隶区分开来,而且将自由出身与被释奴、自由人之子与被释奴之子、骑士和元老的父母孩子与普通公民、执政世族的后代与普通元老——区别开来——在一个以公民平等为基石而声名在外的公社竟然存在这等事情!

公社中的争执纷扰同时也反映在反对党之列。依赖于广大农民的支持,爱国人士提出强烈的改革要求;依赖首都民众的支撑,群众领袖开始蠢蠢欲动。这两股势头虽然在很多方面紧密相连,但我们必须分别加以论述。

改革派——加图

改革派仿佛化身为马库斯·波尔奇乌斯·加图（罗马纪元520—605年即公元前234—前149年）脱颖而出。旧派思想将发展范围仅局限在意大利境内，反对将罗马发展成为世界性的帝国，加图是旧派最后一位有名的政治家，因此被后世称为古代纯正罗马人的典型，更加准确地说，加图是罗马中层阶级反抗希腊化、世界化新贵族的代表人物。加图成长于耒耜之间，邻近的一位地主路奇乌斯·瓦勒里乌斯·弗拉库斯，此人不与世俗同流，在当时的贵族中算是凤毛麟角，在他的劝导下，加图步入政界。这位正直的贵族预测未经雕饰的萨宾人加图将成为时代潮流的中流砥柱，结果一语成谶。

在弗拉库斯的庇护之下，加图遵循古风旧制为公民同胞和共和国察纳雅言、鞠躬尽瘁，他一路奋争，登上执政官宝座并取得一次举办凯旋仪式的资格，甚至达到监察官的地位。十七岁进入公民军队行列，加图的行伍生涯跨过了整个汉尼拔战争，一直从特拉西美涅湖之战到扎玛之战。加图曾经在马塞鲁斯、法比乌斯、尼禄和西庇阿麾下任职，并且在塔伦顿、辛纳、非洲、撒丁、西班牙和马其顿等地服役，不论是身为士兵、军官还是将军，都充分展示出其骁勇善战的才能。他在罗马广场跟在战场一样驾轻就熟。他才思敏捷、言辞犀利，他的措辞粗俗但字字珠玑、朴实无华，熟谙罗马法律和罗马政务，他事必躬行、铁骨铮铮，在邻近的城市中首先脱颖而出，之后终于登上更大的舞台，在罗马广场和元老院崭露头角，加图成为当时最有影响力的辩士和政论家。

罗马的政治家中，曼尼乌斯·库里乌斯是加图推崇备至的人物，此人的政见奠定了加图的基本政治格调。在其漫长的一生中，加图始终殚精竭虑，以打击各种猖獗的腐败现象为己任，甚至在八十五岁高龄之时，还在罗马广场与当时的新风尚作斗争。加图其貌不扬——他的敌人声称他碧眼红发——他并不是叱咤风云的伟人，更不是高瞻远瞩的政治家。他的政治和道德见解十分褊狭，无时无刻不惦念着上古遗风，对所有新的事物怀有根深蒂固的鄙夷。加图对生活严谨认真，并因此自以为有资格对任何事物、任何人苛刻求全责备。他清正廉洁，但是除了维持治安和商业诚信外，他并没有背负任何责任感。他敌视一切奸诈和粗俗，以及一切温婉文雅，尤其是以怨报怨。他从未想过要杜绝一切罪恶的根源，而终其一生都在与表面现象，尤其是与恶人作斗争。统治阶级的达官显贵自然高高在上，对甚嚣尘上的卑微者不屑一顾，他们不无理由地认为自己更加尊贵。

加图是一位满腔正义、自命不凡的共和国监察官，是一位亲历汉尼拔战争已然身经百战千疮百孔的老兵，同时又是呼风唤雨、深受罗马百姓尊崇的元老，在他的面前，元老院内外随波逐流的腐朽者，不免暗自战战兢兢。他公然当着同僚的面，将他们的罪责一一列举出来，当然不会对证据耿耿于怀，谈及曾经私下反对或冒犯他的人，加图当然也饶有趣味。一旦公民处事有失公允，再次扰乱公共秩序，他动辄加以谴责或当众申斥，同样无所畏惧。他屡屡严辞攻讦，招致大量仇敌，公然与当时势力最强盛的贵族党羽，尤其是西庇阿氏和弗拉米尼努斯氏，保持一种不共戴天的仇怨，被公开控诉四十四次。但是罗马的普通百姓——支撑他们度过坎尼之战的精神，之所以在罗马中等阶层中长盛不衰，大致可以从中找到直接的答案——定然会给予这位主张改革的坚决拥护者投票支持。罗马纪元570年即公元前184年，与其政见一致的贵族同僚路奇乌斯·弗拉库斯提请担任监察官一职，并事先宣称打算在任期内彻底肃清一切公民等级。虽然贵族大费周章加以阻挠，但大规模的肃清依然接踵而至，包括非洲英雄的胞弟在内的许多人被清除出骑士阶级，希腊解放者的胞弟被清除出元老院，贵族却不得不忍气吞声。

治安管理改革

这种针对个人发动的攻击，以及通过法律和治安管理手段不断压制时代思潮的种种尝试，其本意也许难能可贵，但至多只能够在短期内抵御腐朽的侵蚀。加图能够拒绝同流合污，或者说凭借这股潮流在政治上叱咤风云，的确值得称道。同样意义深刻的还有他和反对党领袖双方僵持不下，并不能与对方一分高低。加图以及与他政见一致的同僚，在公民面前提出了详细诉讼，但对他个人的反诉一概无效，至少在重要的政治案件上的确如此。这段时期颁布的治安管理法数不胜数，尤其是禁止奢侈作风和推行节俭整肃的家政，其中包括我们下文要提到的国民经济，但是也没有产生多大的效力。

土地分配

间接抵制腐朽的蔓延，更加切中时弊，而当务之急毫无疑问是公地外新农场的分配问题。在第一次到第二次迦太基战争期间，大量公地被大规模划分，从第二次迦太基战争收尾时期到这段时期末端亦复如是。其中最重要的是罗马纪元522年即公元前232年盖乌斯·弗拉米尼乌斯分配庇森农的领地，罗马纪元560年即公元前194年新设立八处沿海殖民地，尤其是在罗马纪元536年（公元前218年）和罗马纪元565至577年即公元前189年至前177年，在亚平宁山和波河之间地区大规模殖民，建立起普拉森提亚、格里摩那[17]、博洛尼亚以及阿奎莱亚等拉丁殖民地，此外还有波滕提亚、庇塞隆、穆提那、巴马以及卢那等公民殖民地。这些难能可贵的建设绝大多数归功于改革派的努力。加图以及与他政见一致的同僚一方面以此指明经过汉尼拔战争之后，意大利备受摧残，农场数量以惊人的速度减少，意大利自由人口总数锐减；另一方面指出贵族在阿尔卑斯山的高卢、萨谟奈以及阿普利亚和布鲁提亚等地占据大量土地，连同其财产一并据为己有。虽然罗马的统治阶级可能并未完全采纳他的诉求，但不至于对这位深谋远虑的智者发出的提醒置若罔闻。

兵役制度改革

与以上性质类似的，还有加图在元老院中提议增加四百个骑兵员额以拯救公民骑兵的衰颓。国家财政部完全有能力落实，但是似乎出于贵族的独断专权，他们竭力将非骑士阶级的人排挤出公民骑兵队，因此加图的这一提议无疾而终。另一方面，由于战争形势紧急，罗马政府试图仿效东方从奴隶市场募集军队，所幸计划失败，于是被迫改革此前进入公民军队的资格要求，即至少拥有一万一千阿斯[18]（折合四十三英镑）财产，并且是自由出身的人才有资格进入公民军队。实际上除了拥有财产四千阿斯（折合十七英镑）至一千五百阿斯（折合六英镑）的自由人和所有被释奴在舰队服役外，在罗马兵团中服役的财产要求也降到了四千阿斯（折合十七英镑）。在必要时，按规定在舰队服役者以及拥有财产一千五百阿斯（折合六英镑）至三百七十五阿斯（折合一英镑十先令）的自由人都被编入公民陆军。这些新制度可能起源于前期末叶或本时期初，与塞尔维乌斯兵制改革同样并非源于党派运动，这一点毋庸置疑；但是新制极大地推动了民主党派的发展，因为担负着公民义务的人势必要求，并最终获得平等的公民权利。穷人和被释奴自为国服役开始，便具有一定影响力了。主要出于这个原因，引发了这个时期最重要的宪法改革——百夫队公民大会重组，这很可能发生于西西里战争结束的同年（罗马纪元513年即公元前241年）。

百夫队改革

按照百夫队公民大会历来的表决顺序，自由财产所有者——如阿皮乌斯·克劳狄乌斯改革前一样——不再是唯一拥有投票权的人，但富人仍然占据优势地位。骑士阶级，即贵族出身和平民出身兼有的贵族阶级先投票，而后级别最高者，即向监察官证明至少拥有十万阿斯（折合四百二十英镑）[19]财产的人再投票，如果双方意见一致，就可以决断每次投票的结果，其下的四个阶层表决权不一定有效；拥有财产低于最低标准一万一千阿斯（折合四十三英镑）的人，其投票权名存实亡。

按照新规定，骑士阶级虽然仍然自成一派，但是其优先表决权已经不复存在，通过抽签法从第一阶层中选出一个表决小组，将投票权转移给该小组。贵族的优先表决权重要性首屈一指，尤其是在贵族对公民的实际影响与日俱增的年代，这并非夸大其词。贵族阶级本身在这段时期仍然十分强大，贵族内部人员依然占据着依法对贵族和平民一致开放的第二执政官和第二监察官之职，第二执政官一职延续到本世纪末期（止于罗马纪元582年即公元前172年），第二监察官一职甚至在前者基础上延长了三十余年（止于罗马纪元623年即公元前131年）。实际上，在罗马共和国最为危急的时刻——坎尼之战后的生死存亡关头——身为贵族的保卢斯战死沙场，执政官一职因此出现空缺，平民出身的马塞鲁斯是一位在各方面都出类拔萃的军官，按照法定程序当选执政官，但是仅仅由于他的平民身份，选举结果被判定无效。同时，这一改革本身的性质也有意义深远的表征：只有贵族的优先投票权被剥夺，而最高等级仍然保有优先投票权。骑士百夫队的优先投票权被剥夺，并非移交给全体公民抽签随机选出的小组，而是被第一阶层专享。五个等级在总体上没有发生变化，可能只是在百夫队参与选举，进入兵团服役的最低财产要求因此从一万一千阿斯（折合四十三英镑）降至四千阿斯（折合十七英镑）。

此外，正式保留了前期的等级，但是男性成员数量总体上升，扩大投票权范围也饶有民主意味。选区的数量同样没有发生改变，但是我们也提到过，十八个骑士百夫队以及八十个第一阶层百夫队都是站在自己的利益立场上，在一百九十三个投票百夫队中占据绝对优势，改革后第一阶层的投票百夫队减少到七十个，在风云变幻之后至少第二阶层争取到了投票权。新选区和部族编制联系起来，此举意义更加深远，也是这场改革的核心要素。此前百夫队主要来源于各部族，属于某个部族的人必须经过某位监察官甄选进入百夫队。非自由财产所有者的公民此前被纳入部族，因此也被纳入百夫队，虽然他们被限制进入部族公民大会，但是可以正式进入百夫队公民大会，拥有和自由财产所有者的公民同样的权利。

监察官的仲裁特权可能与百夫队的组成存在关联，乡村部族的公民也被赋予百夫队公民大会中的优势地位。这种优势地位建立在合法的改革制度上，第一阶层的七十个百夫队，每一部族两个百夫队，因此非自由财产所有者的公民只占八个百夫队，同样其他四个阶层的优先投票权转交给自由财产所有者的公民。此前被释奴和自由出身者平等享有投票权，这一规则在此时遭到废弃，甚至拥有自由财产的被释奴都被分配到四个城市部族中。罗马纪元534年即公元前220年，改革派举足轻重的人物监察官盖乌斯·弗拉米尼乌斯将其废止，但是在五十年之后（罗马纪元585年即公元前169年），监察官提比略·森普罗尼乌斯·格拉古，即领导罗马革命的格拉古兄弟之父，重新加以严格施行。百夫队改革也许完全沿用了弗拉米尼乌斯的做法，是新兴反对派从贵族阶级争取到的首个重大宪法改革，也是民主政治本身取得的首次胜利。改革的着重点在于限制监察官的专制权力，同时一方面限制贵族势力，另一方面限制非自由财产拥有者和被释奴，按照此前利于部族公民大会的原则重组百夫队公民大会。与这一改革同时并举的还有将选举、立法、刑事控告以及一般需要公民协力完成的所有事务，自始至终放到部族公民大会中处理，百夫队体系繁杂，很少召集，只有在宪法规定必须或者至少是惯例情况下才会召集百夫队，比如在选举监察官、执政官和将军或者决议是否发动扩张战争时。

这样看来，这场改革并未给政制增添任何新的原理，而只是将长久以来支配公民大会——其举行更加频繁，也更加重要——运行原则加以广泛推行。改革的初衷是建立民主政治而非寡头政治，每个名副其实的革命政党都站在无产阶级和被释奴的立场上，依靠他们的大力支持，由此可以明确判定其性质。因此这种按照投票顺序进行的改革支配着公民大会，其实际意义不可太过高估。新选举法毫无疑问在理论上实现了公民平等，但是并不能防止，甚至无法在实际上牵制当时新的政治特权阶级的形成。当然旧闻存在着疏漏，但是我们无法按照政务进程指明这场众说纷纭的改革究竟带来了哪些实际影响，并非仅仅是因为旧有传闻的不完整。此外，这次改革赋予拥有投票权的公民平等的选举权，这与上述废止无选举权的罗马公社，将其渐渐并入具有正式公民权的公社，两者间存在着紧密的联系。进步党提出平等化思想，提倡消除中等阶级内部的差异，同时公民与非公民之间的鸿沟进一步深化和延伸。

改革种种努力之后的结果

纵观这段时期改革派的目标以及取得的成效，改革派无疑以其爱国激情和勤勉努力一定程度上制止了腐败的蔓延——尤其是农民阶层的衰落以及厉行节约古风的陵替——以及新贵族在政治上的独断专权。但是我们无法思量此举有任何更为深远的政治意义。群众的不满、上流阶级开明人士的愤懑无疑在反对党中适时强烈地表达出来，但是我们既看不到有人洞见问题的根源，也不见有制定全面的明确计划予以补救。所有的努力在其他方面都值得称赞，只是总体上目的不甚明确，保守派纯粹的排斥态度也预示了结局的惨淡。这一弊病是否能够依靠人力修缮，依然饱受争议。这一时期的罗马改革家似乎只是遵纪守法的公民，而非运筹帷幄的政治家，他们导演了旧市府主义和新世界主义的纷争，但是不够雷厉风行，且眼界狭小。

煽动群众

这一时期下层民众崛起，与公民分庭抗礼，同时也出现了迎合大众的煽动者与可敬可靠的反对派共存的局面。加图已经对以煽动为业的人了如指掌，他们惯于施政布道，就像那些嗜酒或嗜睡的人一样，如果无法利用其他方法找到自愿的听众，他们便雇人坐听布道。但是人们听其讲演，犹如听街市的吆喝叫卖，对演讲内容充耳不闻，即使需要帮助也不会将自己托付给他们来解救。这位老者以尖酸的口吻讽刺这些跳梁小丑效仿希腊市场演讲家，卖弄戏谑和词锋，唱歌跳舞，无所不为，在他看来，这种人除了在游行队伍中扮演小丑以及与公众唇枪舌剑外别无所长——会为了一块面包出卖言谈或者保持沉默。实际上这些群众煽动者是改革最大的敌人。当改革家处处注重整顿道德风气之时，煽动者却坚持主张限制政府权力，扩大公民的权利。

独裁制度的废除

实际废除独裁制是限制政府权力最重要的革新举措。独裁制从一开始就不得人心，罗马纪元537年即公元前217年，昆提斯·法比乌斯与深得民意的反对派引发危机，给独裁制致命一击。之后在罗马纪元538年即公元前216年，受坎尼战役的直接影响，罗马政府再次任命一名独裁者，赋予其统兵作战的实权，但是在相对和平的时期，却不敢冒天下之大不韪。此后也有几个相似的例子（最后一次是在罗马纪元552年即公元前202年），政府为处理市政事务任命独裁者，有时需要事先经过公民指明应该任命的人。虽然这一职位在形式上并未撤销，但是实际上名存实亡。罗马政制的结构并非浑然天成，由于废止独裁制，这种以同僚长官制为特色的政制便有失公正，政府原先独掌设立独裁者或停职执政官的权力，而且在平时也可以指定独裁者人选，此制废除，政府便失去了左膀右臂。自此以后，元老院宣称其有权在十分紧急的时期，尤其是突发叛乱或者战争时，将半独裁者的权力暂时移交最高官员，命他们"为共和国安危着想，慎重行事"，于是形成与近代戒严令相似的形势，元老院的这项权力实际上并不能完全代替独裁制。

公社选举祭司

与上述改革同期进行的还有对高级官职的任命及政府、行政和财政问题的改革，人民形式上的权力遭受重重危机。按照传统习俗，祭司团——尤其是在政治上至关重要的学士团——自行补充席位的空缺，如果该团体拥有领导人，便自行推举。实际上这种世世代代以传授神学为使命的机构，互选是唯一符合其精神的选举方式。因此下列一事虽然在政治上无足轻重，却足以表现共和制度的初步瓦解：此时（罗马纪元542年即公元前212年之前）通过选举进入该团体的程序依然照旧，但是团体内部领导人——族长和主教——的选任权却从团体转移至公社。然而罗马人在此事上以其固化的形式主义秉性，为了避免发生任何错误，仅仅让少数部族而非"人民"完成选举事宜。

公社干预战事和行政管理

更重要的在于军政和对外政策范围内的人员和事务问题，越来越多地受到公民的干涉。与此同类的还有前文提到的普通军官任免权由将军转移至公民手中，选举反对党领袖担任统帅对抗汉尼拔，罗马纪元537年即公元前217年颁布的违背宪法且不合情理的公民法令，致使不得人心的统帅与其受到追捧的副将分任最高统帅的职权，副将不仅在国内与元帅分庭抗礼，在军营中亦然。比如马塞鲁斯之类的军官，护民官向公民控诉他在战事处理上欠缺考虑且因公徇私（罗马纪元545年即公元前209年），马塞鲁斯甚至因此被迫离开军营回到首都，向公众证明自己的军事才能。更加臭名昭著的是试图不允许皮德那的战胜者以公民法令举行凯旋仪式，将非同寻常的执政官权力授予——当然经过元老院同意——没有官职的平民（罗马纪元544年即公元前210年），西庇阿挑战性地威胁，如果元老院不同意让他担任非洲统帅一职，他将寻求公民的支持认可（罗马纪元549年即公元前205年）。野心膨胀几近疯狂者企图违背政府的意愿，强迫公民无缘无故向罗德岛人宣战，又在新的宪法中增添一条新的公理：所有的国家条约只有经过人民的批复才能生效。

公社干预财政

公民在行政和统军两方面同时掌有权力，祸患无穷。但是更为严重的是，公民同时又干预国家财政，更是危机重重，不仅是因为单独管理国有财产是政府最古老、最重要的权力，任何对其发动的冲击都将会动摇元老院的根基，而且将这一生死攸关的权力——分配公共土地——交由公民大会掌握，这势必陷共和政体于危亡。让公民大会决定将公共财产无休无止地纳入私囊，不但不合情理，而且开启了覆灭的前兆。最为和善的公民因此道德沦丧，提出这项建议的人获得了与自由共和国水火不相容的权力。虽然分配公共土地本身大有裨益，元老院未主动分配侵占的土地，防止各方面的威胁引发危机，应该备受诘责，但是在罗马纪元522年即公元前232年，盖乌斯·弗拉米尼乌斯向公民提议分配庇森农的公地，最终结果是给共和国带来比预计的收益要多的损害。二百五十年前，斯布里乌斯·卡西乌斯肯定有过同样的提议，这两个议案在字面上大体相似，但是本质上截然不同，因为卡西乌斯提交的是带来深刻影响的议案，对象是一个仍然生机勃勃、自理政事的公社，而弗拉米尼乌斯却将国家问题提交给强盛帝国的公民大会审议。

公民大会的局限

执政党，甚至改革党也将军事、行政和财政看作是元老院的法定权力，公民大会注定在内部发生分裂，他们只能审慎避免充分利用公民大会的合法权力，而非扩大这一权力。甚至受到重重束缚的君主政体，赋予君主的权力也不像至高无上的罗马人民那样不名一文。从各方面看来，这固然存在缺憾，但是由于当时公民大会机构的状况如此，甚至在支持改革的人士看来，这是势所必然。因此加图及其政见一致的人从不将妨碍所谓狭义政府的问题交给公民，也从不直接或间接以公民法令勒令元老院按照他们的意愿施行政治和财政政策，例如对迦太基宣战并分配其土地。元老院的统治或许不无弊病，但是公民大会完全没有统治国家的能力。并不是说公民大会中大多数人心术不正，相反显耀人物的意见、对荣誉感的强烈要求以及对需求更强烈的呼声，照常在公民大会中得以采纳，因而避免了最有害、最不光彩的结局。马塞鲁斯在公民面前为自己辩护，公民撤销了对他的谴责和侮辱，并于次年选举马塞鲁斯为执政官。公民也同意听从对腓力发动战争的劝谏，选举保卢斯终结柏修斯战争，并为保卢斯举行实至名归的凯旋仪式。但是只有在某些特殊的刺激下，公民大会才有可能进行这样的选举，颁布这样的法令，一般来说，人民大众没有自己的主见，常常是随心而发，所下的决断或愚不可及，或出人意料。

政局动荡

在任何有机体中，一个无法再发挥机能的结构必定有害，国家亦然。至高无上的人民大会失去了法律效力，这带来不小的危险。元老院中的任何少数派依据宪法都可以在公民大会中控诉多数派。任何具有随心所欲游说未经点化者的个人，或者仅仅是挥金如土，便可以找门道谋得一官半职或者购得维护自己利益的法令，对此高级官员和政府受法律约束不得不退避三舍。因此产生了很多公民将领，他们习惯在酒馆的桌面上谋划战争的计策，凭借其无师自通的军事天赋，满怀同情雄视常规服役的将士，因此那些军官在首都以游说的把戏当选，每当形势恶化，他们随即全体缺席，因此引发特拉西美涅湖和坎尼这两大战役的失败，以及柏修斯战争令人汗颜的应对方式。政府被不计后果颁布的那些公民法令一步一步掣肘和腐化，我们不难想象，政府在最合情合理的问题上，受到的束缚和影响也就越多。

但是削弱政府权力和弱化公社本身都只是群众煽动者带来的相对较小的危险。个人的雄心壮志演变成轰轰烈烈的党争，在公民的宪法权利庇护下，更加肆无忌惮地往前推进。名义上依据国家最高权威的意志正式发布的法令，实际上仅仅是提议者的个人意愿。一个国家是炮火连天还是太平盛世，将领及其下属的任免，国库和公共财产，完全掌握在反复无常的群众以及随机产生的领袖手中，这样一个国家将会有怎样的命运？雷雨还未爆发，但乌云已经在层层集聚，闷热的空气中不时有雷声隆隆。此外，在目标和手段截然相反的情况下，某些显然相反的趋势汇合一处，带来的危险随之陡增。

家族政策和煽动主义以同等危险的方式，争相讨好奉承群众。下一代的政治家认为格拉古兄弟的改革——我们可以补充一句——和此后民主君主立宪的革命都源于盖乌斯·弗拉米尼乌斯开创的先河。普布利乌斯·西庇阿虽然为贵族树立了妄自尊大、追名逐利、招揽门客的风气，同时个人甚至于王朝的反元老院政策也在群众中寻求支持，并以其个人品质璀璨夺目迷惑群众，并且通过施赠粮食贿赂群众。他求助于罗马兵团，不择手段献媚取宠，尤其是借助依赖于他、不分高下的客民群体。这位伟大人物的魅力和缺陷大概都基于某种不切实际的神秘主义。他深信自己不过是罗马第一公民，并深信自己只愿意担当罗马第一公民，所以他永远无法摆脱这种信念，无法幡然醒悟，即使有所觉悟，也不够充分。

断言和否认改革的可能性都不免过于草率，毋庸置疑，国家机器的所有零件都亟待彻底修缮，但是任何一方面都没有被郑重其事地落实。当然在细枝末节上，深得人心的反对派作了种种改革努力，元老院亦复如是。双方中的大多数人仍然心怀善意，虽然彼此之间隔着一条无法逾越的鸿沟，但是仍然会联手共同铲除遗患深重的弊病。但是他们并未根除病源，良善之辈察闻洪水高涨的闷响汩汩而来，不由得忧心忡忡，筑堤拦坝已经是徒劳。他们仅仅自满于缓和局势，甚至在缓和局势上——尤其是至关重要的问题上，比如司法改良和土地分配——无法适逢其时、恰如其分，给后人留下了不少隐患。

在正当时节不犁田垦土，即使他们从未播种，野草也会肆意疯长。后世中对革命风波中幸存下来的人而言，汉尼拔战争之后的时代似乎是罗马的黄金时期，而加图则是罗马政治家的典范。实际上这是暴风雨前夕的沉寂，是庸人主政的年代，与英国的沃波尔主政时期异曲同工，但是罗马却没有查塔姆为已然停滞的民族发展注入新的活力。无论我们着眼于何处，罗马古老机体上都贲张着缝隙和裂口，有时可见匠人穿梭其间竭力修补，有时这些缝隙和裂口被撕扯和扩大，但是从未见何时何处有任何准备彻底重塑或改造的痕迹，存在悬念的不再是它是否会倾覆，而是它何时倾覆。在形式上，自西西里战争至第三次马其顿战争以及其后三十余年时间，罗马政体达到了前所未有的稳固状态，但政体的稳固并不是国家强健的表征，而是国家陷入困境的初期表现以及革命发生的预兆。

注释

[1] 托加袍，古罗马男子穿的宽松罩袍。——译者注
[2] 这些标志最初可能只属于贵族本身，也就是高等官员的同族子孙，但是按照

这种配饰的形式，经过相当一段时期之后，这种标志都被推广到更广的范围。金戒指就可以证明这一点：在五世纪，只有贵族阶级可以戴金戒指；六世纪，元老和元老之子都可以佩戴；七世纪，骑士阶级都可佩戴；到了帝国时期，所有自由人都可以佩戴。银饰物也是如此，第二次布匿战争时，这仍是贵族阶级独有的标志，斗篷的紫边也是这样，最初只有高官之子才被允许穿紫边的斗篷，之后推广到骑士之子，再推广到所有自由人之子，最后（早在第二次布匿战争），甚至推广到被解放者之子。短袄上的紫条可以证明是元老和骑士的标志，前者的紫条宽，后者的紫条窄。同样，盛符的金盒在第二次布匿战争时，仅被称为元老儿女的标志，到西塞罗时期，被称为骑士阶级的标志，卑贱等级的儿女只能用单符。

[3] 戴冠出外的权力只能靠军功获得，所以没有相当身份戴冠，和如今没有名义僭用军人勋章相似。

[4] 因此行使执政官权力的军事总督、刑事推事、护民官以及其他官职仍被排除在外。至于监察官一职，虽然也有高官席位，似乎并不属于高级官职，但是到了后来，只有具备执政官身份的人才能担任监察官，这个问题实际上无关紧要。平民市政官原来没有高官席位，但后来也算高级长官。

[5] 通行的说法认为单贵族的六个百人队骑兵就有一千二百名，因而骑士队兵力共计三千六百人，这种说法无法成立。用编年史学家所举例的倍数来决定骑士数目显然不足为信，但实际上这两种见解都有渊源，也有各自的解释。但是第一个数字没有根据，因为其仅见于西塞罗书中的第一段，即使支持这一种说法的人也承认这一段的错位。第二个数字也没有根据，因为在古典作家的书中并不能找到一丝例证。反之，我们先有未见于古书而在制度中显现的数目，和书中陈述的猜想不谋而合：因为一个百夫队的确有一百人，骑士百夫队原有三队，后来有六队，最后在塞尔维乌斯变法之后有十八队。

[6] 从执政官和市政官的纪年，我们可以明确看到罗马贵族阶级，尤其是世袭贵族的稳定性。

[7] 然而修路的费用或许大多由附近居民承担，征发人民服劳役的旧制度没有寿终正寝，地主手下的奴隶经常被征去修路。

[8] 意大利南部地区，首府那不勒斯。——译者注

[9] 意大利西南部古城，希腊在意大利最早的殖民地。——译者注

[10] 意大利南部一古城。——译者注

[11] 意大利北部一城市，以产干酪著称。——译者注

[12] 众所周知，在创立波滕提亚和庇骚隆两处市民殖民地时，鲁迪的恩尼乌斯从三巨头之一福尔维乌斯·诺比里奥尔获得公民权，按照惯例，采用诺比里奥尔姓氏。非公民被派去参加公民殖民地的创建，虽然他们经常要求获得罗马公民权，但在法律上却未能如愿，至少在这一时期是如此。但是每次建立殖民地，与之相关的人民法令有一条公民权规定，负责设立殖民地的长官应该

387

按规定将公民权赠予若干人。
[13] 意大利西西里岛东南部之一海港,公元前734年迦太基人建立的一座古城。——译者注
[14] 加图的农业论著,人尽皆知,原是论述关于维那弗鲁姆地方的一份产业,其中从法律角度讨论可能发生的诉讼,诉诸罗马的只有一个具体案件,即地主把冬季牧场租给一个牧羊人,便需要对付一位通常不住在本地的租户。由此我们可以推测:在一般情况下,与住在本地的人签订契约,就是在加图的时代,可能发生的诉讼案也不在罗马审判,而是提交本地的法官裁决。
[15] 建造竞技场一事的确存在。平民赛会的起源没有找到古代传闻,但是由于平民赛会在弗拉明竞技场举行,并且首次举行是在建成后的第四年,即罗马纪元538年(公元前216年),上文所述便有了充分的依据。
[16] 这种别号最早的实例,是罗马纪元491年即公元前263年执政官曼尼乌斯·瓦勒里乌斯·玛克西穆斯的别号,他曾征服梅萨,便以梅萨拉为别号。有人说罗马纪元401年即公元前353年的执政官也曾这样为自己取别号为Calenus,却成了错误。瓦勒里乌斯·玛克西穆斯的别号和法比乌斯氏的统一别号并非完全相同。
[17] 意大利北部之一城市。——译者注
[18] 古罗马的铜币;古罗马的重量单位,一阿斯等于一金衡量磅。——译者注
[19] 关于罗马估计公民财富的原始比率,很难给出更具体的信息。到了后来,人尽皆知的,十万阿斯被视为第一级最低的财富值,其他四级分别是第一级的四分之三、二分之一、四分之一、九分之一,至少大概是这样的比例。

第十二章

土地和资本经营

罗马经济

直到罗马建城的第六个世纪,我们才找到一些资料,在一定程度上证实了历史上各个事件之间的联系。也就是在这一时期,人们对罗马的经济状况有了更清楚的了解。在土地利用和资本管理方面,这一时期大规模农业开始形成,其采取的形式和规模此后也一直盛行。虽然我们无法确定,这样一种农业制度与过去的农业制度存在多大联系,多大程度上效仿了早期文明,尤其是腓尼基人的农牧耕作和投机买卖模式,多大程度上与资本积累和人们的智力发展有关,但大致了解这些经济联系有助于我们更准确理解罗马的内部历史。

罗马农牧业[1]分为农场耕作、草场放牧和小型租借地耕作。根据加图的描述，我们能非常清楚地了解农场耕作的情况。

农场耕作

即便是多数人看来面积较大的土地资产，实际面积也十分有限。据加图所述，这样的土地面积通常为二百四十尤格拉。当时人们常用的面积单位为"顷"，一顷相当于两百尤格拉。种植葡萄耗时费力，因此栽种葡萄树的单位面积更小，于是加图规定，每单位面积为一百尤格拉。任何人若想大规模投资农业，不会选择扩大现有的规模，而只能多购买土地。这一时期每人最多可拥有五百尤格拉的土地，在大家看来，这恰好是两到三处土地资产的面积之和。

农用土地

意大利的土地经营同罗马公有土地一样，世袭的租借地也不属于私有土地，并且只存在于尚未独立的民族。若是短期租佃，一些租赁者会支付固定金额的押金作为担保；一些租赁者会承担全部耕作所需费用，同时获取一定回报，通常为作物收成的一半[2]。短期租佃并非从未存在过，只是十分罕见，也是一个权宜之计。因此，意大利并没有一个明确的佃农阶级[3]。也正因如此，地主通常只监督所有土地上的耕作情况，偶尔露面确定耕作计划、监督计划实施并核对奴隶的工钱，而不会亲自进行严格管理。只是这样一来，一方面他们能同时兼顾几处土地运营；另一方面，只要情况允许，便可专心处理公共事务。

谷物栽培以斯佩尔特小麦（作饲料用）和一般食用小麦为主，伴有少量的大麦、粟、芜菁、小萝卜、大蒜和罂粟。除此之外，人们还会种植羽扇豆、豆角、豌豆、野豌豆以及其他豆类植物，用作牛羊的饲料。通常，人们都在秋天播种，只有遇到特殊情况才会改在春天播种。因为农作物生长需要经常灌溉，所以人们很早便开始利用暗沟排水。当地草原辽阔，草料充足，即便是在加图时期，人们也会经常灌溉草地。相比于谷物和蔬菜，橄榄和葡萄的经济价值更高，并且前两者需种在农作物之间，后两者则种在专门划分的葡萄园[4]里。人们有的种植果树，如无花果树、苹果树和梨树，有的种植多叶树木和灌木，这些树一部分经砍伐变成木材，一部分摘取树叶用作垫草或供牛羊食用。在意大利经济中，当时饲养牲畜的地位远低于现代，因为蔬菜是常见的食物，而餐桌上很少能见到肉食。如果餐桌上出现了肉食，也一定是猪肉或羊肉。尽管古人注意到农业和牲畜饲养之间的经济关联，特别是意识到了生产肥料的重要性，但直到现代人们才将谷物种植与牲畜饲养相结合，古时人们对这一做法还一无所知。

考虑到耕田离不开牛，人们开始饲养体格较大的牛。他们养牛并未设专有牧场，而是在整个夏天和大部分冬天的时间里，将牛关在牛棚里。等到农作物收割后留下整片麦茬，他们便将羊赶去那里放牧。加图规定，二百四十尤格拉的土地限放牧一百只。然而，地主往往更愿意在冬天将农场租给一个拥有大批羊的人，或将自己的羊群转租给他人，与其分享农产品，同时依照契约用一定数量的羔羊交换一定重量的芝士和牛奶。根据加图的安排，每一大块地产配有十个猪圈，猪、家禽和鸽子都养在农场里，平时人们还要喂养它们。如有需要，他们还会搭建一个小型野兔窝或挖一口鱼塘，起初这些数量较少，此后人们便开始大规模饲养野禽和鱼。

耕牛

田间农活需借助牛和驴来完成,牛主要用于犁田,驴主要用于运输肥料和推拉石磨。人们有时还会养一匹马,主要供主人使用。这些动物不由牧场饲养,而是通过购买而来,通常人们会将买来的牛和马进行阉割。加图规定,一百尤格拉的土地配一轭(两头)牛,二百四十尤格拉的土地配三轭牛。后来有一位名叫萨塞尔纳的作家,他在记录农业时规定两百尤格拉的土地配两轭牛。同时据加图估算,面积较小的农场需要三头驴,而较大农场则需要四头驴。

通常,农场上的人力劳动都由奴隶完成。奴隶由管家负责,此外,管家还负责农场日常收入开支、买卖、听取地主安排。地主不在时,管家还需发布命令、实施惩罚。在管家以下设有一位女管家,由她负责房屋、厨房、食物橱柜、养禽场和鸽舍这几个区域,另外统管一些农夫和一般农奴、一个驴夫、一个猪倌。若农场养羊的话,还应雇佣一个牧羊人。若耕作方式不同,农场人员规模也不相同。人们估算,一块两百尤格拉的耕地若无果园,需要两个农夫和六个农奴,而面积相当的耕地若带有两个果园则需要两个农夫和九个农奴;一块两百四十尤格拉的耕地若带有橄榄园并且养羊的话,则需要三个农夫、五个农奴和三个牧人。相比之下,葡萄园自然需要更多的人力,一块一百尤格拉的耕地若带有葡萄园,则需要一个农夫、十一个农奴和两个牧人打理。

与奴隶相比,管家更加自由。马哥在其论著中说道,管家可以结婚养子并拥有私有财产,并且在加图看来,管家应与女管家结婚,并且只有管家在表现良好的情况下,才能从主人那里获得自由。而除他以外,所有人都同住一所房子。同大型牲畜一样,奴隶并非从小就生活在农场,而是到了能够劳作的年纪由地主从奴隶市场购买。当他们年老体弱、无法继续劳作时,农场主又会将他们同其他没有价值的物品一起送回市场[5]。农场建筑应同时包括饲养牲畜的棚舍、储存农产品的仓库和供管家和奴隶居住的房屋。此外，农场内还经常建有专供农场主居住的乡间别墅。每个奴隶，甚至是管家自己的一切生活必需品都由专人代表农场主定期定量发放，他们只能靠这些生存。

这样一来，他们便能穿上从市场买来的衣服和鞋，只需常常缝补便可；每月还能领到一些小麦，不过得自己将它们磨成粉状；还有一些盐、橄榄或咸鱼，或作为他们食物和葡萄酒的佐料，或用来榨油。因每人工作量不同，他们获得必需品的量也有不同。以此为根据，管家比一般奴隶工作轻松，所以获得的必需品数量也比他们少。女管家需照看所有烘焙和烹饪事宜，所有人的饭菜都一样。通常，奴隶不会佩戴锁链，但若某个奴隶招致惩罚或他人认为他企图逃跑，他就必须戴上锁链干活，夜间还会被关在奴隶牢中[6]。

其他劳动力

通常，农场上的奴隶人数能够满足日常需要。若有特殊情况，相邻农场会借调各自的奴隶前来帮忙，按日计酬。同时，农场会雇佣外来工人劳作，但这类情况并不常见，只有在卫生状况十分差的地方，控制奴隶人数并代之雇佣工人对农场主才更为有利。而在农作物收获季节，农场平日劳作的奴隶人数就不够了。到了收谷割草的时候，农场会雇几人收割，他们没有工钱，常常能得到六至九分之一收割来的麦捆，若他们还负责脱粒，则能得到所有谷物的五分之一。每年都有大批翁布里亚工人前往列蒂的山谷，加入当地的农忙，一块收割。葡萄和橄榄的收割工作通常交由他人承包，承包人个人拥有一些奴隶并雇佣了一些自由工人，由他们完成果实的收摘和压榨工作,并将农产品上交给农场主[7],整个过程由地主指派专人监督。地主常常会将树上结的果实卖掉,把储存果实的工作留给买主。

制度的精神

整个制度充满了对资本势力的无畏态度,奴隶的地位与牲畜无异。一位古罗马作者在谈论农业时说道,一个好的监管人员一定不能对手下奴隶太过友好。只要奴隶和牛还能劳作,农场主便会供给他们生活,因为放任他们挨饿并不划算;一旦他们不能劳作,便会被当作破犁一样卖掉,因为继续留着他们也不划算。早期,宗教思想能减轻人们的痛苦,在勒令庆祝和休息的日子里,奴隶和耕牛便可休息。[8]加图和那些与他持有相同观点的人其态度最特别之处在于:他们在形式上反复强调人们应举办节日庆祝活动,现实中却避而不谈。通过这种宣传,这些天应当停止耕犁,而就其他未明令禁止的工作而言,奴隶则需不间断地工作。原则上,奴隶在任何情况下都没有活动自由,正如加图的某一格言所说,奴隶的生活除了干活便是睡觉。此外,联系奴隶与土地和地主之间的纽带,也从来不是人类的同情。法律条文赤裸裸地展现了这样丑陋的一面,它们限制这种关系,因此古罗马对任何美好结果也不抱有任何幻想。古罗马有句谚语:"有多少个奴隶,就有多少个敌人。"而经济学上也存在这样一条准则,认为人们应当鼓励而不是制止奴隶之间的纷争。同样,柏拉图、亚里士多德以及地主们的精神领袖——迦太基人马哥都曾告诫奴隶主,劝他们不要把来自同一民族的奴隶聚在一起,以防他们联合起来密谋造反。我们之前提到,罗马公社恰恰效仿了地主管理奴隶的方式,以此管理生活在"罗马乡村庄园"即首都以外地区的臣民。据史料记载，奴隶主管理奴隶的方式之后也成为世界上各执政国的新政治体制的模板。

而且，若我们的思想提升到几乎令人无从嫉妒那般高尚，除投入资本外其余经济因素一概不考虑，我们便无法否认对古罗马土地经营的赞美，赞美它的首尾一致、充满活力、节俭朴素。加图笔下的理想管家形象是同一时期农夫的真实体现。在田间，他最早起床却最晚休息；对手下奴隶管理严格，对自己也严格自律，尤其知道如何令女管家遵守秩序，同时照看雇佣工人和牲畜，尤其是拉犁的牛；他凡事亲力亲为，但总是充满活力，不知疲倦；他一直待在家中，从不参与借贷，不举办宴会，专注于对土地神的崇拜，而他又与其他奴隶无异，因为只有主人才能祭祀神灵和逝者；最重要的是他态度温和，谨遵主人的命令，忠心耿耿，小心谨慎。

在别的地方，据说一个人若购买自己田里种出的农产品，他便不是一个好农夫；若天气晴朗，作为一家之主的父亲若把借着烛光能完成的工作留到白天再做，他便不是一个好父亲；若在假期能完成的工作留到工作日做则更糟；但最糟糕的是，天气晴好时他不做室外工作而是忙于室内工作。人们对广施化肥的耕作方法拥有独特的热情，同时也制定了一些黄金法则，例如地主将土地分给奴隶劳作并非让他们擦洗打扫，而是播种收割，因此农夫首先应该种植葡萄和橄榄，只有后来不再年轻了，才会自己建一座乡间庄园。整个制度有点粗野，它并未采取理性的方式研究事情的因果，而是采纳了乡间广为流传的经验。但是有资料证明，人们曾争取借鉴他人经验并侵占外邦农作物，例如，在加图整理的果树名录上我们能发现古希腊、非洲和西班牙三地的物种。

小农耕作

与农场式农业仅有或主要的不同之处在于,小农耕作规模更小。小农耕作中,地主和他的孩子或同奴隶一起劳作,或代替奴隶自行劳作。牲畜的数量减少,当庄园无法支付购买耕犁以及拉犁的耕牛费用时,便会用锄头替代。人们很少栽种橄榄和葡萄,甚至几乎不种。

在罗马周边地区及任何高食物消耗量(人口密集)的城镇,当地居民都小心灌溉着花园和菜园。在某种程度上,这很像我们在拿波里附近地区所见到的情形。同时,这些园子也带来了丰厚的利润。

畜牧业

畜牧业经营规模远大于农业。在任何情况下,用于放牧的土地面积必然远远大于耕地,其面积最少为八百尤格拉,为了便于发展,面积几乎可以无限扩大。在气候方面,意大利夏季山间牧场与冬季平原牧场两地互补,那一时期同如今一样,大部分地区的居民会在春季将牛羊沿着同一路径从阿普利亚赶往萨莫奈,等到了冬天又把它们从萨莫奈赶回阿普利亚。然而,正如上文所说,冬季牧场不仅包括所有留作此用的牧场,还包括部分布满麦茬的草场。人们饲养马匹、公牛、驴子和骡子,主要供地主、搬运工、士兵等人所用,此外还成群饲养猪和羊。大多数人习惯穿羊毛衣物,这也使得养羊业更为独立并获得了更大的发展。牲畜饲养实际由奴隶操作,其总体上与耕地经营类似,领头的牲畜地位与管家一致。整个夏天,牧羊的奴隶大部分时间都住在室外,常常住在离住所几英里之外的棚屋和羊圈里。因此,这样的工作需选定最强壮的人才能完成,并且有必要为他们提供马匹和武器,给予他们比耕地奴隶更大的行动自由。

与海外粮食竞争的结果

为了估算这种耕作制度所能带来的经济利益,我们必须考虑物价情况,尤其是这一时期的粮食价格。一般说来,粮食价格都极低,这在很大程度上应当归咎于罗马政府。在这一重要问题上,与其说是因为政府目光短浅,不如说是因为他们那令人无法容忍的不公正态度,想偏袒首都的无产阶级而牺牲意大利农民的利益,才最终导致了粮食价格居低不上。而这里最主要的问题在于海外粮食和意大利本土粮食之间存在竞争关系。地方人民将收获的粮食上交给政府,有时不收取费用,有时政府会适当作出一些补偿,政府将部分粮食用于罗马官吏和军队的日常生活,另一部分分给缴纳什一税的承租人,但他们必须支付一定数额的费用或承诺将一定数量的粮食运往罗马以及其他需要粮食的地方。自第二次马其顿战争爆发后,古罗马军队日常粮食一律采自海外,尽管这样做对国库有利,但它切断了意大利农民销售农作物的一个重要市场。然而,这还只是它带来的危害中最微不足道的部分。政府长久以来监管粮食价格,这也合情合理,一旦有饥荒的威胁,它便会适时在海外购买粮食进行防范。而如今,人们每年向政府上交了大批粮食,甚至多过和平时期所需粮食的总量,并且政府有机会以低价几乎无限量地买进他国粮食,这时政府自然屈服于这一诱惑,首都市场因而粮食供过于求,政府只得以极低价格抛售。无论是粮价本身,还是与意大利粮价相比,这种抛售价格都是毁灭性的。在罗马建城的罗马纪元551年至554年(即公元前203年至前200年)间,最初在西庇阿的建议下,六莫迪[9]西班牙和非洲的小麦以二十四甚至十二阿斯[10](即一先令八便士或十便士）的价格公开卖给罗马公民。数年以后，也就是罗马建城的第558年即公元前196年，西西里二十四万蒲式耳[11]的谷物都以之后那种虚假的价格分给首都人民。加图猛烈抨击了这项目光短浅的举措，但也是徒劳。在群众的煽动作用下，政府和个别地方行政长官以低于市价的价格将粮食分给人民，尽管这一举措不同寻常，但想必经常发生，也因此成为后期谷物法的萌芽。然而在海外，粮食并未通过这一特别方式销售，但它还是对意大利农业造成了冲击。一般情况下，国家以低价收购粮食，从而以低于成本的价格转卖给缴纳什一税的承租人，在各个地方，尤其是西西里地区，由于当地土质肥沃并实行迦太基式的大规模农业和奴隶制度，谷物的生产价格总体上远远低于意大利水平。但是，相较于将粮食从伊特鲁里亚、坎帕尼亚甚至是意大利北部运往拉丁姆地区的运费，将西西里岛和撒丁岛的粮食运往那儿的运费如果不能更低，至少还是一样便宜。依照这一趋势，海外粮食自然只能运往半岛，半岛地区粮食价格也随之降低。令人惋惜的奴隶劳工制度造成粮价反常失调，在这种情况下，若为了维护意大利农民利益而向海外粮食征税，大概也是正当合理的。但事态的发展似乎恰恰与之相反，并且地方为了促进海外粮食进口，还制定了一项禁令。因为尽管罗德岛人享有特权，可以从西西里岛出口一些粮食，但一般说来，地方粮食输出只有运往意大利才能免去运费，而为了母国的利益海外粮食也因此遭到垄断。

意大利粮食价格

这一制度带来的影响显而易见。在罗马建城的504年即公元前250年，农作物获得了极大丰收，罗马首都人民花费不过五分之三个第纳尔[12]便能买到六莫迪（相当于 1.5 布什）斯佩耳特小麦，以同样的价格还能购买一百八十磅（一磅等于十一盎司）晒干的无花果、六十磅油、七十二磅肉或六康吉斯[13]（congii）葡萄酒。因为丰年的粮食价格属特殊情况，所以不予考虑。但就这一问题，用其他例子说明更为清晰。即便是在加图执政时期，西西里就已被称为罗马谷仓。农作物多产的年份里，意大利各港口都在售卖产自西西里岛和撒丁岛的谷物，以运费作为售价。波利比乌斯时，在整个半岛谷物产量最高的地区，即现代的罗马涅和伦巴第区，旅馆的食宿费用平均每天为半个阿斯（相当于三分之一个便士），1.5 蒲式耳的小麦平均售价为半个第纳尔（即四便士），而后者的平均价格仅为其他地区正常售价的十二分之一[14]。这也明确了一点，那就是意大利生产粮食的人缺乏粮食销售市场，因此导致当地谷物和种植谷物的土地几乎毫无价值。

古罗马的农业变革

对于一个以工业见长的国家而言，其农业发展不足以供养本国人民，或许人们会认为这种结果实则有益，至少它并非百害而无一利。而意大利这个国家，工业的发展不值一提，农业才是整个国家的支柱，但却遭到这样有组织的打击。首都地区农作物产量低，供不应求，所以对当地人来说面包价格越低越好，而仅仅为了这群人的利益，意大利竟以极为羞愧的方式牺牲了整个民族的利益。这也最能体现宪法的缺陷，以及所谓罗马共和国的黄金时代行政部门的无能。任何代议制度，无论多么不完善，至少都会招致人们的抱怨并暴露本身的弊端。但在那些基层公民大会中，人们应当倾听各方声音，以免受到擅长预言的爱国人士发出警告的影响。任何一个名副其实的政府都会自行干涉，但罗马元老院的众位元老善良轻信，认为粮食售价低对人们来说是真正的幸福，并且西庇阿兄弟和弗拉明兄弟的确有更重要的事要做，那就是解放希腊人并行使共和国的职能。因此，这艘船径直驶向了迎面拍打的白浪。

农民阶级的没落

当小块土地无法保证任何确切的可观产量时，农民便会一蹶不振，随着受挫加深，他们逐渐抛弃了共和国早期的良好品格以及节俭习惯，只是这个过程比其他阶级进展缓慢一些。随着意大利地主不断从农民手中购买或农民自愿放弃小块土地，它们最终并入规模更大的土地，而这一过程终究会完成，只是时间的问题。

油和葡萄酒的制作以及牲畜饲养

相较于农民，地主能更好保存自身的实力。地主不再依照过去的制度将土地租借给小型临时租户，而是按照新的制度将土地交由奴隶耕种，因而其粮食生产价格会低于农民。于是，在早期不接受这一模式的地方，受西西里岛奴隶种植粮食带来的竞争压力所迫，意大利的地主也采取了同样的模式，并将工作分配给无妻无子的奴隶而非携有家眷的自由劳工。此外，地主能通过改进或转变耕种方法在竞争中立于不败之地，哪怕土地所获收益比农民少也感到满足，而农民缺乏资本和智慧，所拥有的只不过是生存的一些必需品。所以相对来说，罗马地主忽视了谷物种植，在许多地区谷物数量仅限于所需劳工的数量[15]，并愈发关注油和葡萄酒的制作以及牲畜饲养。意大利的气候条件十分有利，人们无需惧怕来自国外的竞争。意大利的葡萄酒、橄榄油和羊毛不仅占领了整个国内市场，而且很快被运往国外。波河河谷地带所产的谷物无人购买，却为半个意大利的大片区域供应猪和腌制猪肉。就古罗马畜牧业的经济效益而言，我们拥有的旧时资料所记载的与现实情况非常吻合。我们有充分理由假定，土地投资资本大致可获利百分之六，这一比率与同一时期平均资本利率相符，而后者是前者的两倍之多。而总体来说，牲畜饲养相较于耕种业获利更多，耕种业中葡萄园获利最丰，其次才是蔬菜园和橄榄园，而草地和谷地获利最少[16]。

当然，我们都会假设，每类作物的耕种都具备适宜的条件和适合生长的土壤。而这些作物足以运用大规模耕作模式逐渐取代小农耕作模式，人们也难以通过立法抵制它们。后文中将提到《克劳狄安法》（罗马纪元536年即公元前218年）所产生的恶劣影响，该法案禁止元老院成员参与商业投机活动，因此人为强迫他们将大部分资本主要投入土地，换句话说，就是用土地管家管理的农庄和供牲畜放牧的牧场代替农民的旧式家宅。此外，虽然对国家而言，畜牧业的弊端远大于农业，但在特殊情况下畜牧业发展仍更为有利。首先，这种从土地获得利润的形式，是唯一需在实践中大规模投入并获得丰硕回报的形式，也是唯一代表大部分资本流向并体现这一时期资本家态度的形式。尽管正在耕种的土地不需要主人一直在场，只需他经常亲临现场便可，但现实不太容许他扩大土地规模，或是毫无限制地增加土地数量。同时，供放牧的土地允许对其进行无限制的扩张，并且主人不需太过关注。正因为这个原因，哪怕需承担一定经济损失，人们仍着手将优质耕田转变成了牧场，但这一做法遭到法律（相关法律制定时期不明，大概就在这一时期）禁止，也少有成功。占用登记在册的土地有利于畜牧业的发展，因为通常这类土地所占比重较大，所以这一制度几乎只诞生大型农庄。不仅如此，而且这些土地的使用权可由国家任意收回并不受法律保障，因此土地使用者们害怕投入大笔资金耕种，例如种植葡萄或橄榄。最终，这些土地大多变成了牧场。

货币管理

谈及罗马经济，因为缺少古时流传下来的有关专著，并且经济在本质上比农牧业更复杂多样，所以我们无法同样作出概括。而就能够确定的部分而言，与其说经济原理，不如说农牧业原理更像是罗马人的特有财富。相反，经济原理是一切古代文明的共同遗产，无论在古代还是现代，各地都进行了大规模实践。在货币问题上，古希腊人最早建立商业制度，最后不过被古罗马人所采纳。虽然整个制度制定十分严密，具体操作规模巨大，颇具罗马特色，所以罗马经济的精神内涵和壮观景象，无论其影响好坏，在货币交易中都极其引人注目。

货币借贷

古罗马的货币经济起于货币借贷。与任何商贸行业分支相比，专业放贷人以及货币兑换商人或银行家所从事的行业都更受罗马人青睐。一种高度发达的货币经济体现在，在大笔货币交易中，身为中间人的银行家代替个人资本家收取费用，并为顾客收支款项、投资放款并代为进行国内外金钱交易。而早在加图时期，这一做法已完全应用于实践。然而，银行家不但充当了富人的出纳，而且处处钻营小型业务并搬入人口不断增长的地区及附属国。可以说，自此，帝国境内向需要钱的人群放款这一行业开始由罗马人垄断。

承包人的投机买卖

与之密切相关的是，企业遍布各地。同时，罗马盛行一种交易制度，即全程通过中间机构进行交易。为供应日常补给和修筑公共建筑，国家需征收各种税目并订立许多合约，而它将这些事务承包给个别资本家或资本家协会，双方达成条件，各自收取或支付一定费用。同样，个人也可签订合约承包一切合约容许完成的业务，例如建筑施工、收割庄稼，甚至是为继承人分割遗产以及农庄破产清算。农庄破产清算时，承包人通常为一位银行家，他一方面接收所有资产，另一方面偿还全额或部分债务，最后根据情况需要支付余款。

商品手工业

上文已在适当之处提到，早期海外贸易在罗马国民经济中担当了重要角色。在罗马金融体系中，意大利关税日益重要，这也证实这一时期海外贸易获得了进一步发展。至于海外贸易日益重要的原因，我们无需解释，除此之外，占据统治地位的意大利民族在地方拥有特权，而且这时许多附属国都依据条约豁免了罗马人和拉丁人的关税，因而也促进了海外贸易的发展。

另一方面，工业仍旧比较落后。手工业必不可少，并且有迹象表明，在某种程度上罗马城曾是手工业的发展中心，例如，加图建议坎帕尼亚的地主在罗马购买所需的奴隶、衣服鞋子、耕犁、酿酒大桶和锁具。羊毛织品十分畅销,由此来看,织布业无疑分布范围很广,获利也颇丰[17]。但显然,罗马人并未试图将埃及和叙利亚的这些技术行业引进意大利,甚至也未尝试利用意大利资本在海外经营。意大利当地种有亚麻并能研制紫色染料,而至少后者这一工艺原本来自希腊城邦他林敦,并且这一时期,各地引进的埃及亚麻织品、米利都或提尔的紫色染料都颇受人们青睐,远胜过意大利本土工艺制品。

然而,罗马资本家为了大规模种植谷物和饲养牲畜,在意大利境外出租或购买土地,在某种程度上也应归为此类。大概在我们讨论的这一时期内,这类买卖开始兴起,尤以西西里岛为盛,之后在市场上占据极大比例。鉴于西西里人所受的商业限制,即便不是为了赋予不受商业限制的罗马商人独揽土地营利之权的目的,也至少意图如此。

奴隶买卖事宜

所有这些行业的工作一律由奴隶完成。在其经营范围内,放贷者和银行家各自新增账房和分行,由奴隶指导运营。企业一旦承包了国家的关税业务,大多会指派奴隶和被释奴在每一海关征收税款。若企业签订了建筑合约,则需购买擅长建筑的奴隶;若企业承诺呈现精彩表演或武士决斗,则需分别购买或训练好一批精通表演的奴隶或熟悉角斗的奴隶。商人用船只进口货物,交由奴隶或释放奴看管,又以相同的办法将货物零售或成批销售。更不消说,矿山和工厂的一切工作也都由奴隶完成。毫无疑问,这些奴隶的境况处处不及希腊的奴隶,实在令人无从羡慕。但若我们不考虑上述提到的那些奴隶,总体说来这些从事工业的奴隶的生活条件仍优于农奴。在他们当中，成家的奴隶更为常见，都有各自的家属，不久的将来便能获得自由并拥有私人财产。因此，对于那些由奴隶阶级转变成暴发户的人来说，这些职位成为了他们的实际培训场所，他们拥有奴隶的美德，也常常暴露身为奴隶的恶习，最终跻身成为罗马公民，往往获得巨额财富。而至于罗马共和国的毁灭，他们至少在道德、经济和政治三个方面与奴隶犯下了同样多的罪恶。

这一时期，罗马的商品交易与政治力量完全同步发展，并且两者规模不相上下。任何人若想清楚了解与其他地区的商贸情况，只需研究这一时期的罗马文学，尤其是喜剧便可。从中我们可以发现，舞台上腓尼基人说本族语言，对话中充斥着希腊语和夹杂着希腊语的字句。通过研究钱币以及货币关系，我们才能最清楚地了解罗马商业交易的广度及热度。罗马银币第纳尔，起于古罗马军团建成之时。上文提到，罗马纪元542年即公元前212年的叙拉古铸币厂到最后只剩下西西里的几家铸币厂，在被罗马政府占据以后，这些造币厂也不得不关闭或只能铸造小额钱币。因此在西西里岛和撒丁岛，第纳里银币至少能同旧时银质流通货币一样得以合法流通，并很快成为唯一的法定货币。

西班牙当地有大型银矿，并且早期并未有统一的国家铸币，因此罗马银币即便不能提前，至少还是在同一时期传到了西班牙。因此，西班牙城镇早期便依照罗马规格铸造钱币。总体看来，迦太基铸币规模十分有限，除去西地中海地区的罗马铸币厂，以及马西利亚的铸币厂，也许还有伊利里亚境内阿波罗尼亚和底拉西乌姆两地希腊人所建的铸币厂以外，这里没有一个大型铸币厂。因此，当罗马人最初征服波河地区时，这一地区的铸币厂采用的都是罗马标准。尽管它们仍保留铸造银币的权利，但它们，特别是马西利亚铸币厂，必须一律将本地区的德拉克马的重量统一为罗马第纳里的四分之三。第纳里是罗马政府最早铸造的货币，名为"胜利币"，上刻有胜利女神像，主要用于意大利内陆地区。

这一新型币制以罗马标准为基础，不仅在马西利亚、意大利内陆和伊利里亚地区盛行，而且这些钱币甚至流通到了北边的荒蛮之地，例如马西利亚的钱币沿着罗纳河流域进入阿尔卑斯地区，伊利里亚的钱币远及现今的特兰西瓦尼亚地区。因为地中海的东半部地区尚未归罗马直接统治，所以罗马钱币并未在当地流通，而黄金代替它们成为国际和海外贸易的天然中介。的确，罗马政府极其保守，除了在汉尼拔战争时期因财政拮据短期造过金币以外，他们一直以来坚持在本民族和意大利地区只铸造铜币和银币。然而随着贸易的发展，在没有货币的情况下，人们已然可以通过称量黄金重量来进行交易。罗马纪元597年即公元前157年，罗马国库的现金当中，银币和未铸造的银块仅占六分之一，其余六分之五全为金条[18]。并且毫无疑问，在罗马大资本家的钱柜中，我们发现贵重金属的比例也大致相同。因此，黄金在大型交易中占据首要地位，并由此可以推测，通常在与他国，尤其是东方国家进行的交易中，罗马占据贸易优势，因为自菲利普[19]和亚历山大大帝时代起，东方国家一直采用黄金货币。

罗马富人

罗马资本家从大量交易中赚取的所有利润，最终都将流向罗马。因为尽管他们经常出国，但极少在别国定居，一旦回到罗马，他们便将变卖的获利投资意大利，或是继续利用已有的资本和贸易关系，以罗马为中心继续经营。与其他文明地区相比，罗马在经济上更占优势，并且完全不亚于其在政治和军事上的优势。在这一方面，罗马与其他国家之间的关系和当今英国与欧洲大陆之间的关系有些相似，例如一个希腊人谈论西庇阿·阿利坎努斯的弟弟时说道，"就罗马人而言"，他不够富有。究竟在那一时期罗马富人的标准如何，从下列事实中我们能有所了解：保卢斯拥有市值六十塔兰特（折合一万四千英镑）的土地，但他仍不算富有的元老；而人们认为，一份价值五十塔兰特（折合一万二千英镑）的嫁妆才能匹配贵族少女的身份，正如西庇阿·阿利坎努斯哥哥所收到的其女儿嫁妆那般；而这一时期最富有的希腊人所拥有的田产其价值也不超过三百塔兰特（折合七万二千英镑）。

商业精神

因此，无疑整个民族都崇尚商业精神，或因为这在罗马并不新奇，所以资本主义精神渗透进了生活的各个方面和各个阶层，而农业和国家政府也开始列入资本家的计划。同时，财富的保留和增长也形成公共及私人道德中非常重要的一部分。加图在写给儿子的实践指导中说道："寡妇的土地应当进行削减，而男子必须增加财富，若他死时，其账簿表明他所赚取的财富多于继承的遗产，则他理应得到赞赏并充满神圣的精神。"所以，一旦双方存在互相给予关系，每一项交易即便未通过任何正式手续，仍被视为合法。但出于必要，如若法律规定权利受到侵害的一方不具备诉讼权，那么无论如何依照商业惯例和司法习惯也应保留他们该项权利[20]。但对于赠送礼物的承诺，若缺乏适当形式，在法理和实践中均无法律效力。在罗马，波利比乌斯告诉我们，若非必要，任何人不会给予；若非到期，任何人都不愿支付一个便士，哪怕在近亲间也是如此。甚至立法也应屈服于商业道德，认为一切没有报酬的给予都是浪费。这一时期，赠送礼物、授予遗产和提供担保均受公民法的限制，同时遗产若不归最近亲属所有，则必须缴税。与这一观点密切相关的是，生活中随处可见商人的守时、诚实和受人尊敬的品质。每一位普通人出于道德，都应备有一本收支账簿，相应地，每一座充满秩序的房屋都设有独立的账房，而任何人都应小心，在离世前就应立好遗嘱。加图称他生平有三件憾事，一直没立遗嘱便是其中之一。

依照罗马惯例，人们普遍认为这些家庭账簿能作为法庭有效证据，商人的收支总账也是如此。名誉清白的人所作证词无论对其有利与无利，均被视为有效。若两个个性正直的人发生争执，最常见的解决方式便是由一方要求发誓，另一方对其发誓，同时这一方式还具有法律效用。当缺乏证据时，陪审团可以引用一项传统规则，即当声誉清白一方与声誉较劣一方对立时，判决利于前者，只有当双方声誉相当时，判决才会利于被告方[21]。任何值得尊重的人都不应以提供个人服务为由收取报酬，随着这一规则执行日益严格，罗马人注重声誉的传统日益明显。因此，地方法官、军官、陪审员和通常所有富有声望担当公职的群体都承担了一定的公共职能，对所提供的服务不收取任何报酬，至多要求补偿个人花费。不仅如此，熟人之间互相提供服务，例如提供保障、诉讼陈词、监护看管、租借无疑出租物品的所有权以及一般情况下的企业运营和业务办理，都遵循同一原则，所以人们因上述服务收取报酬是不合理的，即便早有约定作出补偿，他们也无权提出诉讼。

这一时期，罗马人民用货币支付和法律诉讼代替了决斗甚至是政治决斗，我们也许由此便能最清楚地了解罗马民众完全转变成为商人这一过程。若想解决个人荣誉问题，最常见的方式是，冒犯的一方和被冒犯的一方就冒犯性言辞的真假性打赌，由此提出诉讼，将事实问题以法律的形式提交给陪审团。对于这样一个赌注，这两方的接受度正如当今人们对决斗的接受度一样，虽然法律不设限制，不过关系到荣誉问题，通常人们只能接受。

商业协会

商业精神所体现的强度只有商人才能体会,其最重要的结果之一是协会数量异常增多。上文多次提到罗马政府通过中介进行交易,而这一制度极大促进了这些协会的发展。从交易规模来看,罗马寻求更大的保障,联盟自然也一定不可或缺,所以资本家们不应以个人身份,而应互相合作完成这些租约和合同。一切大额交易都依照这些国家合同拟定。协会制度的特色十分鲜明,我们也能在罗马发现协会存在的痕迹[22],例如互相竞争的几家企业会为了形成统一的垄断价格而进行联合。特别是海外贸易和其他类似伴随巨大风险的行业当中,合伙制度得到非常广泛的应用,以至于几乎取代了古时不为人知的保险行业。

航海贷款最为常见,在近代被称为"船舶抵押贷款",通过这样一种贷款,船舶和所载货物的主人以及所有为航程投资的资本家们各按比例分担海外贸易的风险和利润。尽管如此,罗马经济的基本规则是,一人应采取合作经营开辟多项业务,各占小股,而不是独立经营。加图建议,资本家们不应用个人钱财只装备一艘船,而应同其他四十九位资本家一同装备五十艘船,并收取每艘船盈利的十五分之一。因此,经营变得更为复杂,罗马商人工作守时并利用奴隶和释放奴进行经营,从而克服了这一难题。而就纯粹资本家的观点来看,这种经营制度远比账房制度更为可取。于是,这些商业公司凭借着大量分支,大大影响了每个富有名望的罗马人的经济情况。据波利比乌斯所言,罗马富人几乎都会以公开或匿名的身份借贷国库税收,更何况几乎每人必然会将大部分资本投资于商业协会。

所有的这些为罗马持续繁荣奠定了基础,而相较于罗马的繁荣程度,其繁荣时期之长更为引人注意。许多大型部落历经多个世纪仍屹立不倒,而这一特殊现象早已吸引了我们的注意,同时也为我们解答了为何部落成员会用那稍显狭隘却又固定不变的原则管理个人商业财产。

富有贵族

正因为罗马经济偏重资本,所以人们无法避免单一资本主义经济所带来的弊端。罗马经济既偏重资本,所以不免有那与纯粹资本主义经济不可分离的弊病。

早期随着贵族统治阶级的兴起,后又因为社会贫富阶级之间的差异日益明显,公民平等接连受到了两次毁灭性打击。而上文我们提到的一条规则能最大程度扩大一般民众之间的贫富差距,即人们以收取工作报酬为耻,虽看似无关紧要,实际上却将资本家的最自大傲慢的一面体现得淋漓尽致。自此,在一般按日计酬的散工和手工艺人与受人尊敬的地主和制造商之间、士兵和低级军官与军事保民官之间、书记员和信使与行政长官之间建起了一道隔墙。而在上层阶级当中,弗拉米尼乌斯提出了克劳狄安法(罗马纪元536年即公元前218年以前),禁止元老与其儿子(除运输土地所产粮食用途以外)购买航海船只,大概也不允许他们签订公共合同。总而言之,该法案禁止他们从事任何罗马人所说的"投机买卖"[23]。的确,这一法案的制定并非出于元老的建议,相反,它是由民主反对派促成的。面对统治阶级成员亲身参与政府间交易的局面,民主反对派最初只是希望通过该法案阻止这样罪恶的行为。此外,这类情况下的资本家从此经常与民主派共同参与,在将元老排除在外的同时,抓住机会减少竞争。当然,前一个目标完成得并不理想,因为合股制为元老提供了充足条件,供他们继续暗中进行投机买卖。但这个人民法案划定了一条法律界限,区别了经商贵族和从不经商或至少不公开经商的贵族，并在最初政治贵族的基础上，新增了纯粹富有的贵族群体，即后世人们所称的骑士阶级。在随后一个世纪的历史当中，骑士阶级和元老阶级的竞争无处不在。

偏重资本的另一深远结果是，整个国民经济中最贫瘠和生产效率最低的行业却最受重视，两者并不成比例。工业本应占据最重要地位，实际上却最不受关注。商业繁荣，但普遍是被动参与或进口，而非出口。甚至在北部边境，罗马人可以用货物换取奴隶，在凯尔特甚至在日耳曼地区，他们购买大量奴隶运往阿里米努姆[24]和意大利北部的其他地区。并且至少早在罗马纪元523年即公元前231年时，罗马政府就禁止向凯尔特境内出口银币。所以，在与希腊、叙利亚、埃及、普兰尼和迦太基的交往中，贸易差额必然对意大利不利。罗马开始成为地中海各城邦的中心，意大利成为罗马的边缘地带。而罗马人没有别的愿望，至于罗马与其他中心城邦一样，只能被动进行贸易，罗马人对此非常漠不关心。实际上，他们有足够的钱购买任何必需或不需的物品。另一方面，所有行业当中，货币交易和征税业效率最低，却是罗马经济的真正支柱和重中之重。最后，经济中所包含的保证富裕中产阶级以及足够下层阶级生存的产量要素，或许至多也只能使令人烦恼的自由人阶级日益庞大。

资本家和公众舆论

但最重要的是，纯粹的资本主义经济存在一种根深蒂固的弊端，就是道德败坏，它能吞噬整个社会乃至共和国的灵魂，以一种完全自私的态度代替人们内心的仁慈和爱国心理。民族进步人士敏锐察觉到隐藏在投机买卖当中腐败的萌芽，对于职业放债人这一行当，引发了大众出于本能的愤怒和满怀好意的政治家的不满。职业放债人过去一直受到刑法的抵制，即便现在就法律条文而言，仍应受到惩罚。在这一时期的一部喜剧当中，放债人得知其所属的阶级和妓女无异。如下文台词所言：

> 在我看来，妓女和你们放债人完全一样；
> 他们暗地里卖身，而你们公开卖身。
> 他们通过妓院，你们通过利息，一同剥削民众。
> 为了限制你们，人们已颁布不少法律；
> 而你们一再触犯法律，却总有办法脱身。
> 对你们来说，这些法律只是凉掉的热水。

相比喜剧，改革领袖加图在表达自身观点时更为强烈。在农业专著的序言上他写道："贷款给他人并收取利息具有许多优点，但有损声誉。我们的祖先在法律中规定，盗贼须赔偿两倍所盗金额，而放债收取利息的人须支付四倍偿金。由此我们可以推断，公民认为放高利贷的人比盗贼更为恶劣。"而他在别处又认为，放债人和杀人犯之间并无太大区别。我们必须承认他做到了言行一致，在他统治撒丁岛时期，他严格依法治理，令罗马银行家们束手无策。绝大多数握有政权的元老阶级对投机行业不满，他们不仅在地方总体表现得比富人更为诚实正义，而且经常对自身加以约束。然而，罗马执政官经常更换，他们对待法律的态度也存在差异，这也必然会打击他们抵制这些行业的积极性。

农业资本体系

罗马人不难意识到，相较于用政治手段控制投机行业，转变整个国民经济的发展方向更有意义,如加图的大多数人也正是秉着这一观点,通过制定准则并做出示范来发展农业。在序言中他还写道:"我们的祖先在朗读杰出人物的悼词时,总称赞他们是一位值得尊敬的农民或一位值得尊敬的地主,在他人看来,受到这类称赞相当于获得至高荣誉。我认为商人充满活力,为达利润勤奋努力,但他们的职业太容易遭受风险和灾难。另一方面,最勇敢的人和最有才能的战士往往来自农民,他们的职业最光荣、安全并不受非议,并且从事这些职业的人最不易受邪念的影响。"他习惯谈及自身情况,说自己的财产全部来源于农耕和节俭。尽管这一说辞在思想上并不十分合理,也不紧贴实际[25],但同一时代的人和子孙后代将加图视为罗马地主的典型,也并非不妥。

遗憾的是,人们不得不面对一个引人注目又令人痛惜的事实,他们以最大的诚意称赞农业,视其为处理办法,而农业本身充斥着资本主义极其有害的思想。这一点在畜牧业中显而易见,因此,畜牧业最受大众喜爱,而为渴望道德改革的人所厌恶。但至于农业又是何种情形呢?自罗马纪元的第三至第五世纪,罗马城对劳工宣战,以贷款利息的方式剥夺耕作农民的土地收入,从而将其送到不耕而食的公债持有者手中。随着罗马经济规模的扩大,拉丁姆地区的资本流入整个地中海地区所开放的商贸区域,这场战争才得以平息。

如今,即便是扩大后的商贸区域也无法容纳增加的大批资本,人们还制定了一项十分愚蠢的法律,力求通过人工手段强迫元老将资本投资于意大利的土地,同时通过干涉粮价有意降低意大利的耕地价值。于是,当地发动了第二次针对自由劳工和小农制度的资本战争,大体看来与古时无异。即便第一次资本战争暴露了问题,但相较于第二次,它尚属温和人道。资本家们借款给农民不再收取利息,但因为小地主抛开了获取高额利润这一目的,因而这一做法如今已不适用,并且不够简单彻底。但资本家买下了农场,至多也只是将它们改造成庄园，由管家管理，购买奴隶耕作。

同样，这即使被称为农业，而本质上是将资本主义制度应用于生产土地收益。加图描述农人时给予了高度评价，并十分中肯。但这样的评价究竟有多符合加图所描写推荐的制度呢？若一位罗马元老拥有四处加图所描述的那般土地，这种情况并非不常见，而在小型田产遍布的古代，同样的面积能供一百至一百五十个农民的家庭生活，如今却由一家自由平民和大约五十个奴隶（其中多数还未结婚）使用。如果人们把这当作使正在衰退的国民经济恢复活力的良药，非常不幸，其本身与病症极其相似，并不能解决问题。

意大利的发展

这一制度通常造成的结果在人口比例的变化上体现得尤为明显。意大利各个地区情况不一，一些地区甚至达到了繁荣。罗马殖民时期，人们在亚平宁山脉和波河地区之间新建了大量农场，这些农场也并未很快消失。在罗马殖民结束后不久，波利比乌斯[26]曾到此视察，称赞该地区人口众多，英俊强壮。至于谷物，只要立法公平，波河盆地毫无疑问能够取代西西里岛成为罗马谷仓。同样，随着罗马纪元522年即公元前232年《弗拉明法案》的颁布，皮塞努姆和所谓的高卢地区通过土地分配诞生了大批农民，但十分不幸，农民数量在汉尼拔战争中锐减。在伊特鲁里亚及翁布里亚地区，受异族统治的城邦内部情况利于自由农阶级的繁荣，而拉丁姆并未完全丧失作为首选市场的优势，只是经过汉尼拔战争优势逐渐瓦解。因此，在整个拉丁姆地区和马西亚和萨贝利偏僻的山谷地带，总体情况更为有利。

另一方面，汉尼拔战争彻底破坏了意大利南部地区，并摧毁了许多小镇和两个最大城市，即卡普亚和塔伦图姆，它们过去都能为作战部队输送三万兵力。在经历了第五世纪的恶战之后，萨莫奈得以恢复。参考罗马纪元529年即公元前225年的人口普查，萨莫奈当地外出征战人数为所有拉丁城镇的一半，并且在当时大概属于整个半岛除罗马以外最繁荣的区域。可是汉尼拔战争发动之后，这块土地再次陷入荒凉，尽管该地区西庇阿的军队战士能分得大量土地，但可能仍无法弥补损失。坎帕尼亚和阿普利亚一直以来人口稠密，在这场战争中也遭到了敌友双方更糟糕的对待。毫无疑问，阿普利亚后来也实行土地分配，但建立殖民地的过程并不顺利。在坎帕尼亚风景如画的平原地带，人口依旧更为密集，但卡普亚和其他城邦的土地在战争中遭到分裂，继而成为国有资产，而占有这类土地的一律为小规模临时承租人，而不是地主。最终，在广阔的卢卡尼亚和布鲁提亚土地上，战争爆发前已是人烟稀少，又在此目睹了整场战争的凶残和随之而来的刑罚处决。就罗马而言，其并未大力复兴当地农业，大概除瓦伦提亚外，任何一个新建的殖民地都未获得真正的繁荣。

人口缩减

尽管各地政治经济发展不平衡，一些地区还较为繁荣，但总体仍呈现衰退之势，并且已有确切证据证实了意大利的概况。加图和波利比乌斯都曾说道，相比于罗马纪元第五世纪末，第六世纪末期意大利的人口数量更少，无法再像第一次布匿战争那般提供大量兵力。征税愈发困难，降低参军标准愈发必要，盟军因需派出大量分遣队而怨声载道，这些都证实了加图和波利比乌斯所言非虚。此外，关于罗马公民的数量，其情形大致也是如此。就在雷古勒斯远征非洲后不久，即罗马纪元502年（公元前252年），罗马能够携带兵器的公民数量上升到二十九万八千人；三十年后，恰逢汉尼拔战争即将打响（罗马纪元534年即公元前220年），这一人数下降到二十七万，或者说缩减了十分之一；又二十年过去了，时值汉尼拔战争即将结束（罗马纪元550年即公元前204年），这一人数继续下降到二十一万四千，即大约缩减了四分之一；又大概经过了三十年，其间公民数量并未大幅减少，但自意大利北部平原新建了大型殖民地以后，不出所料，公民数量显著增加，但几乎依旧无法达到这一时期初的公民数量。

若对于意大利的总体人口我们也有类似的数据，那么这些数字必然会呈现一个更大幅度的缩减趋势。但仅凭这些证明民族活力衰退当然不够，但论述农业的作者表明，普通人的饭桌上肉类和牛奶愈发少见。与此同时，奴隶数量增加，自由民的数量减少。在加图统治时期，阿普利亚、卢卡尼亚和布鲁提亚三地的畜牧业的发展胜过农业，因而粗野的奴隶牧民在这里成了真正的主人。因为他们阿普利亚并不太平，于是在此驻扎了一支强大的军队。罗马纪元569年即公元前185年，在酒神节当天，奴隶混入庆典活动策划了一场大规模反叛，不料被发现，最终约七千人被定罪。在伊特鲁里亚，罗马军队也不得不出征讨伐奴隶（罗马纪元558年即公元前196年），甚至在拉丁姆地区也存在这类案例，例如斯蒂亚[27]和普雷内斯特城两个城镇也面临逃亡农奴突然闹事的威胁。显然，整个民族的规模缩小，自由公民逐渐分化为主人和奴隶。虽然最初与迦太基之间的两场长期战役给公民和盟军造成了大量伤亡，但论及人民身体衰弱以及人口减少两大问题，罗马的资本家应当承担的责任并不少于哈米尔卡和汉尼拔。

没人能够确言政府是否能够伸以援手，但这是一个充满警醒、令人耻辱的事实，罗马贵族阶级大部分心怀善意并精力充沛，却从不曾有一丝察觉到战争的真正严重性，抑或是预见危险程度。曾有一位身属罗马高等贵族的女士，她的兄弟身为公民舰队司令中的一员，在第一次布匿战争中破坏了国家舰队。某天她在古罗马议院广场遇到了一群人，于是她便面对他们大声说道："现在正是时候，再次让我兄弟率领整支舰队，再次流尽血汗（罗马纪元508年即公元前246年）缓解市场压力！"毫无疑问，有这样想法和如此言论的人仅占少数，然而整个贵族和富人阶层都对普通平民和农民心存鄙视，因此此番骇人的说辞只不过是强有力地表现了这种充满罪恶的冷漠态度。

确切来说，他们并不希望人类遭受毁灭，只是抱有一种顺其自然的态度。在意大利这片繁茂的土地上，无数自由民享受着适度而应得的繁荣，而随着当地的迅速发展陷入一片荒凉。

注释

[1] 若想真正了解古代意大利的情形，我们须考虑近代耕作对这片土地所造成的巨大变化。谷类中，古时人们并不种植稞麦，如帝国时期人们熟知燕麦是一种野草，见日耳曼人用它煮粥，他们十分惊奇。直到十五世纪末期意大利人才开始种稻米，十七世纪初种玉米。马铃薯和番茄都是由美洲传来的，罗马人熟知的朝鲜蓟似乎只是蓟类的一种，而它通过培植而养成的新属性似乎近期才被人发现。此外，还有扁桃即所谓"希腊果"、桃即所谓"波斯果"和所谓"软果"，尽管意大利起初并没有这类植物，但人们至少在公元前150年时便能在意大利找到。枣椰树由希腊传入意大利，就像它过去由东方传入希腊一般，作为东西方原始商业和宗教交流的佐证，人们早在公元前300年便在意大利栽种。人们种它并非想获取它的果实，只是因为它是一种美丽的植物，因此公众节庆日里人们都会用枣椰树叶进行装扮。樱桃又名"黑海上开刺苏的果子"，它传入意大利的时间较晚，直到西塞罗时代人们才开始

种植樱桃，但野樱桃却是该地土生土长的植物；杏树又名"亚美尼亚梅树"，它的传入时间或许更晚。到帝国末期人们才开始种植香橼树，橘树则由摩尔人于公元十二三世纪传入意大利，龙舌兰则在十六世纪始由美洲传入。最初在欧洲种植棉花的是阿拉伯人。近代意大利才有野牛和蚕，但古时候却没有。

显然，我们所认为的大多数真正属于意大利的植物原本并不存在。若将近代德意志与恺撒游历的德意志相比，前者可称为"南方之地"，也正是从这时起，意大利同样获得了更多"南边"的独特风景。

[2] 据加图所说，若实行分收的租佃制，田地的总产量应先除去耕牛所需的饲料，之后再由地主与佃户按约定比例来进行分配。因其与法国的"牲畜租约制"和意大利的"对半租赁制"相似，又毫无其他分配法的痕迹，我们可以推测，双方通常各分得一半。以"打谷人"为例，结果便会有出入；打谷人可以分得所打谷物的五分之一，若在打谷以前分配，他们也可分得每捆的九分之一至六分之一。他们不是分物产的佃户，而是在收割时期被人雇佣的劳工，只是按照雇佣合同领取每日工钱。

[3] 这种租赁制度在法律上没有适当的形式，因为它只可用于房屋出租而不适用于土地出租，即承租人只能用金钱缴纳租金，所以明确表示人们最初在租房时使用这一制度，之后才用于土地出租。因此，罗马人认为，租佃制是实际生活中的一个偶然事件，而不属于法律理论范围。罗马资本家在海外获得大规模的地产时，租佃制才体现出真正的重要性，直到临时租约延续几个世纪之久后，他们才意识到租借的价值。

[4] 每棵葡萄树之间的空地不能种植谷类，人们最多只能种植些易于在阴处生长的乌秣植物，此事可见加图的书。所以科路梅拉谈到葡萄园时，说除卖出的幼苗外，不会计算其他附带价值。另一方面，人们效仿麦田在果园里种小麦。只有把葡萄蔓架在活树之上，人们才能在中间空地种植小麦。

[5] 马哥及他的书的译者劝人应自行让奴隶繁育，并购买二十二岁以下的奴隶；加图一定也有类似的想法，虽然他并未说出口，但从他那模范农场的人员来看，可见一斑，他甚至还公开劝人们出卖年老有病的奴隶。在科路梅拉所描写的奴隶繁育办法中，即女奴若有三个儿子便可免去劳动，若有四个儿子则可获得自由。毫无疑问，他描述的只是他个人的臆想，而不属于管理田产的常用办法，这与加图购买奴隶训练之后再转卖的手段相似。这段里所说的特别税，可能是就真正的奴隶主体而言。

[6] 严格说来，给奴隶甚至家中儿子戴上锁链是很古老的制度。加图曾写道，戴锁链耕田的劳工，这是个例外，因为这些奴隶不能自行磨面，他们只能以面包代替谷物为食。即便在帝国时期，主人有时仍给奴隶戴上锁链，那只是暂时惩罚他们，管家给奴隶戴上锁链，也只是为了暂时惩罚他们。尽管如此，之后用戴上锁链的奴隶耕田却成为一项特别的制度，劳工监狱成为农庄必不可少的一部分，整个监狱只有一间地下室，窗洞很多却很窄，关在里面暗无

天日。和其他奴隶相比，乡间农奴境况更加艰苦，所以被关在监狱的大部分人是犯过罪或似乎犯过罪的奴隶。此外，我们也不否认，的确有残暴主人无正当理由给奴隶戴上全套锁链或半套锁链。至于烙印，也是如此。严格来说，其用意在惩罚，不过所有家畜都烙有印记。

[7] 至于酿造葡萄酒，加图并未特意提及，不过瓦罗却这样做了，并且事实就是如此。若按收获工作量大小安排田产上的奴隶数量，在一定程度上浪费了劳动力；而将结满葡萄的葡萄树卖掉更是浪费，不过常常有人这样做。

[8] 据科路梅拉计算，平均每年雨日和假日共计四十五天。特图里安说：基督教由复活节至圣灵降临节期间假期共计五十天，异教节日不计次数，这也符合科路梅拉的估算。此外依照科路梅拉的估算，秋季播种之后的仲冬假期共计三十。毫无疑问，其中包含了未设固定日期的播种节。但这一个月的假期不可与收获和酿酒期间的开庭日假期混为一谈。

[9] 古罗马容积单位。——译者注

[10] 古罗马铜币。——译者注

[11] 谷物和水果的容量单位，相当于八加仑。——译者注

[12] 银币，用白银铸造。——译者注

[13] 六康吉斯等于4.5加仑。——译者注

[14] 第七八世纪，首都粮食均价大约为一莫迪值一个第纳尔，即一蒲式耳小麦值两先令八便士，按1816—1841年勃兰登堡和波美拉尼亚两省的平均价格，一蒲式耳小麦值三先令五便士。可见罗马物价与近代物价差异不大，而这究竟是因为谷价升高，还是银价跌落，我们无法确定。罗马这一时期或之后粮价波动是否大于近代，我们也不得而知。如果我们要买1.5蒲式耳小麦，需花费四到五个便士。而同样数量的小麦，在粮食紧缺饥荒不断的战争时期——如在第二次布匿战争时需花费九先令七便士，内战时更是涨到十九先令两便士，到了奥古斯都时代的饥荒年，同样数量粮食竟要花费二十一先令三便士。相差如此之大，却并不具备很大的借鉴意义，如今在相似的情况下，这样的事仍会发生。

[15] 因此，加图将那两处他所描写的田庄分别命名为"橄榄园"和"葡萄园"，尽管这两处不仅出产橄榄油和葡萄酒，还出产粮食和其他农作物。而他命葡萄园主准备了容量为八百库赖的大桶，如果这八百库赖为一年酿酒的最高产量，则一百尤格拉土地必须全部种上葡萄，因为每尤格拉土地八库赖葡萄酒已是空前的产量。可是瓦罗显然有理由认为，这里所说的一定是个还未卖出旧酒而须酿新酒的葡萄园。

[16] 根据科路梅拉的书，我们可推测得出罗马地主平均所获利润为总利润的百分之六。至于费用和产物的精确估算，我们只得到葡萄园相关数据。据科路梅拉计算，葡萄园每尤格拉土地的成本如下：

  地价 一千塞斯特斯

耕作奴隶价（与尤格拉成比例）一千一百四十三塞斯特斯
葡萄秧和木桩 两千塞斯特斯
前两年利息的损失 四百九十七塞斯特斯
共计（折合四十七英镑） 四千六百四十塞斯特斯

据他计算，面积为六十安非罗的土地至少值九百塞斯特斯，这样地主可以获利百分之十七。可是这个数字有些夸大，因为还需考虑农作物歉收、物产收获费以及葡萄秧、木桩以及奴隶的成本。

又依据科路梅拉的估算，草地、牧场和林场的总产至多每尤格拉土地一百塞斯特斯，小麦的总产量只会有少无多；事实上，平均每尤格拉产二十五莫迪小麦，按首都每莫迪一第纳尔的平均价格，总价值不超过一百塞斯特斯，若在原产地，总产值会更低。据瓦罗的计算，较大田产每尤格拉赢利一百五十塞斯特斯便是通常最大利率。当然，这里的经费较葡萄园还是少了许多。

再者，以上这些估计一概是加图死后一百年或之后的数据。加图只大概说过畜牧业的赢利大于农业，这话当然不是鼓励人们将耕地变为牧场。而他所说的比较是相对的，若在山间牧场或其他相宜的牧场投资畜养牛羊群，则与投资于耕植相宜的麦田相比，前者获利较多。这种估算也应考虑一种情形：地主若缺乏经营经验和相关知识，对经营畜牧业影响不大，却对高度发展的葡萄和橄榄种植业危害甚大。据加图说，在一个耕地田庄，土地赢利从大到小依次为：（1）葡萄园；（2）菜园；（3）杞柳丛，因栽植葡萄而有大利；（4）橄榄园；（5）产刍草的草地；（6）麦田；（7）树林；（8）伐木林；（9）饲养牲畜的橡林；这九项全都包含在加图的模范田庄经营计划之内。

此外，还有一事可证明葡萄种植所得的净利润较小麦种植更多。罗马纪元637年即公元前117年，热那亚城与属下各村落起了争执，经仲裁宣判，热那亚城收取葡萄酒产量的六分之一及粮食产量二十分之一作为免役税。

[17] 蒸洗匠在罗马喜剧里占据重要地位，由此可见罗马织布业对经济发展的重要作用。加图也说道，布料蒸洗池也是一项盈利的产业。

[18] 那时罗马国库有黄金一万七千四百一十罗马磅，生银两万二千零七十磅，银币一万八千二百三十磅。金对银的法定兑换比率为一磅黄金等于四千塞斯特斯银，即1：11.91。

[19] 马其顿帝国建立者亚历山大大帝的父亲。——译者注

[20] 购买、出租和合股皆以此作为起诉根据。一般来说，非正式而可以起诉的学说皆以此为根据。

[21] 这一点主要出自格利乌斯书中所引的加图残本。关于"文字的约束力"，即完全以债主在账上的债务为根据而要求的权利，甚至当一方的证据与其本人相关，法律也承认该方可信度，这里法律的认可是诉求的前提。所以到了后世，罗马省中完全见不到这种商业信誉，文字的约束力虽未真被取消，却

[22] 加图在契约范本中,就出租橄榄收获写下这样一段:
> "出租时愿订约之人",无一得因欲把采榨橄榄出租更高价而退约,除非"共同出价人"即刻声称"另一出价人"为其同伙。若违背此项规定,"立约公司"的一切同伙应地主或其所派监理人的要求,须宣誓说"他们未尝同谋来防止竞争"。他们若不宣誓,约定的价款便不支付。

这里我们默认,接收契约的不是个人资本家而是一个公司。

[23] 李维乌斯仅说到关于航海船只的法律,可是阿斯科尼乌斯和狄奥称法律同样禁止元老承办国家企业,并且据李维乌斯所说,"罗马元老不宜参与一切投机事业",《克劳狄乌斯法案》可能不止于如他所说。

[24] 意大利北部一古城,古代曾是著名的"罗马大道"的终点。——译者注

[25] 与其他罗马人无异,加图也将财富的一部分投资畜牧业、商业和其他事业,可是他很少直接触犯法律。他既不经营承包国税的投机事业(身为元老不得为此),也不放债取息。至于后者,人们若要判他言行不符的罪名,也欠妥当;他的确从事航业贷款,但这不在法律禁止的放债取息之列,这实际是租船运输业的一个主要部分。

[26] 古罗马历史学家,本是希腊人,晚年才成为罗马公民。——译者注

[27] 坐落在法来若那山脚下斯提哥亚河汇入阿诺河的交汇处,是一个繁忙而吸引人的村镇。——译者注

421

第十三章

信仰及习俗

罗马人的简朴和自尊

　　罗马人民的生活受到强烈约束，于他们而言，地位越高，生活越不自由。习俗拥有无上权力，将人们的思想行为限制在狭小的范围内，若用独特的拉丁语来表达，严谨认真或悲伤困难的生活才是他们所认为的荣耀。人人将家里打理得井井有条，在公众事务中勇敢提出建议并采取行动。而当个人渴望并有权成为公社一员时，每位公民都将公社的荣誉和权力视为一种个人财产，可与他的名字和家宅一同传给后代。因此，随着一代代人的逝去，新的一代代人民接连向过去所获荣誉增添新的内涵，罗马贵族家庭的集体尊严感也得以膨胀，发展成一种强烈的公民自豪感。诸如此类的自豪感并不再有，也正因为它的发展轨迹奇特壮观，无论在何处遇到，似乎都属于另一个世界。这种强烈的公民意识其典型特色在于，罗马人民一直以来推崇质朴和平等，尽管并未对其加以抑制，但终身将其深埋于心中，只有在人们死后才能表现出来。不过，在显要人物的送葬仪式上，公民意识体现得尤为显著和强烈。因而相较于罗马生活中的其他现象，送葬仪式更适合供后世人民一窥罗马人民那种美好的精神。

罗马葬礼

送葬队伍通常只有一列，公共传令员会奔走相告："那边一个战士死了，谁若有空，都去送他陪伴卢修斯·埃米利乌斯，尸体都被抬出屋外了。"于是，公民受邀出席葬礼。队列最前面是一群哀号的妇女、乐师和舞者。舞者中有一人需打扮一番，戴上依照死者相貌制成的面具，并通过手势动作让大家回忆起人们熟识的这个人的容貌。紧随其后的是整个仪式最隆重也是最特别的部分，即祖先队列，与此相比，其他场面都黯然失色。并且真正身居要位的罗马人会嘱咐继承人，葬礼只保留祖先队列部分。前文提到，若祖先曾担任显要官职或任何常设的高级行政官，人们会用蜡制成面具，并尽可能以他们在世时的容貌为蓝本描画。在王政时代前后，这类面具十分常见。人们习惯于将它们放在沿家族庄园墙壁的木龛中，认为它们是房屋最重要的装饰。

一旦家族有人去世，相关职业的人（主要为表演者）需穿戴这类面具和正式服装参加葬礼。因此，祖先们皆身穿生前最具代表性的服饰，凯旋的人所穿服饰绣有金色花纹；监察官的服饰为紫色；执政官穿着镶有紫边的礼袍，佩戴表明官职的徽章，身旁跟着执法吏[1]，所有的人都坐着马车送死者最后一程。灵柩上铺着一大块厚实的绣有紫金两色花纹的罩布和精美的亚麻服饰，死者躺在灵柩上，穿着他曾担任过的最高官职的全套服装，周围摆放着所杀敌人的盔甲，以及过往竞技中或玩笑或认真获得的花冠。走在灵柩之后的是一群赶来吊唁的人，全都身着毫无装饰的黑色衣服，旁边是死者那头戴面纱的儿子们、不戴面纱的女儿们、亲戚朋友、同部落的人、门客以及被释奴。整支送葬队伍就这样去往古罗马广场。到了那里，人们会将死者尸体立起来，祖辈走下马车在显要席坐下，死者的儿子和距离最近的外邦亲属走上讲坛，向在场的群众逐一简要列举围坐在四周每个人的名字和事迹，最后才会介绍死者的名字和生前事迹。

这种习俗可谓是粗野，作为一个充满艺术情怀的民族，他们当然不会容忍死人复活这一反常现象继续存在于高度文明的时代。古希腊人十分客观，极少偏向于礼节，例如波利比乌斯就对朴素壮观的葬礼印象颇为深刻。罗马生活严格遵照仪式、行动统一并以高贵为荣，这从本质上与某一概念一致，即去世的一代代人仍如生前那般，以肉体行走于世人之间。当厌倦了辛劳和荣誉的公民与祖先相见之时，祖先会亲临古罗马广场，在人群当中接见他们。

新希腊文化

但如今罗马人面临变革的危险。既然罗马的势力范围不再局限于意大利，而是向东部和西部扩散，意大利旧式的家庭生活一去不复返，取而代之的是一种希腊式文明。的确，意大利自有历史记载以来，便一直深受古希腊的影响。在上文中我们说到，年轻的希腊人和意大利人凭借自身的质朴和创造力，互相交流，促进了对方的智力发展；在后期，罗马人通过一种外在的形式，力求将古希腊人的语言和发明应用于实践。但当今时代，无论就原因还是结果而言，罗马人所沿用的希腊文化从根本上是全新的。罗马人开始体会到自身需要更为丰富的精神生活，而对于个人精神文化的极度缺乏，他们颇为震惊。即便是具有艺术天赋的英格兰人和日耳曼人，在个人创作间歇期间，也不屑利用那仅有的一点法国文化填补空白。而如今，面对希腊人的精神发展，无论是辉煌的珍宝还是道德沦丧的污秽，意大利民族都怀着炽热的情感加以采纳，这也不足为奇了吧。

而这一冲击使罗马人难以抗拒希腊人所带来的影响，因而令人印象更加深刻并根深蒂固。希腊文明无疑仍以"希腊式"自称，然而却大为不同。事实上，它注重人文主义，并受到各国的影响。在智力领域，希腊文明深知如何完全将多个具有差异的民族融为一体，并在一定程度上解决政治问题。如今罗马面临更大范围的难题，它选择接纳希腊文明和亚历山大大帝留下的其他遗产，因此希腊文明不再仅仅是一种推动力或附带的影响，它已经渗入到意大利民族的核心。当然，面对外来影响，意大利对充满激情的家庭生活方式极力抵制。但一番激烈抗争过后，意大利农民放弃了阵地，将其留给罗马城的世界公民。正因为德国有了法式外套，才有了后来深具本民族风格的连衣裙，以至于罗马对希腊文明的抵制引发了一种潮流，即采用前几个世纪全都陌生的一种方式从原则上抵制希腊的影响。而这种情况下，罗马人经常陷入彻头彻尾的愚蠢和荒谬之中。

政治上的希腊主义

在新旧风尚的斗争中，人类的行为和思想无一能够摆脱它所带来的影响，甚至外交关系也深受影响。至于罗马人妄图解放希腊人的计划，理所应当会遭遇失败，这一点上文已述。而与之类似，他们又想对抗君主以求维护各共和国的共同利益，渴望摒除东方的专制主义，普遍效仿希腊政体。这两个原则都颇具希腊色彩，也都属于固定的新派观念，有助于国家管理，例如马其顿国便采用了这种治理理念，而惧怕迦太基人则是一种固定的老派理念。若加图荒谬地极力鼓励人们惧怕迦太基人，那么爱好希腊文化的人会不时放纵言行，至少会做出愚蠢的行为。比如，安条克（Antiochus）王国的将军不仅在卡庇托尔山为自己立了一座身穿希腊服饰的雕像，而且不以拉丁语名字 *Asiaticus* 自称，改用近似希腊语的姓 Asiagenus[2]，看似大气，实则毫无意义，也异于常人。

执政国如此对待希腊文明，将导致一个更为重要的结果，即除希腊人所在地之外，拉丁化在意大利各地都风头正劲。在意大利，只要是希腊人所在的城市，未毁于战事的一概沿用希腊风俗。诚然，罗马人很少关注阿普利亚，但就在这一时期，希腊文明在当地全面盛行，与相邻地区不断衰落的希腊文化相比，阿普利亚的文明似乎可谓不相上下。历史记载对此只字未提，可是各城制造的钱币都刻有古希腊文字，彩绘陶瓶虽依照希腊风格而制，却只有阿普利亚的陶瓶更注重突破和华美，忽视了格调。但仍从中可见，阿普利亚早已完全接纳了古希腊的风俗和艺术。然而，这一时期古希腊文明和民族抵抗派之间真正的斗争在于信仰、习俗、艺术和文学四个领域。至于这一斗争采取的各种形式和各个特征，无论多么难以概括，我们都必不能省略对这一原则性冲突的描述。

民族宗教和不信教

鉴于意大利的信仰问题曾在当时引得希腊人颇为惊羡，足见古时纯粹的信仰在意大利仍十分活跃。据说在与埃托利亚[3]人发生冲突时，罗马最高统帅在战争期间担任祭司的角色，负责祈祷和祭祀。然而，波利比乌斯老调重弹，提醒国民注意这种信仰对政治毫无益处，告诫他们一个国家不能只有智者，为了大众的利益，这些仪式十分必要。

宗教经济

但民族宗教在古希腊一直以来只是一种古老的珍宝，如果意大利仍存在某个民族宗教，显然也早已僵化成一种神学。也许从宗教经济的变革和祭司的变更中，我们最能发现人们潜藏在信仰下的麻木心态。公共祭神活动不仅变得愈发冗长乏味，最重要的是，花费越来越大。罗马纪元558年即公元前196年，除原有的鸟卜师、造桥师和神谕宣读者三类祭司外，新增了第四类祭司，由三位"宴会主人"组成，专职主持各神祇的宴会。平心而论，祭司和神祇都有资格共享宴会。然而，因为每个团体在处理宴会事务时都充满热爱并甘于奉献，为宴会新设祭司并非必要。在举办神职人员宴会的同时，将有专人宣告神职人员享有豁免权。哪怕在财政拮据时期，祭司仍有权不缴纳国税，只有在经历了激烈的斗争之后，他们才不得不支付拖欠的税款（罗马纪元558年即公元前196年）。

对个人，甚至是对整个民族而言，宗教信仰的花费日益增多。罗马人普遍有捐赠财产的习惯，并常常为了宗教事务承担长期金钱债务，如今在罗马天主教国家也是如此。身兼最高精神和法律权威的造桥师认定捐款实际是一种税款，依法应由继承人和获得其他土地的人缴纳。在此之后，捐款开始成为个人财产的一项特大支出。在罗马流传着一句谚语：继承任何遗产都需承担献祭义务，这在某种程度上类似于我们所说的"任何玫瑰都带刺"。人们普遍将财产的十分之一用于捐献,这样一来,可以利用罗马牲口市场的所得收益每月举行两次公共娱乐活动。东方对众神之母的崇拜传入罗马,随之带来了许多宗教恶习,每年固定日子挨家挨户讨钱便是其一。最终,我们也不难理解,为何低级祭司和占卜者一定要收取报酬才进行祭礼。此外,在夫妻剧的谈话中,罗马戏剧家将宗教典礼的账目与厨房账目、医药账目和其他往常捐献相提并论,而这类描述无疑也来源于生活:

> 我的丈夫,给我在明娥娃节赠送的礼物吧,
> 我要送给庙里的神职人员、占卜者和帮我圆梦的人,
> 还有女祭司,我一定得送她一份体面的礼物,
> 你且看她看我的眼神,我若空手而去,岂不丢脸!

罗马人曾创造出一位"银神",却并未创造出一位"金神"。然而事实上,无论是最高级还是最低级的宗教生活,都由金神主宰。拉丁民族的宗教过去以经济需求适度为豪,不过那样的日子一去不复返了。

神学

同时,拉丁民族的宗教不再似古时那般质朴。作为理性和信仰错误结合的一种产物,神学忙于将自身的冗长空洞注入旧时朴素的民族信仰,从而抛弃了信仰的真正精神。举例来说,《塔木德经》便记载了朱庇特祭司的所有职责和特权。所谓任何带有瑕疵的宗教都不被神祇所接受,这是一条自然法则,某种程度上因为它的践行,

一个简单的祭祀错误不断,需接连重复三十次才能完成。竞技比赛也是祭祀典礼的一部分,若主持竞技的行政长官语言行为上出现纰漏或音乐不合时宜地出现停顿,则被视为未完成,于是竞技得重新开始,通常需接连重复数次,有的甚至重复开始十几次之多。

无宗教信仰的思想

对责任心的过分夸大也已然体现了人们初期对宗教的麻木态度。与此同时,人们对宗教的漠视和不信任也接踵而来。甚至第一次布匿战争(罗马纪元505年即公元前249年)期间,每次出战前,执政官都会公然向鸟卜师问卜,而执政官必出自克劳狄家族,该家族地位尊贵,无论善恶都走在时代前沿。到了这一时期末,人们大声抱怨鸟卜术受到了忽视,引用加图的话说,由于协会的失职,许多鸟卜师和占卜师被人遗忘了。如卢修斯·保卢斯那般的鸟卜师发现了鸟卜师其中的科学,而不仅仅将它看作一个头衔,这本已十分罕见。当政府愈发公开并毫不犹豫地利用占卜达成政治目的,换言之,即政府听从波利比乌斯的建议,视民族宗教为一种有助于公然随意影响大众的迷信观念,这也无可厚非。

因此,路已铺好,古希腊式漠视宗教信仰的态度得以不受限制。罗马人早期便爱好艺术,早在加图之时,富人家庭已用神像连同其他家具进行室内装饰。随着文学的兴起和发展,宗教受到了更严重的创伤。的确,文学不敢公然抨击宗教,其对宗教观念的直接增改尽管颇受希腊风格的影响,但无关紧要,如恩尼乌斯依照希腊的乌拉诺斯神,将罗马的萨图尔努斯神改造成佩特凯鲁斯。随后,作家埃庇查和犹希迈罗斯(约罗马纪元450年即公元前304年)的言论传到了罗马,引起了巨大反响。后期从古时西西里麦加拉的喜剧作家埃庇查姆斯（约罗马纪元280年即公元前474年）的作品中，毕达哥拉斯提炼出了一种诗意的哲学，或者至少说他的大部分作品都曾假借喜剧的名义传播哲学，认为古希腊诸神是存在于自然界的物质，其中宙斯是大气，灵魂是一颗颗太阳的尘埃，诸如此类。

这种自然哲学类似于后世的斯多葛派学说，它最具概括性的几点原则与罗马宗教关联密切。人们就这点认为，若把这种哲学编成寓言，将逐渐削弱民族宗教的影响。梅萨那的犹希迈罗斯著有一本《神的回忆录》，从历史角度分析了宗教。该书以游记的形式，讲述了作者游历外国所遭遇的奇人奇事，对现有所谓神祇的由来进行彻底细致的筛选，最终得出一个结论，那就是无论过去还是现在都不存在神灵。若要指出该书的特色，我们只需举一个例子，即克洛诺斯吞噬自己孩子的故事，这源于远古时代同类相残的现象，不过早已被宙斯王废止。尽管该书枯燥无味且目的非常显而易见，但或许正因为如此，它在希腊取得了意想不到的成功，与当时的哲学理念一起葬送了麻木不仁的宗教。宗教与新哲学之间进行了一场明确的较量，引人关注，由此产生了一个奇怪的现象，即恩尼乌斯已将埃庇查姆斯和犹希迈罗斯众所周知的破坏性著作译成了拉丁文。在接受罗马警察的公开审问时，译者辩称此类抨击直接针对希腊神祇，而非拉丁神祇，所以具有正当理由，但这显然是一种托辞。而一遇到这类倾向，加图一律特别愤怒地加以打击，甚至称苏格拉底败坏道德、冒犯宗教。由他的个人观点看来，十分恰当。

国内外的迷信思想

因此，古老的民族宗教明显走向衰落。随着原始森林的大树连根拔起，荆棘和从未见过的杂草满地疯长。本地的迷信思想和外国各种各样的诈骗行为互相混合、互相竞争并互相抵触。任何意大利民族都得经历旧时信仰变成新的迷信观念的过程。伊特鲁里亚人逐渐形成了根据动物内脏和闪电进行占卜的相关知识体系，于是鸟卜术和取蛇施咒术在萨贝利十分盛行，马尔西尤甚。甚至在拉丁民族，实际就是罗马，我们也见到了类似的现象，只是相对而言没这么引人注目。

例如，普雷内斯特城通过抽签进行决议，罗马纪元573年即公元前181年，人们在罗马发现了大量坟墓和努马国王的遗作。据称，这些遗作中规定了许多奇异甚至闻所未闻的宗教礼仪。而遗憾的是，轻信宗教的人只可能了解这些，加之这些珍贵的书籍归元老院所有并迅速遭到焚烧，所以这些书籍外观很新。我们大可有理由估计，本国制造业足以满足那类愚笨之人的需求，但罗马人远不满足。这一时期的希腊文明遭到同化，充斥着一种东方的神秘主义，通过最令人讨厌和最危险的形式将无信仰的观念和迷信思想传入意大利。而正因为这些奇思遐想来自外国，所以才闪烁着一种独特的魅力。

希腊母神的祭礼

罗马纪元的第六个世纪，迦勒底的占星师和施法者已遍布意大利各地。而在世界历史上有一事件更为重要，并起到了划时代的作用，即弗里吉亚的众神之母成为众所周知的罗马神祇中的一员。汉尼拔战争（罗马纪元550年即公元前204年）接近尾声时，人们疲惫不堪，所以政府不得不批准上述事件。出于这个目的，罗马特派了一位大使前往佩辛努[4]，这是一座凯尔特人生活的小亚细亚边境城市。当地祭司随意拿起田间一块粗糙不平的石头赠予外国人，并称之为真正的众神之母库柏勒，对此罗马民众空前表示认同。实际上，为了永远纪念这一欢乐时刻，上层阶级组织了一系列社团，成员轮流互相款待，这一做法似乎大大促进了朋党派系的形成。

随着开比尔教获得认可，东方人的宗教崇拜在罗马正式占有一席之地。尽管政府仍严格要求阉割后的新神祭司应当始终为凯尔特人，正如过去我们所称呼的那样，但罗马公民不可投身这项虔诚的宗教职业。大地之母的祭祀活动场面极其盛大，她的祭司身穿东方服饰，由阉人祭司首领领头，伴着外邦的笛鼓所奏之乐列队沿街游行，挨家挨户乞讨。整场祭祀活动既愉悦感官，又简朴静心，一定对民众的情感和观念产生了极其重要的影响。

神祭祀

这种影响暴露得太快，令人担忧。多年以后（罗马纪元568年即公元前186年），古罗马统治阶级开始接触一些极为骇人的宗教仪式。为了纪念酒神，人们开始在夜间举行一种神秘的宗教仪式，这种仪式最早由一位古希腊祭司引进，随即像瘟疫一般扩散开来，立刻传到了罗马并传遍意大利。其所到之处，妻离子散、穷凶极恶的犯罪事件频发、社会空前淫乱，人们甚至伪造遗嘱、下毒杀人。七千多人因此而受到处罚，其中大多数人惨被处死，统治阶级考虑到将来社会的发展，于是颁布了严峻的法令。但这些法规并未能抑制这一势头，六年后（罗马纪元574年即公元前180年），治安法官也开始抱怨，即便又有三千余人因此而被判刑，但这些罪行似乎永远看不到尽头。

抵制措施

这些宗教仪式形式荒诞，阻碍了罗马共和国的发展，因此，所有理性的人都对其进行谴责。对于这种迷信观念，笃信旧时教义的信徒和希腊文化的坚定拥护者一同嬉笑怒骂。因此，加图曾这样命令其管家："除可在家中炉灶旁和祭典时的路边祭坛祭祀以外，若主人并不知情或并没发出命令，管家不可进行祭祀，也不允许他人代其祭祀，更不可向肠卜师[5]、卦师和迦勒底人询问神的旨意。"他的言论衍生出一个众所周知的问题：若祭司遇到自己的同行，他该如何忍住不笑？这一问题最开始仅适用于伊特鲁里亚的肠卜师，而与之大为相似的是，恩尼乌斯[6]运用真正的欧里庇得斯[7]悲剧式风格，抨击了行乞的占卜者和他们的信徒：

> 无论是一味迷信的祭司，还是卑鄙无耻的小人，
> 无论是傻子、懒汉还是忍饥挨饿的可怜人，
> 他们自告奋勇给出指引，其实本身一无所知，
> 他们嘴上嚷着送人珠宝，实际却是向他人讨要钱财。

但在这样的时代，理性从一开始就注定败给非理性。毫无疑问，政府必然加以干涉，治安官必将惩处甚至驱逐那些借神的名义行骗的人，任何外来宗教，若未得到特别许可一律遭到禁止。到了罗马纪元 512 年即公元前 242 年，普雷内斯特甚至公开禁止人们相对寻常的求签问卜活动，正如上述所说，参加古罗马酒神节的人也受到了严格查办。但是，人的思想一旦完全改变，任何上级的命令都无法将其纠正。而究竟政府不得不或至少做出了某种让步，前文已清楚说明。在罗马人的传统当中，如遇特定突发情况，他们便会向伊特鲁里亚的智者问询，政府也采取了相应措施，古老的伊特鲁里亚

传说才得以在贵族家庭间世代流传，人们得以秘密祭祀德墨忒尔，该神并非邪恶放荡，却只有妇女才可祭祀。早期，罗马曾从他国引进一些淳朴并相对无关紧要的宗教仪式，其中便可能包含这类传统。众神之母的祭祀活动受到认可，这在人们看来是一种不祥的征兆，足见政府在面对新的迷信观念时的无力之感，甚至也暴露了政府自身的迷信程度。同样，政府只有在后期甚至意外得到某些信息时，才会干涉酒神节一类的活动，其中除了不可原谅的疏忽以外，甚至还暴露了更为严重的问题。

加图家族的简朴生活

有张图片流传至今，讲述了老加图的一生，也向我们展现了在当时尊重罗马公民这一思想的影响下，罗马人所推崇的个人生活方式。虽然加图活跃在政治、法律、写作和商业投机领域，但家庭仍是他生活的重心。在他看来，成为一位好丈夫比做个有威望的元老更为重要。为此，他制定了严格的家规：奴仆未经允许不得擅自离家，也不得向陌生人透露家中之事。人们不可滥施更为严酷的刑罚，只有在完成类似司法的程序之后，他们才可宣判并执行这类刑罚。加图曾听闻，一位奴隶没有主人的命令擅自购买物品，最终因此事自缢，这足见治罪之严苛。

至于轻微罪行，如奴隶在侍候进餐时犯错，通常主人会在饭后亲手用皮条鞭笞他们以示惩罚。加图对待妻子和自己的孩子也是如此严厉，只是惩罚方式不同，因为在他看来，用惩罚奴隶的方式对待妻子或者成年孩子是不道德的。至于择妻，他反对金钱婚姻，主张男性应当寻找出身良好的女性，而自己到了老年却娶了一位穷苦门客的女儿。此外，对待丈夫节欲这一问题，他所持观点与奴隶制国家盛行的观点一致,并且自始至终简单认为妻子是无法避免的罪恶。他在作品中不断咒骂那些喋喋不休、酷爱装饰并难以约束的女性,认为"所有女性都骄纵,令人讨厌",并且"一旦男人摆脱了女人,我们的生活将接近神的旨意"。

另一方面,抚养婚内所生孩子不仅是他心中牵挂,更事关他的名誉。在他看来,妻子完全是为了孩子而存在的。平日孩子交由妻子亲自喂养,若妻子允许女奴给其孩子喂奶,那么她也会用自己的乳汁喂养她们的孩子,以此作为回报。虽然这类事迹很少,但还是不难发现,人们企图用人之常情维系人与人之间的情感,如同为母亲的心情或养兄弟之间的情谊,努力缓和奴隶制度中存在的矛盾。任何时候只要情况允许,这位老将军一定会亲自到场,看着奴仆给孩子洗澡并用襁褓包裹他们。看着襁褓里孩子天真无邪的模样,他那满怀关切的目光透着一丝敬意。他向我们保证:面对他的儿女,他会十分小心自己言行,如同对待维斯塔圣女一般,唯恐说出一句失礼的话,并且他从不在儿女面前拥抱他们的母亲,除非妻子在暴风雨来临时受到了惊吓。

他参与了各种各样的活动,在许多方面受人尊敬,教育孩子也许是其中最为人称道的一项。这位老战士信奉脸颊红润的男孩比面色苍白的男孩强得多,于是他亲自带儿子进行各种运动,教他摔跤、骑马、游泳、拳击并耐热受冻。但他理所当然地认为,过去罗马人民仅仅做个优秀的农民或战士便足够了,而那个时代早已过去。同时他认为,若他的孩子将来得知曾经尊敬的那位批评惩罚自己的老师只不过是个奴隶,这将对他的心灵产生恶劣的影响。因此,他身体力行,教孩子罗马人常常学习的读写知识以及本国法律。甚至到了暮年,他仍努力学习古希腊文化概况,从而用本国语言将他认为那一文化中对罗马人有益的部分传授给孩子。最初他的一切作品都是写给自己孩子的,为了方便孩子阅读,他在著书时特意用了大号字体，十分醒目。日常生活当中，他十分朴素节俭，甚至因为过分节俭而禁止一切奢华享乐：一个奴隶的身价不得超过一千五百第纳尔（即六十五英镑），一条裙子的价钱不得超过一百第纳尔（即四英镑六先令）。人们在他家看不到一块地毯，四面墙壁也长期不见粉刷。平日里，他和奴仆吃着一样的饭菜，不允许一餐开支超过三十阿斯（即六先令）。而到了战时，每顿饭甚至连酒都不能喝，他只能喝水，或根据当时情形喝掺了醋的水。另一方面，他不反对款待宾客，也喜欢与城里的客人和乡间附近地主来往。一同吃饭时，他便坐在一旁分享自己的各种经历，随机应变，对答如流，深受大家喜爱。他也很乐意玩掷骰游戏，把酒言欢。因此在他的农业著作中，我们还能发现一张验方，可用于治疗伤食和醉酒症状。

到了晚年，他依然坚持运动。他认为每时每刻都不该浪费，而应当用来做有意义的事，并且习惯每晚都在心里回顾白天的见闻以及自己的一言一行。因此，他合理分配自己的时间，既处理个人、朋友和国家事务，也保留了聊天和娱乐的时间。他办事效率极高，并不多言，就他那好动的性格而言，最困扰他的大概只有忙乱或琐事缠身罢了。所以在当时以及后世看来，加图都称得上是一位真正典型的罗马公民，尽管有些粗鲁，但他就像是罗马正直和充满活力的化身，与希腊的懒惰和道德败坏形成了鲜明的对比。正如后来一位罗马诗人所言：

> 外国习俗只会教人千方百计行骗，
> 罗马市民才是世界上最正直的人。
> 在我看来，一个加图胜过一百个苏格拉底。

针对这一说法，历史不能完全保留，但任何人一旦仔细观察这一时期衰落的古希腊文明对罗马人的生活方式和思想所造成的改变,便只会加深对外国习俗的鄙弃,而不愿轻减一分。

新的祭祀形式

很快,原有紧张的家庭氛围开始变得轻松起来。女性劳工和重男轻女思想的弊端开始发酵,随即像瘟疫一般四处传播,在当时的情况下,人们已不能通过制定法律来遏制这一影响。加图任监察官时(罗马纪元570年即公元前184年),曾向蓄养奴隶供私人享乐的万恶人士征收繁重的赋税。但这种税并未推行多久,一两年之后便与财产税一同遭到废止。早在罗马纪元520年即公元前234年,人们对独身主义怨声载道,自然单身人数和离婚人数成比例上升。最令人惊骇的罪行往往发生在统治者家族的骨肉之间,例如执政官盖乌斯·卡尔波尼乌斯·皮索的妻子为了进行执政官补选,从而让继子当上最高行政长官,连同后者一起成功将其丈夫毒死(罗马纪元574年即公元前180年)。此外,妇女解放已初见端倪。依照过去习俗,已婚女子在法律上应当听从自己的丈夫,而非自己的父亲;未婚女子应当由族系关系最亲近的男性监护。妻子本身没有财产,而没有父亲的处女和寡妇在任何情形下都无权处置财产。

但是现在,女性开始渴望财产独立。一些人利用律师的权宜之计回避,尤指假结婚,企图摆脱族内亲属的监护,最终获得自身财产的处置权。而那些已婚女子也不见得用了多光彩的办法,才得以摆脱丈夫的权力约束,后者在严格的法律体系当中是十分必要的。这一时期的政治家认为,妇女手中握有大批资本是非常危险的,因此他们只得制定一些法律,禁止一切遗嘱将妇女设为继承人(罗马纪元585年即公元前169年),甚至采取极其专断的手段,剥夺妇女手中多半不通过遗嘱而得到的旁系亲属财产。同样,尽管家庭对女性的管辖权与丈夫的权力和监护权密切相关,但实际上也在一步步失效。即便在公共事务中,女性也已开始拥有自己的主张,甚至有时正如加图所说:"管理那些统治世界的人。"公民大会见证了她们地位的崛起,一些地区甚至早已为罗马女性设立了雕像。

奢侈之风

至于服饰、装饰品、家具、建筑和饮食,奢侈之风日益盛行。亚洲以及希腊两地奢侈之风原本盛行于以弗所和亚历山大城一带,装饰空洞并拘泥于细节,耗时费钱而缺乏乐趣,自罗马纪元564年即公元前190年罗马远征小亚细亚之后,这种崇尚奢华的风俗便传到了罗马。这里妇女同样占据了领导权。坎尼之战[8](罗马纪元539年即公元前215年)过后不久,罗马与迦太基讲和(罗马纪元559年即公元前195年)并颁布了一项法令,禁止妇女穿戴金饰、身穿彩色衣裙或乘坐马车。尽管加图对此强烈反对,最终还是妇女设法废除了这一法令。狂热的反对派对她们无计可施,只能对这些服饰物品征收高额税(罗马纪元570年即公元前184年)。大批新奇的物品(多半无用),如外观精美的银器、青铜作架的餐榻、阿达利式的衣饰和密织金锦缎地毯也因此传入罗马。

而这种新式奢侈之风尤其体现在餐桌饮食上。一直以来,罗马人一天只吃一次热食,而如今每天第二顿也经常提供热食;至于主菜,过去通常只设两道菜,如今也不足以满足需求了。一直以来,家中妇女负责烘烤面包和烹饪,只有举办活动款待宾客时才会雇用专业厨师料理。另一方面,这时各个地方都开始提倡科学系统的烹饪,拥有一定社会地位的人士家中通常会雇用一位专业厨师。分工无可避免,于是烘烤面包蛋糕这一技艺从烹饪业中分离出来,这才有了罗马第一家烘焙店（罗马纪元583年即公元前171年）。那些描述美食艺术的诗篇，列举了一长串最可口的鱼类和其他海产品，吸引了大批读者；而关于美食烹饪的理论也逐渐付诸实践。外国的一些美食，如本都[9]的鳗鱼和希腊的葡萄酒，开始受到罗马人民的欢迎。为了使本国普通葡萄酒带有科恩酒[10]的风味，加图提出用海水浸泡的方法，而这几乎也不会对罗马葡萄酒商造成任何损失。

过去客人和他们的孩子唱歌朗诵的高雅庆祝形式已被亚洲的竖琴演奏所取代。一直以来，罗马人大概会在晚餐时大量饮酒，但严格意义上的宴会却不得而知。如今，正式的饮酒宴会开始流行，这些场合上只有纯酒或稍微稀释后的酒，人们须用大杯一饮而尽。每位参加该宴会的人都要依次向邻座敬酒，这种借酒许诺的规则独具特色，形成了罗马人口中所说的"仿希腊式饮酒"或"全希腊式饮酒"。罗马人长久以来热爱骰子游戏，这使得人们沉湎酒色，以至于发展到必须要有立法加以干涉的地步。人们越来越厌恶劳作，而愈发喜欢无所事事到处闲逛[11]。于是，加图提议市场地面应用尖锐石头铺设，这样一来可以杜绝人们闲逛的恶习。罗马人对此嗤之以鼻，继续享受着闲逛和发呆的乐趣。

娱乐活动增多

上文提到，这一时期大众娱乐活动数量迅速增加。初期，除一些不重要的竞走和战车比赛之外，仅有一个九月举行的全国性节庆可与宗教典礼相提并论。该节庆历时四天，其活动经费具有确切的限额。到了末期，这一节庆至少历时六日。人们还可在四月初庆祝众神之母的节日，即所谓的"大母节"，在四月末迎来谷神节和花神节，在六月欢庆阿波罗神的节日，在十一月参加平民赛会。以上节日的活动大概都不止持续一日。除此之外，人们出于宗教考虑另设了一项赛会以及接连不断的许多特殊节庆日，其中引人注目的当属由什一税拨款举办的各项宴会，如众神节庆日宴会、出征凯旋宴会和丧葬典礼。伊特鲁里亚特别将罗马宗教划分为几个时间段，自罗马纪元 505 年即公元前 249 年开始，人们可在每一时期末举办节庆活动。同时，家庭节庆日也成倍增加，多种多样。第二次布匿战争期间，由于受到此后关系十分紧密的两类人——外国祭司和外国厨师的影响，贵族阶层家中每年会举办一次宴会，纪念众神之母被引进罗马（罗马纪元 550 年即公元前 204 年后），与之类似，下层人民也会举办宴会庆祝播种节（自罗马纪元 537 年即公元前 217 年后）。人们竭力塑造一种理想的生活环境，让每一个无所事事的人每天知道去哪消磨时间。罗马人民竭尽全力努力生活，习俗和法律也都不容许大家空闲懒散，而在这个共和国中却存在着这样一种社会现象，真是令人震惊。更有甚者，这些节日庆典当中的恶劣行径日益成为社会主流。

的确，一直以来战车比赛都是所有民族节日当中的精彩压轴大戏。一位诗人生动刻画了比赛时的一个场景，当执政官即将给出开始信号时，在场的人都屏息凝视着他。但过去的娱乐活动已不能满足人们的需求，他们渴望更多的新奇活动。这时，希腊的运动员同本土的摔跤选手和拳击选手一起走入人们视线（罗马纪元 568 年即公元前 186 年首次露面）。至于戏剧表演，我们留到下一章节介绍，虽然将希腊的喜剧和悲剧引进罗马是一项有利的举措，其中利益也不得而知，至少在当时看来是最好的选择。罗马人一直热衷于举行当众追赶野兔和猎狐的游戏，现在他们将这种狩猎游戏改成了正式的野兽诱捕比赛，因而不得不耗巨资将非洲的狮子和黑豹等野兽运回罗马（据历史可考，起于罗马纪元 568 年即公元前 186 年），用人兽相残的场面让首都人民大饱眼福。这种令人厌恶的格斗比赛原本盛行于坎帕尼亚和伊特鲁里亚两地,如今传到罗马,于是自罗马纪元490年即公元前264年开始,人们的竞技血洒古罗马竞技场。

而这些道德沦丧的娱乐活动必然遭到强烈的谴责,罗马纪元486年即公元前268年,当时执政官普布利乌斯·森普罗尼乌斯·索弗斯因妻子观看葬礼竞技而与她离婚;政府颁布了一项人民法令,禁止把野兽运到罗马,并且严令一切角斗士不得参加公共节庆活动。不过就这而言,政府也缺乏一定的权力和魄力,显然它能成功禁止诱捕野兽的活动,但未能阻止角斗士参与私人节庆活动,尤其是葬礼。至于人们较于悲剧演员更喜欢喜剧演员,较于喜剧演员更喜欢绳舞者,较于绳舞者更喜欢角斗士,抑或是在希腊生活方式的影响下,纵酒狂欢逐渐成为戏剧主题,政府更是无能为力。自此,舞台表演和艺术表演抛弃了原有的文化因素;相比于希腊戏剧在全盛时期的影响,罗马节日活动主办人的目的绝不在于利用诗歌的力量提高(即便这只是暂时的)观众的欣赏水平,让他们最大程度领略戏剧的美,也不在于像剧院那般专供贵族艺术享乐。罗马纪元587年即公元前167年的一次庆祝凯旋的宴会上,有一个场景说明了导演和观众各自的角色:一开始希腊笛子演奏者没能用音乐取悦观众,于是导演令他们停止演奏,改为拳击,最后观众不停叫好。一方面,罗马风俗受希腊影响开始腐化;另一方面,学者开始诋毁导师的德行。希腊人民原本不知道格斗比赛,后来叙利亚王安条克·埃庇芳尼(罗马纪元575—590年即公元前179—前164年)公开声明效仿罗马人,将它引进国内。相较于罗马人,希腊人民更加仁慈也更富有审美力,格斗比赛让他们只感到恐惧,并未体会到快乐。但这一比赛依旧坚持了下来,日渐流行。

当然,生活方式以及风俗也随之发生了巨大改变。人们越来越渴望居住在首都,但这里的生活成本也与日俱增,房租空前昂贵。人们为满足个人享乐花费颇多:产自黑海的一桶鳀鱼标价一千六百塞斯特斯（折合十六英镑），竟然比乡下一个奴隶还贵；一个帅气的男孩标价二万四千塞斯特斯（折合二百四十英镑），比许多农场主的农庄还贵。因此，金钱变得尤为重要，人人都将金钱挂在嘴边。希腊人一直以来做任何事都要求一定的回报，即便他们自身感到耻辱，但仍坦承了这一点。第二次马其顿战争后，罗马人也开始学习希腊人的这种做派。名誉和社会地位的授予都需法律作为支撑，如人民法令禁止辩护人为自己提供的服务索要钱财，只有地位尊贵的法学家才有例外，不受任何人民法令的约束，一如既往无偿提供良好建议，令人钦佩。

如若可能，人们才不会公开行窃。但人们似乎可以接受任何为迅速发家致富而使出的诡计，如抢劫、乞讨、以承包商身份行骗、以投机者身份诈骗、进行高利贷交易、重利剥削粮食，甚至利用友谊和婚姻等纯粹的道义关系谋财。特别是婚姻成为双方商业投机的载体。金钱婚姻处处可见，人们认为应该拒绝承认夫妻互赠礼物的法律效力。在这种情形下，当局能发现火烧首都的诡计就不觉奇怪了。人们不再从工作中寻找快乐，而是为了尽早获得愉悦而投入工作当中，最终没成为罪犯只系偶然。命运毫不吝惜地给予罗马人一切权力的荣耀，但事实上，潘多拉的盒子[12]未必是一件讨人喜欢的礼物。

注释

[1] 肩荷象征刑法的束棒,在行政长官前面喝道,并执行捕捉人犯等事的小吏。——译者注
[2] 古时钱币和碑文证明，马格尼西亚的英雄及其子孙原名为 Asiagenus，而卡庇

托尔纪年中称其为Asiaticus。碑文上的几个痕迹表明，该纪年曾经后人修改，此为其一。前面的称号只能是"Asiagenus"的讹写，即后世作家用来代替原来称呼的，该词的意义不是"亚洲征服者"，而是"生在亚洲的人"。

[3] 希腊中部一古老地区，位于科林斯湾及卡莱敦（佩特雷）。——译者注
[4] 位于土耳其小亚细亚北方的一座城，希腊神话中弗里吉亚国王弥达斯曾在此为其母库柏勒建了座神庙。库柏勒被罗马人视为众神之母。——译者注
[5] 古罗马的占卜师（祭司、僧侣），每每在宰杀所祭祀的牲畜后，查看其内脏、肠胃的情形，以推断吉凶祸福的一种占卜术。——译者注
[6] 古罗马诗人，写过戏剧、史诗和其他文学作品，在古罗马文学史上占有重要的地位，很受西塞罗敬重。——译者注
[7] 公元前480年至前406年与埃斯库罗斯和索福克勒斯并称为希腊三大悲剧大师，他一生共创作了九十多部作品，保留至今的有十八部。——译者注
[8] 发生于公元前216年，乃是第二次布匿战争中的主要战役。——译者注
[9] 古国名，位于小亚细亚半岛的黑海东南沿岸，公元前281年米特拉达特斯一世建国，公元前65年被庞培征服，成为罗马共和国的附庸国，62年国家被罗马皇帝尼禄废除成为罗马帝国的一部分。——译者注
[10] 科恩酒是用谷物酿造的一种无色蒸馏酒，主要产于德国西部。——译者注
[11] 普劳图斯的《象鼻虫》中有一首致辞，描写首都大街当时的景象，或许缺乏风趣，但也因此更为逼真：

让我指引你去什么地方找什么人，
这样便不浪费你们的光阴，无论你们愿和谁谈话
正人和邪人，好人和坏人。
想找一个发假誓的人吗？那我就把你送到大会场。
想找一个撒谎和吹牛的人吗？请到克露亚辛那。
（在商场里你可以找到殷富潦倒的丈夫；
娈童和惯做小生意的也在那里。）
不过花钱聚众喝酒的人却在鱼市。
忠厚的富翁往来于下市，
真骗子却出没在附近的小路上。
无耻多言者和恶棍同立在水池边；
他们用傲慢口吻无故骂人
实在罪无可恕，惹人惩治。
借贷取息的坐在维台利布；
坐在迦斯托庙的那些人，不可贸然向他们借贷；
卖身的在突斯科街；
在维拉布罗，可以找到面包匠，屠户和算命的僧侣，
有借钱还债的，有放债使人得免于破产的；

>   殷富潦倒的丈夫在琉卡底亚·欧庇亚家。

括弧内的诗句是后世罗马第一个商场落成后（罗马纪元570年即公元前184年）加入的。此时面包匠（直译为磨面师）不仅售卖美食，还为宴饮供应面包，肉商也是如此。而琉卡底亚·欧庇亚大概开了一家妓院。

[12] 潘多拉是希腊神话中火神赫准斯托斯或宙斯用黏土做成的地上第一个女人，作为对普罗米修斯盗火的惩罚送给人类的第一个女人。神话中，潘多拉打开魔盒，释放出人世间所有邪恶——贪婪、虚无、诽谤、嫉妒、痛苦等等。人们常用此表示引起种种祸患。——译者注

第十四章

文学与艺术

罗马文学之所以能够发展，得益于一些特殊因素，而这也是他国无法媲美的。若要准确评估这些因素，我们首先需要了解这一时期的教育和娱乐。

语言学习

语言是一切精神文化的基础，在罗马更是如此。罗马十分重视演讲和文献，在现在所说的孩童年纪，公民便已拥有对其财产的无上管理权，并要到广场向公民作正式演讲。同时，罗马提倡人人说一口流利优雅的母语,早期便下令所有公民从孩童时期开始学习。汉尼拔时期,希腊语已渐渐在意大利盛行,一直以来贵族阶层几乎无人不知,将其作为古代文明相互交流的一种媒介。如今,罗马在世界上拥有了更大的影响力,与他国交流和贸易激增,对商人和政治家而言,掌握希腊语即使并非必要,可想而知也十分重要。大部分意大利的奴隶和自由民是希腊人或拥有一般希腊血统的人,在一定程度上,下层人民尤其是首都人民也能接触到希腊语并了解希腊。从这一时期的喜剧作品来看,即便是首都下层人民,如若未掌握希腊语便无法理解某种拉丁语的语言;如若未掌握法语便无法理解斯特恩的英语和魏兰德的德语[1]。出身元老家庭的人士不仅用希腊语向希腊听众演讲,还用希腊语出版自己的演讲稿,如执政官提比略·格拉古[2](于罗马纪元577—591年即公元前177—前163年间任职)用希腊语出版了个人在罗德岛所作的演讲。在汉尼拔时期,他们还用希腊语编写史书,不过此事留待下文详述。一些人对希腊语的发展作出了更伟大的贡献:希腊人尊崇弗拉米尼努斯[3],用罗马人的语言对他大加赞赏,于是他也用希腊语回以称赞;埃涅伊德家族的大将军效仿希腊风俗,将许愿的礼物以对句的形式献给希腊神灵[4]。加图还曾指责某位元老,称其竟胆大妄为在希腊庆典中激情朗诵希腊诗歌。

在这样的情形下,罗马教育逐渐发展起来。人们以为古代对基础教育的普及远不及当代,其实不然。那时下层人民乃至奴隶都会读写算术:以马哥为例,加图认为所有奴隶管家都能读书写字。在此之前,罗马早已开始大规模普及基础教育,并采用希腊语授课。而这一时期为了锻炼专业技能和提升内在修养,各地兴起了一种新的教育。迄今为止,人们不会因为通晓希腊语而在希腊生活中占有优势或拥有更高的社会地位,就像如今在德国的瑞士语区,人们也不会因通晓法语而占有优势。最早编写希腊史书的人在元老院中不受重视，就像住在荷尔斯泰因沼泽地的农人那般默默无闻，曾是一名学生的他如今每日劳作，晚上回家仍会拿起书架上维吉尔的书研读一番。一个人若因通晓希腊语而妄自尊大，人们将视他为傻子、卖国贼。在加图时代，即便一个人不擅长甚至不会希腊语，他也能进入贵族阶层，担任元老乃至执政官。但这一切已然发生改变。意大利民族内部尤其是贵族阶层加速腐败，以至于整个民族不可避免推崇一种普遍的人文观点。人们强烈渴望一种更先进的文明，希腊语教育应运而生。古希腊经典著作《伊利亚特》和《奥德赛》长期以来为教育奠定了基础，希腊的艺术和科学中所蕴含的宝藏由此展现在意大利人眼前。严格来说，教育并未经历任何外在的变革，便自发由语言的实证研究转变为对文学的深入研究；学者通过各种方式从这类文学研究当中学习相关文化，再运用这些知识研究影响时代精神的古希腊文学，如欧里庇得斯的悲剧和米南德[5]的喜剧。

同样，人们也愈发重视用拉丁语教学。罗马上层阶级开始意识到，本国语即使不必被希腊语替代，它也需经过精炼才能适应新的文化。要达到这一目的，他们认为也需从各个方面向希腊人学习。从罗马的经济发展来看，本国语基础教育与其他不被重视并需雇人进行的工作无异，主要由奴隶、自由民以及外邦民，也就是希腊人或拥有一般希腊血统的人完成[6]。由于拉丁字母与希腊文字几近相同，两种语言关系十分密切，大大减少了这一做法的困难。不过这不值一提，相较于学习拉丁语，学习希腊语在形式上意义更为深远。任何人一旦明白为青少年高等智力教育寻找合适素材和形式是何等困难，而放弃曾经发掘的那些素材和形式更是难上加难，他便能理解为何罗马人过去缺乏高级拉丁语教育所需素材时，并未改变解决策略，却只是照搬希腊语言文化教育所用的解决办法用于拉丁语教育。如今，我们再次目睹了这样一个过程，人们试图将没落语言的教学方法用于现存语言的教学。

但不幸的是，这种方案缺少一项最关键的必备条件。毫无疑问，罗马人能够通过《十二铜表法》锻炼拉丁语的读写能力。拉丁文学是人们了解拉丁文化的前提，而罗马并不存在这种文学。

古希腊影响下的喜剧表演

除此之外，还有一个缺陷。上文已经提到一个现象，即罗马民众娱乐活动增多。因此，长期以来戏剧表演在众多娱乐活动中都占据着重要地位，战车比赛虽是其中最重要的活动，但这些比赛仅历时一天（即最后一天），在这之前，接连几日都会安排戏剧表演供大家欣赏。但在很长一段时间内，所谓戏剧表演只限舞蹈和杂耍表演；舞台上临时出现的歌唱表演，既无对话也无情节。直到现在，罗马人才开始寻找一种真正的戏剧。罗马节庆活动自始至终受到希腊人的影响，他们擅长娱乐消遣，自然为罗马人承办了这些活动。如今，戏剧已然成为希腊最受大家喜爱、种类最多的娱乐活动，迅速引起了罗马举办节庆活动人士及其助手的注意。尽管早期罗马舞台歌唱包含了一种戏剧萌芽，也存在发展的可能性，但若要使这一萌芽最终发展成为戏剧，诗人和民众须具备一种真诚传递与接纳的态度，而罗马人并不具备这一态度，至少这一时期还未做到。我们可能发现，负责举办大众娱乐活动的人士缺乏耐心，活动安排仓促，罗马民众几乎感受不到珍贵的安宁和闲暇时光。这里还存在另一个外在缺陷，而罗马无法弥补，那就是人们渴望戏剧表演，但剧本少之又少。

罗马文学的兴起

这些因素奠定了罗马文学发展的基础,而它的缺陷从一开始就是无法避免的结果。一切真正的艺术其根本在于,人们拥有自由并享受生活,而意大利并不缺少这类艺术的种子。但当罗马人民的自由和快乐被一种民族归属感和责任感所取代,艺术便无处生长,只能一步步凋落。历史上罗马的全盛时期恰恰是文学的销匿时期。直到罗马民族渐渐衰落,希腊精神在各地盛行,罗马文学才开始兴起。因为罗马缺少文学发展的必要环境,所以出于希腊的立场,文学一直大肆抨击罗马特有的民族精神。最重要的是,罗马诗歌并非直接来源于诗人的内心感触,而来自教育和戏剧表演的外在需求,前者需要拉丁文教材,后者需要拉丁文剧本。如今,教育界和戏剧界全面彻底抵制罗马精神,发起了一场革命性运动。过去罗马人严肃认真,酷爱活动,极其厌恶剧场中人们那目瞪口呆的神情。同时罗马社会一直存在一种根深蒂固的观念,那就是奴隶主、奴隶、贵族和乞丐都不属于公民阶层,而类似的信仰和文化也成为所有罗马人民的独特标签。相较于戏剧,学校和必然仅限于贵族阶层的教育危害更大,具有破坏社会平等的毁灭性力量。教育和戏剧成为最能影响这一时期新时代精神的两大杠杆,并且因为拉丁语的运用影响力进一步扩大。即便人们用希腊语说话写字,或许仍抹不去罗马人这一身份,但在这种情况下,他们虽然仍会说罗马语言,内心的自我和生活方式早已烙上了希腊的印记。

李维乌斯·安德罗尼库斯 [7]

自罗马首位作家诞生,其文学开始逐渐发展起来。罗马纪元

482年即公元前272年初塔伦图姆陷落，希腊人安德罗尼库斯（生于罗马纪元482年即公元前272年以前，卒于罗马纪元547年即公元前207年以后）同其他奴隶一起被带到罗马，之后归征服塞纳的将军马库斯·李维乌斯·萨里那托尔（于罗马纪元535—547年即公元前219—前207年间担任执政官）所有。在成为罗马公民后，他改名为卢修斯·李维乌斯·安德罗尼库斯[8]。作为奴隶，他一方面需要表演戏剧并抄写文书，一方面得教授拉丁语和希腊语，他的学生既有主人的子女，也有屋内屋外有钱人家的孩子。因在这方面成绩斐然，他最终重获自由。他还经常为政府当局服务，如汉尼拔战争情势转好之后，政府命他创作一首感恩颂歌。也正因为对他的敬重，政府为诗人和演员行会在阿文廷山上的密涅瓦神庙预留了一块位置，供他们日常祭祀。在日常工作中，他开始了自己的创作生涯。身为教师，他将《奥德赛》一书译成拉丁文字，如此一来将拉丁文本用于拉丁语教学，而希腊文本则用于希腊语教学。而人们一直沿用这种最早期的罗马教材，历经几个世纪之久。同其他演员一样，他自编自演，将剧本以书的形式出版，也就是说，当众朗诵剧本并将手抄副本四处传阅。更值得一提的是，他用希腊戏剧取代了旧时以抒情为主的舞台诗歌，着实伟大。那是罗马纪元514年即公元前240年，距第一次布匿战争结束仅一年，第一部戏剧在罗马舞台上诞生。由此，用罗马语言编写的第一部史诗、第一部悲剧和第一部喜剧相继诞生，其作者与其说是希腊人，更像是罗马人，这是具有划时代意义的事件。至于他的著作有何艺术价值，我们不得而知。

这些著作绝对称不上创作，然而作为译本，这些诗歌抛弃了原本的质朴语言，堆砌辞藻，极力模仿邻国人民的高度艺术修养，令人愈发觉得粗俗。也正因为这种拙劣的模仿，这些作品与原作大相径庭。书中论述有时枯燥乏味，有时晦涩难懂，语言更是粗糙生硬[9]。古代艺术评论家曾称，除在学校里强迫性阅读以外，无人愿意重读李维乌斯的任何诗歌，这一点我们完全相信。然而这些作品在许多方面都堪称后世典范，它们开创了罗马的翻译文学，将希腊诗歌的韵体引进拉丁姆地区。既然李维乌斯用萨图拉韵体写下了《奥德赛》的译本，那么希腊韵体只运用于戏剧这一领域的原因，显然是模仿悲剧喜剧中的抑扬格和扬抑格，这要比模仿史诗中的扬抑抑格简单得多。

但罗马文学很快经历了其发展的初期阶段。后世无不认为，李维乌斯的史诗和戏剧好比代达罗斯[10]那呆板的雕像，既无情绪的波动，也无表情的变化。与其称之为艺术，不如说是珍奇古董。在往后的几十年间，人们在此基础上创作了新的抒情诗、史诗和戏剧作品，即便从历史的角度追溯诗歌的发展，这一阶段仍旧十分重要。

戏剧院

就创作的类型和对公众的影响而言，罗马戏剧领先于诗歌的发展。古时，罗马并不存在收取固定门票的常设戏剧院，无论在希腊还是罗马，戏剧的出现，对人们而言都只是每年定期或特别举办的娱乐活动中的一部分。民众节庆日不断增多，政府对此颇为担忧，因而采取了多种措施抵制或试图阻挠，如禁止人们用石块搭建戏剧院[11]。为了满足戏剧发展的需求，人们每逢节庆日便用木板搭建舞台，将背景装饰一番供演员表演。在舞台前用木桩围成一片半圆形场地作观众区域，整块区域都在一面斜坡上，没有台阶和座位。因此，若观众未自带座椅，他们便只能蹲坐、斜躺或站立[12]。早期，女性之间社会地位相差悬殊，要么身处最高位，要么身处最底层。而直到罗马纪元 560 年即公元前 194 年，罗马社会才开始对社会地位进行区分，如上文所述，在此之后，元老作为身份最尊贵的观众，总能拥有最前排视角最好的座位。

　　观众绝非上流社会人士。诚然贵族并不回避民众的一般娱乐活动，甚至出于礼节，男性成年贵族有到场的义务。但所谓的公民节庆日暗含了"一切奴隶和外邦民没有资格参与，而公民及其妻子儿女皆可免费入场"的本质[13]，因此，与现在观看烟花表演和免费展览的观众相比，那时的观众也不过是普通人罢了。自然而然，活动过程中缺乏一定秩序，孩子们不停哭闹，女性闲谈惊叫，不时还有少女嚷着冲上舞台，场面一片混乱。一旦到了这些节日，警察就毫无假期可言，经常在这儿没收一件披风，那儿挥舞一阵棍棒。

　　希腊戏剧进入罗马之后，当地对戏剧演员的需求增加，而有才能的演员似乎更是供不应求。曾经奈维乌斯某部剧作表演，演员人数不够，人们只得让业余人士出演。但艺术家的地位并未因此改变，诗人（那时称为"作家"）、演员和作曲家依然属于受雇佣的工人阶层，少有人尊敬他们，公众舆论也容不下他们，警察更是虐待他们。显然所有重视名誉的人都会远离这类行业。古希腊戏剧中歌队的队长即整出戏的主演一般由自由民担任，而其他成员通常是他的奴隶。凡是名字流传至今的作曲家，一律都不是自由民。他们的报酬十分低廉，一位剧作家的报酬仅为八千塞斯特斯（折合八十英镑），而这一时期刚过不久，这笔钱在大家看来已是非常可观。此外，只有戏剧演出完全成功，筹办节庆的行政长官才会支付酬劳。酬金一旦支付，此事便宣告结束。至于阿提卡当地举办的诗歌竞赛和荣誉奖项，罗马人民更是闻所未闻。这一时期的罗马人似乎只是像我们现在这样，或鼓掌或喝倒彩，并且每天只公开表演一出剧。在这样的情形下，艺术为每日生计所累，艺术家不但得不到应有的荣誉，反倒蒙受耻辱。在罗马新建的国家戏剧院，我们无法看到任何原创性的剧作甚至任何艺术形式上的突破。作为最高尚的雅典人、令人尊敬的对手，罗马引进了古希腊阿提卡地区的戏剧。总的看来，罗马戏剧是对希腊戏剧的一种破坏性复制，我们唯一惊叹的是它竟能在细节中体现如此多的优雅与智慧。

据史料推测，每天仅有一部剧作演出[14]。表演一开始，观众便从各家各户赶来，直到表演结束后才回到家中。正如剧本所写，每天吃过第二顿早餐，他们便赶往戏剧院，到了正午时候人已经回到家准备吃饭了。因而据我们估算，戏剧表演大概会从正午时候一直持续到两点半结束。人们在演出普劳图斯[15]的某部剧作时，在表演间隙中添加了音乐，大概这样才能撑满那么长的演出时间。剧本中说道塔西佗能吸引观众在戏剧院待上一天，这一场景大概在后世才能看到了。

喜剧

在戏剧界，喜剧远比悲剧受大家欢迎。若演出的戏剧不是他们期待的喜剧，他们便会皱起眉头。如此一来的结果是，这一时期虽有专门从事喜剧的诗人如普劳图斯和凯基利乌斯，却无只编写悲剧的诗人。这一时期我们所知道的戏剧作品当中，平均每三部喜剧才诞生一部悲剧。显然，罗马喜剧作家（称翻译家更为合适）首先从著名的戏剧作品着手，而后发现所有作品都只局限于新式雅典喜剧[16]，尤其是著名喜剧诗人的作品，如奇里乞亚的独白大师菲利蒙（罗马纪元394—492年即公元前360—前262年）和雅典的米南德（罗马纪元412—462年即公元前342—前292年）。从历史的角度来看，这类喜剧对罗马文学乃至整个民族的发展都至关重要。

新式雅典喜剧的特点

所有的剧本千篇一律，没有新意。不出意外，戏剧情节都是从帮助一个青年小伙开始，在他牺牲了自己父亲或某个妓院老板的利益之后，最终赢取了心上人的青睐。而这样一位心上人总是拥有无限魅力，人品却令人怀疑。在恋爱成功之前，小伙总要经历一些金钱诈骗，他从狡猾的仆人手中拿到了所需的钱财，却也因此上当受骗。这时心上人出现，感慨小伙的爱情遭遇，为他遭遇诈骗而忧伤不已，这便是剧本真实的故事主线。故事还刻画了爱情中的酸甜苦辣、恋人挥泪告别以及伤心欲绝的恋人誓要报复对方的场景。古时艺术评论家曾说，与其说是爱情，不如说是示爱的阴谋才是米南德诗歌的生命。至少在他看来，结婚是所有故事不可避免走向的结局。等剧情发展到结婚的时候，为了更好地启迪观众或满足他们的期待，女主角的美德开始展现，而这时又有证据表明她是某位富人遗失的女儿，所以从各个方面而言她都是最符合条件的配偶。

除这些爱情剧外，我们还发现了一些情节感人的作品。以普劳图斯的喜剧作品为例，《缆绳》描写了船舶失事一事以及由此引发的避难权事件，《三块钱一天》和《俘虏》抛开爱情这一主题，转而描写朋友对朋友、奴隶对主人的无私奉献。剧中的每一个人物和场景都像地毯上的图案一样，细枝末节无不一再重复。我们总能听见窃听者的低语声和屋外传来的敲门声，看着领了差事的奴隶街头乱窜。常备的面具通常数量都是固定的，如老人的面具有八种，奴隶的面具有七种，通常诗人只需在其中做出选择，这更有利于批量创作。这样一部喜剧必然会抛弃过去喜剧中的抒情元素——合唱，从始至终都以对话形式展开，最多插入一些朗诵，不仅缺少政治元素，而且毫无真实的情感和诗意的升华。

这类戏剧的明智之处在于，它们并不妄想产生重大影响或真正促进诗歌的发展，只是通过主题和细节处的描写，给有才华的人提供了创作的机会，这才是它们最大的魅力。相较于过去的喜剧作品，新式喜剧题材大不相同，内容更为空洞，情节更为错综复杂。在细节的描写上，对话中的观点及其精湛的语言造就了诗人的成功，也令观众颇为高兴。人物之间混乱的关系和纠纷诞生了许多荒诞的恶作剧，如《迦西纳》中以两位新郎和一位新娘装扮的士兵睡在一块作为结局，可谓是真正的福斯塔夫式作品。在这一时期的雅典戏剧作品中，除去人物之间真实的对话，说笑、幽默和谜题成为主要的娱乐素材，这类喜剧大多也是如此。

欧波利斯和阿里斯托芬为整个伟大的民族编写戏剧，而这些喜剧作家则不然，他们只为受过教育的人士创作。和其他有才华而无处施展的人一样，这群人只能靠猜谜和拆字游戏消磨时间。因此，这类戏剧无法反映所处时代的社会现象，这一时期的重大历史事件和思想运动更是无迹可寻。若想了解这些，我们需细细品读菲利蒙和米南德的作品，毕竟他们与亚历山大和亚里士多德同处于一个时代。但这类喜剧的确是雅典上流社会的真实写照，描写极其生动，也从未偏离过这类主题。我们所接触的作品大多是用拉丁文誊写的，尽管字迹已经模糊，但原作的优美之处依旧得以保留。米南德当属其中最优秀的诗人，他的仿作也最为精彩，诗人所目睹和经历的生活，与其说反映在那些混乱的不平事中，不如说体现在日常生活的点滴温情。剧中真实描述了家中父女、夫妇、主奴之间的和睦关系，恋人间的相处日常和一些小打小闹，对戏剧创作的影响一直延续至今。例如，《斯提库斯》结尾处描写了一场奴隶宴会，在有限的角色关系中，爱上同一个美女的两位男性依旧能相处融洽，这大概是同类作品中最美好的结局。身材曼妙的妓女精心打扮了一番，出场时浑身散发着香气，梳着当下最流行的发型，身披金丝镶边的多彩拖地长袍，甚至在舞台上演示梳妆打扮，着实动人。随后出场的老鸨有时像《象鼻虫》剧中那样表现得极为粗俗；有时是歌德古老剧作《芭芭拉》中少女的保姆，就像《凶宅》中的斯迦发那般，而且一直有兄弟和同伙愿意帮她。

剧中描写老人的部分也很多，各式各样的老人形象都有，依次出现了严厉的父亲、宠溺的父亲、温柔的父亲、多愁善感的父亲和一心帮助他人的父亲；好色的老人、生活安逸的老单身汉、满怀嫉妒的老太太带着支持自己的老女仆反抗主人。但青年男性角色所占比重并不多，初恋情人和处处可见的模范儿子也是如此。至于奴隶角色，如狡猾的仆从、严厉的管家、机警的家庭教师、浑身散发着蒜臭味的农奴和鲁莽的男童，在剧中有了各自新的职业。其中一个常见的角色便是弄臣[17]，因与富人同坐一桌吃饭，他须通过说笑话猜字谜娱乐宾客，有时陶瓷碎片扔到他头上，他也只能忍受，当时这在雅典是一种正式的职业。而剧中用这样一个依赖他人过活的角色代表了那些以说笑幽默和讲述趣闻为职业的人士，当然也不单纯算是作家的虚构。此外，人们喜欢剧中厨师的角色，因为他们不仅知道如何以绝世酱汁自夸，而且深谙如何像专业小偷那般行窃；喜欢无耻的妓院老板，看他们得意地承认自己的种种罪恶，《撒谎者》中的巴利奥便是这样一个典型的角色；喜欢傲慢自负的战士，从他们身上我们能清楚发现，亚历山大大帝继承人领导下的军队弥漫着一股自由散漫之风；喜欢职业的骗子和谄媚者、吝啬的钱商、表面正经实则愚蠢的医生、祭司、水手和渔民这类角色。

除此之外，剧中还有切实刻画人物性格的角色，如米南德笔下"迷信的男人"和普劳图斯《一坛黄金》剧中的"守财奴"。这种兼具罗马和希腊风格的剧作，直到最后仍保留了其不朽的塑造能力。不过这里的人物性格描写多来源于外在表现，而非心理活动再现，对外在表现描写越多，剧作中的人物个性越贴近真实。其中有一种情形我们不能忽视，在上文所提到的人物性格部分中，性格中的真实性大多依靠抽象伦理概念的推断加以表达。剧中人物收集自己剪下的指甲，惋惜自己流下的泪水，认为那是被浪费的水，作者便认为他是守财奴。这样的性格描写太浮于表面，只注重文学效果，全然不顾个人德行。这一切过错不单单是喜剧作家的责任，更是整个民族的责任。

一切独属于希腊人的事物都在走向消亡：祖国、民族信仰、家庭生活和一切高尚的行为和情感都已不见。诗歌、历史和哲学的发展也陷入停滞，留给罗马人民的只有学校、鱼市和妓院。注定闪耀人们生活的诗歌，最终却只能用米南德的喜剧去理解生活，这实在无可厚非，也不足为奇。此外，同样值得我们注意的是，这一时期的诗歌一旦不再刻意模仿，稍稍远离雅典腐败的生活这一主题，立刻就能从理想中汲取力量，焕然一新。这一时期仅存的一本嘲弄英雄的喜剧由普劳图斯所作，名为《安菲特利昂》，与同一时期的其他任何作品相比，该剧都更为纯粹而富有诗意。

作家以略带讽刺的语言描绘了善良友好的众神、做出种种英雄事迹的伟人和可笑胆小的奴隶，互相形成了最强烈的对比。跳过令人发笑的情节，众神之子在电闪雷鸣中诞生，在结尾处达到了意想不到的效果。但相比于这一时期描写雅典生活万象的传统喜剧，这种嘲弄神话的创作更有新意和想象力。从历史道德的眼光看，我们不能单单指责传统诗人，也不能因为某一诗人在所处时代取得的成就而指责他个人。喜剧不是造成这种现象的原因，而是整个民族处处生活奢靡的结果。在这一切奢华精致的表象之下，暗藏着一个深渊，为正确评判这些喜剧对生活造成的影响，我们有必要指明它的存在。

至于粗野和淫秽之事，米南德在某种程度上却有避讳，但在其他作家的作品中屡见不鲜，这还不值一提。更为恶劣的是，生活犹如一片极度荒凉的沙漠，恋爱和酗酒是其中仅有的绿洲。生活平淡得让人害怕，只有自行诈骗的骗子才能体会到些许类似开心的情绪，他们甚至热心于检举欺诈交易。最重要的是，不道德的品行成为米南德作品中的点缀，犯罪受罚，行善领赏，人们只要在结婚时或婚后改正，所犯的一切轻罪都可以被原谅。在某些作品，如普劳图斯的《三块钱一天》和特伦斯的几部剧作中，所有角色（包括奴隶）自身都具备一些美德。所有戏剧中随处可见许人代为行骗的老实人、在合适场合展现美德的贞女以及两情相悦并在人群中约会的情人，措辞巧妙的道德说教和伦理箴言也屡见不鲜。在《巴克基斯姐妹》中，行骗的儿子最终和被骗的父亲和解，一同去妓院狂欢作乐，其中所体现的道德败坏现象完全可与《科策布》相媲美。

罗马喜剧的希腊化——法律的必然结果

罗马喜剧就以此为基础，从这些元素发展而来。因为审美自由的缺乏，而且似乎尤其受到监察管控，创作无立足之地，拉丁喜剧汗牛充栋，且广为人知，无一不自称是仿照某一希腊范本而作，把希腊剧本的名称和作者附加起来，剧名便得以完整。有时候，如果对一个戏剧的"创新"产生争执，争论的焦点也不过是该剧此前是否被翻译过。喜剧通常将场景设置在国外，而且是迫切需要的条件，不得不然。这种艺术有个特殊的名称——fabula palliate——因为将场景设置在罗马之外，通常戏剧以雅典为背景，剧中人物都是希腊人，或至少不是罗马人。喜剧严格选用外国服饰，哪怕在细节处，未受教育的罗马人也能洞察其中不同，于是，罗马和罗马人两个名词都要避免出现，提到它们的时候，通常用纯粹希腊语称之为"异族"。同样，在剧中常见钱财货币的名目里，罗马的钱币销声匿迹。如果认为这种做法是作者自由选择的结果，对于奈维乌斯和普劳图斯那样伟大而全能的天才，我们不免心生奇异的想法：罗马喜剧中的这种笨拙奇特的"异域"布局特点，毫无疑问是因为审美观念大不相同。把雅典新喜剧一致描绘的社会状态迁移到汉尼拔时代的罗马，必然会给罗马公民的秩序和道德带来直接危害。但是因为这一时期的戏剧表演都是由营造司和执政官主办，营造司和执政官又完全附属于元老院，甚至额外的庆典，例如丧事的赛会，没有政府许可就不能举行。此外，罗马监察部门对任何事都秉公执法、不讲情面，对喜剧更是如此，那么，甚至在喜剧被承认为一种罗马民族娱乐之后，为什么仍然不允许在舞台上扮演罗马人的角色，仿佛依旧被摈弃到外国一般，理由不言而喻。

政治中立

编剧家更是绝对不被允许指名道姓地褒贬在世者，也不得用微辞暗讽时事。据我们所知，普劳图斯时代和普劳图斯之后的所有喜剧，从未引发过赔偿损失案件。同样，如果我们对一些完全无伤大雅的戏谑置之不理，也未发现任何谩骂公社的迹象。意大利人对本城的感情十分浓厚，那么这种谩骂必然导致严重的结果，那便是公然嘲弄不幸的卡普亚人和阿台拉人。值得一提的是，很多人讽刺普林斯特人个性狂妄且不擅长拉丁文，但这只是例外[18]。一般来说，普劳图斯的戏剧没有论及当时的事件或情形，只有下列这些算是例外：祝愿战争朝好的方向发展[19]或和平时期到来；粮行钱业盘剥重利生活奢侈，候选人行贿，凯旋仪式屡屡举行，以催收判处的罚款为业的人和包税商扣押财产，油商抬高价格，这些都是一般攻击的目标。有一次在《象鼻虫》——一段较长的文字里，痛斥罗马市场上的行为，颇似雅典旧喜剧的前进和歌，不至于迁怒于人。可是甚至在这种监察认为极正常的爱国努力中，诗人打断说：

> 不过我为国家担忧，不是傻吗？
> 这里既有当局以忧国为事。

总体看来，我们难以想象还有什么比第六世纪的罗马喜剧在政治上更加不露锋芒[20]。罗马最古老的著名喜剧家格涅乌斯·奈维乌斯是个绝无仅有的例外，这一点值得注意。他所作的罗马喜剧确切来说虽然算不上创作，可是他流传至今的少数残缺剧本却无不言及罗马的情况和人物。他敢分庭抗礼，不但指名嘲笑一位名唤提奥多图斯的画家，甚至写了下面一首诗来批判扎玛的战胜将军：

> 然而这位常常一手做成光荣大事的人，
> 他的功劳永垂不朽，他是超群绝伦的人，
> 他的父亲却曾把他一衫蔽体地从姘妇家里找回来。
> 像他所说的：
> 今天我们在自由节要说自由话，
> 他或者常常写违反纪律的话，提出危险的问题，例如：
> 这样强大的一个国家何以竟被你们毁灭得如此迅速？
> 然后他列举政治上的罪过以作答复，例如：
> 新演说家出现了，一些无知的少年。

不过雅典监察机构把舞台的谩骂和政治的讽喻当作特权，罗马监察机构对此不敢苟同，甚至无法容忍。因为诸如此类的责骂，奈维乌斯被关入监狱，不得不留在狱中，直到另作喜剧公开表示悔过并道歉才能了事。这些喧嚷似乎使他不得不背井离乡，可是后来者都以他为前车之鉴——有一个人明确表示，绝不愿像其同行奈维乌

斯那样，被迫缄默无声。于是造成了这样一种结果——其独一无二不亚于战胜汉尼拔——在全国最热烈激昂的时代，竟兴起了一个全无政治色彩的民族舞台。

罗马喜剧的人物和场景特点

但是在各类习俗和全力监察的严密限制之中，罗马诗歌没有喘息的余地。奈维乌斯不无理由地称道，诗人在拉基代王朝和塞琉古王朝统治时期的地位，和罗马自由时期相比，实在令人羡慕[21]。个人的成功程度自然视其所模仿的原作和编剧家本人的才能而定，但个人之间虽大有差别，总体译本的某些主要特点，必须保持一致，因为所有喜剧面对的都是相同的表演情景和观众。无论全篇或是细节的创作方式都高度自由，而且非如此不可。原始作品是一个社会的写照，也在那个社会的面前演出，其主要魅力就在于此。这一时期的罗马观众却与雅典的观众迥异，他们甚至不能正确了解异域世界。对于希腊人的家庭生活，罗马人既不谙其优雅风度和人道主义，对其情感主义和空泛虚无也难以领会。两国的奴隶世界截然不同：罗马的奴隶相当于家具，而雅典的奴隶是仆人。当遇到奴隶结婚，或主人与奴隶亲切交谈的场景，罗马的翻译家都要说明这在雅典屡见不鲜，请观众不要见怪[22]。后期作家开始创作罗马服装的喜剧，他们须删去狡猾仆人的角色，因为罗马公众无法容忍奴隶监察和指导主人。那些代表职业和特性的角色本是以较粗重而滑稽的笔墨雕琢出来的，受迁移的影响尚小，而日常生活中的重要角色受迁移的影响则更大。但是即使是这些方面的描述，罗马编剧家也不得不删除其中一部分——而这些或许可以说正是最为优美最具匠心的部分，例如泰斯、媒婆、月亮女巫以及米南德的化缘僧人——而偏重那些随着希腊美味珍馐在罗马普及而被观众所熟知的外国职业。普劳图斯喜剧中描写的职业厨师和小丑，之所以如此生动如此耐人寻味，是因为实际上当时希腊厨师已经每天都在为罗马市场服务，而加图甚至认为有必要把禁止小丑一项记载在管家训令中。同样，原作中精美的雅典对话，很大部分不能为翻译家所用。罗马市民或农人看待雅典那种优雅的饮宴作乐和纵情酒色，就如同一个小乡镇的德国人看待王室剧院的神秘戏剧。编剧家未尝想到狭义的烹饪学，在罗马的模仿作品中，关于宴会的仍旧有很多，但罗马简工粗制的烤猪肉无处不凌驾于种类繁多的烧肉以及精制的酱油和鱼肴之上。猜谜和饮酒歌、希腊的修辞学和哲学都在原作中占据重要地位，在罗马的模仿作品中，我们却只能偶尔遇见一些稀疏的痕迹。

情节设计

罗马编剧家考虑观众的感受，不得不破坏原作，因此不可避免地使用与艺术结构不相容的删节法和混合法。他们通常不仅摒弃原作的整段情节，还从原作者甚至其他作家的喜剧中截取情节。因为原作的结构在表面上是系统化的，其中固定的角色和情节重复出现，这种办法当然不像看上去那么糟糕。再者，诗人，至少是早期诗人，可以用十分奇特的方式随意编织情节。《斯提库斯》在其他方面都很微妙，其情节却是两姐妹的父亲力劝她们放弃外出的丈夫，她们却像彭纳罗佩斯那样忠贞不渝，之后丈夫归来，带着经商的获利，以及一位送给岳父的美女。《迦西纳》尤其受到观众的喜爱，该剧由剧中的新娘得名，情节发展也以新娘为纽带，可是这位新娘从始至终都未露面，收场白却直说结局——"将在剧内表现"。大致看来，本来错综复杂的情节突然中断，脉络线索尽皆散落，还有其他诸如此类显示艺术未臻成熟的现象此起彼伏。其原因似乎不应该归咎于罗马编剧家水平不佳，而应该归咎于罗马观众对美学原理的淡漠。然而罗马观众的鉴赏力却在逐渐生成。普劳图斯晚期的戏剧显然格外注意戏剧的结构，举例来说，《俘虏》《说谎者》和两篇《巴契》都是同类中的杰作。普劳图斯之后的凯西里乌斯，其作品虽然已无迹可寻，但据说他尤其擅长以更具艺术性的方式处理戏剧题材。

罗马艺术的粗野

关于具体的处理方式，诗人极力促使情节尽可能向罗马观众靠拢，但是监察的规则却要求戏剧保持外国的特性，二者造成极为奇异的比照。罗马的神祇以及罗马在祭祀、军事和法律上使用的术语出现在希腊世界，真是匪夷所思。罗马的营造司和三官与希腊的市正和百户长混为一谈，显得不伦不类，原来将场景设置在埃托利亚或埃庇丹努斯的戏剧，毫不迟疑地把观众转到维拉布隆和卡庇托尔。以这种东拼西凑的方式把罗马的地方色彩应用于希腊戏剧的基础之上，十分简单粗暴，但是这种移花接木的方式，其简单质朴的特性虽然非常可笑，但尚可容忍，而为了迎合毫无雅典文化修养的观众，编剧家认为有必要将文雅戏剧彻底改编为粗野的戏剧，就令人忍无可忍了。当然，即使是新雅典的诗人，也有少数粗野至极，例如普劳图斯的"驴子戏剧"，其乏味粗俗，不能完全归咎于翻译。然而在罗马喜剧里，粗野的情节却比比皆是，所以翻译家必然也曾将其篡改，融入剧本，或者至少在取材上有失偏颇。通过难以计数的棍棒和永久悬在奴隶背上的鞭子，我们可以明了加图的治家之道，正如通过他对妇女无休止的轻视态度，我们可以洞见加图对妇女的批判。罗马编剧家自创笑谈，认为可以变换精美的阿提卡对话，其中有些人的无谓和粗野几乎令人难以置信[23]。

对韵律的处理

另一方面，就韵律的运用而言，诗句总体上行云流水、朗朗上口，完全可以算是编剧家的光荣。短长格的三节句为原作的主要格律，并且只有这种体裁适合那种温和的会话语气，拉丁文的改编本经常代之以短长格或长短格的四节句，其原因并非编剧家才智空乏，抑或是他们运用三节句的能力炉火纯青，而是由于罗马观众缺乏审美修养，即使该处不宜用长句，罗马观众也对长句洪亮的声音心生快意。

场景安排

最后，表演的布置也显示出导演和观众对美学要求的漠视。希腊人的舞台，因为剧场大而且在白天表演，所以不需要所谓的"作戏"，男演员扮演女性角色，而且绝对需要人为地放大演员的声音。这种舞台在布景和发声方面都需要使用扩音的假面具。这在罗马已经为人所共知，业余爱好者演戏时，演员毫无例外需要戴假面具。但是演员在罗马演希腊喜剧时，却不用本来必不可少、当然更具艺术价值的假面具，其他姑且不论，众所周知，剧场声学的弊端[24]在于：不仅需要演员竭力发声，而且迫使李维应用一种完全不合乎艺术、但却无法避免的方法——让不属于本戏班的歌者唱需要唱的戏文，而应唱这段的演员仅默然随着歌声做些动作。在装饰和运转方面，罗马主办节庆的人也不愿多费钱财。雅典舞台的背景通常是房屋林立的街道，没有可以更换的装饰，不过除其他种种装置外，还有一个特殊的装置把一座代表室内的小舞台推到大舞台上。然而罗马的剧场却没有这种设备，所以即使所有情节，甚至生育都在街上进行，我们也不能因此归咎于诗人。

艺术成就

这就是罗马纪元第六世纪罗马喜剧的性质。希腊戏剧迁入罗马的过程，明显表现出民族文化发展的差异，这种比照的历史价值无法估量，但是从美学和道德视角来看，原作不再高高在上，模仿作品水平仍然很低。罗马编剧家无论如何在物质上受益颇丰，并努力承受贫贱人民的世界，这个世界却在罗马呈现出孤苦陌生的景象，其微妙的特色仿佛被人遗忘：喜剧不再立足于现实，例如玩纸牌戏，似乎漫不经心地把人物和事件混作一团。原作所描绘的是一幅生活图景，模仿作品就变成了滑稽画。导演宣称这是一个有吹笛、歌舞队、悲剧组和角力家的希腊竞技会，最终却把竞技会变成了拳术比赛。后期诗人抱怨说，如果有斗拳、走索甚至决斗可以观看，观众会放弃戏剧尽皆逃去。在这种导演的领导之下，又有这种观众在幕前，诗人和罗马编剧家一样——都是地位卑贱的雇工——有时候甚至不得不罔顾自己本来较高的见识和鉴赏力，或多或少迁就盛行于世的痴迷和粗野。然而尽管如此，在这班人中，很可能会有一些才思敏捷之士应声而起，他们至少能去除诗歌矫揉造作的异国情调，在既定的路线上创作出令人称道甚至具有突破性的作品。

奈维乌斯

在这些人中，格涅乌斯·奈维乌斯居于首位，他是第一位称得上诗人的罗马人。据历史记载及其少数流传下来的作品，我们可以看出，在罗马文学的任何领域中他似乎都是最杰出、最重要的人才之一。他与安德罗尼库斯处于同一时代，较之后者更为年少，从汉尼拔战争爆发之前便开始写诗，直到战后才停笔，风格深受安德罗尼库斯的影响。前人曾提倡的各种艺术形式，无论是叙事诗、悲剧还是喜剧，他在作品中均有体现，并且严格依照原有的格律范式。然而，这两位诗人与其作品却有着天壤之别。奈维乌斯身为一位公民，不同于自由民、教师和演员，他虽未出身贵族，为人却清清白白。据推测，他出身于坎帕尼亚的一个拉丁民族，且曾参加过第一次布匿战争[25]。与李维乌斯的文字截然不同，奈维乌斯的文字清晰易懂，绝不生硬和矫揉造作，甚至在悲剧中都避免使用哀婉的词句，仿佛故意为之。尽管他的作品中存在母音冲突和其他一些不为后人所接受的用法，但读来却十分优美流畅[26]。在希腊人的影响下，奈维乌斯形成了一种朦胧的创作风格，整个创作过程完全受外部因素的推动，这与德意志的戈特希德颇为相似。

奈维乌斯解放了罗马的诗歌，用诗人真正的魔杖唤醒了意大利本土诗歌的生命源泉——民族历史和喜剧。史诗不再只是一种供教师使用的教材，而成为一种满足听众和读者需要的独立艺术形式。一直以来，舞台编剧就好比是戏剧的前期准备工作，都是演员的副业或助手代为完成的工作。但奈维乌斯转变了这一关系，自此演员成为了编剧的仆役。他的诗歌自始至终带有鲜明的民族性，这在庄重的民族戏剧和民族史诗（下文会有所提及）中表现得尤为明显，在喜剧作品中也是如此。纵观他的所有作品，似乎喜剧最能体现他的才华，也最为成功。正如上文中所说，他仅仅是因为外在原因而坚持在喜剧中保留希腊的原作，但这并不妨碍他用诙谐的笔墨描绘丰富的现世生活，这不仅超越了后世任何一位诗人，甚至也远胜于枯燥乏味的原作。在某种意义上，他回归了阿里斯托芬的喜剧风格。他深知自己对于祖国的意义，并在墓志铭中这样写道：

> 神祇如果可以哀悼凡人，
> 神圣的缪斯必哭诗人奈维乌斯；
> 因为在他去世归阴以后，
> 罗马人将忘掉说拉丁文。

如此自负的个性十分贴合他的身份。他曾亲身经历过对抗哈米尔卡和汉尼拔的战争，在那个狂欢鼓舞的时代挖掘了一种新的诗歌表现形式，虽然不见得多完美，却是一种灵活实用的原创。上文已经提及，他因此与当局的关系陷入僵局，从而被迫离开罗马并在乌提卡了结余生。为了所有公民的幸福，他牺牲了自己的生命；为了功用，他牺牲了美。

普劳图斯

提图斯·马库斯·普劳图斯（约罗马纪元500—570年即公元前254—前184年）与奈维乌斯同处一个时代，年纪轻轻，社会地位和诗学造诣似乎都远在奈维乌斯之下。他出生于一个名叫萨西那的小镇，那里原本属于翁布里亚，但这一时期或许已被拉丁化。一开始，他在罗马当演员谋生，后来把演戏所赚的钱全赔在了商业投机上，改做了戏院的编剧，从而开始改编希腊喜剧。他从不涉足其他文学门类，也不以作家自居。当时在罗马有大量以改编喜剧为业的人,但他们的姓名大多已被人们遗忘,主要是因为他们的作品通常不能发表[27]。而最终有一套戏剧作品却得以保留并流传到后世,人们便用当时最脍炙人口的普劳图斯之名将它命名,进行推广。经后一世纪的文学研究学家统计,这些所谓的普劳图斯剧本多达一百三十余部,但大部分都只是普劳图斯改编后的作品或完全与他无关,其中的精华之作至今尚存。然而,若有可能,我们也很难对编剧家的诗歌特色作出适当判断,因为原作已经不复存在了。而不论作品好坏,编剧家一律加以重编,无论读者是警察还是普通民众,对他们的审美都一味迎合。因此,他们同观众一样,漠视对美学的追求,为了取悦观众甚至不惜将原作降为滑稽粗俗的格调。所有的翻译作品皆是如此,只有某些改编家才属例外。此外,在我们看来,普劳图斯的诗歌特色有:对文字和各种格律的运用驾轻就熟;善于安排和利用情境以达到戏剧的效果;对话极其绝妙睿智,尤其是大量穿插诙谐的语句,以欢快的玩笑、丰富的别称、新奇的造词、刻薄而往往模仿他作的描写方式和叙事手法,造成一种极具吸引力的喜剧效果。通过以上的种种,我们似乎对那一时期的演员也有了一定认识。毫无疑问,即使在这些方面,编剧家也倾向于保留原作的优美之处,而不会自行创造。而剧本中那些确定是翻译家所改动的部分,读起来一定逊色不少。普劳图斯为何能够成为罗马真正的民族诗人和罗马戏剧界的中心人物,戏剧界又为何在罗马世界覆灭后还要屡次恢复他的剧本,这下原因不言自明。

凯西里乌斯

说到这一时期第三个也是最后一个喜剧家斯达提乌斯·凯西里乌斯(因为恩尼乌斯虽然也写喜剧,但却并不成功),我们的看法极其一致。他拥有和普劳图斯相似的生活状况和职业生涯，出生于阿尔卑斯山以南高卢的梅迪欧拉努姆，与茵苏勃利的战俘一起被押送至罗马。一开始他沦为奴隶，后来成了自由民，便以改编希腊喜剧为生，直至英年早逝（罗马纪元586年即公元前168年）。大概是受到出身的影响，他的文字驳杂不纯。另一方面，正如上文所说，他致力于设计更具美感的情节。那一时期人们大多不欣赏他的剧作，后世的观众也是如此，一心推崇普劳图斯和特伦斯。直到罗马文学真正的鼎盛时期——瓦罗时代和奥古斯都时代——文学批评家们才将凯西里乌斯列为改编希腊喜剧的罗马剧作家之首。但之所以出现这样的评价，似乎是因为那些凡庸的鉴赏家偏爱与其志趣相投而资质平平之流，不取才能出众的诗人。他们之所以如此推崇凯西里乌斯，大概只是因为他比普劳图斯更加循规蹈矩，比特伦斯更加气势雄浑。尽管如此，在喜剧创作上他仍然远不及二人。

道德成果

因此，如果文学历史学家在充分承认罗马喜剧家才能的同时，却不能在他们仅存的译本中发现其充满艺术性和原创性的作品，那么历史对他的道德评判必定会更加严厉。希腊喜剧作为这类喜剧的基础，忽视道德，其腐败程度与观众不相上下。但这一时期，罗马人正徘徊在旧时简朴与新式腐败之间，罗马戏剧便立即成为了传播希腊文化和散布恶习的载体。这种雅典式罗马喜剧不断上演出卖肉体并以爱之名出卖灵魂的戏码，以其令人厌恶且一反常态的慷慨、对荒淫生活的一致赞赏、融乡村的粗鄙和异国的文雅于一体的风格，成为宣传罗马与希腊堕落之风的一颗毒瘤，人们也深刻体会到其中的无耻和伤感情绪，觉得有悖于道德。这一点从普劳图斯所作的《俘房》的收场语中可见一斑：

> 看官，这出戏完全合乎礼法，
> 剧中没有过场，没有恋爱，
> 没有换掉儿女，没有诈骗金钱；
> 剧中多情的少年也没有瞒着父亲赎出一个妓女。
> 一个诗人很少写这样的喜剧
> 使好的更好。现在你们如果喜欢，
> 你们如果喜欢而不嫉恨我们，请作出一个表示。
> 谁愿为礼法出奖赏，谁就鼓掌！

我们从中看到了改良道德派对希腊喜剧所持的态度，而且可以附带地说，甚至在那些少之又少的道德喜剧中，道德这一特性也只适用于愚弄那些无知之徒。这些戏剧实际上助长了腐败之风，谁会对这一说法表示怀疑？当一位作家在亚历山大大王面前朗诵他的这种喜剧时，大王并不感兴趣，这位诗人便为自己开脱，说错不在他而在大王。他认为一个人必须惯于饮酒作乐或被美色所迷惑，才能赏识这种戏剧。这个人深谙他的本业，因此，如果罗马市民逐渐对这种希腊喜剧产生了兴趣，我们便知道为了此事付出了多大的代价。罗马政府难辞其咎，并不是因为它没有给予这种诗人足够的支持，相反地，而是因为对这种诗加以包容。即使没有讲道坛，恶习也无疑是非常有势力的，没有理由去建造一个讲道坛以宣扬恶习。阻止希腊喜剧与罗马民众和体系产生直接联系，这只是个托词，而并非严格的防御之法。事实上，如果他们赋予喜剧更加自由的发展空间，从而使诗人变成高尚的职业，并能发展出一种基本独立的罗马诗歌，那么喜剧或许在道德方面不至于如此败坏。因为诗歌也是一种道德力量，它既能使人们身受重伤，又能为其疗伤。政府在这方面也犯了太过和不及的毛病。政府中监督舞台的官员在政治上游移不定，在道德上虚伪掩饰，这在一定程度上导致了罗马民族的快速瓦解。

提提尼乌斯的民族喜剧

但是，政府虽然不允许罗马的喜剧作家描写本城的场景，或在舞台上扮演本国的人，可并未完全阻止本国拉丁喜剧的兴起。因为这个时期的罗马市民还未认同拉丁民族，诗人可以随意将情节设置在享受拉丁权的意大利城镇，就如设置在雅典或马赛里亚一样。实际上，拉丁原来的喜剧也是以这种方式兴起的[28]，这种戏剧的作家最早可知的是提提尼乌斯，其鼎盛时期似乎在这一时期将要结束之时[29]。

这种喜剧也以新式的雅典爱情剧为基础，但并不是翻译而是仿拟。剧中的场景设置在意大利，演员身着本国服饰——斗篷，所有拉丁人的生活方式和行为举止都带有一种独特的新鲜感。戏剧描述了拉丁姆中等城镇中的人民生活，剧名如《筌篌女或斐伦替农的处女》《吹笛女》《女律师》《浆布匠》等都表示此意。许多事件，如市民让人依照阿尔巴王鞋子的样式为其做鞋，也证明此意。值得注意的是，女性角色相比男性角色更占优势[30]。诗人以真正的民族自豪感回忆起皮洛士战争的时代，轻视新兴的拉丁邻邦。

这种喜剧与希腊喜剧一样，都只能在首都的舞台上才能见到，而乡下人那种反对大城镇风气和恶习的某些观点（见于当代的加图和后来的瓦罗作品中），在这种喜剧中也会出现。德国喜剧源于法国喜剧，正如罗马喜剧源于雅典喜剧。法国喜剧中的丫鬟丽子很快就变成了小女奴佛郎子斯加，所以拉丁的民族喜剧也在首都的希腊化喜剧附近兴盛起来，即便二者的诗歌在气势上有所差异，但至少在发展趋势上大致相同，都获得了相似的成功。

欧里庇得斯的悲剧

在这一时期，希腊的悲剧与喜剧一同传到了罗马。相较之下，悲剧的传入更具价值，并且从某些方面看来较为顺利。希腊史诗——尤其是荷马史诗——是悲剧的基础，罗马人对此并非一无所知，他们早已将其与自己的民族传说交织在了一起。易受影响的外国人发现，英雄神话的幻境比起雅典的鱼市更加悠然自在。与之相同，悲剧也倡导人们反对本国而接受希腊化的精神，只是力度较小且不如那般粗俗。这样看来，这一时期的希腊悲剧界诞生的主要人物欧里庇得斯（罗马纪元 274—348 年即公元前 480—前 348 年）则显得尤为重要。关于这位杰出人物及其对当代和后世更加重要的影响，本文无法详细赘述。但希腊后期和希腊、罗马时期的精神运动都深受他的影响，因此我们也应大概描述一下他的特性。

毫无疑问，在一些诗人的努力下，诗歌得到了发展。而在此过程中，诗人对真实意义的表现力远胜于他在诗歌上实现真实意义的能力，欧里庇得斯便是其中之一。"行为即是个性"这句意味深长的话恰当地总结了一切悲剧艺术，不仅在道德上如此，在诗歌上更是如此。这句话无疑也适用于古代的悲剧，古代悲剧描写了人的一系列行为表现，但却未说明他的个性情感。在埃斯库罗斯的作品中，大致出于对每种斗争势力的设想，他将人类与命运之间的斗争描写得极其宏伟壮观，普罗米修斯和阿伽门农都是经过诗化后的人物形象，索福克勒斯挖掘出人性的普遍特征，如他笔下的国王、老人和姐妹，但没有一个人物能表现出人类缩影的方方面面——个人特性的全貌。他达到了一个高度，但并不是至高无上的高度，若能对一个人的方方面面进行描述并将所有人物组合成一个更好的整体，这才是更加伟大的成就。因此，与莎士比亚相比，埃斯库罗斯和索福克勒斯都是诗歌发展不完善阶段的代表。欧里庇得斯致力于表现人类真实的一面，这是逻辑上的进步，从某种意义上来说也是历史的进步，但不是诗歌上的进步。他能够破坏古代的悲剧，却无法创造出近代的悲剧。他总是半途而废。表现精神生活的面具似乎由特殊变为了一般，古代的典型悲剧非此不可，而具特性的悲剧却与之不符，但欧里庇得斯将其保留了下来。旧式的悲剧具有非常敏感的表现手法，无法使戏剧元素自由发挥，但它们总是以抒情合歌的形式，用神灵世界和英雄人物作为史诗的材料，以在一定程度上给予戏剧元素一点束缚。有人认为欧里庇得斯对这种束缚感到不耐烦，在素材上肆意改动。因为他的合歌无足轻重，所以后世在演绎他的剧本时往往会省略合歌，几乎不改动原作。但是他既未把人物完全置于现实的基础之上，又未彻底摒弃合歌。从各个方面来看，他完全是一个时代的代表，一方面，这个时代进行着最伟大的历史和哲学运动；另一方面，纯洁的民族生活作为一切诗歌最初的源泉，已经变得浑浊不堪。古代悲剧作家对神灵的敬畏如天堂之光照耀着他们的剧本，古希腊人眼界有限，这让他们具备了让听众满意的效力。欧里庇得斯的世界在苍白朦胧的冥想中出现，既缺乏神性，又趋于精神化，于是阴郁的怒气如闪电般穿过乌云。旧时深植于命运的信念已经不见踪影，命运之神像一位暴君主宰着世界，于是披枷戴锁的奴隶们咬牙切齿、愤愤不平。没有信仰或绝望的信仰以超乎人类的力量表现在这位诗人的作品中。因此，这位诗人必定永远无法获得超越自身的创作概念，也永远无法达到真正富有诗意的效果。所以他多多少少有些忽视其悲剧的结构，并且在这一方面破坏了悲剧的表现力，使其在情节和人物描写上失去焦点——先在开场白中编造剧情，然后用神灵或其他老套的事物加以阐述，这种懒散的创作之风被欧里庇得斯传播开来。他善于运用所谓的效果，这些效果通常带有浓厚的感情色彩，并经常被强烈的情感所刺激，例如将爱情与谋杀或乱伦编织在一起。在他笔下，有自愿身死的波里森那和因暗自相思而日益憔悴的斐德拉，而他所描绘的那些受神秘感动而狂欢的巴克教徒，实属美妙绝伦。但无论就艺术而言还是就道德而言，他们都不够纯洁。由此可见，阿里斯托芬责备这位诗人无法描绘出一幅佩内洛普图，也并非毫无依据。

无独有偶，欧里庇得斯也将普遍的同情引入其悲剧之中。他那些哀伤的男女角色如安多罗玛契、贫农之妻埃莱克特拉、患病破产的商人特勒福斯以及《海勒那》里的梅内劳斯，都是令人厌恶或荒诞可笑的，通常是二者兼备的。反之，有些剧本则限于普通的现实环境，将悲剧转换为动人的家庭剧或几近伤感的喜剧，如《奥利斯的伊非吉尼》《爱翁》《亚尔塞斯提斯》，在他大量的作品中或许是最受欢迎的。这位诗人试图将理智的兴趣带入戏剧之中，虽然也同样尝试过多次，但鲜少成功。属于此类的有复杂的剧情，但与旧式的悲剧不同，它并不想触人心弦，而意欲激起人们的好奇心；有辩证锋利的对白，使我们这些非雅典人绝对难以忍受；有遍布于欧里庇得斯剧本的格言，好比快乐之园中盛开的鲜花；还有欧里庇得斯那不依赖于直接的生活经验，而依赖于逻辑思考的心理学。他描写的角色美狄亚在启程之前有人给她提供旅费，这当然是在描绘生活。但关于母爱与嫉妒在精神上的斗争，公正的读者将很少在欧里庇得斯的剧本中找到。可最重要的是，在欧里庇得斯的悲剧中，诗歌效果被道德和政治目的所取代。他并未认真或直接讨论当日的问题，他关注的是社会问题而非政治问题，但由他坚持的原则来看，欧里庇得斯与当代政治和哲学上的激进主义不谋而合，世界大同的新学说破坏了古代雅典的民族生活，他是这一学说首位主要的倡导者。这就解释了为何这位无神论和无雅典论者会遭到当代人的反对，年轻人和外国人为何会如此热情地献身于这位宣扬情感与博爱、格言与方针、哲学与人道的诗人。欧里庇得斯使希腊悲剧超出了其适当的范畴,因此走向没落。可是这却推动了这位世界主义诗人的成功,因为同时希腊民族也超出了其自有的范围,同样走向了没落。阿里斯托芬的批评或许在道德和诗歌上都道出了真相,但诗歌对历史产生的影响与其绝对价值不成比例,而与其预测时代精神的能力成比例。在这一方面,无人能够超越欧里庇得斯。因此,亚历山大大王勤读他的剧作,亚里士多德认为悲剧诗人的观点都特别以他为参考。阿提加最晚的诗歌和造型艺术均来源于他,因为新式的雅典喜剧只不过将欧里庇得斯的悲剧转变成了喜剧形式,我们在后来的酒壶图案上所见的那派画家不再取材于旧史诗,而取材于欧里庇得斯的悲剧。最后,古希腊越是让步于新希腊主义,这位诗人的声望和影响力就会越大,而海外的希腊生活,无论在埃及还是在罗马,都直接或间接地受到欧里庇得斯的熏陶。

罗马的悲剧

欧里庇得斯的希腊主义通过多种途径传到了罗马,其间接产生的效果或许比直接翻译的效果更为迅速和深远。悲剧在罗马的兴起并不晚于喜剧,但在舞台上演绎一出悲剧开销较大——这无疑是当时备受重视的原因,至少在汉尼拔战争期间是如此——并且观众的性质也阻碍了悲剧的发展。普劳图斯的喜剧并未经常暗示悲剧,而这种暗示或许大都取自原作。在这一时期,第一个也是唯一一个有影响力的悲剧作家就是与奈维乌斯和普劳图斯同时代但较为年少的昆图斯·恩尼乌斯(罗马纪元515—585年即公元前239—前169年),他的剧本已被当代的喜剧作家所歪曲,直到帝国时期仍被后世所演绎和朗诵。

相较于喜剧,我们对罗马的悲剧知之甚少,从整体上来看,喜剧中所具备的特色也同样见于悲剧。悲剧的剧本同样也主要由希腊剧本翻译而来,题材的选择比较偏向于围攻特洛伊及与之相关的传说,显然是因为只有这套神话经学校的传授而为人们所熟知。其次是触目惊心的情节居多,如《攸美尼底斯》《阿尔克梅翁》《克利斯劳提斯》《梅拉尼斐》和《美狄亚》等的弑母和杀害婴儿,《波勒森那》《埃莱克提底斯》《安多罗梅达》和《伊菲吉尼》等的杀处女以祭神——我们不免想到这些悲剧的观众惯于观看决斗戏。女性角色和鬼怪似乎给观众留下了最为深刻的印象。除了摒弃面具之外,罗马的改编剧本与原作最显著的差异在于合歌。希腊的剧场设有一个特别的跳舞处(orchestra),中央有一个祭坛,用于演奏合唱,罗马的剧场起初必定为无合唱所设,因此没有这一场所,所以那种音乐与朗诵交织的集体歌舞在罗马势必会删掉,合唱即使保留下来也无足轻重。当然还有细节上的变动,如格律的变更、删减和割裂。例如,在欧里庇得斯的《伊菲吉尼》中,拉丁文本将女子的合唱——也许取自另一悲剧,也许是改编者的别出心裁——变成了士兵的合唱。在我们看来,第六世纪的拉丁悲剧算不上是好的翻译[31],但恩尼乌斯的悲剧虽然比不上欧里庇得斯的原作,可远不如普劳图斯的喜剧那样,且与米南德的原作相差甚远。

悲剧的教化作用

在罗马,希腊悲剧的历史地位和影响力与希腊喜剧的历史地位和影响力极为相似。这两种戏剧体裁各异,悲剧体现出来的希腊化趋势在形式上更为纯粹,且更为灵活,而这一时期的悲剧及其主要代表人物恩尼乌斯表现出来的反民族和故作宣传的倾向，则更加显而易见。恩尼乌斯虽然不是六世纪最举足轻重的诗人，但无疑是这一时期最具影响力的诗人，他并非出生于拉丁姆地区，究其根源，他身上带有一半希腊人血统。身为梅萨皮亚的后裔，他接受希腊教育，三十五岁迁居罗马，但直到罗马纪元570年即公元前184年才拥有公民身份。他的生活一直十分困窘，日常支出一部分来源于教授拉丁语和希腊语所得的劳务费，一部分来源于编撰戏剧所带来的收益，一部分则仰赖罗马显贵的资助，其中包括普布里乌斯·西庇阿、提图斯·弗拉米尼努斯以及马库斯·福尔维乌斯·诺比里奥等，这些人都有意提倡新希腊主义。恩尼乌斯作赞美诗歌颂这些贵族及其先祖，甚至跟随这些贵族奔赴战场，仿佛以钦定桂冠诗人的身份歌颂他们即将建立的宏伟功业，反之，贵族也承诺给恩尼乌斯相应的报答。

恩尼乌斯曾以风雅的笔墨描述这一职业所具备的门客性质[32]。他自始至终都是个世界主义者，去过希腊、拉丁甚至奥斯坎，凭借自身经历将这些民族的显著特征融会贯通，而非专注于某一个民族的研究。较早时期，罗马诗人所秉持的希腊主义是他们从事诗歌创作的结果，而不是他们从事诗歌创作时有意为之，因此他们多少有点采取民族立场的企图。恩尼乌斯却不然，他对自己的革命倾向了然于胸，并且显然满怀炽热，竭力将新名词所表现的希腊观念变为意大利人的风尚。恩尼乌斯最擅长悲剧创作，从他遗留下来的悲剧作品来看，他通悉所有希腊悲剧，尤其对埃斯库罗斯和索福克勒斯的作品最为熟稔。因此在他大多数乃至全部的戏剧著作中，我们都能发现欧里庇得斯作品的影子，这绝非偶然。在选择和处理范本上，他无疑受到了某些外在因素的影响，但单单是外在因素并不足以解释以下事实：他的作品表现出欧里庇得斯著作中鲜明的个人风格，较其原作更倾向于忽略合唱的部分，但又比希腊人更注重作品的感官效果。比如，《泰斯提斯》、因一直受到阿里斯托芬讥讽而声名鹊起的《特勒福斯》，以及《王者的忧患》和《忧心忡忡的王者》这一类剧本，甚至像《女哲学家梅那里裴》那种全部情节都建立在国教之上的荒谬剧本，他都加以吸收采纳。如此一来，恩尼乌斯站在自然科学家的立场上，与国教为敌的意图即刻昭然若揭。就供奉神灵而言，恩尼乌斯在戏剧中也处处投射出攻讦和利箭，其中一部分已被证实是刻意插入作品里的[33]。对此我们大概都会产生这样的疑问：罗马的舞台审查为何会通过这种攻击性演说？如下面这段：

> 天神自然是有的，我常说且再一次说明；
> 但我想，他们绝不，关切人类的命运，
> 善人应有善报，恶人应有恶报，实际却不然。

在上文中，我们提及恩尼乌斯曾创作了一首说教诗，站在科学的立场上宣扬反宗教的观念，积极宣扬他的自由思想。与之相关，我们也应当注意到他本人的一些特点：在政治上处处表露带有激进色彩的反对意见[34]；歌颂希腊的筵宴享乐；尤其是他弃用拉丁诗歌中最后仅存的民族成份，即萨图宁体，代之以希腊的六节句。这位"变化多端"的诗人将这些都处理得十分精巧，以一种完全不符合长短格的语言提炼出六节句，并用自己不习惯的节奏和形式行文，却还能从容应对、得心应手，其自然晓畅、行云流水之风格丝毫无损。凡此种种，无不表明恩尼乌斯具有非凡的熔铸才能[35]，这种才能实际上比罗马人更具希腊人的特点。而在某些方面他也确实令人反感，这大多是因为希腊文本惯用双声修辞[36]，而并非罗马文本生硬难懂。恩尼乌斯谈不上是位伟大的诗人，却是个潇洒风流的才子，虽然具有天性敏感的诗人特质，但要说他是位地道的诗人，恩尼乌斯还需穿上悲剧的靴子，而且他完全缺乏喜剧的情调。这位希腊化诗人曾这样自负地蔑视那些粗俗的曲调：

> 从前林中之鬼与行吟诗人同歌此调，
> 又热情地歌颂自己高雅的诗歌：
> 诗人恩尼乌斯万岁！他把如火的诗
> 灌到尘俗人的骨髓里。
> 他的自负和热情，我们都能理解。

恩尼乌斯确信自己已然步入海阔天空的境地：希腊悲剧开始成为拉丁民族文化的一部分，自此永远属于拉丁民族文化。

民族戏剧

有一位更勇敢的水手，经过一条较少人选择的航道，借助一阵不那么有利的风势，追逐一个更高的目标。奈维乌斯与恩尼乌斯存在诸多相同点——虽然前者的成就远不及后者——也为罗马剧院改编希腊悲剧，而且还尝试脱离希腊悲剧的束缚，自创一种庄重的罗马民族戏剧。摆在奈维乌斯面前的是一条坦途，没有外界的障碍和阻隔。他不仅从罗马传说中获取创作题材，还在同时期的罗马舞台上演的戏剧中汲取创作来源。属于这一类型的，有他的《罗慕路斯和雷穆斯的乳养》，又名《狼》，剧中阿尔巴王阿穆里乌斯粉墨登场；还有他的《克拉斯迪乌姆》，该剧歌颂了罗马纪元532年即公元前222年马塞卢斯征服凯尔特人的胜利。除了这些奈维乌斯模仿恩尼乌斯的例子外，在前者的作品《安不拉其亚》中，恩尼乌斯以个人视角描述了其恩主诺比里奥围攻安不拉其亚城。但是这种民族戏剧一直为数不多，该种类型的作品不久也从舞台销声匿迹了。罗马传奇流传下来的寥寥无几，罗马历史也了无生趣，因此无法持续同丰富的希腊神话并驾齐驱。关于这些剧本的诗歌价值，我们已然失去了评判的标准，但是如果我们带着概论诗歌的意图加以审视，在罗马文学中，创造罗马民族戏剧可谓是神来之笔，实不多见。只有在最早期，人类自觉与神灵相距较近时，希腊悲剧家们，像弗赖尼库斯和埃斯库罗斯一类的诗人，才敢将自己亲身经历的大事搬上舞台，与神话时期的事迹一同表演。我们发现有的诗人，譬如埃斯库罗斯，参加过自己歌咏的战役，迄今为止只有诸神和英雄才会在舞台上现身，他却将国王和罗马执政带上了舞台。如果我们能在某处知晓布匿战争的情形及其带来的后果，并且有身临其境的感受，那必然是出自这些诗人的笔下。

朗诵诗歌

朗诵诗歌也在这一时期兴起于罗马。古人有这样一种风俗——作者当众诵读自己的新作——这与我们现代的出版如出一辙，李维将这一风俗引入罗马，或者至少将其推广到他所在的学校。我们这里讨论的写诗不是为了谋生，或者说至少谋生不是直接目的，所以这类诗歌不像舞台剧本那样饱受舆论的攻评：直到本时期末端，甚至一两位罗马贵族也公然以这种诗歌朗诵的方式跻身诗人行列[37]。然而创作朗诵诗的主要都是编写舞台戏剧的诗人，而且朗诵诗与剧本相比，居于次要地位。实际上在当时的罗马，朗诵诗歌的受众十分有限。

杂作

除了上述诗歌，还有抒情诗、垂训诗和讽喻诗，但是各自的代表作很少。宗教节庆圣歌——作者其人以及这一时期的编年史，有必要列举一番——以及庙宇和坟墓上一律用萨图宁体[38]镌刻碑铭，完全不属于真正文学的范畴。即使小诗此时已经产生，也只能被归类在"杂作"名下，早在奈维乌斯时代便是如此。杂作这一名词原先用于表示旧时没有表演动作的舞台诗，从李维时代便被希腊戏剧替代排演于舞台，但是当其用在朗诵诗上，表达出来的意味与我们现在所谓"杂诗"相仿。而且和"杂诗"一样，"杂作"不表示某种确切的艺术类型或艺术风格，它表示的仅仅是不属于史诗或戏剧的诗，可以随作者的意愿，采取任何多半是主观的题材，以任何形式书就。加图的"喻德诗"或许是仿照前人试作罗马民族训诫诗的例子，这也是用萨图宁体写的，下文会有详细介绍。此外恩尼乌斯的小诗也属于这一类。恩尼乌斯这类作品十分丰富，一部分发表在他的杂诗集中，一部分单独发表，其中包括简短的叙事诗，叙述罗马传奇时代或同时代的历史。经他改编的犹希梅鲁斯的宗教传奇，假借庇查穆斯之名改编的自然哲学诗，以及高等烹饪术的诗人阿切斯特拉图斯的美食学。又有"生死对话"、"伊索寓言"道德格言集打油诗以及零散的讽喻作品——这些都是难登大雅之堂的小作，但也足以说明这位诗人不但有宣扬新名词的倾向，而且多才多艺，他在审查鞭长莫及之处，恣意妄为，十分自由地挥毫点墨。

诗体编年史——奈维乌斯

将罗马民族编年史诗体化的尝试在诗歌和历史上占据着举足轻

重的地位，同时也是奈维乌斯在传奇时代和同时期历史中，获取能够连贯叙述的题材，作成诗的形式。此外，奈维乌斯还特别简单明了地记录了第一次布匿战争的经过，他直陈事实，不贬斥任何事物为微不足道或毫无诗意，不刻意以任何方式丰富诗意或加以藻饰，在历史时期的描述中更是如此——他的叙述，用的始终都是现在时以及半诗半散文式的罗马民族萨图宁体。上文关于这位诗人创作民族戏剧的叙述，大体适用于我们现在论述的话题。希腊史诗一如希腊悲剧，其出入之处均为英雄时期。用诗歌的光华点亮现世，实在可谓新颖，而且至少从计划上看来，绝对是令人惊艳的宏图大志。虽然从实践的角度看来，奈维乌斯的史颂也许并不比中世纪有韵律的史书更高一等，二者在很多方面具有相似的特点，但奈维乌斯将其作为自己特别的得意之作，的确有其缘由。在一个除了官方记载之外完全不存在历史作品的时代，将当时以及先前的事迹联系起来，为本国人编纂和叙述，并且将他们历史上最伟大的功业作成戏剧呈现在人们面前，这可不只是斗勺之功。

恩尼乌斯

恩尼乌斯立志要做的事与奈维乌斯的极为相似，但是民族诗人和反民族诗人在政治和诗歌上存在显著差异，题材上的相似反倒使得二者的差异进一步扩大。奈维乌斯为新题材探寻一种新形式，恩尼乌斯却让新题材迎合或强制套入希腊史诗的形式。六节句取代了萨图宁体，荷马派力求塑造逼真的修饰风格，取代质朴的历史叙事风格。在任何条件允许的情况下，荷马的诗都被直接翻译，比如赫拉克莱亚阵亡将士的葬礼描写，模仿了帕特罗克洛的葬礼描写，总兵马库斯·李维·斯托洛征讨伊斯利亚人时，藏在他头盔里的不是别人，正是荷马描述的阿贾克斯——这甚至使得读者不觉想起荷马对缪斯发出的祈求。史诗的机制被完全调动起来，例如在坎尼一战之后，朱诺在众神会议中赦免罗马人，朱庇特在得到妻子的同意之后，允许罗马人最终挫败迦太基人。《编年史》中作者的新颖表达和希腊化倾向也显而易见，恩尼乌斯在作品中仅将神灵作为修饰已然带有这一特点。这首诗以一场奇异的梦幻拉开序幕，用纯达哥拉式的口吻，叙述如今寓居于昆图斯·恩尼乌斯身上的魂灵此前如何寄居于荷马身上，再往前如何寄居在一只鹦鹉身上，然后作者以地道的自然哲学家口吻，阐释万物的本质以及身体与精神的关系。甚至题材的选择也是出于同样的目的——至少任何历史时期的希腊文学家都以整理罗马历史为正当理由，以阐发他们自己的希腊世界主义观念。恩尼乌斯更注意罗马人被当作希腊人的情况：坚持其为希腊人，并且惯于追述其希腊的先人。

在上文中，我们已经对这位诗人的长处和短处作了大致的叙述，如此一来，这篇颇负盛名的《编年史》，其诗歌价值也不难预估了。恩尼乌斯是一位颇具同情心的诗人，在布匿战争的大时代下，意大利民族意识显著提高，他自然欢欣鼓舞。恩尼乌斯不仅时常生动地模仿荷马的简洁风格，而且更频繁地铺排出巧妙响应罗马人庄严好义之特性的诗句。但是他的史诗在结构上有所欠缺，恩尼乌斯可能为了取悦某位在他处遗忘的英雄或恩主，竟然插入一卷特殊的补遗，这必然使得诗的结构十分松散和随意。总体看来，《编年史》毫无疑问是恩尼乌斯最失败的作品，而他作《伊利亚特》的计划不啻自认其过。

在这篇诗中，恩尼乌斯首次将历史和史诗（叙事诗）的结合纳入文学的范畴，这种结合至今仍然像魂灵般弥留于文学之中，非死非生。但这篇诗作自然也有其成功之处。恩尼乌斯自称是罗马的荷马，而克洛普斯托克自称是德意志的荷马，相比较而言，前者倒算得上更为实至名归,恩尼乌斯同时代的人都持这样的观点,后世更是如此。

人们对这位罗马诗歌之父的崇敬代代相传,颇负文名的昆提里安甚至如是说:"让我们如尊崇古老神圣丛林那般尊崇恩尼乌斯吧,林间的千年橡树或许并不美观,但令人肃然起敬。"如果有人对此心生惊异之感,他或许会回想起很多诸如此类的现象,如《埃涅伊德》《亨利亚特》和《弥撒亚德》的成功。我们已然摆脱以迦辛与萨福相提并论、以威拉莫夫与品达比肩的谬误,如果罗马民族诗歌取得长足进步,就不会产生官方用恩尼乌斯的《编年史》与荷马的《伊利亚特》比肩这般贻笑大方的现象了,但实际上罗马事与愿违。由于人们,尤其是贵族,对这一题材感兴趣,诗人又颇负创造才能,《编年史》一直是罗马最古老的原创诗歌,在后世有文化修养的人看来,其仍属于可读或值得一读的作品。因此产生了这样一个奇怪的结果:这位半希腊文学家创作的完全反民族史诗,竟然被后世尊为罗马诗歌的优秀典范。

散文文学

散文文学在罗马的兴起稍迟于诗歌,但两者兴起的方式完全不同。罗马诗歌过早受到学院派和舞台急功近利的助长,特别是罗马喜剧受到严格的舞台审查,处处受束缚,而罗马散文既未被矫饰助长,也未受到外界的掣肘。再者,这种文学活动从一开始就未受到"唱曲人"所受的污名而为上流社会不容。所以散文文学虽然远不如诗歌传播广泛和发展旺盛,但其发展较之诗歌更为自然。诗歌几乎完全为卑微阶级掌控,当时著名诗人行列中,罗马贵族无有一人,但是当时的散文作家却无一不来自元老阶级。散文作家都来自最受尊敬的贵族界，出自曾经担任执政官和监察官的人——如法比乌斯氏、格拉古氏、西庇阿氏。当然，散文写作在本质上比诗歌更加保守，也更具民族倾向，但是在这里，尤其是这一文学形式中最为举足轻重的历史著作，希腊化的倾向在题材和形式方面都有巨大的影响。

历史作品

直到汉尼拔战争时期，罗马还不存在历史著作，因为《编年史》的记载在性质上属于档案，而非文学，本身就不具有串联历史事件的意图。罗马特性存在一个人尽皆知的例证：尽管罗马政权的影响力已然延伸到意大利以外甚远，尽管罗马贵族社会不断接触文学勋绩卓著的希腊人，但是直到六世纪中叶，罗马作家才产生以写作的方式将罗马民族的辉煌和命运记录下来，传递给当世以及后世的需求和欲望。等到他们终于感受到这种需求，罗马历史家既没有信手拈来的文学形式可加以采用，也不存在潜在的读者群，而二者的形成，不仅需要惊世之才，还需要相当长久的时间。因此，罗马作家们起初或以母语将罗马历史写成诗体，或以希腊语写成散文形式，结果或多或少规避了这些困难。我们在上文提及奈维乌斯的诗体编年史（约作于罗马纪元550年即公元前204年）以及恩尼乌斯的诗体编年史（约作于罗马纪元581年即公元前173年），二者都属于罗马最早期的历史文学，奈维乌斯的作品可以视为罗马所有历史作品中最为古老的一部。大约在同时，昆图斯·法比乌斯·庇克托[39]（于罗马纪元553年即公元前201年以后）作了一部希腊史，此人出身贵族，汉尼拔战争时期曾积极参与国事；普布利乌斯·西庇阿（约罗马纪元590年即公元前164年）也作了一部希腊史，此人是非洲英雄西庇阿之子。

如果他们以母语写作历史，就需要利用某种程度上已然成熟的诗歌艺术，面向具备诗歌欣赏能力的读者大众，这类读者并非完全缺乏。如果他们用散文的形式，以希腊语写作历史，希腊体裁便唾手可得，由于他们在题材上着眼点远远延伸到了拉丁姆范围之外，其面向的读者自然是受过教育的外国人。平民作家采用前者，贵族作家采用后者，正如腓特烈大帝时期，法文贵族文学与牧师和教师的本地德文著作并肩而立，格莱穆和兰勒等人用德文创作战歌，国王和将军却用法文书写战史。诗体历史和罗马作家写的希腊史都不是严格意义上的拉丁历史著作。拉丁历史著作其实肇始于加图，他的《起源》，直到本世纪末才得以问世，该书既是最为古老的拉丁文史书，也是罗马文学史上第一部重要的散文著作[40]。

以上这些作品，并不符合希腊人对历史的概念[41]，但是与那只有零星记载的编年史相比，却是互相关联事件的历史，叙述连贯，结构多少也算得上规整。据我们所知，他们的作品均涵盖自罗马建城到作者生时的民族历史，虽然就名称而言，奈维乌斯只叙述了迄至第一次与迦太基作战时期的历史，加图只叙述了相当早期的历史。于是，这些历史作品自然被划分为三部分：传奇史、古代史和当代史。

罗马城起源史

在传说时代史中，罗马城的起源有十分详细的记载。这里需克服一个特别棘手的难题，正如我们在上文提到，世上存在两种完全矛盾的说法：一种是罗马民族版本，至少在主要梗概上似乎已经载入编年史；另一种是提迈乌斯的希腊版本。这些罗马史学家对此不可能全然不知。前者的目的是将罗马与阿尔巴联系起来，后者的目的是将罗马与特洛伊联系起来。所以在前一种版本中，罗马城为阿尔巴王子罗慕路斯所建,而在后一种版本中,罗马城是特洛伊王子埃涅阿斯所建。将两种说法合二为一,可能是这一时期奈维乌斯或庇克托所为。在合成的新版本中,阿尔巴王子罗慕路斯仍然是罗马城的创建者,但同时又是埃涅阿斯的孙子。埃涅阿斯并未创建罗马,但据说他将罗马的裴纳替带到意大利,建立拉维农作为诸神庙宇,其子阿斯坎尼乌斯创建阿尔巴·朗加,是为罗马城的母城和拉丁姆的古都。这一切都是拙劣可怜的杜撰。

人们此前一直认为罗马史最初的裴纳替保存在罗马市集的裴纳替庙,这时又说并非在该庙中,而是在位于拉维农的神庙中,罗马人不觉为之震怒。希腊人的虚构则更为卑劣,因为根据其说法,神灵只会将裁定给祖父的奖赏赐予其孙。但这种改编已然达到了其目的:不完全否认罗马的民族起源,却迁就希腊化的倾向,或多或少认可这一时期已然盛行、与埃涅阿斯攀亲的意愿。所以关于这一强大公社的起源,这种说法已经深入人心,不久便成为官方认可的史实。

除了关于罗马城起源的传说之外,用希腊文写史书的历史学家对罗马共同体关心甚少或者毫不在意,因此进一步叙述罗马民族历史,便不得不主要取材于本国资料。可是流传至今的资料十分匮乏,我们无法辨识除了编年史之外,还有哪些传闻可供最早期的史学家利用,他们又可能会添入何种自己的资料。那些从希罗多德书中摘取插入的奇闻轶事[42]可能仍然与这些最早期的史学家们无关,而且也无法证明有直接假借这一段希腊材料的现象。因此,将罗马与希腊联系起来的趋势,认为意大利民族和希腊民族同宗同源的倾向,竟然无处不在,极为显著,甚至希腊文化的反对者加图亦复如是,更是引人注目。正是由于这种倾向,才有了原始意大利人或从希腊迁居至此的土著人,以及原始希腊人或皮拉斯基人游徙进入意大利的说法。

早期历史

坊间流传的故事，其涉及范围上至王政时期，下至罗马共和国的建立，虽然只有稀疏松散的线索，但相对连贯，然而于此而言，传说的源流已经枯竭，要想凭借高官名录和附于其下的些许记载，编纂出任何形式连贯、清晰易懂的历史叙述，不只是困难，而且完全没有可能。诗人们对此尤感艰难。似乎正是出于这一缘故，奈维乌斯在其著作中很快从王政时期过渡到争夺西西里的战争叙述。恩尼乌斯在其十八卷著作中，第三卷仍在叙述王政时期，第六卷却已经讲到罗马与皮洛士之战，其对于罗马共和国最初两百年间的历史必然只能作十分简略的概述。至于用希腊文编纂历史的人对此如何处理，我们不得而知。加图的做法十分特殊。他曾坦言"叙述造桥大师家中铜表记载的内容，麦子曾涨价几次，何时发生过日食、月食"，自己对此并不感兴趣，所以他在自己的史书第一卷和第三卷中专门叙述意大利其他公社的起源及其加入罗马联盟的经过。编年史在当年长官的条目下，一年一年地记载历史事件，这样一来加图便摆脱了编年史的桎梏。有人说加图的历史著作"分段叙事"，必然是指他的这一特点。在罗马历史著作中，竟然存在这种关注意大利其他公社的作品，不免令人惊异，但这与作者的政治态度有关系，因为他始终仰赖意大利各市的支持，以反抗首都罗马的所作所为。此外，自塔文克王被驱逐到皮洛士战场的罗马历史均已散佚，加图的这种方法以其独特的方式表现出这段历史的主要结果，也可以说弥补了该空白——意大利统一于罗马霸权之下。

当代史

与早期历史不同的是,当代史的编纂前后连贯,十分详细。奈维乌斯、法比乌斯以其见闻各自展开对第一、第二次迦太基战争的描写。从皮洛士之战到伊斯特里亚战争时期的这段历史,恩尼乌斯至少用其十八卷编年史中的十三卷对此专门展开叙述。加图在其历史著作中,以第四、第五卷叙述了自第一次布匿战争到罗马与佩尔修斯战争的所有战事,其最后两卷本来似乎另有安排,且题材更为广泛,加图却改变计划,叙述了自己人生最后二十年的事件。关于皮洛士之战,恩尼乌斯也许采用了提迈乌斯或其他希腊作家的史料,但总体上看来,所有的叙述一部分来自他自己的见闻,一部分基于其他史学家的叙述。

演讲和信札

演讲文学和书信文学与历史文学同时并起,而且某种意义上可以说是历史文学的附庸。这同样肇始于加图,因为在此之前,罗马人仅有的只是为数不多的葬礼演说词,其中大多数可能是后世从家庭储藏室中发现的,例如昆图斯·法比乌斯的演说词,他与汉尼拔为敌,身经百战,老年时其正当壮年的儿子离世,便为其子作了一次演讲。加图则不然,他经历了长久而繁忙的政治生活,作过无数次演说,到了老年,将其中具有历史重要性的择选出来,编成一部政治回忆录,其中一部分发表在他的历史著作中,一部分似乎编成单行本问世,作为其著作的补编。此外,加图还有一部信札集遗世。

其他民族的历史

对于罗马之外其他民族的历史,只有某些被认为是高雅罗马人必不可少的知识,罗马人才会关心。甚至据说老法比乌斯不仅熟悉罗马的战事,而且对外国的战事也了然于胸,加图曾经勤读修昔底德和一般希腊历史著作,这确有明证。但是如果我们罔顾加图的轶事和格言集——该集子是他自编的读书心得录——那么非罗马民族领域内的文学活动则无迹可寻。

对历史采取不批判的态度

当然,这些文集是历史文学的初创,字里行间洋溢着轻松、包容的意味,作者和读者对其内在的矛盾并未轻易苛责。塔文克王二世在其父去世时虽已长大成人,却在三十九年以后才登上王位,然而那时的他依旧十分年轻。在这位罗马国王被驱逐的三十余年前,毕达哥拉斯来到意大利,但根据罗马史学家记载,他却是智者努马的朋友。罗马纪元262年即公元前492年,罗马派遣使者前往叙拉古与老狄奥尼修斯进行交涉,但是事实上老狄奥尼修斯在八十六年之后(罗马纪元348年即公元前406年)才登上王位。史学家们在整理罗马的年代时,这种天真不予批判的态度尤为显著。罗马的算法大概在此之前早已固定下来,按照它的算法,罗马的创建比卡庇托尔庙献祭仪式早两百四十年,比高卢人火焚罗马城早三百六十年,高卢人火焚罗马城在希腊史书中有记载,据说在雅典执政官派尔金执政当年,即公元前388年,是第九十八届奥林匹亚纪年的第一年,据此可推算罗马城应该建于第八届奥林匹亚纪年的第一年。埃拉斯提尼的编年在当时得到广泛认可,根据他的计算,罗马城建于特洛伊毁灭之后的四百三十六年，然而通行的说法仍认为是特洛伊人埃涅阿斯的孙子创建了罗马城。加图虽如一位资深理财师一般，审度了这种计算方法，因此也必然注意到了其存在的矛盾，但他似乎并未提出解决这一问题的方法。而之后依据这种观点编入的阿尔巴王名录也并非出自加图的手笔，这点毋庸置疑。

对历史不予批判的态度不仅盛行于早期历史的编撰，某种程度上也盛行于有历史记载时期的描写。这些叙述都必然带有强烈的偏袒色彩，无一例外，由于法比乌斯对第二次罗马与迦太基战争开端的叙述带有这种色彩，波利比乌斯便以其独特的冷酷笔锋对此加以指责。对于这种情况，比谴责更得体的做法应该是怀疑。若要期望汉尼拔同时期的罗马人对他们的仇敌秉持公正的判断，的确有几分可笑，但那些首开罗马历史叙述之风的作家，并非有意错误地传述事实，他们所怀有的不过是一片单纯的爱国之心，误述也无法避免。

科学

科学文化，甚至与之相关的科学文化创作也发轫于这一时期，历来的教学大致仅局限于阅读、写作和国法知识[43]。但是罗马人与希腊人较之前期接触更加紧密，罗马人对文化的概念也逐渐普遍化，因此他们孜孜以求，即使无意将希腊文化直接抑制于罗马，也至少企图依循希腊的模式对罗马文化稍加修饰。

文法

罗马的语言知识开始发展形成拉丁文法，希腊语文知识迁移到与意大利语相似的方言中，文法的积极研究与罗马人的写作几乎同时产生。大约在罗马纪元520年即公元前234年，一位名为斯普里乌斯·卡尔维里乌斯的写作教师似乎曾经整理拉丁字母表，此前拉丁字母表中没有字母g，斯普里乌斯将g放置于已经废用的字母z的位置——在现代西方字母表中，字母g至今仍处于该位置。罗马的教师们必定时常从事拼字法的整理，拉丁文的缪斯也不拒绝他们那学究做派的希波克伦，无时无刻不投身于兼习诗歌和正字法的工作。尤其是恩尼乌斯——他在这方面也与克洛普斯托克相似——不仅时常仿照亚历山大的风格用叠韵作字源学的游戏[44]，而且开始使用希腊语更精确的重叠写法，取代至此通用的代表双子音的单一符号，奈维乌斯和普劳图斯诸如此类的事情我们的确一无所知，诗人们通常不注重拼字法和字源学，罗马的通俗诗人对此必然也毫不在意。

修辞学和哲学

这一时期罗马人对修辞学和哲学仍一无所知。对于罗马人来说，演讲毫无疑问是公众生活的核心，所以外国教师没有资格参与。加图是一位名副其实的演说家，他曾义正词严、大肆宣泄怒骂伊索克拉特的愚妄，斥其一直都在学习演说，却始终没有演说的能力。希腊哲学虽然以垂训诗尤其是悲剧诗为媒介，在罗马已经有一定的影响，但罗马人却像无知的乡野村夫，天性忧惧，对希腊哲学抱有怀疑的态度。加图直称苏格拉底是善言者和革命家，他抵制自己国家的宗教信仰和法律，死得并不冤枉。爱好哲学的罗马人对哲学抱有何种态度，或许可以在恩尼乌斯的话中找到很好的例证：

> 我要谈哲学，可是简略而非全部的哲学，
> 浅尝她是好的，沉溺于她便坏了。

然而见之于加图作品中的谕德诗和演说指南，与其说是罗马人从希腊哲学和修辞学中提取的精华，不如说是希腊哲学和修辞学的糟粕。说到谕德诗，加图的材料除了想当然地对先民淳朴风俗的赞美之外，便是直接取自毕达哥拉斯论述道德的作品；说到演说指南，加图的材料大概直接取自修昔底德书中的演说词，尤其是德摩斯提尼的演说，二者均受到加图的热心研读，演说术有个金科玉律，"致思于资料而让字句自行随来"，后世经常引用，却不常遵循。通过这条规定，我们可以大概知晓这本指南的精神意旨。

医书

加图又编写了与上述类似的指南书，都比较普通和初级，论述了医术、军事学、农学和法学——所有这些学科都同样或多或少受到希腊的影响。罗马人虽然不常习物理和数学，但与之相关的应用科学却受到一定程度的关注。医学更是如此。罗马纪元535年即公元前219年，第一位希腊医生——伯罗奔尼撒人阿查迦图定居罗马，因其外科手术在罗马颇有声名，政府给他分配了一所住宅，并赋予其罗马公民权。自此以后，其同行成群结队来到意大利。加图不但激愤地辱骂外国行医者，而且根据自己的经验，或者一部分借鉴希腊的医学著作，编成医学小册子，想要借此复兴一家之父同时也是一家之医的优良传统。医生和大众对加图的顽强攻击漠不关心，这也是情理之中，至少医生在罗马属于最有利可图的职业之一，仍然受到外国人的垄断，几百年间，罗马的医生无一不是希腊籍人。

数学

此前，罗马一直以不开化的淡漠态度对待计时方式，但现在情形至少稍有进步。罗马纪元491年即公元前263年，第一个日晷在罗马集市搭建起来，希腊计时才开始应用于罗马。然而，罗马人的日晷原来却是为四度以南的迦达那建造的，罗马人按照这个日晷来计时，度过了一百年。

这一时期末，几位罗马贵族对数学产生了浓厚的学习兴趣。曼尼乌斯·阿昔里乌斯·格拉布里奥（罗马纪元563年即公元前191年任罗马执政官）试图通过立法解决历法混乱的问题，按照法律规定，高僧团得以任意增减闰月。但这种方法未能取得预期的效果，甚至反而加重了弊害，其失败原因大概更多是出于罗马神学家们的胡作非为，而并非他们才智不佳。马库斯·福尔维乌斯·诺比里奥（罗马纪元565年即公元前189年任罗马执政官）具有希腊文化修养，至少在他的努力之下，罗马历法进一步得到推广。盖乌斯·苏尔庇奇乌斯·伽路斯（罗马纪元588年即公元前166年任罗马执政官）不仅预测到了罗马纪元586年即公元前168年的月食，而且计算出月球与地球之间的距离，似乎以天文学作家的身份为世人所知，因此同时代的人们视其为勤勉又智慧的奇才。

农学和军事学

当然，农学和军事学最初都是按照传统和人的经验而规定的，加图作了两篇农业论，其中一篇流传至今，该标准在这篇论述中极为明显。但是希腊文、拉丁文，甚至腓尼基文都被应用于高等学术范围，自然也应用于这些低等学术范围，因此，关于这些学术的外国著作肯定会引起些许关注。

法学

法学受外界的影响甚微。这一时期法学家仍然主要负责答复征询他们意见的团体，以及教授听讲的年轻人。这种口头传授的方式促成某些规则的传统基础，文学活动对此也不全付阙如。塞克斯图斯·埃里乌斯·裴图斯发表的论著，较之加图精简的概述意义更为重大，塞克斯图斯别号"智者"，是当时实用法学的泰斗，由于他在法学方面努力为公众谋取利益，故升任执政官（罗马纪元556年即公元前198年）和监察官（罗马纪元560年即公元前194年）。其论著，即所谓的"三部曲"围绕《十二铜表法》展开论述，在原文每句上——大概以古朴晦涩的句子为主——附加注解和相应的诉讼办法。这种注释虽然明显表现出希腊文法研究带来的影响，但论述诉讼法的部分，却是根据阿庇乌斯的早期探索以及罗马民族习惯和先例发展形成的一般诉讼法。

加图的百科全书

在加图为其子编纂的手册集中，我们可以清楚了解到这一时期学术的大致情况。这些手册带有百科全书性质，旨在用格言阐明一个"正人"应该如何同时具备演说家、医生、农业家、武士和法学家的特质。那个时候科学研究还未有入门与专业之分，但人们普遍认为，每一个合格的罗马人都应该具备必要或有用的科学素养。加图的百科全书并未涵括拉丁文法，因此文法尚未像真正科学的语文教学那般，取得应有的正式发展。此外，该书还未将音乐以及整套数学和物理学收纳在内。纵观全书,其论述的仅是在科学上具有直接实用价值的部分,叙述也力求简短。书中自然也汲取了希腊文学的养分,但不过是从希腊文学的粗枝烂叶和荒秽之中拣选些许可堪利用的格言警句。加图常说:"希腊书籍不可不读,但不可深读。"传播日常必要知识的家用手册由此产生,这些书除了希腊的析入毫芒和艰涩难懂,也丢掉了希腊的敏锐和深度,但正因为这一特点,它塑造了所有时代罗马人对希腊科学的态度。

罗马文学的特点及历史地位

如此一来,在世界统治权为罗马掌控的同时,诗歌和文学也进入了罗马,或者引用西塞罗时代一位诗人的话:

当我们战胜布匿人时,步履如飞地来了,
缪斯到罗慕路斯那强悍好战的人民中。

在说萨贝利语和伊特鲁里亚语的区域,同时期也不乏学术活动,历史同样记载了伊特鲁里亚语的悲剧。从刻有奥斯坎铭文的陶器来看,陶器制造者显然对希腊悲剧有所了解。那么问题随之而来:在奈维乌斯和加图时代的阿努斯河和佛尔突努斯河畔,是否也有某种类似于罗马那种希腊化文学悄然形成?然而所有与此相关的资料荡然无存,在这种情况下,这一段历史我们无从知晓。

希腊化文学

我们现在能加以评判的只剩下罗马文学，虽然在美学批评家看来，其绝对价值可能存在问题，但对于有意了解罗马历史的人来说，这种文学反映了罗马纪元六世纪意大利人的内在精神生活，因此具有独特的价值。罗马纪元中的六世纪充斥着金戈铁马的喧嚣，也由此决定了未来的命运。在此期间，意大利的独特发展告终，开始进入更为广阔的古代文明发展时期。在这一时期内，民族分裂之风盛行，成为过渡时期的一大特色，罗马文学也深受这一风气的影响。对于希腊化的罗马文学，心无成见且不为两千年之古朴厚重所惑的人，必然看得到它存在的缺陷。罗马文学与希腊文学共存，正如一座德国橘园傍于西西里的一片橘树林之侧，二者都给我们带来乐趣，但如果认为它们是并驾齐驱的，那就没有可能了。罗马的外国文学更是如此。前者在很大程度上并不是罗马人的作品，而是外国人所作，即半希腊人、凯尔特人，甚至还有非洲人的作品，他们对拉丁文的了解都仅靠研究获取。

如上文所述，这一时期以诗人身份被世人所知的人，都出身贵族，不仅如此，其中无一人是拉丁姆本土人士。就连"诗人"这一名称都以外国文字表示，甚至恩尼乌斯也极力自称为 poeta[45]。可是这种诗歌不仅性质上属于外国，而且在私塾教师成为作家而大众成为读者时显现的缺点，在这里也无法避免。我们已然说过，喜剧如何为了顾及大众审美在艺术上一再降格屈从，乃至陷于粗俗的境地。我们也进一步说明，在最具影响力的作家中，便有两位诗人曾经担任过私塾教师。希腊语言学在民族文学衰落之后才开始兴起，仅在文学的死体上试验，而拉丁文法却与文学同时奠定了基础，二者偕行并进，与近代向异教徒布教如出一辙。事实上，如果我们能够不偏不倚地看待罗马纪元六世纪这种希腊化文学——那本身毫无生产力的机械诗歌,那些对最为粗陋的外国文学形式按部就班的模仿,那些耳熟能详的翻译,那种史诗的拙劣变体——我们不禁要将这种文学简单地归类为现代之前的病态症候了。

即便这种评判不失公允,也只能算是很片面的认识。我们必须首先考虑到:罗马不仅没有任何民族诗歌艺术,而且永远无法达到这样的艺术境界,而这种人为形成的文学就是在这种环境下产生的。在远古时期,人们对描述个人生活的现代诗歌一无所知,创造性的诗歌活动主要产生于神秘的时期,在这一时期内,民族正面临发展带来的忧患和喜悦:在无损希腊史诗以及悲剧诗人伟大性的前提下,我们可以表明,他们的诗歌主要是由那些关于人性的神和神性的人的原始故事改编而来。这种古代诗歌基础在拉丁姆根本不存在:神灵世界尚未成形,传说仍属虚幻,诗歌的金苹果不可能自动生长成熟。第二个原因更为重要,此处不得不说。为了保留其民族性,罗马向来排斥一切高等和个人的精神文化,而这时意大利内在精神的发展和外在政治的演化,都已经到了无法继续保留罗马民族性、无法抗拒希腊文化侵蚀的程度。

希腊文化传播到意大利,必然带有某种革命性和破坏民族性的趋势,但要使各民族在精神上达到必要的平等,这种传播不可或缺。罗马-希腊化文学在历史甚至诗歌上有所发展,主要是因为这是以传播希腊文化进入意大利为基础的。从这种文学作坊造就出来的艺术产品无一富于新颖和纯粹性,但它却将希腊精神文明的视野扩展到了意大利。即使仅从外在方面看来,希腊诗歌假定其受众拥有确切的知识,举个例子说,莎士比亚戏剧最重要的特点就是具有一种自成体系的完整性,但古代诗歌并不具有这一特性。一个人如果不熟悉希腊神话,便无法明白每一史诗和悲剧的背景,甚至往往无法理解其一般意义。如果这一时期的罗马大众如普劳图斯的喜剧表现的那样,稍微知晓荷马史诗以及关于赫拉克勒斯的传说,并且熟悉其他流传甚广的神话传说[46]，那么这种知识必然是通过舞台和学院传播给大众的，这样一来至少向领会希腊诗歌迈出了第一步。但是将希腊诗歌语言和希腊韵律移植于拉丁姆，带来的效果更为深远，古代有先见之明的文学批评家对此十分注重，想来也不无道理。如果"战败的希腊以艺术战胜了其粗野的征服者"，那么这一胜利最成功之处在于将循规蹈矩的拉丁方言提炼成一种高雅的诗歌语言，以此取代单调陈腐的萨图宁体，短长格的三节诗汨汨流出，六节诗汹涌而来，雄浑的四节诗、欢快的短短长格以及巧妙混合的抒情节奏都以本国语触动拉丁人的耳膜。

诗歌语言是诗中幻境的钥匙，诗歌的节奏是诗歌感觉的钥匙，对于人来说，如果他耳不能闻动听的修辞，目不能见栩栩如生的意象，长短短格和短短长格不能唤起他内心的回响，荷马和索福克勒斯的创作便是白费了功夫，再别说什么诗歌感觉和韵律感是自发油然而生的了。理念上的感觉无疑是自然而然根植于人心的，但是这些感觉需要明媚的阳光才能发芽滋长，尤其是在当时还未受诗歌感化的拉丁民族，就需要外界的培植。也不是说希腊语言知识广为流传，希腊文学便足以为感性的罗马大众所用。语言对人类而言有种神奇的魅力，它不会寄生于任何偶然习得的语言，而只与本国语共生，诗歌语言和所谓的韵律只是将它放大。从这种观点出发，我们对于这一时期罗马的希腊化文学，尤其是诗歌，可以作个更为公正的评判。如果说希腊化文学的趋势是将欧里庇得斯的激进主义带入罗马，将神灵转化为已死之人或心理概念，将无民族性的拉丁姆和无民族性的希腊相提并论，让所有纯粹和显著发展的民族特色降格成为普遍文明可疑的概念，那么人人都可以随意对这种趋势予以褒贬，但是没有人会怀疑其历史必然性。从这一观点看来，罗马诗歌的缺陷虽然无可否认，但其之所以存在这些缺陷却是可以找到原因的，所以也可以稍微为其辩护。

当然，罗马诗歌充斥着琐碎并且通常是支离破碎的内容与相对完善的形式之间的不协调，但是这种诗歌的确切意义就在于其形式上的特色，尤其是语言和韵律的特色。不尽如人意的是罗马诗歌主要掌控在塾师和外国人手中，而且以翻译和仿写作品为主。但如果诗歌的根本目的仅仅是搭起拉丁姆与希腊之间的桥梁，那么李维和恩尼乌斯必然有成为罗马建桥师的使命，而且翻译文学是达到该目的最简单的方法。更不尽如人意的是罗马诗歌偏爱依据陈腐琐碎的原作，但是从这个立场上来看，这和其目的是契合的。没有人愿意将欧里庇得斯的诗与荷马的诗等量齐观，然而用历史的眼光来看，世界主义的希腊文化将欧里庇得斯和梅南德奉为神谕，就相当于民族主义的希腊世界奉伊利亚特和奥德赛为圣经，由此观之，新派代表特意将这一套文学介绍给大众，其实有正当的理由。罗马编剧家们又自觉诗才有限，因此主要遵循欧里庇得斯和梅南德的做法，置索福克勒斯甚至阿里斯托芬于不顾。因为诗歌虽然根本上是民族的产物，难于移植，但是欧里庇得斯和梅南德的诗歌都是立足于才智，而才智在本质上是世界性的。此外有一件值得大力赞誉的事：罗马纪元第六世纪的罗马诗人不依附当时的希腊文学或所谓亚历山大主义文学，反而在相对古老的经典文学中寻找模范，虽然并未探索到其最为丰富或最为纯洁的领域。总的来说，在他们的作品中，我们虽然不难指出数不胜数的错误适应以及不合艺术的过失，但是希腊文化宣传者们的行为很不纯洁，所以自然免不了随之而来的过失。

从历史甚至美学的角度上看，那与宣传工作不可分离的信仰热诚，已经稍微可以抵偿这种过失。关于这种新福音的价值，我们也许会有与恩尼乌斯不同的观点，但说到信仰，如果"所信为何"不如"如何信仰"重要，那我们不能不感激和赞赏罗马纪元第六世纪的罗马诗人了。他们对希腊世界文学的势力所具有的强烈新鲜感，以及将这棵文学奇树移植外国的神圣愿望，二者弥漫于整个六世纪的诗歌之中，尤其与那个时代纯粹高贵的精神相契合。后世发展成熟的希腊文化带有几分轻侮的态度藐视这一时期的诗歌发展成就，它或许应该敬仰这一时期的诗人，他们尽管不无缺点，但与希腊诗歌紧密相连，比那些更为风雅的后辈更加接近真正的诗歌艺术。这一时期的诗人勇于见贤思齐，韵律节奏响亮，甚至对诗人这一身份非常自负，蔚为壮观，其他时代的罗马文学远不能及。即使那些不为这种诗歌的缺陷所迷惑的人，也可以将恩尼乌斯歌颂自己的豪言壮语应用在这种诗歌上：

> 诗人恩尼乌斯万岁！他把如火的诗
> 灌到尘俗人的骨髓里。

反民族倾向

这一时期希腊-罗马文学总体上有一种主导的倾向，与之相对的同时期民族文学创作也同样具有一种主导的倾向。然而前者意图通过创造一种文字属于拉丁而形式和精神属于希腊民族的诗歌，吞噬拉丁的民族性，拉丁民族最优秀最纯粹的人士被迫将希腊文学和希腊主义一并拒之门外，且置于法律的限制之下。加图时代的罗马人反对希腊文学，与恺撒时代的罗马人反对基督教如出一辙；加图时代的被解放者和外国人成为诗歌界的主力，正如此后被解放者和外国人成为基督教的主力。罗马贵族，尤其是罗马政府，将诗歌视为和基督教一样完全敌对的势力，罗马贵族将普劳图斯和恩尼乌斯看作是乌合之众，罗马政府处死使徒和主教，二者所依据的几乎是同样的理由。在这个方面，毋庸置疑，仍是加图引领罗马大力对抗外国人。在加图看来，从本质上已然颓朽的希腊民族，其中贻害无穷的糟粕是希腊文人和医生[47],而他对罗马"唱曲人"的蔑视更是不言而喻。

加图及其同仁因此时常受到严厉的指责,当然其恼怒的表达往往具有独特的率直和狭隘的特征。但是再三斟酌,我们不仅应该承认他在个体实例上大致无误,而且不得不承认,相对于其他方面,民族反对派在这个方面已经明显超越了无济于事的纯粹消极防守态势。与加图同时期,而年岁稍短的奥路斯·波斯图米乌斯·阿尔比努斯所实行的令人厌烦的希腊化举措,在希腊人看来都贻笑大方。例如,他甚至还编写希腊诗,并在其历史著作的前言中写着自己出生于罗马,以此作为希腊语欠佳的托辞。那么他是否被司法当局命令来干预自己不知道的事情,不就是个十分恰当的问题吗?两千年前专业喜剧翻译这一职业,以及为谋生和寻求庇护而歌颂英雄的诗人行业,是否比现在更添了几分殊荣?

再者,诺比里奥在诗中赞誉罗马当权者,不论当权者是谁,尤其极力褒奖加图本人。他将恩尼乌斯带到安布拉其亚,以歌颂他即将建立的功业,加图难道因此就没有谴责他的理由了吗?加图在罗马和雅典结识的希腊人,难道他就没有理由去斥责他们,说他们是一群不可救药的可怜虫吗?这种对当代文化和希腊主义的反抗十分正当,但是加图绝对不应该背负反对一般文化和一般希腊文化的罪名。反之,罗马民族派最大的优点,就在于他们也洞察到,创造一种拉丁文学并利用希腊文学的影响力促进拉丁文学发展实属必要。仅从他们的目的看来,拉丁文学不应该只是对希腊文学的模仿,也不应该侵蚀罗马的民族性,而应该根植于希腊文学的沃壤,同时其发展应该遵循罗马的民族性。他们有着天赋的本能(这本能虽然不足以表明个人的睿智,却足以证明那个时代人们群情激昂),他们认为由于罗马此前完全没有出现诗歌的萌芽,要想发展一种属于他们自己的精神生活,唯一能够借助的材料只有历史。罗马是一个国家，而希腊却不是，对这一事实的强烈意识，导致奈维乌斯大胆利用历史题材尝试创作罗马史诗和罗马戏剧，从而促使加图创作拉丁散文。

当然，以罗马国王和执政官代替传说中的神灵和英雄，无异于巨人想叠起山岳以攻天穹：没有神话世界，就没有上古的史诗，也没有上古的戏剧，诗歌也不存在代替品。加图谨小慎微、智力超群，他认为诗歌已经无可救药，便将诗歌本身留给了反对他的人。虽然加图尝试仿照古代的罗马作品——阿皮乌斯的谕德诗和咏农诗——用罗马民族的格律创造一种垂训诗，具有重要的意义，值得尊崇，即使与其初衷相比算不上成功。散文为加图提供了一个更加有利的环境，他多才多艺，笔耕不辍，用本国语言创造了散文文学。加图的这一成就，因为其早先面向的是家庭，而且当时他孤军奋战，所以更富罗马特色，也更值得敬重。因此出现了加图的"原史"，著名的政论演说，以及论述各类科学的著作。这些作品固然都浸染着罗马的民族精神，而且采用的也是民族题材，但绝对不反对希腊文化，实际上它们的产生都受到了希腊的影响，虽然反对派的著作也受到希腊的影响，但二者的意义截然不同。加图创作的核心概念甚至标题都借用了希腊语的"开创史"。他的演说著作也是如此，他讥讽伊索克拉特，但又试图学习修昔底德和德摩斯提尼。加图的百科全书实际上正是他研究希腊文学的结果。纵观这位活跃爱国者的一生，他的这种文学活动最富成效，给其国家带来最多裨益，虽然相比较而言，他自己可能并没有太过注重。至于演说和科学领域的创作，加图拥有众多难能可贵的后继者，他的原始历史作品可与希腊的散文史书媲美，虽然此后没有希罗多德或修昔底德之类的人将其继承下来，但是通过他建立起了一个原则：罗马文人从事应用科学和历史的创作，不仅正当，而且光荣。

建筑

我们简略叙述建筑、雕刻和绘画艺术作为本章的结尾。就建筑而言,早期私家建筑的奢华风气比公共建筑更加明显。直至这一时期末,尤其是加图担任监察官以后(罗马纪元570年即公元前184年),罗马人在建筑上开始既顾及公众的需要,也考虑公众的便利;用石块砌成接收渠水的水槽(罗马纪元570年即公元前184年),建筑柱廊(罗马纪元570年即公元前184年),尤其是将雅典用作法庭和办公场所的厅堂引入罗马,也就是所谓的长方形大会堂。这种建筑和我们近代的商场略为相似,第一座这样的建筑于罗马纪元570年即公元前184年由加图修建,命名为鲍薛厅,也叫银匠厅,位于元老院一侧——随后其他厅堂如雨后春笋争相建立,与鲍薛厅相连,纵贯罗马广场,这些华丽壮观的柱廊厅堂逐渐取代了私人商店。然而人们的日常生活深受家庭建筑革命的影响,这种革命最迟也应该发生在这一时期内。大堂、庭院、花园和绕园柱廊、书籍储藏室、神堂、厨房以及起居室陆续完备,至于内部装饰,圆柱开始应用于庭院和大堂以支撑开通的屋顶,以及花园的柱廊,这些布置可能完全模仿希腊或者至少以希腊为模型。但是建筑材料简陋,瓦罗说:"我们的祖先住在砖屋内,仅设低矮的石基以防潮湿。"

造型艺术和绘画艺术

关于罗马的造型艺术,除了蜡制浮雕的祖先遗像之外,可能没有任何踪迹可寻。画家和绘画倒是经常有人提及。罗马纪元491年即公元前263年,曼尼乌斯·瓦勒里乌斯在梅萨那海面大破迦太基人和希罗,他命人将战绩画在元老院的侧壁上,这是罗马最古老的壁画——此后这类绘画层出不穷，在绘画艺术界的地位相当于罗马民族史诗和民族戏剧不久以后在诗歌界的地位。我们发现在享有画家之称的人当中，有一位名为德欧多都，奈维乌斯讥讽他：

围著盖被，坐在神龛里，
用牛尾画那开玩笑的灶神。

布林迪西人马库斯·帕库维乌斯为牛市的赫拉克勒斯庙作画，老年以编著希腊悲剧著名。小亚细亚人马库斯·普劳提乌斯·李科，为阿迭亚的朱诺庙绘制了华美的画，因而得到该城的公民权[48]。但是上述事实不仅表明艺术行业在罗马完全居于次要地位，与其说是艺术，不如说是手艺，而且说明这种艺术与诗歌相比，可能更多地受到希腊人和半希腊人的掌控。

另一方面，在普通人中，随后业余艺术家和收藏家所表现的艺术品味开始有章可循。他们高度赞赏科林斯和雅典庙宇的金碧辉煌，鄙视罗马庙宇屋顶上陈旧的陶偶，即使路奇乌斯·保卢斯一类与加图而非西庇阿持相同政见的人，也以鉴赏家的视角批判菲迪亚斯的宙斯像。罗马人每攻克一个希腊城市，便将其艺术宝藏抢掠一空，在马库斯·马塞鲁斯攻陷叙拉古之后（罗马纪元542年即公元前112年），这种做法开始大规模实行。接受过旧式学院教育的人对此提出严厉的批评，比如在攻陷塔伦顿时（罗马纪元505年即公元前249年），昔日严厉的将领昆图斯·法比乌斯下令不得侵犯庙内的神像，允许塔伦顿保留他们供奉的怒神。但是抢掠庙宇的现象屡见不鲜。尤其是由于两位罗马—希腊文化的主要代表人物，即提图斯·弗拉米尼努斯（罗马纪元560年即公元前194年）和马库斯·福尔维乌斯·诺比里奥（罗马纪元567年即公元前187年），以及路奇乌斯·保卢斯（罗马纪元587年即公元前167年），在他们的影响下,罗马的公共建筑充满了杰出的希腊雕刻。罗马人开始渐渐知晓艺术内涵和诗意情感都是希腊文化的主要成分,换句话说,二者同是现代文明的主要成分。但是,没有某种诗歌活动的存在,希腊诗歌就不可能产生,在艺术上仅仅通过观赏和借鉴就似乎已经足够受用,因此罗马人虽然人为地造就出了本国文学,但他们并没有发展本国艺术的意愿。

注释

[1] 普劳图斯其作品的独特之处在于,他运用了一整套希腊特有的表达,如 stratioticus、machaera、nauclerus、trapezita、danista、drapeta、oneopolium、bolus、malacus、morus、graphicus、logus、apologus、techna 和 schema。这些常见的希腊词语通常只不附译文,只有上述所列之外的词语才会附有译文,如 Truculentus 一词,我们能在同一诗节或后面的注释当中找到解释:ψρόνησις 即 sapientia。零星的希腊文字也屡见不鲜,如《迦西纳》中那样。

希腊的双关语也随处可见,如《巴克基斯姐妹》里写道:

Π ρὰγμαἀμαρ ἐχτς—Dabo μέγα κακόν, ut opinor.

同样,恩尼乌斯认为观众都知道 Alexandros 和 Andromache 的词源意义。最能体现这点的是半希腊式构造,如 ferritrilax、plagipatida、pugilice 等词,或如《骄兵》中所写:

Euge! Euscheme bercle astitic sic dulice et commoedice!

真的!他站在这里多么美,就像个说笑话的喜剧演员!

[2] 古罗马政治家,平民派领袖。——译者注
[3] 古罗马政治家、将领。——译者注
[4] 弗拉米尼努斯曾写过这样一首诗:

狄欧斯库利,请听啊!你们那带来的马师!
宙斯之子,请听啊!斯巴达掌控雷电的主人!
埃尼雅的提图斯向你们献上丰盛的礼物,
一如他曾赠予希腊民族的自由。

[5] 米南德,希腊新喜剧诗人。生于雅典,贵族出身。米南德是亚里士多德的吕刻昂学院的继承人泰奥弗拉斯托斯的弟子,米南德写了一百零五部剧本,得过八次奖。古希腊新喜剧只传下米南德的两部完整的剧本《恨世者》《萨摩斯女子》和残剧《公断》《割发》《赫罗斯》《农夫》等。——译者注

[6] 例如老加图的奴隶基隆通过给孩子教书替主人赚钱。

[7] 获释的希腊奴隶。他首次将荷马史诗《奥德赛》译成拉丁文的诗体形式。——译者注

[8] 在罗马共和国时期,自由民须从恩主姓氏的规定并未实施。

[9] 李维乌斯所写的悲剧中有这样一句:

我挤出一个无牙兽的乳汁,一直这么替他乳养着孩子。

荷马的诗(《奥德赛》):

原意:

不过塞斯并非不知情

我们从阴间回来,她急忙

来这里候着,两个使女给她带来

大量面包、肉类和深红色泽的葡萄酒。

被译成:

匆匆忙忙地,我们来到塞斯的家,

同时人们把货物先运到船上,

再装上其他千百种物品。

最值得注意的并非语言生硬,而是译者粗心犯错。原文是塞斯去尤利西斯家,译者却译成尤利西斯去塞斯家。另一个更可笑的错误是将aidoioisin edoka译为lusi。以历史的眼光看,这些特点不容忽视;我们由此可以看出罗马早期诗歌创作老师的教育程度,以及安德罗尼斯虽生在他林敦,但希腊语不可能是他母语。

[10] 希腊神话人物,墨提翁的儿子,厄瑞克透斯的曾孙,伊卡洛斯的父亲,也是厄瑞克族人,一位伟大的艺术家,是位建筑师和雕刻家。——译者注

[11] 可以肯定的是,罗马纪元575年即公元前179年,这个为举行阿波罗赛会的剧院建在弗拉明竞技场,但似乎很快又被拆毁。

[12] 罗马纪元599年即公元前155年,剧场依旧未设有座位;普劳图斯戏剧开场白的作者和他本人曾多次暗示观众就座,大多数观众都自带凳子或席地而坐。

[13] 妇女似乎可以随时出入罗马剧场,但依据法律,剧场禁止奴隶进出,对待外邦人民也是如此。只有国家贵宾可坐元老席位或坐在元老旁边。

[14] 由普劳图斯的戏剧开场白(《迦西纳》第17页,《安菲特利昂》第65页)推测,那时是否有分发奖品一事不得而知。《三块钱一天》第706页那段更像是希腊原作而非译者的文笔,古时戏剧名录及开场白与一切传统习俗都未提及颁发奖项和奖品,这可谓是铁证。

观众在戏剧表演开场时从家中走来看戏，到结束时回家，我们由此推知每日只演一出戏。正如几种著作所示，他们在第二顿早餐后往剧场，中午又回到家吃午饭，因此，依照我们的推算，戏剧表演时间自近午时起至两点结束；普劳图斯的一出戏，各幕间插入音乐，大概差不多持续这么长时间，塔西佗的书里说观众"整天"待在剧院，不过那指的是较晚时期。

[15] 公元前254？—前184年，是罗马第一个有完整作品传世的喜剧作家，出身于意大利中北部平民阶层，早年到罗马，在剧场工作。后来他经商失败，在磨坊作工，并写作剧本。他也是罗马最重要的一位戏剧作家。——译者注

[16] 从历史的观点来看，人们很少采用中期的雅典喜剧的原因不值一提，因为这种喜剧不过是发展不完善的米南德喜剧罢了。更古老的喜剧更是毫无被采用的痕迹，可以确定的是，罗马文学史家以普劳图斯的《安菲特利昂》作为典型，将罗马悲喜剧的风格定义为"林宗戏"；不过新式雅典喜剧家也会进行仿写，而罗马人翻译时为何模仿林宗而不是年代接近的作家，实在难以理解。

[17] 昔日为统治者说笑逗乐的人。——译者注

[18] 一般说来，奈维乌斯也不这样拘泥，他嘲笑普雷内斯特人和拉维农人。种种迹象表明，普雷内斯特人与罗马人之间存在某种差异，而正是这一差异导致了皮洛士时期的杀戮和苏拉时代的灾难。至于无妨的戏谑，当然不受责备。而《迦西纳》中对马西利亚的恭维值得我们注意。

[19] 因此《匣子》的开场白有了以下的结束语，因为在所有流传至今的当代文学中，只有这段提到汉尼拔战争，可谓占据一席之地：

既然如此，再会吧！鼓起勇气
打胜仗，还像你以前那样；
保护你那新旧同盟的盟友；
依照你正确的判断招揽助战士兵；
除去大家厌恶的人，博得桂冠和赞美
就这样获胜，惩罚布匿人。

第四行所指的是罗马纪元550年即公元前204年给懒散的拉丁殖民地军队加派的任务。

[20] 因此我们假定普劳图斯作出暗示时，如何谨慎不为过。近期研究中已抛弃了许多这种错误且不准确的事例。不过《迦西纳》暗指酒神节一说不至于遭到谴责吧？或者可以反过来说，通过《迦西纳》和其他剧本描写古罗马酒神节，是由于这些谈论古罗马酒神节不易产生误解。

[21] 《他林敦的少女》中值得注意的一段话只能这样理解：

在这个舞台上给我赢得正当赞赏的
无论哪儿的君王也不敢反对——
哪儿的奴隶都大大胜过这里的自由民啊！

[22] 近代希腊就奴隶一事的态度，可用欧里庇得斯一段话举例说明：

> 身为奴隶，唯一的羞辱
> 只是名称，此外一切不亚于
> 自由民，只要是个品行良好的奴隶。

[23] 例如在普劳图斯的《斯提库斯》中，父亲与女儿研究一个贤妻应有的品德，在一段文字优美的描述中插入一个不相干的问题——娶个处女与娶个寡妇，二者孰优？为的只是得到同样不相干的回答，而这个回答是个不利于妇女的套话，绝不是谈话女子心中所想。可是与上下文相比，这还只是小事。在米南德的《项圈》里，一位丈夫向朋友诉苦：

> ——我娶了拥有一大笔的拉密亚，你知道吗？
> ——当然知道
> A：她呀，这栋房屋是她的。
> 还有田地和这里附近的一切。她在想什么，
> 天知道呢！这才是最叫我们苦恼的；
> 她是一切人和每个人的累赘，不仅是我的，
> 而且是儿子尤其是女儿的。
> B：是的，我知道，就是这样。

正因为朴实的文字。这段文字才如此优雅，在凯基利乌斯用拉丁文改编的剧本里，却有了如此粗俗的对话：

> B：那么你的太太脾气不好，是不是？
> 是的，不要说！
> 为什么？
> 我懒得听这话，我一回到家，才刚坐下
> 她也只会给我一个冷冰冰的吻。
> B：是，很好，接吻本身没错，
> 错的是，她能叫你把头吞喝的都吐出来。

[24] 为减轻戏剧演员的辛苦，希腊建筑都配有扩音设备。而即便在建造戏剧院时，罗马当地仍没有扩音设备。

[25] 史书上有关奈维乌斯个人经历的记载非常混乱。因为他参加过第一次布匿战争，所以不可能生于罗马纪元495年即公元前259年之后，所以于罗马纪元519年即公元前235年上演的戏剧极有可能是他的第一部戏剧作品。通常认为他死于罗马纪元550年即公元前204年，瓦罗对此表示怀疑，并且提出了可信的证据。如果该说法是事实，那么他曾经一定在汉尼拔战争期间与敌军会面。因此，那首讥讽西庇阿的诗不可能写在扎马之战以前。

我们可以设想，他生于罗马纪元490年即公元前264年，卒于罗马纪元560年即公元前194年之间，如此一来他与罗马纪元543年即公元前211年阵亡的两位西庇阿同属一个时代，比安德洛尼库斯小十岁，或比普劳图斯大十岁。格利乌斯的作品称他出生于坎帕尼亚，若要证明他的拉丁祖籍，可参

考他自作的墓志铭。有人设想他原本不是罗马公民,而可能来自坎帕尼亚的加勒斯或其他拉丁城市,这样才能解释为何罗马警察对他那样暴虐。无论如何,因为他服过兵役,所以不可能是个演员。

[26] 将李维乌斯的诗与之后奈维乌斯的悲剧《吕库尔戈斯》其中一段比较:

> 那些看守你御体的人,
> 将即刻把你安葬在枝繁叶茂的地方,
> 那里的树木自然生长,无需种植。

或将它与赫克托在《赫克托告辞》里向普里阿摩斯国王所说的名言比较:

> 我爱听,父亲,你常被他人赞美。

再与《他林敦的少女》中可爱的诗句比较:

> 她对这人点头,凝望着他;心里想着这个,手里却抱着那个。

[27] 这个假设似乎很有必要,因为若非这样,在普劳图斯剧本的真假性判断上,古人不会如此游移不定。罗马古代的作家当中,任何人的著作权都没有像他的作品那样难以界定。这正是普劳图斯与莎士比亚最为相似之处,值得我们注意。

[28] 在法学和一般专业术语中,Togatus 一词指意大利人,意大利人既不算外国人,也非罗马市民。如此,对于有当兵义务而不在军队服役的意大利人,将他们一致列入名册当中。阿尔卑斯山南面的高卢被称为 Gallia togata,这一说法首先在赫尔提乌斯的作品中出现,不久后人们从习惯用语中将它剔除。这个名词体现了这一区域的法律地位,因为自罗马纪元 665—705 年即公元前 89—前 49 年,此地大多数人都拥有拉丁公民权。维吉尔将 gens togata 与罗马人相提并论,似乎也是就拉丁民族而言。

根据这一观点,我们应意识到拉丁戏剧的情节来源于拉丁姆地区,好比希腊戏剧情节都来源于希腊;二者将戏剧表演一同传播到外国,喜剧作家不得将罗马城或罗马市民的相关事件在舞台上表演出来。事实上,拉丁戏剧中的情节只能取自拥有拉丁公民权的城市,就这一说法以提提尼乌斯和阿夫拉尼乌斯的剧本为证。据我们所知,其情节所设的城市,如塞提亚、佛伦提努姆、维里特雷、布林迪西,直到同盟战争时都是拥有拉丁公民权的城市。一旦公民权扩张到整个全意大利,喜剧作家便失去了其剧本所依托的拉丁背景,又因为高卢虽在法律上代替了拉丁部落,首都的戏剧家却嫌它距离太远,所以拉丁戏剧此后似乎也走向消亡。而其在法律上的空缺由战败的意大利部落如卡普亚和阿特拉填补,因此阿特拉戏剧应运而生。

[29] 说到提提尼乌斯,历史上并无记载。我们只能依据瓦罗书的残片来判断,他似乎先于特伦斯(大约罗马纪元 558—595 年即公元前 196—前 159 年间)出生。而由这段文字大概也只能推测出这一结果,文中将两拨人进行比较,尽管第二拨年长于第一拨,第一拨中年纪最大的未必比第二拨中年纪最小的年轻。

[30] 据我们所知,提提尼乌斯的喜剧中共有十五种角色,其中六种以男角命名,

九种以女角命名更有两种角色名显然是对于男子职业的讽刺，在保留下来的残本中，女性角色占据了大多数。

[31] 为方便比较，在此附上欧里庇得斯的《美狄亚》原著开头几行和恩尼乌斯的译文：

> 我愿亚里船没有驶过科尔奇
> 那个黑暗的辛浦勒伽底，
> 裴亮山峡森林的松树也没有
> 砍下来，那些为裴里亚取金羊毛的
> 勇士也没有划这只船！那么，我的主母，
> 那为耶孙而害相思病的美狄亚
> 便不会被带到依欧尔沁的碉堡。

恩尼乌斯的译文：

> 我愿裴亮森林的松树
> 没有被斧头砍倒在地，
> 也没有用它造这只船，
> 我们现在叫它做亚果，
> 因船上有亚果的精良水手，
> 奉裴里亚王之命往科尔奇
> 用计寻取金色的羊毛！
> 这样，我的主母美狄亚
> 便不会伤心害相思病
> 从她的家移步到这里。

译文与原文的差异耐人寻味。译文同义反复、迂回婉转，并删去或解释了那些人们不熟悉的神话名词，如辛浦勒伽底、依欧尔沁国和亚果。但恩尼乌斯很少真正犯下曲解原文意思的错误。

[32] 编年史第七卷中，执政官令亲信吟诵一段，前人认为这正是恩尼乌斯的自述，这一点毋庸置疑：

> 他喜欢同这个人
> 常常共餐交谈和讨论他的计谋，
> 当他倦于大事回到家来的时候，
> 因为在市场和威严的国政会议，
> 他已做过了大半天的议事决策；
> 他也曾诉说大事小事以至笑谈，
> 同时尽量把人所说的善言恶语，
> 都对他倾吐，放心大胆地信任；
> 他们共同分享家内家外的快乐，
> 轻浮或恶意的毁谤不会致使他

  怠慢对方，此人见多识广、忠心不二，

  对人和善、才思敏捷，且知足常乐，

  在适当的时刻说适当的话，明智恬淡，

  在交际中风度潇洒，通晓奇闻逸事，

  因为年龄的关系，他精通古今习俗，

  对天道人理等繁杂事物了然于胸，

  闻人之语，可大发议论，也可缄默不言。

[33] 欧里庇得斯把占算家解释为这样一个人：

  凑巧时他的话假多真少，

  即使不凑巧，也可以过得去。

拉丁翻译家将其翻译如下，以反击占算家：

  他观测天上星宿的兆示，

  注视柱维的山羊或龙虾或野兽惊光乍现；

  他不见眼前的土地，却仰观天象。

[34] 在《德勒福斯》，他说："平民公然抱怨，是有罪的。"

[35] 下面的诗内容和形式上无一不佳，见之于改编自《欧里庇得斯的凤凰》：

  但是一个有勇气的人自然应当过道德的生活，

  一个自省不疲的人应当大胆向仇敌宣战；

  人的心纯洁而安稳之处就有自由，

  否则罪恶的行为潜伏在黑暗的深夜。

下面描写如画的诗句见于西庀阿，该剧似乎被收入杂诗集中：

  茫茫苍穹，天地万籁俱寂，

  海神严辞命令咆哮的海涛止息，

  日神收住他那骏马的飞蹄

  河水停在高潮，枝间不见风吹。

从后面这一段我们可以略知这位诗人独立创作的方式，不过这只是扩展了《赫克托的解放》（原作可能是索福克勒斯所著）悲剧中的字句，即旁观者看赫菲斯托斯和斯卡曼德决斗时说的话：

  看啊！斯伽曼德停住了，枝间不见风吹。

  其情节完全来自《伊利亚特》。

[36] 例如在《凤凰》中有下面这一句：

  人若欲壑难填且不择手段以图满足欲望，便是个愚人。

这种连用双声，还不是最可笑的例子，他也有藏头诗。

[37] 除了加图之外，这一时期还有两位"曾担任执政官的诗人"——一位是昆图斯·拉贝奥（罗马纪元571年即公元前183年执政），另一位是马库斯·波皮利乌斯（罗马纪元581年即公元前173年执政）。他们是否曾经发表诗歌，仍然无法确定。甚至对于加图是否发表了诗歌，依然令人怀疑。

[38] 从下面一段我们可以稍微领略这种诗的情调。关于狄多,他说:
> 她温柔巧妙地问道:埃涅阿斯如何离开特洛伊城?

又说到阿穆利乌斯:
> 阿穆利乌斯王举手向天,赞颂众神。

又有演说词的一部分,其隐含的意义值得一提:
> 可是弃这些勇士于危难中而不施以援手,
> 那将是民族世世代代的耻辱。

关于罗马纪元498年即公元前256年登陆马耳他岛:
> 罗马人驶入马耳他,把这岛
> 彻底焚掠残毁,把敌人歼灭。

最后关于结束西西里战争的和约:
> 又同意以馈赠物品向卢达提乌斯
> 赎罪,他也提出条件:他们需把
> 许多俘虏,连西西里的俘虏在内
> 一起放还,并派人来充当人质。

[39] 这种最古老的散文罗马史书以希腊文写成,狄奥尼修斯和西塞罗对此已有定论,毋庸置疑。昆提林和以后的文法家引用的也叫《拉丁编年史》,实在匪夷所思,而且因为他们又以一样的书名引用一种详细论述宗座法的拉丁作品,难度就更大了。不过曾经考究过罗马文学有关这方面发展的人,都肯定不会把后者归为汉尼拔战争时期作家的作品,那时是否有人写拉丁编年史,依然存疑。但是古代编年史学家是否被人们与较晚编年史学家昆图斯·法比乌斯·马克西姆斯·塞尔维里亚努斯(罗马纪元612年即公元前142年执政官),或者法比乌斯、阿西里乌斯和阿尔比努斯的希腊文年史都有较为古老的拉丁文本,或者两位编年史学家的名字都是法比乌斯·庞克托,这将是一个永远莫衷一是的问题。那些用希腊文撰写的史书归于法比乌斯同时期的路奇乌斯·辛西乌斯·阿里门图斯名下,似乎是奥古斯都时代编纂的伪书。

[40] 加图的所有文学活动都发生于老年时期,甚至《起源》最初几卷并非创作于罗马纪元586年即公元前168年之前,而可能是在这一年之后不久写的。

[41] 阿尔比努斯热烈赞赏一切希腊事物,他曾经努力创作一部系统的历史作品,波比里阿之所以请人注意这一点,显然是想与法比乌斯做个对比。

[42] 例如采用希罗多德书中佐披洛司和僭主色拉西布洛斯的轶事,编成围攻伽比的故事,襁褓之中的罗慕路斯被弃于荒野,似乎是仿照希罗多德所述居鲁士少年的故事所作。

[43] 普劳图斯提到为人父母,应该教育孩子读书,学习法权和法律。普鲁塔克也证实了这种说法。

[44] 他在歌颂埃庇查穆的诗中,说朱庇特以"助人"得名,塞莱斯以"产生结果"得名。

513

[45] Poeta 一词源于希腊俗语 ποητης，而非 ποιητης，如陶工用一词表示 ἐποησεν，由此可见其特征。我们可以顺便说，Poeta 一词在学术上仅指史诗或朗诵诗的作者，而不指舞台剧本编纂者，当时这类人被称为 scriba。

[46] 甚至特洛伊和赫拉克里斯传说中的次要角色也出现了，例如塔尔里比乌斯、阿托利克斯和帕森农。再者，底比斯和阿尔戈船员的传说，贝勒罗丰、忒墨斯、普鲁丝妮和菲洛梅拉的故事，萨福和法昂等，它们的梗概必定早已为人所知。

[47] 加图对他的儿子马库斯说："关于这些希腊人，我将在适当的地方将我在雅典得到的经验告知你，我将会证明，看他们的书是有益的。可是不要熟读他们的书，他们的种族本质腐朽、不受约束——请你相信我，这话同神签一样真实。如果这一民族将他们的文化带到这里，它将破坏一切，尤其是将他们的医生派到这里来。他们企图用医术戕害一切蛮族，尽管这样，他们还收费，目的是让人信任他们，他们更易于将我们毁灭。他们将我们也叫做蛮族，竟然用一个更加粗鄙的名称欧庇干人骂我们。所以我禁止你与行医的人有任何来往。"欧庇干人在拉丁文里含有恶意，在希腊文里却无恶意，并且希腊人用这个名词称呼意大利人，完全没有恶意，加图义愤填膺，对此并不知情。

[48] 普劳提乌斯是这一时期或下一时期初叶的人，因为写在他肖像上的题跋是六节诗，他不可能比恩尼乌斯更老。阿迭亚因同盟战争而失去独立，所以阿迭亚被赠给公民资格一事必定是在同盟战争之前。